"十二五"职业教育国家规划教材
经全国职业教育教材审定委员会审定

中国旅游文化

第三版

黄昌霞 主 编
李永臣 刘 巍 副主编
余洪滨 主 审

化学工业出版社
·北京·

本书对中国历史文化的基础理论与知识做了扼要介绍，同时做了相关的文化链接，以中国文化、中国历史、思想文化、制度文化、民俗文化、传统艺术文化、器物文化、饮食文化、景观文化、中国历史文化传媒为内容主线，力求在明确学习目标、能力目标，增强趣味性，拓展阅读面，概括知识点，在习题加情景式训练等方面突出自己的特色。

本书注重突出人文教育，能力与综合素质的培养，具有极强的可读性和应用性，它不仅是很好的高职高专旅游类教学用书，还可以作为旅游行业不同层次从业人员以及相关各行业人员培养综合素质能力的培训教材，同时也为社会各界读者提供了良好的文化科普读物。

图书在版编目（CIP）数据

中国旅游文化/黄昌霞主编．—3 版．—北京：化学工业出版社，2015.4（2022.1重印）
“十二五”职业教育国家规划教材
ISBN 978-7-122-23133-8

Ⅰ.①中…　Ⅱ.①黄…　Ⅲ.①旅游文化-中国-教材
Ⅳ.①F592

中国版本图书馆 CIP 数据核字（2015）第 039172 号

责任编辑：蔡洪伟　于　卉　张双进　　装帧设计：王晓宇
责任校对：陈　静

出版发行：化学工业出版社（北京市东城区青年湖南街 13 号　邮政编码 100011）
印　　装：三河市延风印装有限公司
710mm×1000mm　1/16　印张 15¼　彩插 2　字数 307 千字
2022 年 1 月北京第 3 版第 6 次印刷

购书咨询：010-64518888　　售后服务：010-64518899
网　　址：http://www.cip.com.cn
凡购买本书，如有缺损质量问题，本社销售中心负责调换。

定　价：39.80 元

前　言

《中国旅游文化》一书历经数次教学改革建设，经十余届学生使用数年，多次印刷，再版一次，备受用书者及用书单位的青睐。基于多方面用书反馈以及对学生用书的跟踪调查，《中国旅游文化》第三版的修订，依据“多见者博，多闻者智。”的原则，充分反映课程改革建设的最新成果。

本次修订从学生就业角度对中国传统文化工作素养要求出发，着重体现工作岗位社会角色所要求的中国传统文化专业知识、基本修养和社会公德素养以及工作规范的需求，根据行业的新发展，调整教学项目和任务。结合行业现场环境和运行管理方式，重新设计模块工作情境。主要修订内容如下。

首先，保持原有主体框架风格做局部微调。保留中国文化、中国历史、思想文化、制度文化、民俗文化、传统艺术文化、器物文化、饮食文化、景观文化、历史文化传媒十个模块。继续使用知识目标、能力目标、知识点阅读、章节知识模块、本章小结、习题训练、情景训练七个序列，增强学生学习能力的培养。

其次，在原有基础上调节训练的灵活性与多样性，原来的习题训练、情景训练非常受用，继续保留此项目，更新部分训练内容，以适应当前社会的文化发展方向。

另外，本次修订笔者完善了电子教案、习题等相关的电子资源，可登陆www. cipedu. com. cn免费下载。

本书由黄昌霞担任主编，李永臣、刘巍担任副主编，并完成了整体修订。编写分工为，黄昌霞、薛顺岩、余曼完成了第一章中国文化、第五章民俗文化、第六章传统艺术文化、第七章器物文化、第八章饮食文化、第十章中国历史文化传媒等内容的编写；蒋芸完成了第三章思想文化和第九章景观文化内容的编写；马立、刘巍完成了第二章中国历史、第四章制度文化内容的编写；杨涌完成了第八章饮食文化第三节内容的编写；本书由国家一级编剧余洪滨担任主审。

第三版修订，得益于此领域国内外专家与学者的相关著作、论文，在这里一并致谢。由于时间仓促、条件所限，书中依然有很大的提升空间，敬请各位专家、学者、同仁和广大读者一如既往明裁赐教！

编　者

2015年1月

第二版前言

“君子当一日三省”此名言让人受益，本书自出版后虽经四次印刷，但当省之处很多，仍得到各用书单位、个人给予极大鼓励，不胜惶恐，修订再版并非易事，根据用书反馈，制订了在原书框架体系基础上进行修订的方案。

基于此，此次修订做了如下微调，书名修订为《中国旅游文化》，目标栏增加了能力目标，训练调整为习题加情景式训练模式，还对部分章节字词表述进行了调整。国学是取之不尽、用之不竭的旅游资源，每个炎黄子孙的血管里都流淌着儒家思想的血液，让我们永远徜徉在中华文明的长河里，去认知中国作为文明古国的悠久历史、厚重文化，以及淳朴的风土人情。灿烂的中华文化为旅游业提供着丰富的滋养，旅游业是中国经济发展的新增长点。为了让中国文化更好地服务于我国的各项建设事业，我们为旅游院校不同层次的旅游专业修订了这本教材。

本书内容框架变化甚微，更加注重营造学生的素质与专业能力的培养环境氛围；不忽视基础理论知识、加强学习的针对性、知识面的拓展、进一步强化学习的趣味性，以刺激学生课后涉猎相关文化知识，使之课上学习与课下学习相得益彰；不仅旨在为高职高专提供高质量教材，同时也为社会其他行业提供有价值的参考资料。

本书主编由河北旅游职业学院黄昌霞、李永臣担任，并完成了整体修订；副主编由南京化工职业技术学院蒋芸、河北旅游职业学院刘巍担任；黄昌霞、薛顺岩、余曼完成了第一章中国文化、第五章民俗文化、第六章传统艺术文化、第七章器物文化、第八章饮食文化、第十章中国历史文化传媒等内容的编写；蒋芸完成了第三章思想文化和第九章景观文化内容的编写，马立、刘巍完成了第二章中国历史、第四章制度文化内容的编写，杨涌完成了第八章饮食文化第三节内容的编写，李永臣参加了部分内容的修订和整理工作；本书由承德市艺术研究所所长、国家一级编剧余洪滨担任主审。

本书得益于此领域国内外专家与学者的相关著作、论文，在这里一并致谢。由于时间仓促、条件所限，书中依然存在不妥与疏漏，敬请各位专家、学者、同仁和广大读者一如既往明裁赐教！

编　者

2012.6

第一版前言

“不熟悉历史的民族是永远也长不大的民族”【余秋雨语】。中国是世界上著名的文明古国，历史悠久，文化厚重，风土人情淳朴。灿烂的民族历史文化为旅游业提供着丰富的资源，旅游业也逐渐成为中国经济发展的新的增长点。为了让中国文化更好地服务于我国的各项建设事业，我们为旅游院校的学生和广大旅游爱好者编写了本书。

本书内容在借鉴前人研究成果的基础上，力求通俗生动，深入浅出，把提高学生的素质与专业能力放在首位；注重基础理论知识、加强学习的针对性、知识面的拓展、趣味性的强化，以刺激学生课后涉猎其他相关知识，使课上学习与课下学习相得益彰。

本书由黄昌霞担任主编，负责整体策划、统稿，设计了全书的编写方案和编写体例，并完成了第一章、第五章、第六章、第七章内容的编写。其他内容的编写分工如下：第三章和第九章由蒋芸编写，并担任副主编；第二章、第四章由马立、刘巍编写，第八章、第十章由黄昌霞、苏林忠编写，第八章的第三节由杨涌编写。本书主审由承德市艺术研究所副所长、研究员白晓颖担任。

本书如有不妥之处，敬请广大读者批评指正。

编　者

2007 年 5 月

目 录

第一章　中国文化

【知识目标】

1. 认识中国文化，感知中华民族的伟大。
2. 体会中国文化传统的博大精深，培养民族自豪感。

【能力目标】

1. 提高辩证分析问题，解决问题的能力，举一反三。
2. 运用所学知识去解决实际问题，如本章节相关文化的概念在日后学习中的使用。

知识点阅读

澳大利亚教授麦克费森说，中国帆船是中古印度洋上最大的帆船，船已行至印度尼西亚、斯里兰卡、非洲东岸诸国……后来扬帆远航千余岛屿的华夏“巨船”长达 147 米，宽达 60 米，巨船上船员达 27800 余人，引得沿途各国对中华文明、中国文化佩服得五体投地。元朝地理学家汪大渊曾经远航过 38 个国家，他在《岛夷志略》中写到“尤其敬爱唐人!”因为中国巨船带往各国的丝绸、铅、琉璃、漆器、科技、糖……显示了中国文化之伟力。荷兰史学家得·汉也在自己的《古巴达维亚》一书中说：“中国古代的扬帆远航，给印度尼西亚带来了第一个造纸作坊、第一家爪哇糖厂、锯木场、炭厂和年产数十万公斤的鲂（渔）场，带来了繁荣古国德玛克国王那顿马塔的母亲——一个杰出的中国人！带来了第一个到达印度尼西亚的华人法显!”

中国文化令世人瞩目，这里，就让我们共同去感受吧！

第一节　文化渊源

我们伟大的祖国在几千年发展中，虽历经劫难但生生不息，其关键所在，正是由于我们的先人不断创造了丰富、灿烂的文化，成为中华民族得以延续和发展的精神支柱。

一、什么是文化

现在世界上对文化的意义多种多样，据统计，文化的概念有 250 余种之多，世界著名的学者们分别从符号学、价值论、功能性、规范性等多方面对文化这一概念做了不同的界定。

什么叫文化?《易经》上说：“观乎天文，以察时变，观乎人文，以化成天下。”中国有关文化一词最早就是从这儿来的，意思就是按照人文进行教化。

学术界对于文化的定义有三种：一是，人类在社会发展过程中所创造的物质财富和精神财富的总和；特指精神财富，如文学、艺术、教育、科学等。二是，考古学术语，指同一个历史时期的不同分布地点为转移的遗迹、遗物的综合体。同样的工具、用具，同样的制造技术等，是同一种文化的特征。如仰韶文化、龙山文化、三星堆文化、红山文化等。三是，指运用文字的能力及一般知识，如“学习文化”、“文化水平”等。1979 年版的《辞海》对文化一词的定义，广义上是指“人类社会实践过程中所创造的物质财富和精神财富的总和”；狭义上是指“社会的意识形态，以及与之相适应的制度和组织机构”。这样看来，文化的核心是人，体现的是人的智慧，人的创造力。概括地说，文化是人化的自然，自然的人化。

二、文化发展

中国文化一向以其底蕴深厚、典籍丰富而闻名于世。中国文化历经岁月沧桑保存下来，并非易事。历史上的连年战乱、自然灾害，还有历朝统治者的焚书坑儒、毁书灭籍……中国文化虽历经劫难，仍传承至今，实乃万幸。文化发展史上得而复失，失而复得的情况屡见不鲜。文化发展史上影响最大的首推以下的四次大发现。

一是汉武大帝末年“古文经书”的大发现。鲁恭王刘余改坏了孔子宅，从毁坏的孔子宅墙壁中得到《尚书》、《礼》、《论词》和《教经》等书，此书均用汉以前的篆文写的，当时这些被称为“古文经”的书的发现震惊天下，引发了历史上有名的“今文经学”和“古文经学”之争。

二是西晋初年汲冢竹书的大发现。在魏襄王墓中发现竹书数十车。晋武帝命勖撰次编辑为《中经》。这些竹书是在汲郡墓冢中挖掘出来的，因此得名《汲冢竹书》，汲冢竹书除经《周易》、史《竹书纪年》、人筮书外，还有辞典类的《事名》、画赞属的《图诗》、神话小说《穆天子传》等。

三是 1899 年“殷墟”甲骨文的发现。先是农民捡拾的刻有文字的甲骨，被当作“龙骨”卖给药店，药店又转卖给古董商人，古董商人转贩京津地区，有一些为知识分子所收藏，经过研究，终于在 1899 年认出甲骨上的文字是商代文字，从此引发了收藏、购买和研究甲骨文的热潮。甲骨文就是刻在龟甲壳和牛骨上的殷商文字，甲骨学作为一门新的学科，就这样产生了。甲骨文的发现使商朝历史的研究有据可依，同时也把中国文字历史提早了几百年。

四是 1899 年敦煌宝藏的大发现。敦煌宝藏是在敦煌石窟密洞中被发现，当时发现石窟藏书 2 万余卷。以佛经、道经经卷为主，还有史、子、集、诗、词、曲赋、通俗文学、图经、方志、医书、历史等，范围极广，内容丰富，且用汉文、梵文、藏文、龟兹文、回经文等多种西域少数民族文字形式抄写。敦煌石窟宝藏为研究中国近两千年历史文明及文化的发展，提供了宝贵文献资料。可惜敦煌石窟中的很多文献被外国人劫走，流失严重，但随着敦煌文献海外的收藏，敦煌其名也响彻世界，研究敦煌文物成为学术研究发展所趋，且经久不衰，成为了一种专门的学问——敦煌学。

中国文化的发展，一要不断植根于传统文化，二要兼容并蓄，融入世界文化，三要不脱离生活。植根于传统文化，就是深纳吸收几千年来传统文化的精华，因为这是一个民族内聚力的象征，是联结全民族的精神纽带，是文化发展的内在联系。兼容并蓄是指中国文化发展要尽可能地吸收西方的先进科学技术和思想文化成果，为文化现代化发展服务。不脱离生活是说，中国文化的渊源在全中国，在大众碌碌的日常起居、饮食男女这些形而下的活动中，在农民黝黑的田野上，在一早开门吵吵嚷嚷的饮食小店中，也在婚姻中、法庭上、菜市场里，中国文化就是在其中向前发展的。

我们做共性分析时，不难发现，文化按其形态可分为如下四种类型。

第一种类型，物质文化类。人的物质生活活动及其产品的总和，人正在作用的一切物质对象，人类物质生活方式，都是物质文化类，体现人类劳动的物质产品都是物质文化类最丰富的内容，比如人们住的房屋、使用的器皿、机械、服饰等。

第二种类型，规范文化类。这是从家庭组织到社会组织，从生产关系结构到上层建筑结构，从社会分工结构到阶级结构乃至民族结构的总称——就是人们在长期社会实践中建立的规范自身行为和调节各种社会关系的准则，比如社会上通行的各种规章制度、道德伦理准则、风俗习惯等。

第三种类型，智能文化类。这是通过历史的演进，形成凝固了的精神文化，对不同历史时期的知识体系、价值观念体系、思想认知体系、科学技术体系等产生着影响，并且有很大的惯性。

第四种类型，精神文化类。这是指人们的社会心理和社会意识形态，它不是凝固的，而是存在于人这个文化主体的各种行为中，核心应是传统观念。人们的审美情趣、文学形式、思维方式、价值观等，都属此类文化。

三、文化与旅游

前面我们研究了文化的概念，文化是人类的产物，是人类实践活动的结果，是人类智慧和实践创造能力的结晶。它是精神性的，表现形式是多样的，体现在人的精神活动和行为活动中，也体现在人的精神产品和物质产品中。文化是共性特征体现在地域性、民族性、时代性、承袭性、变异性上。地域性是指文化的地方性；民族性是说每个民族都有区别于其他民族的文化传统；时代性是指文化既是在特定的空间产生，也是在特定的时间内创造生长的；承袭性是指文化代代相传沿袭的继承特性；变异性是指文化在变化兼容中发展创造的。文化还具有多种多样的功能，归结起来有这样几个方面：一是满足人类基本需求的功能，二是记录、储存、传播的功能，三是认知、助知、调节控制功能。凡是文化的事物都通向高尚的生活方式。在当今时代，文化本身不再仅仅是一种象征符号抑或人类创造的结果，而可以说是推动社会前进的一种力量，甚或是一种生产力，决定着人类未来的生活面貌。

旅游是人类的一种行为方式，是兼具劳作与休闲双重性质的人类非迁居性的旅行活动，是主观世界与客观世界日渐广阔的交合与共进，以及在文化空间不断的跨越和联结，与文化有着不解之缘。文化是旅游者的出发点和归结点，是旅游景观吸引力的渊薮，是旅游业的灵魂。正如1984年出版的《中国大百科全书·人文地理学》一书所说："旅游与文化有着不可分割的关系，而旅游本身就是一种大规模的文化交流，从原始文化到现代文化都可以成为吸引游客的因素。"

中国先秦思想家墨子曾说过："食必常饱，然后求美；衣必常暖，然后求丽；居必常安，然后求乐。"这说明人类的要求不仅是物质的，还有高层次的精神需求，旅游的迅速发展与经久不衰，正是人类对精神生活要求日益增长的一种反映，是人类提高生活品质的最主要的方法和途径之一。作为一种时尚，旅游是人们渴求精神生活更大满足的表现。2006年的乡村主题旅游，成就了人们回归大自然的需求，使蜗居于楼层单元中的人们享受到了"天人合一"的情趣。城市车水马龙的喧嚣，摩肩接踵的人群，加上工作生活的紧张与快节奏，让都市人心生腻烦，许多人热衷于躺在青草地上放眼蓝天，他们陶醉于田园乡村小寨的宁静和温馨，向往领略异国外域的民俗风情。旅游成为此种精神需求的首选。由于旅游内涵十分丰富，更为现代人所青睐。现代文明的发展、经济的繁荣和人们生活水平的提高，已使旅游通过食、住、行、游、购、娱，发展成了经济支柱产业。

精彩纷呈的人文景观，积淀、荟萃、丰富了人类的文化宝库。历史上，唐代是文化发展最辉煌昌盛的时期，这时期的唐诗，很多都是山水诗，诗人们游历名山大川，留下了闻名于世的艺术瑰宝。风景名胜因这些作品锦上添花，文化与旅游联姻渊源不断，不可分割。

第二节　中国传统文化

泱泱华夏五千年的历史留下了悠远的中国传统文化，酷烈的征战选择了顽强的中国传统文化，稠密的人众激活了独特的中国传统文化。

一、中国文化

中国文化在人类文化史上长期处于领先地位。先秦文化堪与希腊文化媲美，两汉文化足可同罗马文化齐驱，唐代文化独领风骚举世无双……中国文化是中国人的骄傲。

何谓中国文化呢？中国文化也称中华文化，凡是产生和形成于中国的国家文化，都是中国文化，它是中华民族在长期历史发展中共同创造的文化总体，体现的是中华民族的创造力和智慧。这其中56个民族的民族文化体系；东西南北、高山、大海、草原等不同地域的文化；不同时期的历史文化等，影响深远。中国文化是历史的写照，有着鲜明的时代性，纵览中国文化发展的过程，学者们研究后认为，中国文化大致经历了10个时代，5个阶梯。

中国文化的10个时代分别是：一是原始文化，这是一个神学时代，以神话传说、自然宗教信仰为主要特点；二是夏商周文化，这是一个“小学”时代，以甲骨卜辞、铜器铭文为主要特点；三是春秋战国文化，这是一个子学时代，以诸子立说、百家争鸣为主要特点；四是两汉文化，这是一个经学时代，以罢黜百家，独尊儒术为主要特点；五是魏晋文化，这是一个“玄学”时代，以崇尚老庄、热衷清净无为为特点；六是隋唐文化，这是一个佛学时代，以盛行佛教、外释内儒为主要特点；七是宋明文化，这是一个理学时代，以阐释义理、兼谈心性为主要特点；八是清代文化，这是一个“朴学”时代，以长于考据、埋故纸为主要特点；九是近代文化，这是一个“新学”时代，以鼓吹进化、倡导民主为主要特点；十是现代文化，这是一个科学时代，以传播马克思列宁主义、发展技术为主要特点。

中国文化的5个阶梯分别是：第一阶梯是原始制，实质是神灵崇拜文化；第二阶梯是奴隶制，实质是贵族垄断文化；第三阶梯是封建制，实质是君主一统专制文化；第四阶梯是半殖民地制，实质是资产阶级民族文化；第五阶梯是社会主义制，实质是人民大众文化。

历史各时期的中华文化，互相连接，相互传承。中国文化的传承不是简单的接力，而是逐步发展，不断升华，从旧质态向新质态迸发转化。中国文化伴随历史的步伐，不断更新时代内容，呈现了蓬勃的生命力，展现出自己那无与伦比的辉煌。

二、中国传统文化的内涵

文化是历史的产物，奏响的是时代强音。自有人类始，便有文化，人创造了文化，文化又塑造了人，人经常反思文化，就生出创造文化之心。中华传统文化源远流长，不断在创造中发展。传统文化，是指一种文化中历史悠久、世代相传的风俗、道德、思想、艺术、制度、生活方式等一切物质和精神文化现象的有机复合体。

以儒家思想为主，儒道互补，构成中国传统文化的主要部分，一般由三个层次组成：即物质的——规范制的——心态的，精神、心态、物质、规范制度、经典、社会等文化涵盖其中。也就是说，中国传统文化不是一源分流，而是殊途同归，多种文化的相互渗透，各种思想的融会贯通。表现形式有理论形态方面的，也有非理论形态方面的，如风俗习惯、审美意识、生活方式、价值取向、心态模式等。

中国传统文化是一种强调群体性和牺牲性精神、崇拜权力和英雄的文化，这种文化在改造自然和改造社会的斗争中形成了卓尔不群的中国传统文化风格特征。主要体现在10个方面：第一，长于概括，重于精神；第二，以含蓄表现手法为贵；第三，遒劲之风，刚健之骨，是中国传统文化的风骨，追求的是阳刚美；第四，对比中求得协调，变化中获得美感；第五，对称平衡风格和置陈布局的“方正感”；第六，综合性极强，是地域、民族等文化的融合；第七，融合与相互作用；第八，看重汉语同中国传统文化的关系；第九，中国传统文化常与文字表现相结合；第十，具有程式化风格。基于此，我国的传统文化光耀无比，创造并影响了东亚辉煌的文明。

中国传统文化，繁衍生息数千年，用心血的结晶，建造了传统文化的艺术之宫，那美好的境界，令世人瞠目。其境界主要有以下5种表现：儒家境界，最大特点是以“仁爱、礼教”为美；道家境界，最大特点是以“自然无为”为美；楚骚境界，最大特点是以儒道结合为美；玄学境界，最大特点是以授儒释道，以道为美；禅宗境界，最大特点是以超脱世间得失、是非、荣辱，以回归内心为美。任何民族的传统文化都是在历史长河中形成和发展的，都有其特定深刻的内涵。中国传统文化，还将继续不断地承载着我们华夏民族的光荣与梦想，世代相传，久远流芳。

三、中国文化的特点

中国文化是责任感文化，中国人从出生就担任着多重角色、多种责任，这种责任无休无止。西方人常这样评价中国文化：没有强烈的情欲，也不经常有飞腾激荡的诗兴，但是更明朗，更纯洁，更合乎道德，而且平易、自然、朴实、自强不息且包涵兼容。概括起来，中国文化主要有以下几个方面的特点。

首先，求真、明善、审美，这是一种以儒学为主导的哲学特性。求真主要体现为经验理性的辩证思维；明善主要体现为不张扬个性，主张个人服从群体，强调自觉性；审美主要体现为艺术意境在前，典型性格在后，没有苦感、罪感，只有美感和乐感，首先是高扬真、善、美，漠视假、恶、丑。

其次是统一兼容。中国文化的中心是华夏文化，是不同民族、不同地域文化的统一体，虽历经内忧外患，但一直保持完整统一，海纳百川，兼收并蓄，有扬有弃地吸收消化，正因如此，中国文化的本质才得以保持并发扬光大。

再者是连续与多样。埃及文化、希腊文化在发展进程中都出现过空白跳跃，中国文化却从未间断，承前启后，环环相扣，连续发展，在华夏文化这个统一复合整体之下，因地域辽阔，民族众多，文化背景复杂，而呈现出异彩纷呈、多种多样的特点，如水乡文化、高原文化、蒙古文化、藏文化等，各具特色。

还有，中国古代文化强调伦理，重视三纲（君为臣纲，父为子纲，夫为妻纲）五常（仁、义、礼、智、信），以人伦关系为基本。克制、勤奋、节俭是中国文化的传统美德，也是中国文化大力倡导的，而且延绵不断，发展受用，影响到后世。

第三节　中西方文化的差异

积淀深厚的中国文化，久远而魅力无穷，在整个发展过程中，它以汉文化为主体，融合中华各民族文化、儒家思想文化，儒道互补，构成了中国古代文化的主流，形成了统一兼容、连续多样的特点。中华辽阔的疆域、复杂多样的文化背景、久远的农耕文明、家国同构的宗法政治结构，是中国文化的生成机制，同西方文化形成了极大的反差，对比之下，中国文化更加光彩夺目。

一、中国文化的世界性意义

中国文化是中华民族的骄傲，世人在关注中国文明的时候，首先应该关注其世界性意义。

中国文化的世界性意义何在？就在于历史上向周边区域及更远地区一般性的文化传播，进一步说，是指中国文化在世界各民族文化的形成发展进程中，若干阶段、若干层次地给予影响，这是中国文化超越本民族而对全人类文明做出的卓越贡献。我们可以从以下几个方面管窥一斑。

1. 中华文化创造了亚洲地区辉煌的文明

在亚洲，汉字文化圈是世界最古老而历史又延续不断的文化圈之一，在这一文化圈的各民族文化历史中，都蕴涵丰富的汉文化因子，汉文化因子与各民族文化在不同层次融合，衍生创造出各民族不断发展的文化新形势。日本的和歌、茶汤、文字，朝鲜的民俗、道德伦常等，都能清晰地看到汉文化成分。正是中国文化的作用，才使亚洲地区各民族文化在更高层次上凸显了自身的民族性，形成辉煌的亚洲文明。

2. 参与了欧洲近代思想文化的革新

中华文化在一定意义上动摇了中世纪欧洲的神学统治。这里，我们可以认定以下两点历史史实。

一是在中国本土。16 世纪，许多欧洲传教士来华传教，长期生活在具有悠久历史和丰富文化的中国民众中，全身心地感受到与基督教文明迥然不同的中国传统文化，尽管这些传教士神学修养深厚，凭生活直觉，还是被中国传统文化深深吸引，对中国文化产生了极大的兴趣，不知不觉地动摇了自己的世界观。1658 年意大利传教士卫匡周著述的《中国最早期的历史》、1696 年法国传教士李明著述的《新观察报告》就是最好的见证。

二是在欧洲。资产阶级思想革命中，莱布尼茨、沃尔夫、魁奈、伏尔泰、狄德罗的理想主义思潮，都或多或少，或隐或现地融入了中国文化元素，他们将自身消化理解的中国文化作为反神权的导标，其中的杰出代表是伏尔泰的《反帕斯卡论》、《自然法赋》、沃尔夫的《中国实践哲学》等，且形成了欧洲中国戏剧热潮，如戏剧《赵氏孤儿》。伏尔泰说：“我们不能像中国人一样，真是大不幸！”

3. 涵养了北美洲的一些文化流派

在北美洲，从 19 世纪中期到 20 世纪中期的 100 年间，中国文化对其影响是深远的，这是一个中国人关注不多的历史事实。如 19 世纪中期美国“超越论”派及其首领爱默生，20 世纪初期美国“意象派”诗歌及其倡导者庞德，20 世纪上半期美国戏剧家奥尼尔等人，就对中国文化表现出了浓厚兴趣，并热衷于中国文化，把中国文化融入自身的文化学说及表现形式之中。庞德有时在自己诗作中特意嵌入了中国汉字，而奥尼尔则甚至把自己在加利福尼亚州的住宅用中国的文字铸上“大道别墅”字样，在其人生观、生死观、理想与现实关系等方面，都浸透了中国的道教文化成分。

世界文化开始之时，就呈现五光十色的多元形态。文化的多元性，构成了世界上不同文化的传播、排斥和隔阂，中国文化便是在这个过程中发展壮大的。充分认识中国文化对西方文化的影响和在世界文化形成及发展中的作用，将对我们坚持弘扬中国优秀文化产生积极的推动作用。

二、中国文化对西方文化的影响

历史上，由于交通路线的开辟（丝绸之路和郑和下西洋开辟的海上交通）使中国文化源源不断地传播到世界各地。对西方文化最直接的影响，表现在物质文化和精神文化两个方面。

物质文化方面，以郑和船队为例，前后 30 年时间给所经过的国家带去了大量的中国瓷器、铜器、铁器、金银和各种精美的丝绸、罗纱、锦绮、苎丝等丝织品，但影响最大的要数丝绸、瓷器和四大发明。中国丝绸从西汉开始，通过丝绸古道传向世界各地，大受欢迎，并发展成为古代世界最大宗的贸易。到 4～5 世纪，埃及人开始仿造中国丝绸，唐代以后，西传更多的是丝织作坊，使中国的丝绸很快风靡全球。中国瓷器是从唐代开始对外输出的，很快受到世界各地区人民的青睐，18 世纪中国瓷器走进世界各地千家万户，德国、法国、英国等国相继建了制瓷厂，其款式、纹饰全部效仿中国。

中国的造纸、印刷、火药、指南针这四大发明对欧洲影响最为突出，是世界公认的中华民族对世界文明所做出的卓越贡献。造纸、印刷打破了欧洲长期以来艺术、教育皆被基督教修道院一手垄断的局面，刺激并推动了欧洲自由讨论风气的形成和文化知识的广泛普及，为欧洲文艺复兴提供了强有力的条件。

精神文化方面，开始是传教士吸收消化了中国文化核心的儒家学说，并将其介绍到欧洲，欧洲各国的思想文化界根据自己的国情加以吸收运用，对欧洲 17 世纪和 18 世纪的“启蒙运动”产生了影响。德国启蒙运动的先驱莱布尼茨早就认识到中国文化对于西方文化的发展会有重要作用，便毕生致力于中国文化的研究；法国的伏尔泰也潜心研究中国文化，他通过对中国思想和政治的赞美，表示了对神权残暴统治的厌恶。受中国文化影响，欧洲思想界的重农学派创始人魁奈因在 1767 年发表了《中国的专制制度》，而被誉为欧洲的孔子。

艺术领域，在受中国文化影响的 18 世纪法国“洛可可艺术”（又称“路易十五风格”）的引领下，不仅使中国的茶、丝绸、绣品、漆器等在欧洲社会流行，刮起了仿制中国家具的风潮，而且直到今天还可以看到英国家具保存有中国风格的痕迹。此外，受中国园林艺术影响，法国、英国、德国、荷兰、瑞士竞相修建中国式钟楼、石桥、假山、亭榭，英国建筑师威廉·查布斯（William Chambers）到中国考察回国后，于 1757 年写成和出版了《中国建筑·家具·衣饰·器物图集》一书，此书风行全欧洲。

三、东西方文化差异

中国文化兼容并蓄的特点，是有目共睹的。东西方两种文化的碰撞虽然是互为涵养、相互影响的辩证的关系，但用文化发生学的视角观察，用发展的眼光去看，二者的差异就显而易见了，具体表现在以下六个方面。

一是思维方式方面的差异。具体表现为中国文化重人际、重伦理、重直觉、重内省、重先验理性与伦理精神，以人比天，还原为心，重名轻实，玄学化色彩浓重，是封闭的价值体系。西方文化重自然本质、重实验、重事实、重逻辑与科学发现，由自然到人，主体化色彩浓重，是哲学价值体系。

二是价值观方面的差异。具体表现在中国重社会、重整体、重志向，轻功利；西方重自然、重个人、重利益、重功效。

三是逻辑方面的差异。中国逻辑哲学的重点是政治伦理、人生问题；西方逻辑哲学的重点是纯科学、宇宙论、自然规律。所以中国古代在逻辑的作用、结构、真理判定标准等基本问题上的思辩逻辑与西方亚里士多德的逻辑，属于完全不同类型的体系。

四是数学方面的差异。在元代以后，中国传统的理性与实践相离的思维方式几乎整个断送了中国的传统数学；西方抽象性与实践性相结合的思维方式则产生出近代的微积分数学。

五是自由观方面的差异。中国人多侧重于向内探求，以认识自身、完善自身为获得自由的途径；西方人多侧重于向外探求，以发展世界、改造世界为获得自由的途径。实质是中国人谨慎、内敛、自省；西方人勇敢、探求、开放。

六是科学方法论方面的差异。中国文化是以人文文化为主体的类型，是整体思维方式；西方文化是以科学文化为主体的类型，是形式思维方式。这样就形成了科学发展的不同模式，造成了科学文化的两种不同类型。

【本章小结】

生生不息的中国文化，集汉民族文化之大成，汇集了华夏不同民族、不同地域的文化，以儒家文化为核心，具有求真、明善、审美统一兼容，连续多样，崇尚伦理等风格特色，形成了自己的灿烂多姿文明；对世界文明产生过深远影响，做出过卓越的贡献，也因此与西方产生了极大的反差与交相辉映。这章的学习就是要学生对上述内容进行了解，以产生深刻的认识体验。

习题训练

1. 什么是文化？什么是中国文化？
2. 简析中国文化的特点。
3. 中国文化有哪些世界性意义？
4. 中国文化对西方文化有什么影响？
5. 中西方文化差异在哪里？选其中之一进行扼要分析。

情景训练

下面是一位导游为一个海外华侨团准备的游陕西黄帝陵的两段解说，你看行吗？你喜欢哪段？理由是什么？

解说一：黄帝陵相传是华夏民族的始祖轩辕黄帝的陵园，它位于陕西省中部黄陵县城北的桥山顶上。

黄帝是我国原始社会末期一位伟大的部落首领，是开创中华民族文明的祖先。他用玉作兵器，造舟车弓矢。他的妻子能养蚕，其史官仓颉创造了文字，其臣大挠创造了干支历法，其乐官伶伦制作了乐器。我国后来能巍然屹立于世界四大文明古国之列，这与黄帝的赫赫殊勋是分不开的。

黄帝还以他惩罚邪恶，首次统一中华民族的伟绩而载入史册。据说黄帝活了118岁。有一次，在他东巡期间，突然晴天一声霹雳，一条黄龙自天而降。它对黄帝说："你的使命已经完成，请你和我一起归天吧。"黄帝自知天命难违，便上了龙背。当黄龙飞越陕西桥山时，黄帝请求下驾安抚臣民。黎民百姓闻讯从四面八方赶来，个个痛哭流涕。在黄龙的再三催促下，黄帝又跨上了龙背，人们拽住黄帝的衣襟一再挽留。黄龙带走了黄帝之后，只剩下了黄帝的衣冠。人们把黄帝的衣冠葬于桥山，起冢为陵。这就是传说中的黄帝陵的由来。但是也有人说，黄帝死后就安葬在桥山。中华民族祭祀黄帝陵庙的活动，早在春秋战国时代就开始了。从孔子、孟子的文章中和他们与学生对话语录中，已经得到证实。据《吕氏春秋·安葬篇》、《七国考》、《山海经》这些古史书籍记载："墓设陵园"在秦代开始形成一种制度。黄帝陵园最早建于秦代。秦统一六国后，又规定天子的坟墓一律称作"陵"，一般庶民坟都称作"墓"。汉代又规定天子陵旁必设"庙"。刘邦建立大汉后，汉朝初期就在桥山西麓建起"轩辕庙"。唐代宗大历五年至大历七年，对轩辕庙进行了历时二年重修扩建，并栽植柏树1140株。宋朝开宝二年，因沮河水连年侵蚀，桥山西麓经常发生崖塌水崩，威胁庙院存亡，地方官员上书朝廷，宋太祖赵匡胤降旨，将轩辕庙由桥山西麓迁移桥山东麓黄帝行宫。这就是当今人们前来拜谒的轩辕庙。在之后的元、明、清各朝以及辛亥革命前后民国政府直至当今，都对黄帝陵庙进行过多次修缮和扩建，我们现在看到的黄帝陵庙的规模和范围已远远超过历代。

解说二：黄帝陵，是中华民族始祖黄帝轩辕氏的陵墓，相传黄帝得道升天，故此陵墓为衣冠冢，位于陕西黄陵县城北桥山。1961年，国务院公布为全国第一批全国重点文物保护单位，编为"古墓葬第一号"，号称"天下第一陵"。黄帝陵古称"桥陵"，为中国历代帝王和著名人士祭祀黄帝的场所。据记载，最早举行祭祀黄帝始于公元前442年。自唐大历五年（770年）建庙祀典以来，一直是历代王朝举行国家大祭的场所。

第二章　中国历史

【知识目标】

1. 了解重大历史事件，及其在历史进程中的推动作用。
2. 了解杰出历史人物的生平与事迹，及其在革新思想、传承文化、改变民族命运等方面的历史作用。
3. 了解天文、历法、地理、医学等方面的重大科技成果、历史地位和作用，以及对世界文明的重大贡献，以增强民族自豪感和责任感。

【能力目标】

1. 能够讲述历史景观中涉及的杰出人物和重大事件。
2. 能对历史人物、事件、发明做文化延展。
3. 融会贯通的领会运用本章节知识目标，提升认知能力、行为能力。

知识点阅读

墨子的主张

墨子是战国时期的一位哲学家，他主张平等、博爱，并劝说各国的国君不要用武力去侵犯别的国家。

一次，他听说楚国要出兵攻打宋国，就立刻跑去见楚王说："从前有个富翁，他自己有一辆很漂亮的马车，还想把邻居的一辆破车偷走，你想这是怎样的人呢？"楚王说："我敢说他和强盗没什么两样。"墨子说："是的，现在楚国既有广大的土地，又有丰富的物产，为什么还要攻打一个土地又小、物产又少的宋国呢？"后来楚王终于听取了墨子的谏言，取消了攻打宋国的计划。

墨子作为中国古代著名的思想家，倡导兼爱、非攻，并希望能免除战争，以免给老百姓带来祸患，也由此避免了很多战争，为百姓创造了休养生息的机会。

第一节　重大历史事件

在中华民族的历史上，发生过无数次惊心动魄的历史事件，然而能够决定整个民族命运与发展的，仅仅几步而已。读史，可以知兴亡；悟史，可以明得失。我们回望过去，就是为了更好地把握前进的方向、民族的未来。

一、民族融合

民族融合是通过各民族间联姻通婚、议和会盟、物质文化交流、中央政府的统一管理，一些统治者的强制推行、民族迁徙、民族战争等途径，使民族间的经济、文化以至生活习惯紧密联系，使民族间能够自然融合的社会现象。民族大融合提高了民族素质，促进了中华民族的形成和发展，加强了中华民族的凝聚力，巩固了国家的统一，推动了社会经济和文化的繁荣发展。

1. 黄帝战蚩尤

涿鹿之战发生在距今约5000年前，是黄河流域各部落在黄帝的率领下，与从东方入侵中原的东夷族蚩尤部落展开的一场殊死搏斗。这一战的获胜，使中原的先进文明免遭摧残。战后，中原最大的两个部落——炎帝与黄帝部落实现了合并，形成了我们中华民族最早的一支核心力量。

炎黄氏族的兴起大约在5000年前的原始社会晚期，我国黄河、长江流域一带居住着许多氏族部落。炎帝和黄帝氏族是其中最强大、最有号召力的两支。炎帝和黄帝的联合部队在涿鹿（河北省怀来县）与蚩尤进行决战获胜，蚩尤被处死，蚩尤的残部被收编，黄帝也成为众多部落中无可争议的最强者，成功地将自己的影响力从河北北部扩展到了黄河两岸。面对黄帝实力的迅速膨胀，炎帝耿耿于怀，图谋与之争夺在各个部落间的主导地位，于是便发生了“阪泉之战”，地点仍在涿鹿附近。炎帝族此时的实力已经远远不能与黄帝相提并论了，他们三战三败，最终归服了黄帝。自此以后，黄帝族与炎帝族联合，在我国广大的中原地区占据了主导地位，黄帝的领袖地位也得到了黄河中下游各部落的公认。黄帝时代人们已从采集渔猎、漂泊迁徙的“野蛮”生活方式过渡到了以种植业为主、铜石并用、相对定居，社会有一定分工的“文明”时代。而黄帝本人也以第一个伟大领袖的身份被载入了华夏民族的史册。

中国古代的传说都十分推崇黄帝，后代的人都认为黄帝是华夏族的始祖，自己是黄帝的子孙。因为炎帝族和黄帝族原来是近亲，后来又融合在一起，所以我们也常常把自己称为炎黄子孙。不仅中原民族，就是周边的匈奴、羌族、鲜卑、女真各族也都自称是炎黄的子孙。共同的祖先，共同的根，把世界各地的中华儿女联系在了一起，使中华民族成为世界上最有凝聚力的民族之一。无论任何年代，任何地点，炎黄子孙都团结努力、生生不息。不仅如此，炎黄子孙还使“大一统”的观念深入人心。可以说，它深刻影响了后来人的思维方式和国家形态，潜移默化地决定了中国历史的走向。

2. 春秋诸侯争霸

从公元前770年到公元前221年的春秋战国时期，是我国奴隶社会瓦解和封建社会形成时期。春秋时期我国奴隶社会瓦解，周天子的权威一落千丈，诸侯国有100多个，一些政治经济实力较强的诸侯国为了争夺土地和人口，不断进行兼并战争，胜者召开各诸侯国会议，迫使大家承认其首领地位，成为“霸主”。先后起来争霸的有齐桓公、宋襄公、晋文公、秦穆公、楚庄王，历史上称为“春秋五霸”。最早称霸的是齐桓公，他在鲍叔牙的帮助下当了国君，在管仲的帮助下使国家富强并最终取得了周天子的信任，最后取得了霸主的地位。齐桓公去世以后，齐国的霸权地位就结束了，接下来继续争霸的是晋文公和楚庄王，两国经过连年征战，不仅使地处中原的诸侯国深受其害，自身也深感不堪重负，加之国内政治斗争的复杂，也想休战，在这种背景下两国停战数十年。最后进行争霸的是吴越两国，越王勾践经过卧薪尝胆最终打败了吴王夫差，周天子派使臣送祭肉给勾践，承认了他的霸主地位。

春秋时期统治阶级不断发动的争霸战争带有掠夺性和非正义性，给中原人民带来极大的痛苦，但同时春秋时期的大国争霸，也是中国奴隶制瓦解的反映，大国争霸的结果更促进了奴隶制的衰亡，也为社会的发展、阶级关系的变化和新制度的产生创造了条件。在大国争霸中，各大国兼并小国，开拓了疆土，实现了区域性的局部统一。在大国争霸过程中，华夏族和周边各部落的联系、交往、融合加强了，形成了以东方的齐国、南方的楚国、西方的秦国、北方的燕国为主的民族融合区域中心，为华夏族的形成奠定了基础。

3. 昭君出塞

公元前 33 年，匈奴呼韩邪单于在西汉的支持下，控制了匈奴各部，他还到长安朝见汉朝皇帝，向汉元帝请婚，元帝以宫女王嫱（字昭君）嫁给呼韩邪单于。王昭君容貌美丽，仪态大方，通情识理，深得呼韩邪单于的倾心敬爱，特加称号“宁胡阏氏”，意思是通过这次和亲，将与汉家建立永远和好安宁的关系。公元前 31 年，呼韩邪卒，昭君与他一起生活了 3 年，生有一子，名伊屠智牙师。单于位由呼韩邪的长子雕陶莫皋继承，是为复株累若鞮单于。雕陶莫皋为呼韩邪大阏氏所生，按匈奴“父死妻其母（非亲生母）”的风俗，昭君要再嫁雕陶莫皋，依照中原的伦常规范，她不愿意这样做，故上书成帝表示不愿改嫁，要求归汉，汉廷从尊重匈奴的习俗考虑，敕令她“从胡俗”。这样昭君又顾全大局与呼韩邪父子两代结合，再嫁给复株累若鞮单于，并生了两个女儿。

昭君出塞的数十年内，受她的影响，汉匈和睦相处，这之后的 40 年间没有发生战争，为黄河流域经济文化的发展提供了安定的社会环境。同时，昭君出塞后，促进了汉匈之间的经济文化交流，对匈奴经济文化的发展起到了推动作用。“和亲”是“化干戈为玉帛”解决民族纠纷的一种有效方式，体现着中国文化的成熟和智慧。可以说，“昭君出塞、胡汉和亲”是民族文化互补融合的历史案例，是实现民族团结、促进社会和谐、维护国家统一的经典之一。

4. 北魏孝文帝汉化改革

征服者总是为被征服者的较高文明和文化所征服。北魏统一北方后，民族矛盾和阶级矛盾仍然尖锐，北魏统治集团与各族人民的阶级矛盾上升为主要矛盾，青、齐、洛、豫、冀、秦、雍、徐、兖等州相继发生起义，北方边镇一带反抗逃亡频繁；北魏统治集团与汉族地方豪强、北魏统治集团内部、封建中央集权与旧部落显贵的矛盾也十分尖锐，要解决这些矛盾，必须在政治、经济、文化等各方面进行深入的改革。孝文帝就承担并且实施了这样的改革。孝文帝汉化改革的内容有以下几方面。第一，易鲜卑服装为汉服。太和十九年（公元 495 年）十二月甲子，孝文帝在光极堂会见群臣时，“班赐冠服”，这是易鲜卑官服为汉官服的具体执行措施。第二，规定官员在朝廷上使用汉语，禁用鲜卑语，并称鲜卑语为“北语”，汉语为“正音”。孝文帝曰：“今欲断诸北语，一从正音。”30岁以上的鲜卑官吏，在朝廷上要逐步改说汉语，30岁以下的鲜卑官吏在朝廷上则要立即改说汉语，如有故意说鲜卑语者，降爵罢官。第三，迁往洛阳的鲜卑人，要以洛阳为籍贯，死后不得归葬平城。第四，改鲜卑贵族原有的姓氏为汉姓，并定门第等级。所改的汉姓，以音近于原鲜卑姓者为准，如拓跋氏为首姓，改姓元氏，是最高的门第等级；另丘穆陵氏改姓穆氏，步六孤氏改姓陆氏，贺赖氏改姓贺氏，独孤氏改姓刘氏，贺楼氏改姓楼氏，勿忸于氏改为于氏，纥奚氏改姓嵇氏，尉迟氏改姓尉氏。这八姓贵族的社会地位，等同于北方最高门第崔、卢、郑、王四姓。其他等级稍低一些的鲜卑贵族姓氏亦改为汉姓，其等第与汉族一般士族相当。此外，孝文帝还积极鼓励鲜卑的皇族和贵族与汉族士族通婚，借以建立政治联姻，由此加强汉族与鲜卑族的民族融合。

北魏孝文帝改革，对于中国统一的多民族国家历史的发展，做出了积极的贡献。

5. 文成公主入藏

隋唐之际，即公元7世纪前期，吐蕃族出现了一位杰出领袖名叫弃宗弄赞，西藏的佛教史则称之为松赞干布，后来的历史文献均用此名。他年纪很轻就当了赞普，建立起强大的奴隶制政权，成为青藏高原各部落的霸主，以逻些（今拉萨）为首都。那时内地正是唐太宗贞观时期，声威远震，万国朝宗，而松赞干布又素慕唐朝的文化，景仰唐朝的文明，于贞观八年（公元634年）派遣首批使者到了长安，唐朝亦遣冯德遐回访吐蕃，是为汉藏民族友好关系的开端。此后，松赞干布多次遣使到长安朝贡，欲效吐谷浑及突厥之先例，娶唐朝公主为妻，唐太宗没有允许。使者回到吐蕃谎称：“初到长安，唐朝十分优待，允许通婚。正好碰上吐谷浑国王入朝，在唐太宗面前离间我们的关系，遂罢通婚之议。”松赞干布闻之甚怒，与羊同等部落联合出兵，攻击吐谷浑。吐谷浑招架不住逃至青海。吐蕃攻击党项及白兰两个部落之后，屯兵20万于松州（今四川省松潘县）之西，遣使送金银布帛至长安，声称是娶公主的聘礼。由使者传话威胁说：“若大国不嫁公主，当即进攻内地。”这种以重兵逼嫁，胁迫成婚的无礼要求，自然遭到唐太宗的反对。不久，松赞干布果然率兵进攻了松州。唐太宗当即遣吏部尚书侯君集率兵5万分四路合击，斩首千余级，松赞干布大败，引兵遁逃，遣使谢罪，复求婚约，唐太宗这次才答应通婚的要求。贞观十四年（公元640年），松赞干布派遣他的大相（职同宰相）禄东赞送上黄金5000两，珠宝数百件到长安聘婚，唐太宗答应将宗室之女文成公主嫁给松赞干布。唐太宗对文成公主出嫁西藏之事十分重视，不仅为她准备了很多妆奁，其中包括诗文、经史、农事、医药、天文、历法等书籍，还有谷物、蔬菜、果木种子以及各种精美的手工艺品。除此之外，还带去了各种技术工匠和一支宫廷乐队。当时唐朝盛行佛教，文成公主是一名虔诚的佛教信仰者，所以还带去了一尊佛像。贞观十五年（公元641年），唐太宗派江夏王礼部尚书李道宗护送文成公主入藏。文成公主入藏之后，把唐朝的优秀文化和先进的生产技术传入了西藏，和松赞干布同心协力发展吐蕃的经济和文化。

文成公主入藏，对于发展藏族的经济文化、藏族与内地的往来、促进民族融合做出了巨大的贡献。

二、政治改革

范仲淹的《上执政书》说：“穷则变，变则通，通则久。非知变者，其能久乎?”中国古代的统治阶级为了推动社会政治经济和文化的发展，缓解或消除社会矛盾，医治社会政治弊端，维护自己的统治，在国家经济不发达，军事不强大的时候就要做出一定的改革，来促进国家的强大，在中国历史上的政治改革对社会的进步都起到了一定促进作用，然而，有的也由于种种原因而壮志难酬。

1. 商鞅变法

秦国在春秋时期，社会经济的发展落后于关东各大国，土地私有制产生的赋税改革，也迟于关东各国很多。如鲁国“初税亩”是在公元前594年，秦国的“初租禾”是在公元前408年，落后186年。可是这时，秦国已使用铁农具，社会经济发展较快，不仅加速了井田制的瓦解和土地私有制的产生过程，而且还引起社会秩序的变动。公元前384年，秦献公即位，下令废除用人殉葬的恶习。次年又迁都栎立，决心彻底改革，并下令招贤。商鞅自魏国入秦，孝公任他为左庶长，开始变法。商鞅变法包括以下内容。

政治方面以彻底废除旧“世卿世禄制”，建立新的封建专制主义中央集权制为重点，具体措施有三：制定二十级爵和制定奖励军功，严惩私斗的办法；实行县制，废除分封制；实行什伍制为基层行政单位。

经济方面的具体内容有三：在全国范围废除井田制度，实行土地私有制度；实行重农抑商政策；统一度量衡。

社会方面的改革主要是推行小家庭政策，以利于增加人口，征收徭役和户口税等。

商鞅变法基本确立了土地私有制和郡县制，促使秦国富强，使秦国逐渐成为战国后期最强大的国家，为历史上第一个统一的中央集权制封建国家——秦的建立奠定了坚实基础，同时对于封建制度的发展和巩固起到了一定的推动作用。

2. 王安石变法

北宋王安石于宋神宗熙宁年间进行的改革。治平四年（公元1067年）正月，宋神宗赵顼即位。神宗立志革新，熙宁元年（公元1068年）四月，召王安石入京，变法立制，富国强兵，改变积贫积弱的现状。王安石变法的主要内容如下。

① 青苗法。这个办法是他在鄞县试用过的，拿来推广到全国实行。

② 农田水利法。政府鼓励地方兴修水利，开垦荒地。

③ 免役法。官府的各种差役，民户不再自己服役，改为由官府雇人服役。民户按贫富等级，交纳免役钱，原来不服役的官僚、地主也要交钱。这样既增加了官府收入，也减轻了农民的劳役负担。

④ 方田均税法。为了防止大地主兼并土地，隐瞒田产人口，由政府丈量土地，核实土地数量，按土地多少、肥瘠收税。

⑤ 保甲法。政府把农民按住户组织起来，每10家一保，50家为一大保，10大保为一都保。家里有两个以上成年男子的，抽一个当保丁，农闲练兵，战时编入军队打仗。

王安石变法虽然失败了，但是他的变法措施具有一定的历史进步意义，反映了当时社会经济发展的需要，是值得肯定的。

三、思想变迁

思想，是指作为心智活动的产物，潜在或已经存在于我们心中的东西，也就是我们平时所说的想法。一个人的想法能够左右人的一生，一个社会的思潮能够影响社会的进步与发展，思想的作用，每个人都不容忽视。

1. 百家争鸣

百家争鸣是指春秋战国时期知识分子中不同学派的涌现及各流派争芳斗艳的局面。春秋战国时期，是由封建领主制向封建地主制过渡的时期，新旧阶级之间，各阶级、阶层之间的斗争复杂而又激烈。代表各阶级、各阶层、各派政治力量的学者或思想家，都企图按照本阶级（层）或本集团的利益和要求，对宇宙、对社会、对万事万物做出解释，或提出主张，他们著书立说，广收门徒，高谈阔论，互相辩难，于是出现了一个思想领域里“百家争鸣”的局面。所谓“诸子百家”，主要有儒家、墨家、道家和法家，其次有阴阳家、杂家、名家、纵横家、兵家、小说家等。后人把小说家以外的九家，又称为“九流”。俗称的“十家九流”就是从这里来的。

儒家的创始人是孔子，孔子理论的核心是“仁”，而体现“仁”的制度或行为的准则是“礼”。儒家学派在孔子以后发生分裂，至战国中期孟子成为代表人物。孟子是孔子的嫡孙子思（名孔伋）的弟子。孟子的主张是复古倒退的，当时许多国王都认为不合时宜。儒家的代表人物还有荀子，荀子名况，时人尊他为荀卿。墨家学派创始人是墨子，墨子名翟，是战国初期鲁国人。墨子的主张和儒家是针锋相对的。反对世卿世禄制度，主张尚贤，任用官吏要重视才能，打破旧的等级观念，使“官无常贵，而民无终贱”。代表墨翟思想的有《墨子》一书，是他的弟子根据授课笔记编撰而成的。道家学派的创始人是老子，老子出身于没落贵族。反映他思想的书为《老子》，又名《道德经》，大约是战国人编纂的。道家在战国时期的代表人物是庄周，庄周是宋人，出身于没落贵族家庭，曾做过宋国漆园吏的小官，后来厌恶官职，“终身不仕”。《庄子》一书，是由他和门人编成的。法家学派代表新兴地主阶级的利益。早期代表人物有李悝、吴起、商鞅、慎到、申不害等人，后期法家韩非是专制主义中央集权理论集大成者。韩非是荀子的大弟子，与李斯同学，出身于战国时韩国的贵族家庭。《韩非子》一书是他总结前期法家思想的成果。韩非注意吸取法家不同学派的长处，提出了“法”、“术”、“势”相结合的法治理论。

战国时期“百家争鸣”反映了当时社会政治斗争的激烈和复杂。虽然流派很多，但阶级阵线非常鲜明，主要是新兴地主阶级和没落奴隶主之间的阶级斗争。这个时期的文化思想，奠定了整个封建时代文化的基础，对中国古代文化乃至中国后来的思想文化都有着非常深刻的影响。

2. 罢黜百家、独尊儒术

秦始皇统一中国，作为中国历史上的第一个皇帝，他使天下车同轨、书同文、行同伦。但由于他主张“以法为教，以吏为师”，所以没有制定出一套集道德规范、法律章程和学术研究于一体的哲学体系。

汉武帝时，时代需要一整套的上层建筑，也需要有一套广泛的哲学体系。于是汉武帝便招贤良文学之士，亲自策问治理国家的纲领性的东西，讨论治国方针。儒学大师董仲舒在第三次对策中进一步从理论上论述了“罢黜百家，独尊儒术”。他说：《春秋》讲大一统，这是千古以来天经地义的事。现在做老师的各执不同的学说，普通人各有各自的见解和言论。百家各有各的要旨，互相参差抵牾。因此使统治者无法完整地统一起来，而且如果老是变更法令制度，臣下、人民将不知所守。因此，我认为，凡是不在礼乐射御书数之内，不属于孔子学说的言论，都杜绝其兴起的根源，不要让他们与儒家争道。这样，邪谈怪论便会灭息，然后天下便有一致的条例准则和明晰的法令，人们便知所从了。因此应该明确儒家思想的正统地位，罢黜诸子百家之学，实行学术上、思想上的“大一统”。

董仲舒的观点，得到了汉武帝的赏识，从此，“独尊儒术”的文化政策得到了确立。

汉武帝“独尊儒术，罢黜百家”有其时代特点。他推崇的儒术，已吸收了法家、道家、阴阳家等各种不同学派的一些思想，与孔孟为代表的先秦儒家思想有所不同。汉武帝把儒术与刑名法术相糅合，形成了“王霸并用”的统治手段，对后世影响颇为深远。从此，儒家思想成为我国封建时代的正统思想，以致影响中国两千多年，在构造中华民族的共同心理、增强中华民族的凝聚力方面发挥了很大的作用。

四、古代战争

人类的历史几乎就是一部战争史，战争伴随了人类历史的全过程，利益竞争是硝烟四起的直接原因，有的为了争夺财产，有的为了江山社稷。其实战争也是自然竞争的一种形式，自然竞争的法则是优胜劣汰。贪图安逸，不思进取有可能被淘汰，胜利永远属于那些不知疲倦的强者和勇敢者。

1. 楚汉战争

楚汉战争是继中国秦末农民大起义之后，项羽和刘邦之间为争夺封建统治权力而进行的战争。自汉元年（公元前 206 年）初至高祖五年（公元前 202 年）十二月，历时 4 年余。

在秦末农民大起义过程中，陈胜牺牲后，刘邦集团和项羽集团成为反秦武装的两支主力。秦二世三年（公元前 207 年），刘邦、项羽相继率兵入关，推翻秦王朝。按照原来楚怀王的约言先入定关中者王之，刘邦先入咸阳，理应王关中，但项羽自恃功高，企图独霸天下。他自封为西楚霸王，王梁楚地 9 郡，都彭城（今江苏徐州），又分封 18 路诸侯。刘邦被封为汉王，局促于巴、蜀、汉中一隅。项羽分封诸侯后即罢兵回归彭城。不久，齐、赵和彭越起兵反楚，对西楚构成直接威胁。项羽不得不调遣主力击齐，以稳定局势。当时僻处巴蜀的刘邦乘项羽无暇西顾之际，于八月出故道，迅速平定三秦，继续东进，使项羽在战略上陷于两线作战的不利处境。楚军主力困于齐地，无法脱身。刘邦乘隙进驻洛阳，同时，以项羽放杀义帝为由，率诸侯兵众 56 万人进据楚都彭城。项羽得知彭城失陷的消息后，亲自率精兵 3 万人回师彭城。在楚军突然袭击下，汉军一败涂地，刘邦仅得与数十骑突围。

彭城之战后，楚汉便进入了双方相持的阶段。刘邦利用骑兵部队，有效地阻挡了楚军的进攻；与此同时，汉军一方面坚守荥阳、成皋一线，一方面积极在楚军的后方和侧翼开辟新战场。这一部署打击了项羽在战略上的致命弱点，很快收到了成效。汉二年八月至次年十月，韩信接连平定魏、代、赵、燕，矛头直指齐地，逐渐形成包围西楚的态势。而项羽却始终不能摆脱两线作战，首尾不能相顾的困境。特别是项羽不能用人，在政治上、军事上连连失策，使刘邦得以调兵遣将完成对项羽的战略包围。汉三年，汉军在成皋大破楚军，韩信也平定齐地。项羽腹背受敌，进退失据，陷于汉军的战略包围之中。

汉四年八月，项羽向刘邦提出议和，楚汉约定以鸿沟为界，鸿沟以西为汉，以东为楚。九月，项羽率兵东归，而刘邦却背约攻楚。次年十二月，项羽被围困于垓下，汉军四面唱起楚歌，楚军士无斗志；项羽率少数骑兵突围至乌江，自刎而死。楚汉战争最后以刘邦夺取天下，建立汉王朝而告终。

令人敬佩的是刘邦以他高瞻远瞩的眼光和宽广的胸怀，在处于劣势的情况下赢得了楚汉战争的胜利，建立起一个大一统的封建帝国，极大地推动了社会的发展。

2. 赤壁之战

曹操统一北方以后，面对的主要对手还剩下占据荆州的刘表和江东的孙权。此时，刘备又一次被曹操打败，逃到了刘表那里暂时安身。曹操决定出兵南下，表面上目标是刘表，实际则是彻底消灭刘备，并视情况进攻孙权。应该说，曹操的雄心很大，但他并没有统一的绝对实力，结果自然也是注定失败。

曹操带领他的 80 万人马（其实不过 20 万）威逼江东，诸葛亮对刘备说“形势紧急，我们只有向孙权求救一条路了。”正好孙权担心曹操对自己不利，派鲁肃来探听情况，诸葛亮就跟鲁肃一起去见孙权。他建议两家联手抵抗曹军，指出曹军已经是强弩之末，而且不习惯水战，刘备虽然败了，但还有很强的实力，打败曹操是很有希望的。孙权很高兴，召集群臣商议。就在此时，曹操派人送来了战书，不少人被吓住了，纷纷主张投降。鲁肃劝孙权不要被投降派左右，赶快把大将周瑜召回来商量。

周瑜回来后，给大家分析了曹操许多不利的条件，认为北方士兵不会水战，而且老远赶到这陌生地方，水土不服，一定会生病，兵马再多，也没有用。孙权听了以后信心大增，他拔出宝剑，把桌子砍去一角，严厉地说："谁要再敢提投降曹操，就跟这桌子一样。"

周瑜带领 3 万人马在赤壁和曹军相遇，结果曹军大败，被迫撤退到长江的北岸。周瑜率领水军进驻南岸，和曹军隔江遥遥相对。

曹军士兵不会水战，在船上遇到风浪就受不了，只好把战船用铁索拴在一起减少颠簸。周瑜的部将黄盖看到这个情况，便向周瑜建议用火攻。周瑜觉得这主意不错，两人商量好，让黄盖假意写信给曹操，表示要投向曹操，骄傲的曹操果然上当，对此一点也没有怀疑。结果黄盖借着东南风，把数十条起火的大船送进曹军水寨，曹军全线崩溃，曹操败走华容道。之后，刘备和周瑜一起，分水陆两路紧紧追赶，一直追到南郡（在今湖北江陵）。曹操派部将镇守江陵、襄阳，自己带兵回到北方去了。不久江陵被周瑜攻破，曹操南征的成果只剩下了襄阳。

赤壁之战以后，刘备向江南发展，连续攻克武陵、长沙、醴陵、桂阳，占领了荆州南部。荆州北部则被曹操和孙权分占。经此一战，曹操暂时无力南下，孙权的实力有所增强，最大的受益者是刘备。他终于获得了一块比较稳定的根据地，可以以此为基础，逐步实现诸葛亮的战略构想了。

此战过后，三足鼎立的局面便基本上形成了。

赤壁之战是中国历史上一次有名的以弱胜强的战役，在历史上也具有非常重要的意义，赤壁之战促成了三国鼎立之势的形成，让我们记住了流传千古的故事，更领略到了三国时代千古风流人物的风采。

3. 淝水之战

公元 357 年，苻坚继承了前秦帝位，他在位期间政治清明、百姓富庶。在他逐渐统一北方后，不断向南扩张，急欲灭亡东晋，实现天下一统。

公元 383 年七月，秦王苻坚自恃国强兵众，不听群臣劝阻，调集近 90 万大军大举攻晋。八月，命苻融、慕容垂、梁成等率步骑 25 万为前锋先发。九月，亲自率主力出长安进至项县（今河南沈丘）。东晋面对秦军进攻，一致主张抵抗。执掌朝政的宰相谢安命谢石、谢玄、谢琰等率水陆军 8 万赴淮水一线抗秦，命胡彬率 5 千水军增援寿阳（今安徽寿县）。十月十八日，苻坚之弟苻融率秦前锋部队攻占了寿阳，俘虏晋军守将徐元喜。与此同时，秦军慕容垂部攻占了郧城（今湖北郧县）。奉命率水军支援寿阳的胡彬在半路上得知寿阳已被苻融攻破，便退守硖石（今安徽凤台西南），等待与谢石、谢玄的大军会合。苻融又率军攻打硖石。苻融部将梁成率兵 5 万进攻洛涧（在今安徽淮南东），截断淮河交通，阻断了胡彬的退路。胡彬困守硖石，粮草用尽，难以支撑，写信向谢石告急，但送信的晋兵被秦兵捉住，此信落在苻融手里。苻融立刻向苻坚报告了晋军兵少，粮草缺乏的情况，建议迅速起兵，以防晋军逃遁。苻坚得报，把大军留在项城，亲率八千骑兵疾趋寿阳，并派晋降将朱序到晋营劝降。不想朱序一心向晋，反将秦军情况密告谢石，并建议趁秦军尚未集中，迅速发起反攻，击败其前锋。谢石采纳其意，命谢玄派猛将刘牢之率五千精兵，先对洛涧秦军发起突然袭击，五万秦军刚一交手，就土崩瓦解，梁成被杀。晋军士气大振，乘胜直逼淝水东岸。

苻坚登上寿阳城楼望见对岸晋军布阵严整，又误望八公山上草木皆兵，不禁有些害怕。谢玄针对秦军上下离心，士兵厌战和苻坚急于决战的心理，派人至秦营，要求秦军稍从淝水后撤，以让晋军渡河决战。秦将皆不同意后撤，但苻坚想待晋军半渡而击取胜，遂答应了晋军要求。苻坚下令稍退，本来内部不稳的秦军，一退而不可止，阵势大乱。朱序又在阵后大呼秦军败了，被迫从军的各族士兵纷纷逃命。晋军及时抢渡淝水猛攻，秦军大溃，自相践踏，死者不计其数。谢玄率军乘胜追击，直至青冈（今安徽寿县西 30 里处）。

淝水之战，前秦大伤元气，维持统一的强大军事力量垮了，苻坚统一南北的希望彻底破灭，不仅如此，北方暂时统一的局面也随之解体，再次分裂成更多的地方民族政权，鲜卑族的慕容垂和羌族的姚苌等各族贵族重新崛起，各自建立了新的国家，苻坚本人也在两年后被姚苌俘杀，曾几何时还不可一世的前秦随之灭亡。此战的胜利者东晋王朝虽无力恢复全中国的统治权，但却有效地遏制了北方少数民族的南下侵扰，为江南地区社会经济的恢复和发展创造了条件。淝水之战也成为以少胜多的著名战例，载入军事史，对后世兵家的战争观念和决战思想产生着深远影响。

五、对外交流

古老的中华文明博大精深，在通过各种形式把中华文明传播到世界各国的同时，也把世界各国文化输入到了中国。实践证明，对外的各种经济、文化交流，对于繁荣本国经济，促进文化兴盛，都有一定的促进作用，在对外友好交流的历史上，有很多人做出过巨大贡献，其事件也一直流传到今天。

1. 张骞出使西域

张骞，西汉外交家、探险家，汉中成固（今陕西省城固县）人。

古时候，我国把今天的新疆维吾尔自治区和新疆维吾尔自治区以西的地区统称为“西域”。中原和西域虽然距离遥远，交通险阻，但很早就有了密切联系和频繁往来。公元前 139 年，张骞受汉武帝的命令率人前往西域，寻找并联络曾被匈奴赶跑的大月氏，合力攻击匈奴。

张骞一行从长安起程，经过陇西向西行进。一路上虽然困难重重，但是他坚信一定能完成使命，当他们到达了河西走廊一带，即被占据此地的匈奴骑兵发现。张骞和随从一百多人全部被俘虏，一扣就是十年之久，而张骞始终“持汉节不失”。匈奴君主单于为了招降张骞，让他娶了当地人为妻，并且生了儿子，但也丝毫未能动摇他完成朝廷使命的信念。后来，张骞终于找到一个机会，率部属逃出，向西急行，奔波了几十天，历尽艰辛，越过葱岭到达大宛。大宛派人把张骞一行护送到康居，又通过康居找到大月氏。此时大月氏已在阿姆河一带定居，大月氏人满足于眼前的安乐生活，不愿再同匈奴打仗。张骞没有达到目的，一年以后回国。途中又被匈奴扣留了一年多，后趁匈奴内乱才得以脱身，于公元前 126 年回到汉朝都城长安。

张骞第一次出使西域，虽然未能完成与大月氏结盟夹击匈奴的使命，但却获得了大量有关西域各国的人文地理知识。回到长安以后，张骞将他的见闻向汉武帝作了详细报告，对葱岭东西、中亚、西亚，以及安息、印度诸国的位置、特产、人口、城市、兵力等都作了说明，这对于研究这些国家和地区的古地理和历史都是非常珍贵的资料。

公元前 119 年，汉王朝为了进一步联络乌孙，断“匈奴右臂”，便派张骞再次出使西域。这次张骞带了三百多人，顺利地到达了乌孙。并派副使访问了康居、大宛、大月氏、大夏、安息、身毒等国，代表汉朝同这些国家建立直接的友好往来和外交关系。由于乌孙国王已经年老，加上子侄们为继承王位争斗不休，国内比较混乱，无意东归，但表示十分愿意同汉朝建立友好的关系。

张骞不畏艰险，奉命两次出使西域，尽管遇到了艰难险阻，但是在他的努力之下，不但开辟了举世闻名的丝绸之路，还疏通了亚洲内陆交通要道，同时与西欧诸国也正式开始了友好往来，对于东西经济文化的广泛交流和我国统一的多民族的封建国家形成和发展，起到了重要作用。

2. 玄奘西游

玄奘，本性陈，名祎，河南人。8 岁开始学习《孝经》，在我国佛教学界享有崇高声望。

唐贞观元年（公元 627 年），玄奘出发西行。他不顾当时的出塞禁令，偷越玉门关，穿过茫茫沙漠，克服重重困难，跋涉了近一年，终于到达北印度。玄奘在北印度四处求学 15 年，游历了 40 多个国家。贞观五年，公元 631 年，他进入中印度到伽耶城，前往著名的那烂陀寺学习了 5 年后，又到南印度等地考察学习，6 年后再次返回那烂陀寺，这时的玄奘在学术上已达到极高的水平，也赢得了极高的声誉，但这些并没有改变玄奘学成归国的初衷。贞观十七年（公元 643 年）春，玄奘带上多年搜集的佛经、佛像，离开印度回返祖国，到长安后受到了热烈欢迎。之后，玄奘开始了大规模的佛经翻译工作，前后翻译佛经 74 部，约 1300 多卷，为促进中印文化交流起到了积极作用。

玄奘西行求法舍生忘死毫不动摇，特别是在得到胜利和最高荣誉的时候也不忘根本，完成终生业绩即返回祖国的事迹，深受万民敬仰。作为一名高僧、一位大翻译家、中印人民的友好使者，玄奘为中国文化的发展，为中国与印度之间的友谊和文化的交流与传播做出了巨大的贡献。

3. 鉴真东渡

鉴真，唐代高僧，本姓淳于，扬州江扬县人，14 岁出家，21 岁在长安实际寺受戒，正式取得僧籍。他在 5 次东渡失败后，于公元 753 年 12 月 20 日第 6 次东渡日本终于成功。

公元7～8世纪时的日本处于封建制萌芽逐渐增长的奴隶社会，7世纪以后随着和中国交往的增加，向中国派遣使团和留学生，学习中国的经验。公元733年，日本国遣僧人荣睿、普照到中国邀高僧去日本传法受戒，经10年的访察，才于公元743年在扬州找到了鉴真，请鉴真东渡弘法。鉴真当时已55岁，为了弘扬佛法，传播唐代文化，他欣然接受了邀请。

第一次东渡，鉴真和弟子祥彦等21人从扬州出发，因受官府干涉失败。第二次东渡，他买了军船，采办了不少佛像、佛具、经书、药品、香料等，随行的弟子和技术人员达85人之多。可是船出了长江口，就受到风击破损，不得不返航修理。第三次出海，航行到舟山海面又因触礁而告失败。公元744年，鉴真准备由福州出海，可是在前往温州途中被官府追击，强制回扬州。公元748年，鉴真又开始了第五次东渡，他们从扬州出发，在舟山群岛停泊了3个月，横渡东海时又遇到台风，海上漂流了14天后，困在了海南岛南端的崖县。一年后，鉴真决定重返扬州，辗转回返扬州期间，日本学僧荣睿和弟子祥彦相继去世，鉴真本人也因长途跋涉，暑热染病，而至双目失明。这一系列打击不但没有吓倒鉴真，反而使他东渡的决心更坚定了。

公元753年，鉴真这位夙志不变、决心东渡弘法的盲僧离开扬州龙兴寺，乘第一艘遣唐使船从沙洲的黄泗浦出发，第六次东渡日本，经过40多天的海上颠簸，终于踏上了东瀛的土地，他在日本生活了10年，于公元763年在日本圆寂，时年76岁。

鉴真东渡日本以后，对当地的建筑、雕塑、医学、书法等方面产生了非常深远的影响，同时也极大地促进了中日关系的发展，在中国对外关系史上留下了浓重的一笔。

4. 郑和下西洋

郑和，本姓马名和，小名“三保（宝）”，回族，云南昆明人，是我国著名的航海家。

为扬国威，加强与海外诸国的联系，满足统治者对异域珍宝特产的需求，明成祖派郑和出使西洋。郑和从公元1405年到1433年的漫长28年间，7次率大批船队航海（第七次受明宣宗派遣），纵横于太平洋和印度洋，遍访亚非30多个国家和地区，最远到抵红海沿岸和非洲东海岸达7万余海里。他们所到之处的第一件事就是建立与当地政府的友好关系，其次是发展与当地人民的和平贸易，外交上的平等交往，贸易上的平等互利，使当地人民心悦诚服，愿意与中国人做生意。

郑和下西洋的壮举密切了中国同海外诸国的友好往来，使明朝与海外诸国的朝贡贸易达到鼎盛，促进了中国与南亚、西亚、东非各国的经济文化交流。郑和带回的香料、药材，改善了人民的生活，丰富了中医药宝库；胭脂石等原材料技术的输入，使明代的陶瓷业发展到了一个新的高度。

郑和下西洋，建立并巩固了海上丝绸之路，传播中华文明，输出先进的科学技术，在本来战火纷纭的亚非世界开创建立了和平秩序，为世界文明进步做出了巨大贡献。

第二节 杰出历史人物

梁启超言："历史者英雄之舞台也，舍英雄几无历史。"这些杰出的历史人物，通过改变自己的命运改变着人类历史的发展轨迹，他们自觉或下意识运用着这个历史的法则，推动着社会的前进。

一、思想先驱

1. 老子

老子，姓李，名耳，谥曰聃，字伯阳，楚国苦县（今鹿邑县）人，曾做过周朝的守藏史。春秋时期伟大的思想家、哲学家，道家学派的创始人。

老子的遗留名著《道德经》，是用韵文写成的一部哲理诗，开创了我国古代哲学思想的先河。它是道家的主要经典著作，也是研究老子哲学思想的直接材料。《道德经》内容博大精深，历代注疏者不计其数，各家各派学者都从不同角度吸取其中的观点并加以阐发。他对中国哲学史有不可或缺的影响，对中华民族的贡献也是无可估量的。它还曾被前苏联、日本、德国、英国等国视为古代哲学中的奇葩。美国《纽约时报》将老子列在世界十大古代思想家之首。

《道德经》一书提出了老子学说的一大精髓，即朴素辩证法思想。《道德经》宣扬自然无为的天道观和无神论，其核心是"道"。老子反对天道有知，提出了天道无为的思想以及"道常无为，而无不为"的思想，即道是构成万物的基础，道并不是有意志、有目的地构成世界万物，道是世界万物自身的规律。他还指出一切事物都有正反两方面的对立，认为事物的变化都是有和无的统一，意识到对立面的互相转化，并提出"祸兮福之所倚，福兮祸之所伏"。因此，老子概括了一个最高实体"道"作为宇宙的本质，从整体上说明了世界的构成情况，并提出了辩证法的观点，这在哲学认识上无疑是一大进步。

老子主张"柔弱胜刚强"。他教导后世应"虚其心，实其腹，弱其志，强其骨。常使名无欲，使夫智者所不敢为也；为无为，则无不治（为）"。他热爱和平，反对无谓的战争，向往"小国寡民"的理想王国，"使民有什伯之器而不用，使民重死而不远徙，虽有舟舆，无所乘之，虽有甲兵，无所陈之，使人复结绳而用之，甘其食，美其服，安其居，乐其俗，邻国相望，鸡犬之音相闻，民至老死不相往来"。

老子自西汉初期受到尊崇后，历朝历代都不乏老子显灵之说，特别是在道教正式形成之后。汉桓帝时，边韶撰的《老子铭》中称"老子道成仙化，蝉蜕渡世，自羲农以来，世为圣者作师。"到了唐代，唐高宗乾封元年尊老子为"太上玄元皇帝"，视老子犹如创世主。

老子的哲学思想和由他创立的道家学派，不但对我国古代思想文化做出了重要贡献，而且对我国2000多年来思想文化的发展产生了深远的影响。

2. 孔子

孔子（公元前551～479年），名丘，字仲尼，鲁国人。中国春秋末期伟大的思想家和教育家，儒家学派的创始人。

孔子是个大思想家，他创立了儒家学派。首先，他提出“仁”的学说，即要求统治者能够体贴民情，爱惜民力，不要过度压迫剥削人民，以缓和阶级矛盾。其次，他主张以德治民，反对苛政和任意刑杀。他的学说后来成为我国2000多年封建文化的正统，对后世影响极大。

孔子又是个大教育家。在奴隶社会，文化教育为官府所垄断，只有贵族子弟能够受教育。孔子而立之年就开始兴办私学，广收门徒，就连鲁大夫孟僖子其子孟懿子和南宫敬叔也前来学礼，可见孔子办学已名闻遐迩。私学的创设，打破了“学在官府”、官府垄断的传统，扩大了教育对象的范围，促进了学术文化的传承。据说孔子主张“因材施教”，对不同的学生进行不同的教育。他教育学生学习知识要经常复习，“温故而知新”，学习态度要老实，“知之为知之，不知为不知”，要把学习和思考结合起来。

孔子作为最早的史学家，晚年编订了古代的《诗》、《书》等几部文化典籍，还根据鲁国的历史材料编成《春秋》一书，开私人修史之先例，对古代文化的保存和发展起到了积极的作用。

两千多年来，孔子和他的思想在中国影响深远，被后人尊为“圣人”。

3. 孙子

孙子，名武，字长卿，春秋末期齐国乐安（今山东省惠民县）人。孙子生逢乱世，处于中国历史上战争风起云涌、弱肉强食的大变革时代，是我国古代伟大的军事家。

《孙子兵法》是孙子军事思想的光辉结晶，是现存的一部最早的兵书。《孙子兵法》是中国古典军事文化遗产中的璀璨瑰宝，是中国优秀文化传统的重要组成部分。该书内容完整，结构严密，思想精邃，自问世以来，对中国古代军事学术的发展产生了巨大而深远的影响，被人们尊奉为“兵经”、“百世谈兵之祖”，也因此为历代兵家所珍视。古代无数军事家从中汲取养料，用于指导战争实践和发展军事理论，军事理论家认为它是“最早、最优秀的著作”。三国时著名的政治家、军事家曹操第一个为《孙子兵法》作了系统的注解，为后人研究和运用《孙子兵法》打开了方便之门。

《孙子兵法》在世界军事史上也是一部颇有影响的光辉著作，在世界历史上久负盛名。《孙子兵法》于8世纪传入日本，18世纪传入欧洲，至今已翻译成29种文字在世界上广为流传。英国著名军事理论家利德尔·哈特对孙武及其著作深感兴趣，他的很多军事思想都源于《孙子兵法》。在1991年的海湾战争中，美国海军陆战队军官都奉命携带一本《孙子兵法》，以便在战场上阅读。现在许多国家的军事院校都把《孙子兵法》作为必修课之一，甚至许多中外企业还把它运用到了经济领域，作为经商立业的必读书。

4. 墨子

墨子名翟，鲁国人（一说宋国人），大约生于公元前468年，死于公元前376年。是春秋末期战国初期的思想家、政治活动家、教育家、科学家，是墨家学派创始人。

他出身微贱，做过工匠，自称“贱人”。曾入私学学习儒家学说，后来又到邹城师从史氏学习文化知识，逐渐成长为既有理论，又有实践的杰出人才，并创立了中国历史上的墨家学派。墨子对劳动人民的悲惨生活有深切的体会，强烈反对“富侮贫，贵傲贱”，主张“兼相爱，交相利”《墨子·兼爱》，有力的要以力助人，有财的要将财分人，有道的要用道教人，这样可使“饥者得食，寒者得衣，劳者得息，乱者得治”。但是这种“兼爱思想”忽视了阶级对立的事实，在人剥削人、人压迫人的阶级社会里是无法实现的。“兼爱”、“非攻”是墨子的核心思想，是一种散发着科学和人性光辉的学说理念。从这个理念出发，墨子又提出了“节用”、“节葬”、“非乐”、“非命”、“尚闲”、“尚同”等主张，反对统治者穷奢极欲、挥霍无度的生活，也反对以大欺小、以强凌弱的非正义战争。墨子的政治主张涉及社会、经济、政治、文化、教育、科学、宗教等诸多领域，“兴天下之利，除天下之害”是其一贯的宗旨，这是我国历史上第一个治国平天下的救世方略。墨子的学说对中国的传统文化思想起着巨大的影响作用。

5. 韩非子

韩非子，战国时期思想家、哲学家、散文家。他是先秦法家诸子中思想体系最严密、认识最深刻、提出的政策也最具有可行性的集大成者。他创立的法家学说，为中国第一个统一专制的中央集权制国家的诞生提供了理论依据。

韩非子的法家学说反对当时的复古观点，主张因时制宜。反对主张“仁爱”的儒家学说，主张法治，提出重赏、重罚、重农、重战4个政策。在他的主要著作《韩非子》中，他大胆地将儒家孔子、孟子倡导的“忠孝”体系完全打碎，以人趋利避害的自然属性“恶”作为学说的逻辑起点，主张以奖励引导人们去积极做符合统治者意愿的事情，用刑罚去避免人们做不符合统治秩序的行为，提出以法（固定的法则）、术（控制的手段）、势（政治的权利）这个简单而直击要害的统御民众的方法。此外，韩非子提倡的君权神授学说对自秦以后中国历代封建专制主义建立极权统治颇有影响。

韩非子的文章说理精密，文锋犀利，议论透辟，构思精巧，描写大胆，语言幽默，于平实中见奇妙，具有耐人寻味、警策世人的艺术效果。韩非子还善于运用大量浅显的寓言故事，通过抽象的道理，形象化地说明他的法家思想和他对社会人生的深刻认识。

二、千古帝王

1. 黄帝

黄帝是传说中中华民族的伟大始祖，是上古时代最早的圣王。黄帝姓公孙，居轩辕之丘，故号轩辕氏，亦称有熊氏，相传出生于农历二月初二，在中国西北黄土高原的沮源关降龙峡。

黄帝生性灵活，能说会道，道德情操高尚，被拥为西北方游牧部族的首领。他联合炎帝，打败由蚩尤率领的九黎族的入侵，代神农而成为部落联盟的首领，成为“黄帝”。历史上，尧、舜、夏、商、周都是黄帝的后裔，故称“轩辕后裔”、“炎黄子孙”。黄帝是最先统一中华民族的，是开创中华民族古代文明的祖先。

黄帝在位时间很久，其间国势强盛，政治安定，文化进步。

黄帝对我国古代文明发展的贡献是多方面的，历史上记载了他的许多发明创造，如文字、音乐、历数、宫室、舟车、衣裳等；设立百官，选派风后、力牧、常先、大鸿等贤人管理人民；制定礼仪、典章制度等作为百姓的行为准则，初步形成了国家的雏形。他倡导发展农业，播种谷物，改进百姓生活等，在推进社会进步中扮演了重要角色。

2. 秦始皇

秦始皇（公元前 259～公元前 210 年），姓嬴，名政，中国第一个多民族统一的封建帝国——秦王朝的创始人。

从公元前 230 年到公元前 221 年，嬴政用 10 年的时间相继消灭了韩、赵、魏、燕、楚、齐六国，结束了诸侯割据的战国时代，建立了中国历史上第一个统一的多民族中央集权制国家——秦王朝，自号秦始皇。

秦始皇统一中国后，立即进行了一系列改革。政治方面，废除了商周以来的分封制，推行郡县制，在皇帝的直接控制下，建立起从中央到郡县的一整套官僚机构。修建驰道、直道，连通首都与各郡。法律方面，吸收六国法律条文，制定和颁发了统一的法律。经济方面，推行重农抑商政策，扶持封建土地私有制的发展，统一度量衡，统一货币。文化思想方面，统一文字，把小篆颁行全国。在对外政策上，秦始皇开展对南方和所属其他地区的大规模征战，南方征服了“百越”，北方打击了匈奴。为了阻止匈奴对北方边境的骚扰，对燕、赵、秦原筑长城做了修补或新筑，连成了一道巨大高墙，这就是见证中国悠久历史的举世闻名的万里长城。这些政策和措施对推动中国封建社会的经济发展、文化融合和文明发展起到了巨大作用，对秦始皇及其后各代帝王所确立的中央集权的封建专制主义政体，具有划时代的意义。

在辉煌的功绩之外，秦始皇也作了许多违背历史、违背道德的蠢事，使秦王朝成为中国历史上最短命的王朝。

3. 李世民

唐太宗李世民（公元 599～649 年），唐朝杰出政治家、军事家，唐高祖李渊的次子，隋十八年十二月出生于武功（今陕西武功西北）。

李世民少娴军事，能征善武，自随父起兵太原开始，东征西讨，立下赫赫战功。玄武门之变，一举夺得皇位，次年（公元 627 年）改号为贞观。

唐太宗即位后，吸取隋朝的经验，居安思危，任用贤良，虚怀纳谏，励精图治，实行轻徭薄赋、疏缓刑罚的政策，并且进行了一系列政治、军事改革。政治方面，在沿用隋朝的官吏制度基础上进行了一定的改革，增加了宰相的数量，提高了办事效率，也避免了宰相专权；合并部分州县，精简机构，注重提高地方官的素质，从而出现“法平政平”的局面。法制方面，健全法律制度，改变隋末苛法滥行的局面。经济方面，推行均田制，使贫苦的农民获得土地，并兴修水利，促进农业生产的发展。文化方面，尊师崇儒，大力兴办学校。在处理周边民族关系方面也颇有建树，贞观四年（公元 630 年）唐太宗遣李靖平定东突厥，俘虏颉利可汗，解除了北边的威胁；贞观九年，平定吐谷浑，俘其王慕容伏允；贞观十四年，平定高昌氏，于其地置西州，并在交河城（今新疆吐鲁番西）置安西都护府。唐太宗对东突厥降众及依附于突厥的各族执行比较开明的政策，受到他们的拥戴，因而被尊为“天可汗”。贞观十五年以江夏王李道宗送文成公主和亲于吐蕃的赞普松赞干布，发展了汉、藏两族间的经济文化交流。这种开明的民族政策，为中华民族的大团结奠定了基础。

唐太宗这一系列的改革促成了社会安定、生产发展的升平景象，史称“贞观之治”。贞观之治是中国封建时代最著名的“治世”。唐太宗是中国历史上少有的明君，他能任用贤能，从善如流，闻过即改，视民如子，不分华夷，成为中国千年称颂的好皇帝。

4. 朱元璋

朱元璋，字国瑞，生于公元 1328 年，父母早逝，家境贫寒，年轻时曾入寺为僧。朱元璋是明朝开国皇帝，杰出的地主阶级政治家和军事家，史称明太祖，是中国历史上唯一一个出身微贱的皇帝，也是一个最富有传奇色彩的人物。

朱元璋 1352 年率众加入红巾军，参加元末的农民起义，攻下南京后采取“高筑墙，广积粮，缓称王”的战略方针，壮大军力，先后击破陈友谅、张士诚部，1368 年建立明朝，定都南京。他是乱世造就的英雄，最大的功绩就是结束了元末 20 年的战乱局面，为统治中国 277 年的明王朝打下了江山。

朱元璋称帝后半年，北伐军攻克大都，元亡。统一全国后，他采取与民安息的政策，减免赋税，颁布《大明律》稳定社会秩序；改革中央和地方的行政机构；废除丞相制，设立六部，直接由皇帝负责；改御史台为都察院，实行卫所制，使武将与兵权分离，设立锦衣卫，对朝臣和百姓进行监督；调整军事机构，推行科举制度，加强法制等一系列旨在加强封建专制主义统治的措施，使皇权得到了大大的加强。但是在改革的同时，他也开始了大肆诛杀有功之臣和大兴文字狱，严重阻碍了明朝文化思想的发展。

5. 康熙大帝

清朝的康熙帝名玄烨，是清朝顺治皇帝的第三子，生于顺治十一年（公元 1654 年）三月。他是一位杰出的政治家和军事家，在位 61 年，是中国历史上在位时间最长的皇帝。这期间，康熙皇帝凭借着他的文治武功，为我国多民族国家的形成、巩固和发展建立了丰功伟业，开创了“康熙盛世”，成为我国封建帝王中的佼佼者。

康熙皇帝14岁亲政，16岁智擒权臣鳌拜，削弱了八旗旗主的势力；20岁平定三藩叛乱，维护了国家统一；31岁，统一台湾，并在台湾开府设县，采取了一系列得力措施，促进了台湾及东南沿海经济的发展，维护了国家安宁；1689年，反击侵略，驱逐了占据我国黑龙江地区的沙俄势力，签订《中俄尼布楚条约》，确定了中俄东段边界。之后，康熙皇帝亲征平定了准噶尔部蒙古贵族分裂势力的动乱，建立会盟制度和避暑山庄外藩朝觐制等，加强了多民族国家的稳定，这是对中华民族历史发展的最大贡献。

在经济和文化建设上，康熙皇帝也创下对后世产生积极影响的重大业绩，如重视农业，治理黄淮河流，兴修水利，奖励垦荒，蠲免赋税，实行“滋生人丁，永不加赋”等鼓励经济发展的政策；兴文重教，编纂典籍《明史》、《全唐诗》等；在所有的文化活动中，最有特色的是他本人对西方科技的学习。他是中国古代唯一懂得天文、数学、地理等自然科学的皇帝。康熙皇帝一生勤政爱民，自14岁亲政开始就“御门听政”，亲自处理过时事。

就是这样一个头脑清醒，文武兼备，对自己讲学习，对朝政讲勤慎，能较好地处理各民族间的关系，从而开创了康乾盛世的千古帝王，促进了清朝初年社会经济的发展，巩固了我国多民族统一国家的疆域，对中国历史，以至于世界文明史的发展做出了杰出的贡献。

三、文坛巨匠

1. 屈原

屈原是战国末期楚国丹阳（今湖北秭归）人，杰出的政治家和爱国诗人。名平，字原，又自云名正则。

作为中国文学史上第一位最伟大的爱国诗人，屈原为后世留下了很多著名的文学作品，如：《离骚》、《天问》、《九歌》、《九章》、《招魂》等。其中，《离骚》是屈原的代表作，也是中国古代文学史上最长的一首浪漫主义的政治抒情诗；《天问》是古今罕见的奇特诗篇，它以问语一连向苍天提出了172个问题，涉及了天文、地理、文学、哲学等许多领域，表现了诗人对传统观念的大胆怀疑和追求真理的科学精神；《九歌》是在民间祭歌的基础上加工而成的一组祭神乐歌，诗中创造了大量神的形象，大多是人神恋歌。《离骚》、《天问》、《九歌》等诗篇，开创了楚辞的新体，对诗歌体式的发展产生了深远的影响，奠定了中国古代文学发展的积极浪漫主义的艺术传统。

2. 司马迁

司马迁（公元前145年～前90年），字子长，左冯翊夏阳（今陕西韩城）人，西汉时期著名的史学家，他的《史记》在中国散文发展史上起着承前启后的作用，既开创了中国纪传体史学，又开创了中国的传记文学。

司马迁10岁开始读古书，学习十分认真、刻苦，20岁那年，他从长安出发，到各地游历。后来回到长安，做了郎中。郎中守卫宫殿门户，管理车骑，随从皇帝出行，几次同汉武帝出外巡游，到过很多地方。35 岁那年，汉武帝派司马迁出使云南、四川、贵州等地，使他了解到那里的一些少数民族的风土人情。公元前 108 年（元封三年），他接替父亲职位做了太史令，公元前 104 年（太初元年）与天文学家唐都等人共订“太初历”；同年开始编撰《史记》；公元前 99 年（天汉二年）因为出击匈奴兵败投降的李陵辩护而触怒了汉武帝，被捕下狱。他按照汉朝法令的规定出钱赎罪，受了“腐刑”。公元前 96 年（太始元年）获赦出狱，做了中书令，掌握皇帝的文书机要，此后他发奋著书，全力撰写《史记》，约在 55 岁那年完成了全书的工作。《史记》既是历史的“实录”，同时也具有相当高的文学价值。它的艺术性首先表现在运用真实的历史材料成功地塑造出众多性格鲜明的人物形象。在人物塑造上，司马迁竭力做到将历史、人物和主题统一起来，这样既写活了历史，人物也显得栩栩如生；他还非常善于把人物置于尖锐的矛盾冲突中，通过人物的言行来完成人物性格的刻画。

《史记》从四个方面体现着司马迁的进步思想：对封建统治阶级，特别是对汉代最高统治集团的揭露和讽刺；反映了广大人民对封建暴政的反抗；热情赞扬和肯定了一系列下层人物；描写了一系列的爱国英雄。

另外，《史记》的语言朴素简练、通俗流畅，历来被奉为“古文”的最高成就。司马迁的学术思想，在中国古代思想文化史上占有重要突出的地位。《史记》被鲁迅誉为“史家之绝唱，无韵之《离骚》”。

除《史记》外，司马迁还作赋 8 篇，均已散失，唯存《艺文类聚》卷 30 引征《悲士不遇赋》的片段；又作《报任安书》，通过记述他下狱受刑的经过和发奋修史的抱负、史观，渗透出他对社会现实的批判精神。

3. 李白

李白（公元 701～762 年），字太白，号青莲居士。祖籍陇西成纪（今甘肃秦安西北），生于安西都护府所属碎叶城（在今吉尔吉斯斯坦国北部托克马克附近）。

李白少年时即显露才华，吟诗作赋，博学广览。他善于从民歌、神话中吸取营养和素材，构成其特有的瑰玮绚烂的色彩，是继屈原之后我国最杰出的浪漫主义诗人。李白具有超乎寻常的艺术天才和磅礴雄伟的艺术力量。他的诗雄奇豪放，想象丰富，语言流转自然，音律和谐多变，并以抒情为主，而其中又以七言歌行与七言绝句最为擅长。李白有“诗仙”之称，存诗 990 余首，有《李太白集》。李白与杜甫齐名，两人合称“李杜”。

李白的一生几乎在游历中度过。天宝元年（公元 742 年），被推荐至长安，供奉翰林，文章风采，名动一时，颇受唐玄宗赏识。但李白秉性耿直，对黑暗势力不会阿谀奉承，不能见容于权贵，因而遭受谗言诋毁，在长安前后不满两年，即被迫辞官离京。之后 11 年内，他在黄河、长江的中下游地区漫游，仍然过着飘荡四方的流浪生活。天宝三年，李白在洛阳与杜甫认识，结成好友，同游今河南、山东的一些地方，携手探胜，把酒论文，亲密无间，成为中国文学史上的佳话。天宝十四年，安史之乱爆发，第二年，李白怀着消灭叛乱、恢复国家统一的志愿，参加了率师由江陵东下的永王幕府工作。不幸，永王与肃宗发生了争夺帝位的斗争，兵败之后，李白受牵累，流放夜郎（今贵州境内），途中遇赦。晚年漂泊东南一带，依当涂县令李阳冰，不久即病逝。因此，在李白一生流传下来的诗篇中，大部分都鲜明地表现了他对封建权贵的轻蔑，对腐朽政治的揭露，对人民疾苦的关注和对祖国壮丽山川的赞美。

李白作为我国古代伟大的浪漫主义诗人，其作品和风格对后世影响很大，所以，一提起李白，中国人几乎没人不知道。李白是站在盛唐诗坛高峰之巅的大诗人，在中国诗歌的发展史上有着重要的地位，堪称中国诗坛第一人。

4. 杜甫

杜甫（公元 712～770 年），字子美，原籍湖北襄阳，生于河南巩县，盛唐大诗人，诗中常自称“少陵野老”。唐肃宗时，官左拾遗，后经推荐作剑南节度府参谋，加检校工部员外郎。故而后世又称他杜拾遗、杜工部。

杜甫继承和发展了《诗经》以来的优良文学传统，成为中国最早的现实主义诗人，并起着继往开来的重要作用，他一生写诗 1400 多首，善于运用各种诗歌形式，风格多样，以沉郁为主，语言精练，具有高度的表达能力。《兵车行》、《自京赴奉先县咏怀五百字》、《春望》、《羌村》、《北征》、《三吏》、《三别》、《茅屋为秋风所破歌》、《秋兴》等诗，都是为历代传诵的佳作。但有些作品也存在着较浓厚的“忠君”思想。

杜甫诗歌的思想核心是儒家的仁政思想。他有“致君尧舜上，再使风俗淳”的宏伟抱负。他热爱生活，热爱人民，热爱祖国的大好河山。他疾恶如仇，对朝廷的腐败、社会生活中的黑暗现象都给予揭露。他同情人民，甚至幻想着为解救人民的苦难甘愿做自我牺牲。因此，杜甫的诗大胆揭露当时的社会矛盾，对统治者的罪恶作了较深的批判，对穷苦人民寄以深切同情。他善于选择具有普遍意义的社会题材，反映出当时政治的腐败，在一定程度上表达了人民的愿望。许多优秀作品都显示出唐代由开元、天宝盛世转向分裂衰微的历史过程，故被称为“诗史”。

杜甫的诗内容广阔深刻、感情真挚浓郁，艺术上集古典诗歌之大成，并加以创新、发展，对后世产生广泛影响，许多人都把其诗奉为最高典范，并尊称他为“诗圣”。

四、科技英才

1. 鲁班

鲁班，姓公输，名般，又称公输子、公输盘、班输、鲁般等。因为他是鲁国人，“般”与“班”同音，古时通用，所以后世称他为鲁班。他是我国古代一位优秀的手工业工匠和杰出发明家。他以一位地位卑微的工匠身份，勇于实践，刻苦钻研，在机械、木工、土木、建筑等诸多方面都给后人留下了许多发明创造，在中国科技史上做出了杰出的贡献。因此，2000 多年以来，鲁班一直被土木工匠们视为

“祖师”，受到后人的敬仰。

鲁班出生在鲁国一个世代以工匠为生的贫困家庭，受家庭的影响和熏陶，他从小就喜欢上了机械制造、手工工艺、土木建筑，参与了许多土木建筑工程，在劳动中向有经验的老师傅和家人请教，学习先进技术和经验，并悉心观察他们在各项劳动中高超的操作技巧。12 岁开始拜师，勤学苦练，博学木工工艺，经过长期的实践，积累了非常丰富的经验，最后终于成为一名手艺高强的工艺巧匠。

如今我们常见的木工工具，如：锯子、刨子、铲子、曲尺、化线专用的墨斗，传说都是鲁班发明创造的。其中的曲尺，后人称之为鲁班尺，是木工用以求直角的，至今仍为木工所使用。

鲁班发明锯的故事，千百年来就一直流传在民间。相传有一年，鲁班接受了一项建筑一座巨大宫殿的任务。因这座宫殿需要很多木料，鲁班和徒弟们就上山砍伐树木。当时还没有锯子，只能用斧头砍伐，于是工匠们每天起早贪黑拼命干，累得筋疲力尽，也砍伐不了多少树木。鲁班急得睡不着觉，独自一人跑到山上，跑着跑着，手被一把山野草划破了。鲁班很奇怪，一根小草为什么这样锋利？于是便摘下了一片叶子来细心观察，发现叶子两边长着许多小细齿，用手轻轻一摸，这些小细齿非常锋利。后来，鲁班又看到一条大蝗虫在一株草上吃叶子，两颗大板牙非常锋利，一开一合，很快就吃下一大片，这同样引起了鲁班的好奇心。他仔细观察蝗虫牙齿，发现两颗大板牙上排列着许多小细齿，蝗虫正是靠这些小细齿来咬断草叶的。这两件事使鲁班受到很大启发，以致我们今天所使用的锯子便就在鲁班的无意间和细心之处产生了出来。

鲁班还是一位机械发明家，他发明创造了多种简单机械装置。如鲁班曾对古代的锁进行了重大改进。把锁的机关由外设在内，只有借助配好的钥匙才能打开，具有很强的安全性和实用性，能够代替人的看守。据史书记载，鲁班曾用竹子做成一只木鸟，能够借助风力飞上高空，五天不落地，在当时引起很大震动。鲁班曾制作了一种称之为“机封”的装置，可以用机械的方法进行下葬，具有很高的技术含量。据记载，鲁班还对春秋末期常用的钩和梯等兵器进行改进。制成舟战用的“钩强”，楚国军队曾用此兵器与越国军队进行水战，颇具威力，发挥了很大的作用。鲁班还曾将梯改造成可以凌空而立的云梯，用以越过城墙攻占城池，非常有效。在雕刻和建筑方面，鲁班也有很多发明和贡献。曾在石头上刻制出“九州图”，这可能是我国最早的石刻地图。

鲁班的妻子也是一位出色的工匠，据史书记载，伞就是由她发明的。她看到鲁班和很多工匠成年累月在外给人盖房子，经常是风吹、雨淋、日晒，没有什么东西遮挡，很是辛苦。经过反复试验，终于做成一把伞，让鲁班出门做工的时候带上，这样不论走到哪里，也不论是刮风下雨，都不会受到风吹雨淋的袭击了。

史书记载，鲁班还发明了石磨。石磨的出现，大大减轻了将谷物磨成粉的劳动强度，对于改善老百姓的生活，起到了促进作用，这也是我国古代粮食加工工具的一项巨大进步。

总之，鲁班是对历史、社会的发展有巨大贡献的人，他发明的这些木工工具在当时有很大影响，它使许多木工工匠从比较繁重的手工劳动中解放出来，并且成倍地提高了劳动生产率，同时也使木工工匠的技术和工艺水平得到了很大提高。他被人们视为技艺高超的古代工匠的化身，是我国劳动人民勤劳智慧的象征。

2. 蔡伦

蔡伦，字敬仲。桂阳（今湖南省郴州市）人。明帝永平十八年（公元 75 年）入宫为宦，时约 15 岁。东汉章和元年（公元 87 年），任尚方令。公元 88 年，侍幼帝（和帝）左右，参与国家机密大事，秩俸二千石，地位与九卿等同。中国历史上宦官干预国政，也正由此开始。在此期间，他总结西汉以来的造纸经验，改进造纸工艺，于元兴元年（公元 105 年）利用树皮、麻头、破布、旧渔网等原料经过挫、捣、抄、烘等工艺造纸，发明了造纸术。其造纸原理和制作工艺今天仍为世界所用，对文化的积累和传播产生了深远影响，对世界文明做出了杰出贡献。因此，蔡伦被史学家们称之为中国古代科学家。

蔡伦还利用职务便利观察、接触生产实践，加上自己的聪颖创新，对发展当时的金属冶炼、铸造、锻造及机械制造工艺以及手工业起到了不小的推动作用。

蔡伦的发明，尤其是造纸术的创造，对中华民族和世界文明都做出了宝贵的贡献，深刻地影响着世界历史的进程。

五、民族英雄

1. 戚继光

戚继光（公元 1528～1587 年），字元敬，号南塘，晚号孟诸，山东省蓬莱县人。明代杰出的军事家、民族英雄。

戚继光出身将门，17 岁继承父业，袭世职登州卫（今山东省蓬莱县）指挥佥事、都指挥佥事，御倭山东，后因在浙、闽一带抗倭有功，升任总兵官。戚继光一生南征北战，颇有建树，为明代抗倭名将、著名军事家。曾自为诗云：“南北驱驰报主情，江花边月笑平生。一年三百六十日，多是横戈马上行。”著作有《纪效新书》、《练兵实纪》、《莅戎要略》、《止止堂集》，其中《纪效新书》和《练兵实纪》是我国古代十大兵书中的两部，在我国古代军事思想史上占有重要地位。

戚继光祖辈均系明代将领，他自幼受到良好的家庭教育和军事生活的熏染，很早就抱有忠心报国之志。袭任登州卫指挥佥事后，更以祖父辈为榜样，决心为祖国保卫海疆做出贡献。

嘉靖二十七年（公元 1548 年），明王朝为抵御蒙古鞑靼部南袭，把蓟州（今天津蓟县，当时指山海关至居庸关一线）列为边镇，由山东、河南抽调官兵戍防。戚继光曾一连 5 年，率领兵马在这一带执行戍务。

嘉靖三十二年（公元 1553 年），戚继光升任都指挥佥事，主管山东防倭军务。防线自江苏、山东交界处，一直延伸到山东半岛的北端。他通过和当地官员、百姓，特别是渔民们交谈，了解到一年之中倭寇活动最猖獗的时间，又了解到这几个月间的一般气候和风向，以及船只可能停靠的地方。在摸清倭寇活动规律之后，便按照时间和地段重点设防。同时对卫所进行整顿，加强训练，严肃纪律提高战斗力。从而巩固了山东海防，使倭寇不敢窜扰。

嘉靖三十四年（公元 1555 年），浙江地区倭患严重，戚继光调浙江任参将，镇守宁波、绍兴、台州三府，率军抵抗倭寇。由于旧军素质较差，遂招募新兵 3000 余人，组成新军，称“戚家军”。这支军队经过严格训练，成为熟悉军纪、法度，熟练手中兵器，能够奋勇作战的队伍。戚继光还根据江南水乡的特点，改造了队列体制，创造了鸳鸯阵法，使长短兵器配合作战，用火器、弓箭掩护，在抗倭作战中发挥了巨大威力。嘉靖四十年（公元 1561 年）五月，戚继光率领戚家军采取机动灵活的战略战术，运用偷袭、伏击、快速奔袭等战法，歼敌 6000 余人，使犯境倭寇遭到歼灭性打击。次年，沿海城镇又遭到倭寇荼毒，戚继光率军驰援，一举捣毁倭寇在横屿（今福建宁德城外海中）的老巢。随后连续扫平倭寇多处据点，击退了倭寇的进袭。转年，倭寇又纠集残部，掳掠边城，戚继光再援福建，与巡抚谭纶、总兵俞大猷和广东总兵刘显通力合作，消除了闽、粤沿海的倭患。

戚继光作为中国古代杰出的爱国将领和民族英雄，在戍边抗倭、平乱安民方面为明朝立下了不朽战功。他智勇兼备，足智多谋，练兵有方，勇于战斗，被誉为我国“古来少有的一位常胜将军”。

2. 郑成功

郑成功（公元 1624～1662 年）是我国明末清初著名的民族英雄，原名福松、森，号大木，福建南安县石井村人，因完成了驱逐荷夷，收复祖国宝岛台湾的壮举，成就了他一生戎马生涯中最光辉的业绩。

郑成功的活动是在国内明清王朝交替和西方殖民主义者侵略东方的时期展开的。1646 年 8 月，清军进攻福建，隆武帝在逃亡路上被擒罹难，郑成功因坚决反对其父郑芝龙降清而于 10 月在广东南沃岛率部起兵，挺进厦门鼓浪屿，1650 年占领厦门、金门两岛后，不断与清军展开战斗，并收复了福建漳、泉地区，控制了北至浙江舟山，南至广东潮惠的东南沿海地区，1659 年率水师连克瓜州、镇江等城，翌年，郑成功又击退了分三路进攻厦门的清军。

郑成功在坚持抗清的同时，和侵占我国领土台湾的荷兰殖民者也展开了长期的斗争。荷兰殖民者于 1624 年（明天启四年）侵占了我国的台湾后，对台湾人民进行残酷的剥削和压迫，并不断骚扰福建、广东沿海地区，为了阻止荷兰殖民者的掳掠，在经济上给荷兰殖民者以有力的打击，郑成功曾下令禁止商船到台湾进行贸易。

1661 年 4 月郑成功令防守厦门的长子郑经率战舰 120 艘，将士 25000 余人，在金门料罗湾誓师东进收复台湾。经过近一年激烈的海战，击沉荷军主力舰“赫克托”号，收复了“赤嵌楼”，致荷军损失惨重，被迫投降，1662 年 2 月 1 日，终结了台湾被荷兰侵占 38 年之久的这段历史。

郑成功收复台湾，维护祖国领土完整，把台湾同胞从侵略者的铁蹄下解放出来，符合全国人民的利益。他以非凡的胆魄完成了这一中华民族的夙愿，成为我国历史上杰出的民族英雄。

3. 林则徐

林则徐，字元抚，又字少穆，晚号“村老人”，其谥号“文忠”，是清朝皇帝为表彰其维护朝廷长远利益所付出的辛劳所赐予的。他 20 岁中举人，26 岁便金榜题名中了进士，后来曾任道员、按察使、布政使、巡抚、总督等要职，成为汉族大臣中最受清朝皇帝重用的官员。

林则徐是主张严禁鸦片、抵抗侵略的爱国政治家、民族英雄，在中国近现代史上，是一位得到过最多赞誉的政治家。林则徐还提倡向西方学习，走“师夷长技以制夷”的自强之路，维新派称颂其开学习西方“长技”之先河，史学界也称他为近代中国“开眼看世界的第一人”。

1838 年，林则徐受命为钦差大臣赴广东查禁鸦片，会同两广总督收缴了英国的全部鸦片计 2376254 斤销于虎门海滩，是为震惊中外的“虎门销烟”，从而揭开了他一生中最重要的一章，拉开了我国禁烟的序幕，同时也揭开了中国近代史的第一幕。

林则徐禁烟前，中国封建王朝仍以“天朝君临万国”的妄自尊大心态紧闭大门，国人对外部世界茫然无知。而林则徐和那些顽固、愚昧的封建官僚的区别在于，他一旦接触到外部世界，便逐步发现和承认西方有许多长处值得中国学习借鉴，于是便很注意了解外国情况，组织翻译西文书报，先后辑有《四洲志》、《华事夷言》、《滑达尔各国律例》、《澳门新闻纸》等，以供制定对策、办理交涉参考之用，成为中国近代最早介绍外国的文献。其中，最有价值的是他组织翻译了 1836 年英国人慕瑞所著的《世界地理大全》，命名为《四洲志》，书中概括的“师夷长技以制夷”的著名思想，成为近代中国第一部系统介绍世界自然地理、社会历史状况的译著。

林则徐在禁烟的过程中还大力整顿海防，积极备战，组织地方团练，在沿海招募水勇，操练教习，屡挫挑起九龙炮战和穿鼻洋海战的英军，迫使其沿海北上。后英军攻陷定海，北侵大沽。道光皇帝惊恐求和，归咎于林则徐，将其革职充军新疆伊犁。到伊犁后，林则徐协助办理垦务，倡导兴修水利，开辟屯田，又绘制边疆地图，建议兵农合一，警惕沙俄威胁。直至病逝之前，林则徐仍旧心系国家，为主效忠。

第三节　重大科技成果

科学技术在任何一个历史时期，都是文明不可或缺的部分，华夏古代科技在发展中历经革新，给予了我们今天能够登上世界科技高峰的信心。中国是个有悠久历史的文明古国，中华民族是勤劳智慧的民族，中国在封建社会的早期和中期，科学技术曾处于领先地位，许多有重大意义的划时代的科学技术，都是中国最早发明和最早使用的，对整个人类科技发展和社会进步都起着巨大的推动作用。

一、天文、历法、地理、医学

1. 天文方面

具有辉煌成就的中国古代天文学孕育了丰富的天文典籍，古代天文学家以他们饱蘸知识的笔墨写下了许多著名的篇章，给我们留下了十分珍贵的天文学遗产。古代主要的天文科技成果如下。

（1）最早的天文学著作——《甘石星经》《甘石星经》是世界上最早的天文学著作。在长期观测天象的基础上，战国时期楚人甘德和魏人石申各写出一部天文学著作，分别是《天文星占》八卷、《天文》八卷，后人把这两部著作合起来，称为《甘石星经》。书里记录了 800 个恒星的名字，其中 121 个恒星的位置已经测定，这是世界最早的恒星表。书里还记录了木星、火星、土星、金星、水星等五大行星的运行情况，发现了它们的出没规律。《甘石星经》的问世，对我国古代天文学的发展具有很大的影响力。

（2）张衡——《灵宪》、浑天仪　张衡（公元 78～139 年），字平子，南阳郡西鄂县（今河南南阳）人，是东汉著名的天文学家。张衡经过多年的实践积累与理论研究，编写了《灵宪》这一天文巨著，全面阐述了天地的生成、宇宙的演化、天地的结构、日月星辰的本质及其运动等诸多重大课题，将我国古代的天文学水平提升到了一个前所未有的新阶段，使我国当时的天文学研究居世界领先水平，并对后世产生了深远的影响。

张衡在天文学方面的另一杰出贡献就是创制了浑天仪。汉代，天文学已经形成体系，张衡是盖天、浑天、宣夜三派中浑天派最突出的代表。他指出：日有光，月没有光，月光是反射太阳的光形成的，所以向日则光盈，背日则光尽。浑天仪便是为证实浑天说所制，有了用来演示天体运行“浑象”的“浑天仪”，人就可以知道哪颗星当时在什么位置上了。张衡的这一发明推动了古代天文学的前进，成为了世界天文史上的不朽之作。

此外，他还是一位机械技术大师、大文学家和画家，是我国乃至世界历史上罕见的全才。

（3）僧一行——《大衍历》、子午线的长度　僧一行（公元 683～727 年），中国唐代著名的天文学家和佛学家，本名张遂，魏州昌乐（今河南省南乐县）人。张遂青年时代就以学识渊博闻名长安，武则天统治时期，剃度为僧，取名一行。一行一生中最主要的成就是编制《大衍历》、测量出子午线的长度，他在制造天文仪器、观测天象和主持天文大地测量方面也贡献颇多。

从开元十二年起，一行主持大规模的全国天文大地测量，其中以在河南所作的一组观测最有成就。他们在今河南省 4 个地方测量了当地的北极高度、夏至日影长度，又测量了四地间的距离。经一行归算，得出了北极高度差一度，南北两地相距 351 里 80 步（唐代尺度）的结论。这实际上就是求出了地球子午线一度之长，成为了世界上首次子午线实测。

从开元十三年起，一行开始编历。经过两年时间写成草稿，定名为《大衍历》，其中准确记录了太阳的运动规律，纠正了过去历法中把全年平分为二十四节气的错误。历法从开元十七年起颁行全国。一行在天文学上的这一成就，不仅在国内闻名，而且在世界上都有很大影响。当时日本曾派留学生来中国学习《大衍历》。《大衍历》传入日本后，行用近百年，影响甚大。此外，张遂的天文学观点，有的比世界著名天文学家早一千多年。

2. 历法方面

历法，简单说就是根据天象变化的自然规律，来计量较长的时间间隔、判断气候的变化、预示季节来临的法则。具体说，就是对年月日时的安排。我国的历法起源很早，成就在世界天文学史上占有相当重要的地位。在古代历史发展过程中具有影响力的主要历法如下。

（1）祖冲之的《大明历》　祖冲之（公元429～500年），字文远，祖籍范阳郡遒县（今河北省涞源县），南北朝时期杰出的数学家、天文学家和机械制造家。祖冲之在天文历法上最卓越的贡献就是编制了中国历法史上著名的新历——《大明历》。

《大明历》是当时最科学、最进步的历法，在历法中他首次引用了岁差，这是我国历法史上的一次重大改革。所谓岁差即每年太阳运行一周（实际上是地球绕太阳运行一周），不可能完全回到上一年的冬至点上，总要相差一个微小距离。按现在天文学家的精确计算，大约每年相差50.2秒，每71年8个月向后移一度。这种现象就叫岁差。祖冲之在《大明历》中还采用了391年中设置144个闰月的新闰周，比古历的19年7闰更为精密。

（2）沈括的《十二气历》　沈括（公元1031～1095年），字存中，钱塘（今浙江省杭州市）人，北宋时期著名的科学家，他对宋代历法进行革新，编制了《十二气历》。

《十二气历》实为一种阳历，它既与实际星象和季节相合，接节气定月，又有利于安排农事，使其更简便地服务于生产活动，这要比欧洲早800多年；在天文学方面，他发展了前人之说，指出月亮本身并不发光，是太阳射在它上面才发光的；对日食、月食也提出了符合科学原理的解释，从而在天文学方面作出了很大贡献。

沈括同时还是一位杰出的政治家和军事家。

（3）郭守敬的《授时历》　郭守敬（公元1231～1316年），字若思，顺德邢台（今河北省邢台市）人。元代的天文学家、数学家、水利专家和仪器制造家。他在天文史上的巨大贡献就是编制出我国古代最先进、施行最久的历法《授时历》。

《授时历》是中国古代一部精良的历法。郭守敬、王恂等人曾研究分析汉代以来的40多家历法，吸取各历之长，力主制历应“明历之理”（王恂）和“历之本在于测验，而测验之器莫先仪表”（郭守敬），采取理论与实践相结合的科学态度，取得了重要成就。郭守敬还大胆废弃了沿用已久的上元积年、日法，并取消了用分数表示天文数据的千年旧习，将历中所有数据改为小数。他所测定的黄赤大距，十分接近近代天体力学公式计算值，法国拉普拉斯对此给予了高度评价。

3. 地理方面

（1）张衡的地动仪　公元132年，张衡发明了一种测定地震方位的地动仪。地动仪是用青铜铸成，像一个卵形的酒樽，直径有8尺。仪体外铸有“山龟鸟兽”，象征地上的山峦和天上的青龙、白虎、朱雀、玄武等二十八宿。体外八方刻有八卦篆文，表示八方之气。体外还附有八条龙，龙首各朝八方，象征阳；八只蟾蜍抬首张口居龙首之下，象征阴。由此构成了阴阳、上下、动静的辩证关系。仪体内有一根高且细的铜柱，称为“都柱”。都柱在仪体内居于顶天立地的位置，是按古代天柱之说设计的。都柱旁有八组滑道，滑道通过杠杆连接龙头，龙头嘴内含有铜球。地震时，倾斜的都柱倒向地震方向的滑道，倒到尽头推动杠杆，通过杠杆作用引发一个像擎机一样的牙机，龙首打开，铜球落入下面的蟾蜍口中，发出“当”的一声响。这样，人们就可以知道什么方向发生了地震。

公元138年，地动仪准确地预测了发生在陕西陇西的一次地震。张衡发明的地动仪，是世界上第一架测定地震方向的仪器，比欧洲制作的地震仪要早1700多年。

（2）郦道元的《水经注》　郦道元（公元466或472～527年），字善长，范阳（今河北省涿县）人，他在自己的一生中，足迹遍及大半个中国，进行了实地考察和详细记录。他认为古代地理书籍如《山海经》、《禹贡》、《周礼·职方》、《汉书·地理志》、《水经》以及描述名都的辞赋，记载均过于简单，因此选择《水经》为底本，采用作注的形式，著成《水经注》，全面描述全国的地理情况。

《水经注》计40卷，约30万字，记述河流水道1252条。它不但记载了河道的发源和流向，还综合性地记述了河道流经地区的山岳、丘陵、陂泽、土地物产、古城遗址、风土人情等，堪称我国最早的综合性地理著作。

《水经注》不仅是我国古代地理学史上最系统、最完备的地理著作，而且还记录了大量农田水利建设的工程资料和其他工农业生产方面的经济地理资料，对研究古代的社会、经济、科技、文化等都具备极高的史料价值。

4. 医学方面

（1）张仲景的《伤寒杂病论》　张仲景，名机，东汉南郡涅阳县（今河南省南阳县）人，汉末著名医学家。经钻研《内经》、《难经》及《胎胪药录》等古代医书，并广泛收集有效方剂，编著了中国第一部临床医学专著《伤寒杂病论》。

该书分外感热病和内科杂病，在病因、病机及诊断治疗等方面均有详细论述。书中概括了中医的四诊、八纲、八法、理法、方药齐备；确立了辩证论治原则；具体阐述了寒热、虚实、表里、阴阳辨证，及汗、吐、下、温、清、和等施治方法；总结了汉代以前的民间医疗经验。载方269例，基本概括了临床各科的常用方剂，积累了丰富的实践经验和较系统的方剂学理论知识。其中许多著名方剂在现代人民卫生保健中仍然发挥着巨大作用，例如：治疗乙型脑炎的白虎汤，治疗肺炎的麻黄杏仁石膏甘草汤，治疗急、慢性阑尾炎的大黄牡丹皮汤，治疗胆道蛔虫的乌梅丸，治疗痢疾的白头翁汤，治疗急性黄疸型肝炎的茵陈蒿汤，治疗心律不齐的炙甘草汤，治疗冠心病、心绞痛的括蒌薤白白酒汤等，都是临床中常用的良方。

该书是中国医学史上影响最大的著作之一，据不完全统计，由晋代至今，整理、注释、研究《伤寒杂病论》的中外学者已逾千家。邻国日本自康平年间（相当于我国宋朝）以来，研究《伤寒论》的学者也有近200家。此外，朝鲜、越南、印度尼西亚、新加坡、蒙古等国的医学发展也都不同程度地受到其影响及推动。所以后世称张仲景的《伤寒杂病论》为“方书之祖”，称该书所列方剂为“经方”。该书和张仲景的《金匮要略》至今仍是我国中医院校开设的主要基础课程之一。

（2）《唐本草》《唐本草》亦称《唐新修本草》，有时简称《新修本草》，是唐代李绩、苏敬等22人集体编撰，于唐高宗显庆四年（公元659年）编修成功的。《唐本草》是由唐朝政府颁行的，所以它是国家颁定药典的创始，比欧洲最早的《佛罗伦萨药典》(1498年出版)、世界医学史上著名的《纽伦堡药典》(1535年颁发）和俄国第一部国家药典（公元1778年颁行）分别早839年、876年和1119年，因此有“世界第一部药典”之称。

《唐本草》总结了1000多年来的药物学知识，图文并茂地记载药物850种，其中还有由印度传入的豆蔻、丁香等，大辽传入的石榴、乳香，波斯传入的青黛等外来药物。该书有较多的基原考证，出现了图文鉴定的方法，为后世图文兼备的本草打下了基础。

（3）孙思邈的《千金方》　孙思邈（公元581～682年），京兆华原（今陕西省耀县）人，唐代医学家。少时因病学医，对医学有较深研究，并博涉经史百家学术，兼通佛典。曾总结唐以前的临床经验和医学理论，收集方药、针灸等内容，著有《千金方》、《千金翼方》，在医学上有很大贡献。

《千金方》内容丰富，理法方药从源到流各有所宗，分门别类，有纲有目，体系完整，是我国首部医药学类书；在疾病的治疗上提倡饮食疗法，强调综合治疗；该书首列妇女、幼儿疾病，并倡立脏病、腑病分类，具有新的系统性；《千金方》对我国方剂学的研究和发展起了很大的促进作用，他首创了“复方”，即将2张“经方”有机组合在一起使用，因此孙思邈有“时方之祖”之称；在内科病的治疗方面也有很多创新，如采用内服药物的方法治疗脚气病，其记载之早和效果之高都属世界之最；外科方面，他首创的葱管导尿术和灸法治痈疽等多种效验颇佳的方法被后人大量地采用；针刺治疗方面，独创了“阿是穴”疗法，即找到病人感觉最痛苦的部位施针的方法，这个感觉最为强烈的部位被找到之后，稍一碰触，病人往往就会马上说：“啊，是!”。“阿是穴”之名由此而来，这种治疗方法一直沿用至今，很有疗效；《千金方》还收录了唐代编修的《新修本草》，为后世保留了这一重要的医学文献。

《千金方》成书后，不但在国内有着广泛的影响，也引起了国外如古今日本、朝鲜和现代的美国、德国、法国等国对孙思邈学术思想及其医疗道德的研究。

（4）李时珍的《本草纲目》　李时珍，字东璧，晚年自号濒湖山人，明代蕲州

（今湖北省蕲春）人，中国明代著名的医药学家、本草学家、博物学家。他经过多年的刻苦学习和实践，对中国历代有关药物学的著作进行了整理，考证古今、订误辨疑，并亲自到各地上山采药，搜寻民间验方，历时数十年而编成《本草纲目》52卷，成为集明代本草之大成的一部药物学巨著。

《本草纲目》集中体现了中国古代医学所取得的最高成就，是取之不尽的中华医药学知识宝库，素享“医学之渊海”、“格物之通典”之美誉。《本草纲目》以药物的天然来源及属性为纲，将药物分为16部，同一部药物，又以相似的类别为目，分为60类目，这一本草条目的分类叙述方法，使读者一目了然，具有一定的科学价值。该书内容极为广泛，如在生物、化学、天文、地理、地质、采矿，以及历史学等方面都有一定的成就，所以可以说是一部有着世界性影响的博物学著作。自问世以来，一直以其前无古人、后无来者之雄姿独占中国药学之鳌头，成为中国古代药学史上部头最大、内容最丰富的巨著，曾被英国生物学家达尔文誉为“中国的百科全书”，成为历代医者和读书人孜孜以求的必修书。

二、农业、手工业

生产力是社会发展的最终决定力量，是社会发展的终极动力。农业、手工业生产是文明发展的基础，中华文明在农业生产上长期居于世界领先地位，原始手工业也有素称“发达”的悠久历史。古代农业和手工业的发展，为社会提供了发展的物质条件，成为社会结构变化的根本因素。

1. 农业

（1）贾思勰——《齐民要术》　贾思勰，北魏农学家，山东益都（今山东省寿光市）人，曾任北魏高阳郡太。他博览群书，善于从古书中汲取历代农业科学知识，又实地考察过黄河中下游地区的农业生产，广泛搜集民谚歌谣，总结劳动群众的生产经验，为此，他还亲自喂过羊，因饲料不足，200头羊死去大半，后种大豆作饲料，仍不得法，通过向老羊倌虚心求教才掌握到要领。

南北朝期间，战乱频仍，民不聊生。贾思勰为求富国安民，从传统的农本思想出发，在长期实践积累的基础上著书立说，介绍农业知识，编写了世界农业学史上最早的专著《齐民要术》，计10卷92篇11万字，颁布于北宋天圣年间的官刊，以指导农业生产。

《齐民要术》虽为农学著作，但同时主张“起自耕农，终于醯（xī，醋）醢（hǎi，肉酱），资生之业，靡不毕书”《齐民要术·序》，内容十分丰富，包括各种农作物的栽培、家畜家禽的饲养及农产品的加工制作等技术。《齐民要术》不仅总结了各种生产技术，而且包含着因地制宜、多种经营、商品生产等许多宝贵的思想，它在我国和世界农业发展史上都占有重要的地位。

（2）徐光启——《农政全书》　徐光启，字子先，号玄扈，上海人，明末杰出的科学家。他的科学成就是多方面的，包括天文、历法、数学、军事等各个方面。但其一生用力最多、收集最广、影响最深远的还要数农业与水利方面的著作《农政全书》。

《农政全书》共60卷，约70万字，基本上囊括了古代农业生产和人民生活的各个方面，而其中又贯穿着一个基本思想，即徐光启的治国治民的“农政”思想，是为本书不同于前代大型农书的特色之所在。该书按内容大致上可分为农政措施和农业技术两部分。内容涉及农业的各个方面，其中水利部分约占全书篇幅的六分之一。把水利放在如此重要的地位，在我国古代的农书中可以说是绝无仅有的，这里既有他对水利科技的系统归纳，也有对水利思想的集中阐述；既有其一生对水利实践经验的深刻总结，也有他发现的西方水利科技的全面介绍。因此不仅使得该书成为当时我国农业科技的集大成者、我国历史上最重要、影响最大的农学著作之一，也使他成为总结此前我国最高水利科技成就的杰出代表。

(3) 宋应星——《天工开物》《天工开物》作者是明朝科学家宋应星。该书是世界上第一部关于农业和手工业生产的综合性著作，被欧洲学者称为“技术的百科全书”。书中记载了明朝中叶以前，中国古代的各项技术。全书分为上中下3篇18卷，并附有121幅插图，描绘了130多项生产技术和工具的名称、形状、工序。它是对中国古代各项技术的系统总结，构成了一个完整的科学技术体系。尤其是对农业方面丰富经验的总结，全面反映了中国古代工艺技术的成就，对后世影响深远。

2. 手工业

(1) 高超的冶金技术　中国人很早就掌握冶铜技术，新石器晚期已出现小件青铜器，夏朝已能铸造比较讲究的青铜器，商周时代进入青铜器铸造的繁荣时期，春秋、战国、秦、汉时代青铜器的铸造技术又得到进一步发展。春秋战国时期铁器铸造成为重要的手工业部门。春秋晚期，中国已能制造钢剑。铁兵器在春秋战国时期的战争中发挥了空前重要的作用。社会生产和生活的各个领域都普遍使用多种铁器。青铜铸造也并没有因铁器铸造业的出现而衰落，而是发展到一个新的高峰。东汉时，杜诗发明水排，用水力鼓风冶铁，更使中国的冶铁水平长期领先于世界。魏晋南北朝时期还发明了灌钢法，使钢的产量和质量大大提高。16世纪以前，中国的炼钢技术一直保持世界的领先地位。

(2) 享誉世界的制瓷业　早在新石器时代，我们的祖先已开始烧制陶器，至商代烧制出原始瓷器，成为世界上最早发明瓷器的国家。到东汉，瓷器的生产技术达到成熟阶段。早期生产的是青瓷，后来出现白瓷，隋代瓷器生产以青瓷为主，已能生产白瓷和玻璃器皿。唐代形成南青与北白两大系统，著名的邢窑生产的白瓷有如白雪，越窑所产青瓷则类于清霜。唐末五代时，越瓷发展成为秘色瓷。宋瓷享誉古今，得益于它在烧造过程、制作工艺方面的突破。各大名窑均生产具有独特风格的瓷器。以定、钧、汝、官四大名窑为核心的北方窑系，分布于黄河流域和中原地区，其产品胎薄且轻、胎白如粉、釉彩纯正，白瓷白如雪，青瓷有“色近雨过天晴”之称。景德镇瓷窑创于唐，极盛于宋真宗景德年间，在北方名窑趋于衰败时，一枝独秀，其瓷器釉色介于青、白之间，釉质如玉，故有“假玉”之称。景德镇是明清“瓷都”，有官窑，更有大量民窑。清代景德镇御窑厂每年解运瓷器数约八九万件，正常年产量可达到十多万件。明宣德年间景德镇生产的青花瓷质量最佳，后来又烧制多种彩瓷，至清代更烧制出珐琅彩。至此，清代制瓷业的发展分工也更加细密。如瓷器制造业仅制坯就有淘泥、拉坯、印坯、旋坯、画坯、舂灰、合釉、上釉、抬坯、装坯、挑槎等十多种专业。正是在中国制瓷工艺的影响下，从 17 世纪起，世界各国开始生产瓷器。

(3) 异彩纷呈的丝织业　丝织业是我国另一个享誉世界的手工业部门。考古工作者发现距今四五千年的蚕茧和丝织品残件，说明中国是世界上最早养蚕织绸的国家。后来，丝织业不断发展，西周的丝织品除平纹织物外，还出现斜纹提花织物。战国时期，丝织品不仅产量高，质量也好。汉代丝绸之路开通后，中国的丝绸开始大量外销，长盛不衰，深受各国人民的欢迎。唐朝的丝织业同样发展迅速，据现存资料统计，仅唐天宝年间，每年税收绢布折合公制即达 1.721 亿平方米。许多地区都出现了著名的纺织品，如桂林的布、西州的毡、凉州的毾、兰州的绒、四川的锦等。纺织品的花式十分精美。高级绫绢类的花式有盘龙、对凤、麒麟、狮子、天马、辟邪、孔雀、仙鹤、芝草、万字、双胜、透背等十几种，争奇斗艳，极为精巧。明清鼎盛时期的丝织业，当时的苏杭是著名的丝织业中心，设有官商，专门生产供宫廷消费的丝织品。乾隆十年（公元 1745 年）江南苏杭三织造局拥有织机 1863 张，各种工匠 7055 人，足见丝织业发展之繁盛。明中期以后为市场生产的民营丝织业日益兴盛，使用的花楼机专门织造精细的丝织品，以妆花缎最为精美，清中期以后又从中发展出“金宝地”的新品种，辉煌富丽。

三、四大发明

四大发明是指中国古代的造纸术、指南针、火药、活字印刷术四种发明。四大发明对中国古代的政治、经济、文化的发展产生了巨大的推动作用，对世界文明发展史也产生了非常大的影响。

1. 造纸术

纸是我们日常生活中最常用的物品，无论读书、看报，或是写字、作画，都得和纸接触。最初的纸是作为新型的书写记事材料而出现的。在纸没有发明以前，我国记录事物多靠龟甲、兽骨、金石、竹简、木牍、缣帛之类。但甲骨不易多得，金石笨重，缣帛昂贵，简牍所占空间很大，都不便于使用。随着社会经济文化的发展，迫切需要寻找廉价易得的新型书写材料。经过长期探索和实践，终于发明了用麻绳头、破布、旧鱼网等废旧麻料制成植物纤维纸。

我国是世界上最早发明纸的国家。根据考古发现，西汉时期（公元前 206 年至公元前 8 年），我国已经有了麻质纤维纸。质地粗糙，且数量少，成本高，不普及。公元 105 年，蔡伦在东汉京师洛阳总结前人经验，改进了造纸术，以树皮、麻头、破布、旧鱼网等为原料造纸，大大提高了纸张的质量和生产效率，扩大了纸的原料来源，降低了纸的成本，为纸张取代竹帛开辟了的前景，为文化的传播创造了有利的条件。

造纸术问世以后于公元 7 世纪经朝鲜传入日本，8 世纪中叶经中亚传到阿拉伯，阿拉伯纸大批生产以后，就不断向欧洲各国输出，于是 13 世纪在意大利和德国也相继设厂造纸。到16世纪，纸张已经流行于全欧洲。

造纸术的发明和推广，对世界科学和文化的传播产生了深刻的影响，对社会的进步和发展起着重要的作用。

2. 指南针

指南针是中国史上的伟大发明之一，也是中国对世界文明发展的一项重大贡献。它是利用磁铁在地球磁场中的南北指极性而制成的一种指向仪器。磁石的这种特性，被古人利用来制成指南工具。

最早出现的指南工具叫司南，战国时已普遍使用。它是利用天然磁石制成，样子像一只勺，重心位于底部正中，底盘光滑，四周刻24向，使用时把长勺放在底盘上，用手轻拨使它转动，停下后长柄就指向南方。到了宋代，人们发明了人工磁化方法，制造了指南鱼和指南针，而指南针更为简便，更具实用价值。宋军中就配备指南鱼，用于阴天和黑夜判断行军方向。后来又发展成磁针和方位盘联成一体的罗经盘，即罗盘。这是指南针发展史上的一大飞跃。北宋后期，指南针已用于航海。南宋时，使用“针盘”导航。大约在12世纪末到13世纪初，指南针由海路传入阿拉伯，然后由阿拉伯传入欧洲。指南针对于海上交通的发展和中外经济文化的交流起到了极大作用。

3. 火药

火药是中国四大发明之一，距今已有一千多年了。火药，顾名思义就是着火的药，是由硫磺、硝石、炭混合而成。它的起源与炼丹术有着密切的关系，是古代炼丹士在炼丹时无意中配制出来的。炼丹术的目的和动机虽说荒谬而可笑，但它的实验方法还是有可取之处，最后导致了火药的发明。

火药的配方由炼丹家转到军事家手里，就成为中国古代四大发明之一的黑色火药。唐朝末年火药已被用于军事。到了宋代，战争接连不断，促进火药武器的加速发展。北宋政府建立了火药作坊，先后制造了火药箭、火炮等以燃烧性能为主的武器；南宋末期制造出了以巨竹为筒内装火药的突火枪。到了元代又出现铜铸火，统称为铜将军。这些以火药的爆炸为推动力的武器，在战争中显示了前所未有的威力。

公元1225～1248年，我国的火药由商人传入阿拉伯国家。欧洲人在13世纪后期通过翻译阿拉伯人的书籍才知道了火药。随后，火药武器经阿拉伯国家又传入欧洲乃至世界各地。火药对人类社会的文明进步，对经济和科学文化的发展，起到了推动作用。

4. 印刷术

印刷术是按照文字或图画原稿制成印刷品的技术。中国是世界上最早发明印刷术的国家。印刷术发明之前，文化传播主要是靠手抄的书籍。手抄费时、费事，又容易抄错、抄漏，非常不利于文化的传播与发展。中国传统的印章和石刻为雕版印刷指明了方向，印刷术经过雕版印刷和活字印刷两个阶段的发展，给人类的发展献上了一份厚礼。

早期的印刷是把图文刻在木板上用水墨印刷的，称为“刻版印刷术”，亦称“雕版印刷术”。刻版印刷的前身是公元前流行的印章和后来出现的石刻等。古人发现在石碑上盖一张微微湿润的纸，用软槌轻打，使纸陷入碑面文字凹下处，待纸干后再用布包上棉花，蘸上墨汁，在纸上轻轻拍打，纸面上就会留下黑底白字跟石碑一模一样的字迹。这样的方法比手抄简便、可靠。于是拓印就出现了。拓片是印刷技术产生的重要条件之一，印染技术对雕版印刷也有很大的启示作用。印章、拓印、印染技术三者相互启发，相互融合，再加上造纸和制墨等技术的出现，雕版印刷技术就应运而生了。雕版印刷的发明时间，历来是一个有争议的问题，经过反复讨论，大多数专家认为雕版印刷始创于东汉，源在洛阳，盛行于隋唐。

世界上现存最早的印刷物是唐咸通九年（公元 868 年）印制的《金刚经》。

雕版印刷一版能印几百部甚至几千部书，对文化的传播起了很大的作用，但是刻板费时费工，大部头的书往往要花费几年的时间，存放版片又要占用很大的地方，而且常会因变形、虫蛀、腐蚀而损坏。毕昇发明的活字印刷，正好避免了雕版的不足，提高了印刷的效率。活字印刷只要事先准备好足够的用胶泥制成的单个活字，就可随时拼版，大大地加快了制版时间。活字版印完后，可以拆版，活字可重复使用，且活字比雕版占用的空间小，容易存储和保管。这样活字的优越性就表现出来了。

中国是印刷技术的发明地，很多国家的印刷技术是受到中国的影响而发展起来的。日本是在中国之后最早发展印刷技术的国家。朝鲜的雕版印刷技术也是由中国传入的。中国的雕版印刷技术经中亚传到波斯，大约 14 世纪由波斯传到埃及。波斯成了中国印刷技术西传的中转站。我国的活字技术大约 14 世纪传入朝鲜、日本，又由新疆经波斯、埃及传入欧洲。印刷技术传到欧洲，加速了欧洲社会发展的进程，它为文艺复兴的出现提供了条件。中国人发明的印刷技术为现代文明的出现提供了必要前提。

四、古建筑

中国建筑具有悠久的历史传统和光辉的成就，在中国传统文化的土壤中生长、发展、成熟，自公元前 2 世纪至公元 19 世纪中叶，形成了独特的艺术风格，具有极高的审美价值和工艺水平，蕴涵着深远的人文寓意。中国古代建筑艺术是世界上延续历史最长、分布地域最广、风格最鲜明的一个独特的艺术体系。

1. 万里长城

在我国北方辽阔的土地上，东西横亘着一道绵延起伏、气势雄伟、长达一万多里的长墙。这就是被视为世界建筑史上一大奇迹的万里长城，被列为世界七大奇迹之一。

气势磅礴且坚固雄伟的长城，盘踞在重峦叠嶂之间，蜿蜒在沙漠之上。从秦始皇修长城至今，虽有两千多年的历史，但它仍然充满了生命力。

早在春秋时期，楚国就修筑了长达数百千米的非封闭性城墙，叫作方城。战国时，燕、赵、魏、韩、秦等都在边界修筑起高大的城墙，称之为长城。公元前 4 世纪前后，燕、赵、秦等国为了防御北方游牧民族侵扰又各修了长城。秦始皇统一中国后，把燕、赵、秦原有的北方长城连接起来，筑成西起临洮东至辽东的长城，长万余里。从此，这一古代世界上最为宏大的建筑工程，便巍然雄峙在我国北部土地上。秦代以后，西汉沿河西走廊一带向西增筑朔方长城和河西长城，经玉门关延伸到今新疆境内，以保护河西走廊。秦、汉长城所经过的地区，包括黄土高原、沙漠地带和无数高山峻岭与河流溪谷，因而筑城工程采用了因地制宜、就材筑造的方法。在黄土高原地区，一般用土板筑，如现存临洮秦遗址。玉门关一带的汉长城，则用沙碑石与红柳或芦苇层层压叠而成，高 5 米许，残垣层次至今清晰可辨。无土之处，则垒石为墙，如赤峰附近一段。山岩溪谷则杂用木石建造。北魏时西部柔然人满为患，又兴筑长城以防柔然人南侵。北齐也多次修筑长城。隋代为防御突厥、吐谷浑，数度修筑长城。明朝建立后，大将徐达曾 18 次在居庸关修筑长城。我们今天见到的万里长城，就是西起甘肃嘉峪关，东至鸭绿江的明长城。

万里长城是我国古代一项伟大的防御工程，它凝聚着我国古代人民的坚强毅力和高度智慧，体现了我国古代工程技术的非凡成就，也显示了中华民族的悠久历史。长城的工程量是十分惊人的，如果仅用修筑长城的砖石来修建一道厚 1 米、高 5 米的长墙，这道长墙足以环绕地球一周有余；如果用来铺筑宽 5 米、厚 35 厘米的马路，那就要环绕地球三四周。因而，它以工程的浩大和雄伟受世界人民瞩目。

2. 赵州桥

赵州桥又名安济桥，建于隋朝，至今已有 1400 年的历史，是今天世界上最古老的石拱桥，由著名工匠师李春建造。赵州桥是一座弧形单孔敞肩型石拱桥，桥长 64.40 米，桥面宽约 10 米，跨径 37.02 米，从南到北由 28 道独立石拱纵向排列砌筑而成。拱圈矢高 7.23 米，弧形平缓，上设 4 个小拱，既减轻重量，节省材料，又便于排洪，且增美观。此设计为世界桥梁史上首创，跨度之大亦属当时第一。赵州桥在科学技术同艺术的完美结合上，早已走在世界桥梁科学的前列。

赵州桥是世界上保存最好的巨大石拱桥，被誉为“华北四宝”之一。该桥两侧栏板和望柱雕刻精美，跌宕多姿。桥身巨大却稳固坚轻，可谓巧夺天工，反映了我国古代劳动人民的智慧与才能。现被列为全国重点文物保护单位，成为旅游观光的胜地。

3. 故宫

在我国首都北京，有一座辉煌壮丽的古建筑群，它原是明清两代的皇宫，现在叫它“故宫”。故宫又称“紫禁城”，是我国现存最大、最完整的古建筑群。其规模之大、构造之严谨、装饰之精美、文物之众多，在中国古建筑中绝无仅有。故宫占地 72 万平方米（长 960 米，宽 750 米），建筑面积 15 万平方米，始建于公元 1406 年，由明朝朱棣皇帝亲自策划营建，于 1420 年建成，用 30 万民工，共建了 14 年，有房屋 9999 间半，被称为“殿宇之海”。

故宫的宫殿是沿着一条南北向的中轴线排列，左右对称，南达永定门，北到鼓楼、钟楼，贯穿整个紫禁城，规划严整，气魄宏伟，极为壮观。无论在平面布局、立体效果，以及形式上的雄伟、堂皇、庄严、和谐，都属无与伦比的杰作。它标志着我国悠久的文化传统，显示着500余年前我国在建筑艺术上的卓越成就。

整个故宫在建筑布局上，严格地按《周礼·考工记》中“前朝后市，左祖右社”的帝都营建原则建造，分为外朝和内廷两大部分，并用形体变化、高低起伏的手法，组合成一个整体，在功能上符合封建社会的等级制度。紫禁城的正门叫“午门”，午门以内，有广阔的大庭院，当中有弧形的内金水河横亘东西，北面就是外朝宫殿大门——太和门，左右备有朝房廊庑。金水河上有五座桥梁，装有白色汉白玉栏杆，随河婉转，形似玉带，这种布局，给人以极大的吸引力。登上太和门，在三万多平方米开阔的庭院中，一座大殿堂——太和殿出现在眼前。太和殿在前，中和殿居中，保和殿在后，三大殿前后排列在一个8米高的工字形基台上，这就是外朝的三大殿，也是故宫最吸引人的建筑。它们都建在汉白玉砌成的8米高的台基上，以显示封建帝王至高无上的威严。第一座大殿太和殿是最富丽堂皇的建筑，俗称“金銮殿”，是皇帝举行大典的地方。中和殿是皇帝去太和殿举行大典前稍事休息和演习礼仪的地方。保和殿是每年除夕皇帝赐宴外藩王公的场所。故宫外朝就以太和、中和、保和三大殿为中心，以文华、武英殿为两翼。而内廷以乾清宫、交泰殿、坤宁宫为中心，东西六宫为两翼，布局严谨有序。

【本章小结】

导游员只有具备了一定的历史知识，才能最大限度地满足旅游者求知的需求。本章主要介绍了中国历史中的重大历史事件、杰出历史人物以及重大科技成果，并且分别按照事物本身的性质对三者所包含的内容进行分类阐述，重点介绍了三者的历史作用以及对历史发展的影响。通过本章的学习，使学生对中国历史有一个更清晰的认识。

习题训练

1. 什么是民族融合？请分析昭君出塞在促进民族融合方面所起的作用？
2. 请论述商鞅变法的主要内容。
3. 分析王安石变法失败的原因。
4. 什么是“罢黜百家，独尊儒术”？
5. 分析郑和下西洋的历史意义。
6. 简述孔子的主要贡献。
7. 简述秦始皇对于推动历史发展所做的功绩。
8. 简述司马迁所著《史记》的历史意义。

9. 简述四大发明的主要内容及作用。

10. 简述赵州桥的特点。

情景训练

去福州，进行郑和下西洋的主题旅游，作为导游应该做什么准备？如果你是游客，旅行社应提醒游客作哪些准备？

第三章　思想文化

【知识目标】

1. 掌握儒家思想要义、佛教和道教的教义。
2. 熟悉儒家思想的发展和佛教在中国的传播，熟悉佛教与道教的供奉对象。
3. 了解代表儒释道各文化的名胜。

【能力目标】

1. 儒家思想对中国人的影响分析。
2. 道教人生观的意义，中国著名道教景观的认识。
3. 熟知佛教名山、佛教人物、佛教节日、佛教寺庙。

知识点阅读

莲花与佛教

“看取莲花净，方知不染心。”这是唐代诗人孟浩然的名句。由于莲花这种独特的神圣和贞洁的风姿，佛教徒们把它视为佛教象征的名物。

据佛经记载，释迦牟尼降诞到迦毗罗卫国净饭王家前，王宫池沼内突然开出大如车盖的奇妙莲花。这时，菩萨就化作一头六牙白象投胎到王后腹中。王后便在娑罗树下生出释迦牟尼，且在池中沐浴净身。释迦牟尼传教说法时的座位叫“莲花座”，其坐姿大多是两腿交叠、足心向上的“莲花坐势”。“极乐世间”里到处种植莲花，故又称“莲花世界”。佛门弟子一心向善，天天念佛，称之为“口吐莲花”。佛家比喻苦中得乐为“归宅生莲”。佛教典籍中，莲花无处不在，如《妙法莲花经》就是以莲花为喻，象征教义的高雅纯洁。

佛教认为：世界一切众生由于十种污染的缘故，处在烦恼中，而佛教则使人超凡脱俗，达到清静无邪的境界，莲花出淤泥而不染，这独具一格的自然特征与佛教基本精神高度吻合。

在半封闭的大陆环境，农业型自然经济和宗法社会这一土壤中滋生的中国文化，特别是其思想文化，从它形成之日起，就带有鲜明的特征。那就是热爱祖国，自尊自强，重视伦理，讲究道德，尊师重教，注重实际，看重政务，不善空想，不迷宗教，并且具有其他民族文化难以伦比的内聚力和延续力。当然，它也具有脱胎自农业宗法社会而带来的崇拜祖先、尊重传统、比较保守、轻视自然科学知识、极端排斥个人利益等弱点。这一思想文化核心后来经过中国古代文化匠师们包括儒、佛、道三家思想家们的加工整理，被理论化、固定化，成为社会发展的指导思想，渗透到中国文化的方方面面。直至今日，它还在人们的思想方式和行为方式上留有深刻的烙印。本章就此对影响中国文化发展的儒、道、佛三家思想文化稍作介绍。

第一节 儒家思想

儒家是春秋时期大思想家、政治家孔子所创立的我国古代的一个重要学派，至西汉武帝时被定为官学，其思想在后世称为主宰中国封建社会上层建筑及其意识形态的主流思想。它对中国古代文化各方面包括中华民族的心理素质和伦理道德观念的影响都极为深远。在各个不同的历史阶段，为了适应社会的需要，儒学不断吸收其他学派的思想，逐渐趋于完备。

一、孔子与儒家

1. 孔子其人

孔子（公元前551～公元前479年）名丘，字仲尼，春秋后期鲁国人，儒家思想的创始人，是中国古代著名的思想家和教育家。他发奋为学，博学多能，一生致力于宣传推行自己的主张，奔波于列国之间。他开创了私人讲学的风气，不分贫富贵贱，广收门徒，成为文化传播的使者。据说孔子有3000弟子，其中优秀的有72人。孔子曾周游列国，晚年专心从事古代文献整理与传播工作，致力于教育，整理《诗》、《书》等古代典籍，删修《春秋》。其学生将其思想言行记载在《论语》中。

孔子经其终生倡导和历代儒家的发展，使中国儒家学说成为中华文化的主流，作为中国人的指导思想逾两千年。孔子思想体系的核心是德治主义，他执著地倡导德化社会与德化人生。德化社会的最高标准是“礼”，德化人生的最高价值是“仁”。孔子教导人们积极奉行“己欲立而立人，己欲达而达人”，“己所不欲，勿施于人”的“忠恕之道”，以建立正确的人生观和正确处理人与人之间的关系。孔子倡明“天人合一”之教，以善处人与自然的关系，他还阐述和弘扬了人不仅要“仁民”，也要“爱物”的道理。孔子坚决主张国家要实行“富之教之”的德政，使社会与文化得到发展。孔子认为文明的最高成就在于造就理想人格以创立理想社会，通过潜志躬行“内圣外王之道”，以达到“天下为公”、“大同世界”之境界。由于孔子的卓越贡献和思想影响深远，他才被中国人尊为至圣先师，万世师表。

2. 孔子学说的主要内容

（1）孔子的“仁”学　“仁”是孔子学说的核心，也是儒家思想的核心。“仁者，爱人，”爱的范围由家庭中的父母兄弟开始推广到众人。“仁”首先是“亲亲”、“事亲”，然后是“泛爱”。其方式是“己欲立而立人，己欲达而达人”，即先人后己；“己所不欲，勿施于人”，即推己及人。对个人来讲，只要做到“仁”，就会做到忠、恕、孝、友、恭、敬、宽、敏、惠、智、勇、信，以达到“圣人”的境界。对家庭来讲，就会出现父慈子孝、兄友弟恭的谐和关系。对国家来讲，就实现了“仁政”，即以“仁”来推行政治教化，治理社会。仁学的提出，既关系到个人人格修养，又关系到家庭伦理，还关系到国家和社会治理的政治伦理。这与儒家倡导的“修齐治平”修养观是一致的。最后的落脚点都是在国家社会。所以，“仁”是最高的道德原则。

（2）孔子的“礼治”观　“仁”的实施需要有外在的强制力量，这个力量就是“礼”。“礼”是行为准则，包括政治制度和道德规范，孔子心目中的“礼”，是为了维护贵族等级秩序而制定的行为规范，但这一行为规范不仅限制庶民的行为，也约束国君的行为。总之，人际利害关系的调整、家庭关系的维系、等级统治秩序的维护、各种教化的推行，都要以礼为手段和工具，使之达到理想的要求。“礼”涉及个人、家庭和社会的方方面面，它企图把人们的一切言行思想都纳入“礼”中，要求做到不失礼、不越礼，“非礼勿视，非礼勿听，非礼勿言，非礼勿动”，不能违背“礼”所规定的地位、权利、职责、义务，以维护“君君、臣臣、父父、子子”的等级秩序。“礼治”虽然承认社会成员作为社会细胞的地位、权利和义务，但又极大地摧残了个性的自由意志，造成后世强调义务、蔑视权利、重官轻民以及安分守己、保守因循的社会心理。然而，正是儒家的“仁”和“礼”，奠定了中国传统文化的精神和心理基础。

（3）孔子的认知、教育、修养观　孔子说过“生而知之者，上也；学而知之者，次也；困而学者，又其次也；困而不学，民斯为下矣。”又说过“学而时习之，不亦乐乎”；“吾十有五有志于学，三十而立……”；吾“非生而知之者，好古，敏以求之者也”等话语，可见孔子主张，人要勤奋学习，通过学习获得知识，在学习知识中寻找乐趣。

作为一位大教育家，孔子提出了“有教无类”、“因材施教”的教育思想，即不分身份高低贵贱，只要愿意接受教育，都要去教育、培养他。每个人的资质都是不一样的，对不同的人应当给予不同的、适合其实际情况的教育方式。此外，其教育者本身应当为人师表、言传身教等论说，都是我国传统教育思想中的精华。

因为孔子的学说是“经世致用”的学说，儒家提出了“修身、齐家、治国、平天下”的修身观。所谓修身，就是进行自身素质的培养，这是第一步，也是最重要的一步；齐家，就是学习并管理好自己的家庭、家族；治国与治家同理，只有把家庭及家族事务处理好的人，才可能会管理国家；治国，就是协助长官或君主管理国家；平天下是协助君主统一天下，“平天下”是“经世致用”的最高境界，也是封建社会里很多知识分子追求的理想目标。这种把个人修养与远大目标的实现，个人品质与社会责任义务紧密结合的修养观，千百年来一直为国人所尊奉，是中国传统文化中的优秀成分。

二、儒家思想及发展

1. 孟子的“仁政”、“民本”、“性善”说

儒家发展到战国时代最著名的代表是孟子。孟子对儒家思想做了全面、深刻的发展。主要有三点：第一，把孔子提出的“仁政”学说发展为系统的“仁政”理论。他认为，“以德行仁”才能得天下，使人心悦诚服。凡是做不仁之事者，天子可因之失天下，普通百姓则性命不保。第二，民本主义，提出得民心者得天下，失民心者失天下。第三，性善论，孟子提出“人之初，性本善”的人性论。性善的内容是“仁、义、礼、智”，其根苗发端是人人都具有的“恻隐”、“羞恶”、“辞让”、“是非”之心。这种“善端”是先天的，但后天有可能会改变，所以人必须“清心寡欲”而保持性善。孟子在自我修养上提倡“富贵不能淫，贫贱不能移，威武不能屈”的精神，“乐以天下，忧以天下”的政治胸怀，以及“天将降大任于斯人也，必先苦其心智，劳其筋骨，饿其体肤，空乏其身，行拂乱其所为，所以动心忍性，增益其所不能”的生理心理锻炼，也是具有积极意义的。

2. 汉儒的“三纲五常”

汉武帝时，国力强盛，宇内化一，大儒董仲舒提出的“罢黜百家，独尊儒术”的建议被采纳，从此开辟了2000年儒家之学为统治阶级之学的时代。此时的儒学又被称为经学，经过董仲舒的改造，成为君权神授的学说。所谓“君权神授”，即帝王代表上天统治人间，但其行为也要受到约束，不能为所欲为。上天可以通过灾异等形式警告人间帝王，要行善政，对老百姓以德教为主，刑法为辅。董仲舒又提出“三纲五常”的伦理道德规范。三纲即君为臣纲、父为子纲、夫为妻纲，讲的是君臣、父子、夫妻之间的主从关系；五常是“仁、义、礼、智、信”，是当时人们修身正己的道德要求，国君也不例外。所以，董仲舒提出的三纲五常是当时整个社会的道德规范，对缓和社会矛盾、稳定社会秩序有积极作用。

两汉以后，中国历史又进入长期战乱阶段，儒家思想也步入低谷，而佛、道盛行。但儒家的纲常名教长期维系人心，任何其他学说不能取代，只有向其靠拢，于是，在儒道合流中，首先产生了魏晋玄学，然后是儒释道三教合流，为宋代理学的产生奠定了基础。

3. 宋明理学

两宋时期，儒学发展中的又一个新形式——理学出现。以周敦颐、程颐与程颢、张载、朱熹为代表，形成濂、洛、管、闽等流派。因周、程、朱主张宇宙的本原是“理”——天理，故而称为“理学”。理学提出了“格物致知”、“致良知”、“知行合一”的认识论。在伦理道德、人生观、价值观和历史观方面，理学也有系统的论述。宋儒提出的“存天理、灭人欲”、“饿死事小，失节事大”等，使封建礼教对个性摧残达到极致。北宋理学家中张载主张气为宇宙本原，是理学中唯一的唯物论思想。他讲的“为天地立心，为生民立命，为往圣继绝学，为万世开太平”，表现了其学说鲜明的“经世致用”的色彩。

理学中的“心学”派主张“心即理”、“吾心即宇宙”、“心外无物”、“心外无理”，其代表人物是明代的王阳明，他把心学发展到极致，是典型的主观唯心论。

宋明理学援引道教、佛教理论解释儒家学说，融儒、释、道为一体，体系独立而完备，是儒家思想发展的新阶段。

4. 现代新儒学

现代新儒学是20世纪20年代开始形成的，以儒家学说为主干，吸收道家、佛家心性之学，尤其是借助于西方科学思想和方法构建的儒学思想体系。以熊十力、梁漱溟、冯友兰等人最为著名。这一派别的产生是在西方文化强烈的冲击震撼下，同时看到了西方文化出现的危机，企图以改造后的儒家文化来振兴中国，救治西方文化的失误，其学说的思想价值在东南亚一些国家和地区，如新加坡等得到一定程度的体现。

三、儒家文化及名胜

儒学作为中国封建社会的统治思想，它对中国文化的影响可谓无处不在。既有意识形态和生活方式上的深刻烙印，又有物质产品的遗存与积淀。

1. 儒家文化之精华

(1) 大一统思想　国家的统一，民族的团结应置于至高无上的地位，这是自先秦以来儒家的一贯政治主张。儒家坚信，中国应该统一，不能分裂，这是“天地之常经，古今之通义”(《汉书·董仲舒传》对策文)。这一思想在历史上对增强民族凝聚力、激励爱国主义精神、维护国家统一和领土完整，一直起着积极作用，至今仍有很强的现实意义。

(2) 仁政思想　儒家虽维护封建等级制度，主张君权至上，但也认识到人民的重要性。孟子说:“民为贵，社稷次之，君为轻”《孟子·尽心下》。所以儒家主张统治者应当对百姓施行仁政、德治、教化，反对苛政和严刑峻法，主张轻敛薄赋，使百姓能修养生息。仁政思想对于改善人民境遇，维持社会稳定，保持封建社会的持续繁荣起到了一定的作用。

(3) 仁爱精神　儒家“贵仁”，重人伦，讲友爱。主张“己所不欲，勿施于人”，“老吾老以及人之老，幼吾幼以及人之幼”(《孟子·齐及晋文之事章》)。这对中华民族善良、宽厚、诚信、谦让、富于同情心等传统美德的形成影响很大。即使在今天，这种仁爱精神在增进家庭和睦、社会和谐中仍可以发挥作用。这也是东方文明中吸引西方学者和旅游者的一个热点。

(4) 积极进取的人生哲学　儒家强调人对社会应负的责任，“穷则独善其身，达则兼济天下”，就是说报效祖国、建功立业、造福百姓是一个人义不容辞的责任。同时强调人的自身修养，重视理想人格和人的主体意识的培养，儒家的这种奋发有为、积极进取的人生哲学是历代无数仁人志士为中华民族之强盛而前仆后继、呕心沥血的精神动力。在当今对青少年进行人生观教育时，它也具有很好的借鉴意义。

(5) 尊师重教的优良传统　这对中华民族精神素质的提高起到了积极的作用。

2. 儒家名胜

儒家文化和旅游客体的关系非常密切。我国的人文旅游资源有不少是儒家文化遗址。

(1) 山东曲阜“三孔”　孔庙，位于山东省曲阜市南门内，是祭祀孔子的庙宇。初建于公元前478年，以孔子的故居为庙，以皇宫的规格而建，是我国三大古建筑群之一，在世界建筑史上占有重要地位。曲阜孔庙是祭祀孔子的本庙，是分布在中国、朝鲜、日本、越南、印度尼西亚、新加坡、美国等国家2000多座孔子庙的先河和范本，据称孔庙始建于公元前478年，孔子死后第二年（公元前478年），鲁哀公将其故宅改建为庙。此后历代帝王不断加封孔子，扩建庙宇，到清代，雍正帝下令大修，扩建成现代规模的庞大建筑群。庙内共有九进院落，以南北为中轴，分左、中、右三路，纵长630米，横宽140米，有殿、堂、坛、阁460多间，门坊54座，“御碑亭”13座，拥有各种建筑100余座，460余间，占地面积约95000平方米。孔庙内的圣迹殿、十三碑亭及大成殿东西两庑，陈列着大量碑碣石刻，特别是这里保存的汉碑，在全国是数量最多的，历代碑刻亦不乏珍品，其碑刻之多仅次西安碑林，所以它有我国第二碑林之称。孔庙是中国现存规模仅次于故宫的古建筑群，堪称中国古代大型祠庙建筑的典范。

孔府是孔子世袭“衍圣公”的世代嫡裔子孙居住的地方，是我国仅次于明、清皇帝宫室的最大府第。现在，孔府占地240多亩，有厅、堂、楼、轩等各式建筑463间，分为中、东、西三路。东路为家庙，西路为学院，中路为主体建筑。中路以内宅为界，前为官衙，设三堂六厅（大堂、二堂、三堂，管勾厅、百户厅、知印厅、掌书厅、典籍厅、司乐厅）；后为内宅，设前上房、前堂楼、后堂楼、后五间。最后是孔府的花园，是历代衍圣公及其家属游赏之所。

孔林是孔子家族墓葬地，其规模之大及历时之长世所罕见。孔子和他的子孙逝世后，都下葬在曲阜都城北墙外；2400多年来，已经下葬了近80代人，有坟冢10余万座。墓区占地200万平方米，布局庄严，内有很多石人、石兽和碑刻题记，都是很有价值的古代杰作。

曲阜孔庙、孔林、孔府于1994年12月入选《世界遗产名录》。

(2) 山东邹城“三孟”　孟庙，也叫亚圣庙，是历代祭祀孟子的场所。始建于宋仁宗景右四年（公元1073年），原在距城13公里的四基山西南麓的孟子墓前，因距城较远，后迁至邹县临郊。宋宣和三年（公元1121年），又建于现在的地址。后历经金、元、明、清数十次重修扩建，具有了现在的规模。现在的孟庙，是全国重点文物保护单位。庙内古木森蔚，碑碣林立，庙周围有红墙护围，总面积65.3亩。它是一座长方形建筑群，五经院落，以主体建筑“亚圣殿”为中心，南北为一条中轴线，左右作对称式配列，错落有致，起伏参差，院院不同，各具格局，充分体现了古代庙堂的特点。孟府是孟子嫡系后裔居住和生活的地方，是我国封建社会中典型的官衙与内宅合一的贵族庄园。孟林又称“亚圣林”，是孟子及其后裔的墓地，位于邹城东北13公里的四基山西麓。

(3) 著名书院

① 嵩阳书院，位于河南省登封市中岳嵩山南麓，紧临登封市区，是我国宋代最高学府之一，居北宋时期中国四大书院（河南嵩阳书院、应天书院、湖南岳麓书院、江西白鹿洞书院）之首，以理学著称于世。嵩阳书院建于北魏孝文帝太和八年（公元484年），为嵩山佛、道、儒三教荟萃之地。原为嵩阳寺，隋朝改为嵩阳观，唐代改为奉天宫，五代后周改为太乙书院，宋代景佑二年赐额为“嵩阳书院”，成为传播儒家思想培育英才的教育基地，宋代巨儒程颢、程颐在此创立“二程理学”，司马光、范仲淹、朱熹、韩维、李刚、吕海等都曾在此著书讲学。

② 岳麓书院，坐落于湖南省长沙市岳麓山东面的山脚下，湖南大学校园内。是我国古代四大书院之一，其前身可追溯到唐末五代（约公元958年）智睿等二僧办学。北宋开宝九年（公元976年），潭州太守朱洞在僧人办学的基础上，正式创立岳麓书院。后历经宋、元、明、清各代，至清末光绪二十九年（公元1903年）改为湖南高等学堂，尔后相继改为湖南高等师范学校、湖南工业专门学校，1926年正式定名为湖南大学至今，历经千年，弦歌不绝，故世称“千年学府”。书院占地面积21000平方米，现存建筑大部分为明清遗物，主体建筑有头门、二门、讲堂、半学斋、教学斋、百泉轩、御书楼、湘水校经堂、文庙等，分为讲学、藏书、供祀三大部分，各部分互相连接，合为整体，完整地展现了中国古代建筑气势恢弘的壮阔景象。除建筑文物外，岳麓书院还以保存大量的碑匾文物闻名于世。

③ 白鹿洞书院，坐落于江西省九江市庐山五老峰南约10公里处的后屏山南麓，在唐代时原为李渤兄弟隐居读书处。根据文献记载，“渤养白鹿自娱，人称白鹿先生”。后来李渤任江州刺史，旧地重游，于此修楼建亭，引泉植花，遂成为一处游览胜地，取名白鹿洞。五代南唐升元年间，在此建立了“庐山国学”；宋初扩建为书院，并正式定名为“白鹿洞书院”。白鹿洞书院是中国历史上第一所完备的书院。北宋末年，书院毁于兵火，南宋淳熙六年（公元1179年），朱熹出任南康太守，重建院内的建筑，延请名师，充实图书，亲临讲学，并奏请赐额及御书，于是书院的名声大振，宋时著名的哲学家陆九渊、王守仁等都曾在此讲学。后代书院又几经兴废，现存建筑多为清道光年间的。

④ 石鼓书院，始建于唐元和五年（公元810年），迄今已有1196年的历史，经唐、宋、元、明、清各朝，书院屡经扩建修葺。因韩愈、周敦颐、朱熹、张栻、范成大、辛弃疾、文天祥、徐霞客、王夫之等历史名人曾在此讲学授徒，赋诗作记，题壁刻碑，石鼓书院在中国书院史、教育史和文化史中享有很高的地位。1944年6月，石鼓书院毁于日军炮火。

⑤ 应天书院，前身是后晋时杨悫所办的私学，北宋政权开科取士，应天书院人才辈出，百余名学子在科举中及第的竟多达五六十人。1009年，宋真宗正式将该书院赐额为“应天府书院”。宋仁宗时，又于1043年将应天书院这一府学改为南京国子监，使之成为北宋的最高学府之一。后该书院在应天知府、著名文学家晏殊

等人的支持下，得到很大扩展。著名政治家、文学家范仲淹等一批名人名师在此任教，显盛一时。

第二节　中国道教

道教，是我国古代土生土长的宗教，是以我国社会的鬼神崇拜为基础，以神仙存在、神仙可求和诱使人们用方术修持以追求长生不老、登仙享乐及用祭祀醮仪以祈福免灾为主要内容和特征。它形成于东汉顺帝时，至今已有1800多年的历史。道教出现的最初形式，是“五斗米道”和“太平道”，此时它们经常充当农民起义的旗帜；南北朝以后，道教体系逐渐建立起来，形成了“全真道”和“正一道”两大派别；明清以后，道教慢慢衰落下来。道教是中国传统文化的重要组成部分，曾对我国古代社会的政治制度、学术思想、宗教信仰、文学艺术、医药科学和民风民俗等各方面产生过重要影响。

一、道教的思想渊源——老子与道家

道教的产生可以追溯到道教的前身——春秋战国时期的“道家”学说。道家是春秋战国时期的诸子百家学派之一，其创始人是老子。

老子，一说即老聃，姓李，名耳，字伯阳，春秋楚国苦县（今河南鹿邑东）人。生卒年不详，约与孔丘同时。做过周朝掌管图书的小吏。传说孔丘曾向他问过礼。世传《老子》（也称《道德经》）五千言，成于战国时期，保存了老子的思想。

老子学说的核心是一个“道”字。“道”是什么？它没有名字、形状，看不见、摸不着，甚至无法用言语来表达，因此“玄之又玄”。“道”是宇宙本原：“道生一，一生二，二生三，三生万物”。即由“道”产生了一个混沌之体，“一”又生出阴阳，阴阳生出天地人，而天地人生出自然界万物和人类社会。道教就以此作为宗教创世神学的理论基础，更加突出了“道”的神秘性和超越性，把它神化为具有无限威力的宗教崇拜的偶像，成为人格化的最高神灵。“道”又是宇宙间一切事物发展变化运行的规律：“人法地，地法天，天法道，道法自然”。

老子在哲学上主静、取弱、居柔，因条件的改变而制动、胜强、克刚，从而体现了老子强调的正与反斗争转化的辩证思想（“祸兮福所倚，福兮祸所伏”），表现了极高的智慧和深刻的思辩性。

在社会治理上，老子主张回复到“小国寡民”、“鸡犬之声相闻，民之老死，不相往来”的自给自足小农生产状态，甚至原始状态。主张“灭智弃圣”、“使民无知”，从而消除人与人、国与国之间的争夺和战争。遵循“天道”，还特别提出了“损不足而补有余”的救世案。老子的社会思想代表了对社会发展的恐惧心理。

老子提出的“无为无不为”是其哲学上的思想方法，所谓“无为”，指不要人为去干预“道”的运行，不要违背规律而动。所以治理国家应该“无为而治”，处事应当“清静无为”。

这些“玄之又玄”、“清静无为”带有玄妙味道的东西很合道教的口味和需要，

容易被它的神仙思想利用。老子的道家思想被道教大量的改造和吸收，就连他本人也被道教尊为祖师爷。

此外，道教思想还源于春秋战国时期神仙家的神仙信仰和成仙方术以及阴阳五行说，对其不断加以补充、发展，追求长生不死、天地人之间的和谐。

二、道教文化

1. 道教的创立与发展简史

道教形成于东汉顺帝（公元 125～144 年）时代，其最初形式是张陵所创立的五斗米道和张角所创立的太平道。它们称老子为教主，奉《道德经》为主要经典，并作宗教性的阐述。当时道教主要流行于民间，并曾与当时的农民起义军结合。魏晋以后道教内部逐渐分化。在东晋葛洪、北朝寇谦之和南朝陶弘景等人的改革活动下，道教一跃成为官方的正统宗教。隋唐至明朝中叶是道教的鼎盛时期。由于帝王的尊崇，推行一系列宗教政策，大大促进了道教的发展。道教确立复杂的经典体系，出现许多新教派，主要是正一道和全真道。明代儒学的兴盛使道教逐渐失去官场中的核心地位，佛教又同道教争夺巫医方术的地盘，加之道教上层人物的腐化堕落，使道教开始无可挽回地衰落下去。清朝统治者推行重视藏传佛教、抑制道教的政策，进一步削弱道教的地位。随着封建社会的瓦解，道教也就暗淡下去了。

2. 道教经典与标志

道教开创的时候经书不多，除奉《道德经》为主要经典外，重要的还有《太平经》、《老子想尔注》等。魏晋以后，随着道教的发展，道书就多起来，陆续编纂经目，汇集成“藏”，内容庞杂，千余年来屡散屡编，流传至今的是明朝正统年间的《正统道藏》和万历年间的《万历续道藏》。

道教的标志为“太极八卦图”。八卦为乾卦、坤卦、震卦、巽卦、坎卦、离卦、艮卦、兑卦，分别代表天、地、雷、水、风、火、山、泽的自然界八种现象。太极图在八卦中的红色为阳，青色为阴，阴阳左右盘绕称之为太极图。

3. 道教教义

（1）宣扬“道”是“万物之母”　《道德经》中提出，“道”是“万物之母”，“德”是道的体现。“道”是宇宙的本原和主宰，是产生和支配天地万物的造物主，是至高无上、具有神秘力量的人格化的神，是值得崇敬的。这是道教最基本的教义。

（2）奉太上老君为无世不存的至尊天神　这是道教信徒最根本的信条。谁否认这一条，就不是道教信徒。

（3）天道承负，因果报应　这一教义在早期道教已载入《太平经》。何谓天道承负，意思是前人有过失，由后人来承担其过责；前人有负于后人，后人是无辜受过。换句话说，即前人惹祸，后人遭殃；前人为善种树，后人遮阳。道教强调因果报应说：“诸恶莫作，众善奉行，永无恶曜加临，常有吉神拥护。近报则在自己，远报则在子孙。”

（4）追求长生不老　道教是以生为乐，重生恶死，追求长生不死，肉身成仙。正由于道教有生道相守、生道合一的基本教义，故而造作了许多修道养生的方术。

4．道教供奉的诸神众仙

道教与西方宗教的一个重要区别是：它不是一神教，而是多神教。在道教看来，只要是修炼成道、神通广大和长生不老的人都可以成为道教徒心目中的“神仙”。由此，创造了一个十分庞杂，几乎无所不包的神仙体系。道教认为，“神”和“仙”虽然同属一种宗教信仰，但二者的含义却不尽相同。所谓的“神”是指天地未分之时就已存在的真圣，如三清、四御等，这是先天存在的，世间之人无法修炼而成。而“仙”却是后天的，在开天辟地后，通过长期修炼达到长生不老的人以及一切有功德于人间者，就是仙人。如老子、“八仙”、关帝等。他们共同构建了一个超然于人间的神仙世界，对于这个神仙世界的敬仰构成了道教信仰的基础。

（1）三清　三清是道教最高的尊神，是玉清、上清、太清之合称，即玉清元始天尊、上清灵宝天尊、太清道德天尊（即太上老君）。

（2）四御　四御是指地位仅次于三清的四位大帝，即总执天道的玉皇大帝；协助玉皇执掌天地经纬、日月星辰、四时气候的中央紫薇北极大帝；协助玉皇大帝执掌南北极与天地人三才、统御诸星，并主持人间兵革之事的勾陈南极大帝；执掌阴阳生于万物之美、大地山河之秀的后土皇帝祇。

（3）三官　又称三元大帝，指天官、地官、水官。道教称天官赐福（民间视为福神，近代又将天官与员外郎、南极仙翁合一起称福、禄、寿三星），地官赦罪，水官解厄。

（4）真武大帝　又称宣武大帝、真武帝君等，是道教遵奉的职掌北方天界的重要天神。我国古代将天上星宿分为二十八群，称二十八宿，又将二十八宿分为四组，称之东方青龙、南方朱雀、北方玄武、西方白虎。北方七宿形如龟蛇，于是龟蛇作为玄武神的象征，受人们崇拜。宋真宗时，避先祖赵玄朗之讳，改名真武大帝；有一说认为真武大帝原是净乐园太子，为除尽天下妖魔，不继王位，入太和山（武当山）修道的真人传授，玉帝令其统摄北方。

（5）文昌帝君　文昌原是星官名，即魁星（见插图1）之上六星的总称（民间称文曲星）。宋元间道士称，文曲星于西晋末降生四川梓潼七曲山时为张亚子，以后历代转世，玉帝命他掌管人间功名利禄，于是成为道教大神文昌帝君，备受读书人的崇拜。

（6）八仙　是民间最熟悉的神仙群体。八仙传说故事先后见于唐代文人记载，至明代最后定型。八仙指铁拐李、汉钟离、张果老、何仙姑、蓝采和、吕洞宾、韩湘子、曹国舅。以“八仙过海，各显神通”的故事流传最广。山东蓬莱传为八仙过海故事发生地，当地建有蓬莱阁，创建于北宋嘉祐年间。

（7）天妃娘娘（妈祖）　妈祖原名林默，生于北宋年间。传说她生而神异，救助过不少海上遇难渔民和船只，后在福建莆田湄洲岛羽化成仙。当地渔民在岛上盖庙祭祀。道教把妈祖列为海上保护神。妈祖得到宋、元、明、清历代皇帝褒封。全国沿海城市均建有妈祖庙、天后宫、天妃宫、朝天宫等供奉妈祖。

(8) 关圣帝君　关羽在宋代以后名声大震，因其为忠孝节义的楷模，而屡受历代皇帝褒封，佛、道两教也争相供奉关羽。儒家尊其为“关圣人”，佛教尊其为伽蓝神，道教则尊其为关圣帝君，并称其具有“全能”法力。旧时关帝庙数量之多居全国诸庙之首。山西运城解州关帝庙，创建于隋开皇九年（公元589年），为武庙的祖庙；河南洛阳的关林，传为埋葬关羽头颅处，也是著名的关帝庙。

(9) 王灵官　道教一般认为，王灵官名王善，为宋朝萨真人的弟子，后成为道教重要护法神将，专门镇守道观山门，镇压妖魔，其地位相当于佛教的韦驮。从明代起王灵官地位开始显赫，许多地方建灵官庙。

三、道教名胜

道教植根于中国本土，源于道家，既接受了中国对名山大川的祭祀，也接受了道家对自然的崇尚和返璞归真的追求。于是，名山胜水便成了道士们崇奉和向往的去处。他们遍踏中国大地的山山水水，选择情景优美之地建立宫观，修身养性，采丹炼药，以寻求得道成仙，并把这些地方称为神仙的居所。

1. 五岳

五岳指东岳泰山、西岳华山、南岳衡山、北岳恒山和中岳嵩山。五岳是远古山神崇拜、五行观念和帝王巡猎封禅相结合的产物，后由道教视为道家的名山。

① 东岳泰山，又名岱山，道教因东方为阴阳交替之地，于是以泰山为五岳之首，又称为“第二小洞天”。古代皇帝一般都在泰山举行封禅礼。山麓下的岱庙是泰山的主庙，供奉东岳大帝。道教认为他主治人生死及人生贵贱，为冥府众鬼的主帅。岱庙是东岳大帝的祖庭，也是全国各地东岳庙的主庙。它与北京故宫、曲阜三孔、承德避暑山庄并称为我国四大古建筑群。

② 西岳华山，在陕西省华阴县境内，道教称之为“第四小洞天”。西岳庙在华山下5公里之岳镇东南，其前身为汉武帝时所建集灵宫，北魏时重建，定现名。供奉西岳大帝少昊。华山北麓谷口的玉泉院，传为五代宋初陈抟老祖修行之所，他是老华山派祖师。华山是五岳中唯一为道观独占的名山。

③ 南岳衡山，在湖南省中部，道教称“第三小洞天”。主要宫观有南岳大庙、黄庭观、祝融殿等。主庙南岳大庙供奉南岳大帝；祝融殿在祝融峰上，以祀祝融火神。中唐以后，佛教在衡山上占压倒优势。儒家开辟了多家书院。故衡山是佛、道、儒三家荟萃之地。

④ 北岳恒山，山西北岳庙，是北魏至明代历代朝廷祭祀北岳之所。浑源恒山北岳庙供奉北岳大帝。

⑤ 中岳嵩山，在河南省登封市西北，道教称“第六小洞天”。在黄盖峰下的中岳庙是嵩山主庙，供奉中岳大帝，宫观规模宏大。历史上中岳嵩山也是道、佛（以少林寺为代表）、儒（以嵩阳书院为代表）三教荟萃之处。

2. 道教名山

① 青城山，在四川都江堰市西南，人们赞誉为“青城天下幽”，道教称为“第

五小洞天”。传教创始人张道陵在四川鹤鸣山得道后，至青城山五斗米道，降魔治病，造福于人，被后人尊为天师，留下不少传说古迹。

② 武当山，旧称太和山，位于湖北省均县以南，风景秀丽，是道教著名的洞天福地。唐代已有道教建筑，明代以后得到较快的发展。武当山是道教真武大帝的祖庭。据道经描述，真武大帝原为净乐国太子，15 岁时入太和山修炼，后奉玉帝之命坐镇北方，统摄真武之位，太和山因此改名为武当山，取“非玄武不足以当此山”之意。明成祖朱棣发动“靖难之役”传说真武大帝曾多次显灵相助，朱棣登位后封真武大帝为“北镇天真武玄天大帝”，并在武当山大修宫观，使武当山成为著名的道教圣地和风景名胜区。武当山山顶有全国最大的铜殿，其中真武大帝塑像据说是仿照明成祖朱棣的形象铸造的。著名的武当拳也发源于此。

③ 龙虎山，位于江西省贵溪县境，是道教正一天师的祖庭和道教的第三十二福地。据道书记载，在晋代，张陵第四代孙张盛自汉中迁居龙虎山，到唐代第十五代孙张高被封为“祖天师”，此后“天师”成为张氏的世袭封号。明代嘉靖年间对龙虎山进行大规模的修建，并改额为“正一观”，龙虎山因此成为张天师和正一道祖庭，在道教史上有很大影响。现存主要道教建筑有上清宫和天师府，分别为历代天师起居和演教之所。

④ 终南山，在陕西省西安市南，为北方道教名山。山内楼观台、老子墓、重阳宫等道教圣迹。老子入关，在楼观台讲授《道德经》，因此这里被视为道教发祥地之一；重阳宫是全真道王重阳归藏“遗蜕”之处，该宫与北京白云观、山西芮城永乐宫并成全真道三大祖庭，它的建筑早已倾塌，但遗下祖庵碑林。

⑤ 阁皂山，位于江西省樟树，为灵宝派祖庭。元代以后，兵燹频仍，延续了1600 多年的香火日渐衰微，宫观大多被毁，现尚存有接仙桥、山门、大万寿崇真宫、紫阳书院、石门石、风门、丹井等处景点。

⑥ 茅山，位于江苏省句容、金坛两县之间，主峰大茅峰，海拔 372.5 米。相传西汉景帝时，有渭城的茅盈、茅固、茅衷兄弟来大茅峰、二茅峰、三茅峰修道，得道成仙，山因此得名，三茅山简称茅山，它是中国东南道教圣地，为上清派祖庭。

3. 道教著名宫观

宫观是道士修道、祀神、举行宗教仪式和贮藏道经的场所，是道宫和道观的合称。

① 白云观，位于北京西便门外。其前身系唐代的天长观，金代改名为太极宫，元代改名为长春观，明初重建后易名为白云观。白云观为道教全真龙门派祖庭，享有“全真第一丛林”之誉。新中国成立后，中国道教协会、中国道教学院及中国道教文化研究所等道教界的全国性机构均设立在白云观。

② 楼观台，是我国最早的道教宫观，位于陕西省周至县东南 20 公里的终南山北麓，相传最初是函谷关令尹喜隐居的地方，素有“天下第一福地”之称。据记载，西周康王时，函谷关令尹喜在此结草为楼，以观天象，名叫草观楼。一日忽见

"紫气东来"，知有圣人到来，不久果然见老子骑青牛而至，尹喜为老子筑台，传授经典，著有《道德经五千言》授予尹喜，然后西行化胡。后被道教奉为圣地，历代均有增修扩建。现存主要胜迹有说经台、炼丹炉、吕祖洞、老子墓和宗圣宫、延生观等遗址以及老子系牛柏、石牛、石刻等遗物。

③ 青羊宫，位于成都市西南角，是成都市现存最大的道教宫观，旧名玄中观，相传为老子度化尹喜之地，始建年代不详。唐僖宗中和三年扩建，改名青羊宫。明末毁于战火，清康熙七年重建，现存主要建筑有：大山门、灵祖楼、混元殿、八卦厅、三清殿、斗姆殿、皇楼殿、唐王殿等等。

④ 玄妙观，位于苏州市内，始建于晋武帝年间，名真庆观；唐玄宗开元二年改名开元宫；宋真宗时改名天庆观；元时改为现名。历来是正一道的主要道观。主殿三清殿是江南现存最大的宋代木构建筑。观中藏有唐吴道子画老君像及颜真卿书迹等碑刻。

⑤ 三元宫，传晋葛洪妻鲍姑曾在广州越秀山修道成医，后羽化。当地人民建鲍姑祠纪念。明代加建三元殿供奉三官，并改为三元宫。清代为全真道丛林之一，是岭南香火最盛、信徒最多的道观。

第三节 中国佛教

佛教为世界三大宗教之一，自传入中国之后，经过与中国本土传统思想与文化相碰撞、融合，渐渐成为中国的一个民族宗教，对中国的政治、经济、文化、艺术、语言文字乃至民族性格，产生了重要影响。

一、佛教概说

1. 佛教的产生

佛教在世界各大宗教中创立的时间最早，于公元前 6 世纪至公元前 5 世纪由乔答摩·悉达多创始。相传他为古印度迦毗罗卫国（今尼泊尔境内）净饭王的太子，属于刹帝利种姓，29 岁出家，修行七年，自称觉悟成道，为使其学说能让更多的人理解和接受，便开始了长达 45 年的传教历程。其传教范围遍及中印度恒河流域各地。在 80 岁时，圆寂（涅槃）于拘尸那迦城。因为他是释迦族人，又能"牟尼"（古印度梵文的音译，其意是能寂而得智慧，能仁而利人群）。他反对印度"婆罗门第一"的种姓制度，提出四姓平等主张，宣扬在灵魂上"众生平等"，得到许多群众的支持，所以人们尊称他为"释迦牟尼"（即"释迦族的圣人"）。

2. 佛教的发展与传播

（1）纵向发展简史　佛教创立后，在其发祥地印度的发展，从公元前 6 世纪至公元 12 世纪，经历了大约有 1800 年的历史，大致可以分为四个时期三个 600 年。

① 原始佛教时期（公元前 6 世纪至公元前 4 世纪中叶约 200 年），佛祖释迦牟尼传教及其弟子传教阶段。

② 部派佛教阶段（公元前4世纪中叶至公元1世纪共400年），这一阶段加上原始佛教时期为第一个600年。释迦牟尼涅磐后，其弟子们有过多次集会，对原始佛教所宣扬的教义、戒律的解释发生了争议。后分裂为两大派系：其中较为传统的一派称为上座部佛教，较为改革的一派称为大众部佛教。

③ 大乘佛教和小乘佛教时期（公元1世纪至公元7世纪），这是第二个600年。这一阶段从大众部佛教演化成的大乘佛教在印度急剧发展，教化地区也随之扩张。原上座部佛教被贬称为小乘佛教（“乘”原为“车辆”的意思）。大乘佛教认为十方（东、南、西、北、中、东南、西北、东北、西南、上、下）世界都有佛，修行的果位分为罗汉、菩萨、佛三级，修行的最终目的在于成佛。该教派宣扬菩萨和“菩萨行”（即寓自我解脱于救苦救难、普度一切众生的践行之中）。小乘佛教在理论和实践的基础体系上仍接近于原始佛教，认为世界上只有一个佛，即佛祖释迦牟尼，修行的最高果位为罗汉。

④ 密乘佛教时期（公元7世纪至公元12世纪），这一阶段密宗在印度佛教中占统治和主导地位。印度密教是大乘佛教部分派别分别吸收婆罗门——印度教及民间信仰诸神因素而形成的特殊宗教形态。它以高度组织化的咒术、仪礼、民俗信仰为其特征。密宗自称受法身佛大日如来深奥秘密教旨传授，故称“密教”。相对而言，其他大乘佛教派被称为显宗（显教），即受应身佛释迦牟尼所说种种经典的传授。

（2）横向传播情况　自公元前3世纪下半叶起，佛教开始向古印度境外不断传播，逐渐发展成为世界性的宗教。从世界范围看，佛教的传播分为三条路线。

① 北传佛教，从古印度向北传入中国，再由中国传入朝鲜、日本、越南等国家，以大乘佛教为主，也包括密乘佛教。其经典主要属于汉语，也称汉语系佛教。

② 南传佛教，从古印度向南，传入斯里兰卡、缅甸、老挝、柬埔寨等南亚、东南亚国家及中国的云南傣族等少数民族地区，以小乘佛教为主，其经典语主要属巴利语，亦称巴利语佛教。

③ 藏传佛教，从古印度和中国内地传入中国的西藏地区，主要是印度密乘佛教和西藏地区的本教融合而形成的具有西藏地方特色的佛教（俗称喇嘛教），流传于中国的藏族、蒙古族、裕固族、纳西族等少数民族地区；还流传于不丹、锡金、尼泊尔、蒙古和俄罗斯的布里亚特等国家和地区。近年来，在欧美地区也流传较广。它的经典属于藏语，亦称藏语系佛教。

3. 佛教在中国的传播与发展

中国的佛教包容了北传佛教、南传佛教和藏传佛教三大体系。佛教自印度传入中国，经过长期传播发展，形成了具有中国民族特色的中国佛教。受传入时间、途径、地区和民族文化、社会历史背景等不同因素影响，中国佛教形成了三大系，即汉地佛教、藏传佛教和云南地区上座部佛教。

（1）汉地佛教　汉地佛教是经克什米尔，越葱岭，沿天山山脉南北两路到达阳关和玉门关而传入我国的，故又称“北传佛教”。佛教传入我国汉地的年代，学术界尚无定论。汉哀帝元寿元年（公元前 2 年），博士弟子景庐从大月氏王的使者伊存来朝口授《浮屠经》开始，佛教传入中国。永平七年（公元 64 年），汉明帝因夜梦金人，故派遣 12 名使者出访西域，以求佛法。公元 67 年，使者在大月氏国遇印度僧人迦叶摩腾、竺法兰，同时得到佛像经卷，以白马驮之，返回洛阳。次年，建白马寺供两位僧人居住，二人在寺中译出《四十二章经》，据说这是中国最早的佛经。

三国两晋南北朝时期是奠定佛教思想传播的基础阶段。因这一阶段主要以译经为主，故又称为“译经阶段”。汉代之后，来自西域的高僧中翻译家众多，其中以号称“中国四大翻译家之一”的鸠摩罗什为最。魏晋时期，中国佛教建立了自己的使戒制度，从此，出家僧人不再只是“剃发”、“染衣”，而且也都能“受具”（只有“具足戒”，方能成为正式僧人）。有了正式的中国僧人，这才标志着中国佛教的正式诞生。这一时期还有一个特点：就是大规模的石窟寺开始出现，著名的敦煌石窟、云冈石窟均开凿于此时。在中国的南方，笃信佛教的梁武帝身体力行，大力弘扬佛教，在他的推动下，一时间南朝各地寺院如雨后春笋而起。

佛教在隋唐时期，尤其是唐代，达到最盛时期。隋朝建立后，隋文帝杨坚多次下诏在全国各地广建寺院，剃度僧尼。唐太宗李世民即位后，下诏全国于“交兵之处建立寺刹”，扶持译经事业。武则天更是利用佛教为自己夺取帝位制造舆论。不少僧侣前往印度游学取经，较为著名的有玄奘和义净。

随着佛教的传播，一些大的寺院为了维护自身的社会地位和经济利益，各自注释佛经，建立自己的佛教理论体系，逐渐形成不同的佛教宗派。主要宗派如下。

① 天台宗，我国创立最早的佛教宗派，由创始人为智以《法华经》、《大智度论》、《中论》为依据创立于浙江天台山，形成于隋代，故名天台宗。

② 法相宗，创始人为玄奘及其弟子窥基，因他们长期居住于长安大慈恩寺，故又名慈恩宗。此宗理论过于烦琐且不合潮流，故仅传三代而止。

③ 华严宗，因这一派所依据的经典是《华严经》，故名。其始祖为隋末唐初的杜顺，到三祖法藏时才正式形成，因法藏字贤首，又称贤首宗。

④ 律宗，因着重研习及传持戒律而得名，是研习和传持戒律的一个宗派。其主要经典为《四分律》。始祖为南北朝名僧慧光，实际创始人为唐代道宣，因道宣住终南山，又有“南山律宗”或“南山宗”之称。

⑤ 密宗，是相对于大乘显宗而言，该派自称受大日如来佛秘密教旨传授，故称“密宗”，又称“密教”。这一派在中国的形成，始于唐代从印度来的三位梵僧：善无畏、金刚智和不空，在佛教史上被称之为“开元三大士”。

⑥ 三论宗，此宗以《中论》、《百论》和《十二门论》为典据，在隋代创立，开始于鸠摩罗什，此后创始人是吉藏，他著书立说，完成了三论宗理论体系。师徒相传，历久不绝。

⑦ 净土宗，创始人道绰及其弟子善导。净土宗以口念“南无阿弥陀佛”为修行方式，以往生西方极乐世界为宗旨，是简单的法门，故在民间影响极大。

⑧ 禅宗，是中国佛教史上势力最大，流传最广且最具民族特色的佛教宗派。因注重禅定，主张以禅定概括佛教修习的全部内容而得名。这一派主张我心即佛，识心见性，不立文字，以心传心，只要修行坐禅即可。谱系以南北朝来华的印度僧人达摩为初祖，达摩传僧慧可，是为二祖，慧可传僧璨，僧璨传道信，道信传弘忍。弘忍门下出神秀、慧能两大弟子，分成南北两宗。北宗神秀一系不久衰落。南宗慧能一系成为禅宗主流。

宋元时期以后，佛教各宗派虽有所发展，但却远非昔比。这一时期，佛教与中国原有的民族文化和发展传统进一步结合，在民间树立起广泛而牢固的信仰，但就佛教本身而言，却日渐衰微，逐渐与中国的儒、道二教相融合，向“三教合流”的方向发展。

（2）藏传佛教　佛教最早在西藏的传播大约在5世纪左右，但由于当时的吐蕃各部尚无文字，所以佛教的传播非常缓慢。公元7世纪左右，吐蕃赞普松赞干布分别迎娶尼泊尔赤尊公主及唐朝文成公主，并为她们带去的佛像分建大昭寺和小昭寺。过了一个世纪（约公元779年），吐蕃的第38代赞普犀松德赞请印度密教大师莲花生主持在山南修建了桑耶寺，该寺首次供奉“三宝”（佛、法、僧），成为西藏第一个出家僧团的修习之处。至“热巴巾”赤祖德赞赞普时代，政府推出了“七户养僧”制度，即每七户人家要供养一名僧人。该制度的推行，为佛教在藏族地区的传播、普及走出了非常坚实的一步。藏族史将这三位赞普统治时代，称为“前弘期”，将他们三人并称为“祖孙三法王”。

9世纪中期，郎达玛登上赞普之位，此人是苯教势力代表人物，他一上台就实施了一系列灭佛之策。藏族史上将郎达玛统治时期称为“毁法时期”。

100年后，佛教再次从多康地区传入西藏，开始人们所称的“后弘期”。“后弘期”时代，代表奴隶主各个势力的宗教派别开始出现，按出现的时间顺序依次是宁玛派（因该派僧人穿戴红色袈裟、僧帽，俗称“红教”）、噶举派（因该派僧人穿白色衣裙、上衣，俗称“白教”）、萨迦派（因该派寺院围墙涂有象征文殊、观音和金刚手菩萨的红白黑三色花纹，俗称“花教”）和噶当派。不过，受奴隶主势力集团的控制，许多信仰佛教的僧侣只顾你争我夺，根本无视佛教的清规戒律，使佛教再次陷入危机境地。

公元1373年，年仅16岁的宗喀巴到西藏求法深造，抵西藏后，广拜高僧，潜心研佛，并开始研究藏医；1385年受“比丘戒”；1397年，他在原先倡导的辩经活动的基础上，创立了转法轮会（讲经法会），不久又创制出一套善规派的佛学体系；1409年，他创建了黄教的祖寺——甘丹寺，后来又先后建造了哲蚌寺、色拉寺。这三大寺的建成标志着后来成为西藏第一大宗派——格鲁派（因该派僧人带黄色桃形僧帽，俗称黄教）的最终形成。

公元1643年，格鲁派弟子五世达赖在哲蚌寺建立格鲁派政权。固始汗退位后，又将政权交给五世达赖，西藏进入政教合一时代。从此，藏传佛教进入到其发展的鼎盛时期。那时，西藏政府推行“三丁抽一”、“三丁抽二”、“四丁抽三”的送子入寺制度，再加上有39%的土地和农奴归寺院所有，这就使西藏的佛教人口剧增。

(3) 云南上座部佛教 佛教由印度恒河一带传入斯里兰卡，再由斯里兰卡传入缅甸、泰国、柬埔寨和老挝等地，进而传入我国云南地区。因其经文均用巴利文编写，加之又信奉小乘佛教，而信奉小乘佛教的信徒多为参加佛门第一次集结时的上座长老，故名上座部巴利语系佛教。

二、佛教文化

1. 佛教教义

(1) “无常”、“无我”，形成“空”的哲学观念 “无常”之世界万事万物变化无常。“无我”指一切现象都是因缘和合，没有独立的实体或主宰者，“空”，就是万物从因缘生，没有固定，虚幻不实。

(2) “四谛” 即苦、集、灭、道四谛。苦谛，是说教的出发点，就是认为世界及人生皆苦。佛教极力夸大人生的痛苦，宣扬一切皆苦，苦海无边，这是对人生一种消极的片面的认识。集谛，说明产生“苦”的原因，佛教认为产生“苦”的原因是在于有“欲爱”，包括对长生之欲爱、权力之欲爱等。灭谛，说明佛教的目的，即消灭“苦”。道谛，即涅槃之路，说明佛教修道的主张和途径。据佛陀说，通向涅槃的道路有“八正道”，即正见、正思维、正语、正业、正命、正精进、正念和正定。

(3) 以“十二因缘”为核心的因果报应和三世两重因果 “因缘”即原因和条件，有无明、行、识、名色、六处、触、受、爱、取、有、生、老死“十二因缘”，说明众生生死流传的因果联系，宣扬善有善报，恶有恶报，这便是因果报应论，即过去世的因，造成现在世的果；现在世的因，又造成未来世的果，这就是三世两重因果。

2. 佛教的经典

大乘佛教和小乘佛教经典，包括经藏（释迦牟尼说法的言论汇集）、律藏（佛教戒律和规章制度的汇集）、论藏（释迦牟尼后的大弟子对其理论、思想的阐述汇集），故称三藏经，或称“大藏经”。藏传佛教称大藏经为《甘珠尔》和《丹珠尔》。

3. 佛教诸神

(1) 佛 自觉、觉他、觉行圆满者，“佛陀”的简称，佛教修行的最高果位。佛教寺院中经常供奉的佛如下。

① 三身佛，佛经称释迦牟尼有三身，即法身佛毗卢遮那佛，代表佛法凝聚所成的佛身；报身佛卢舍那佛，指以法身为因，经修习得到正果，享有佛国之身；应身佛释迦牟尼，指佛为超度众生，来到众生之中，随缘应机而呈现各种化身。

② 横三世佛，是指东方净琉璃世界的药师佛、中央娑婆世界的释迦牟尼佛和西方极乐世界的阿弥陀佛。三尊佛的排列一般是释迦牟尼居中，药师佛居左，阿弥陀佛居右。药师佛与胁侍日光菩萨、月光菩萨合称“东方三圣”；阿弥陀佛左胁侍是观音菩萨，右胁侍是大势至菩萨，合称“西方三圣”。

③ 竖三世佛，从时间上体现佛的传承关系，以示佛法永存，世代不息。正中为现在世佛，即释迦牟尼佛；左侧为过去世佛——燃灯佛，相传燃灯佛是释迦牟尼的启蒙老师，时间上既早，辈分也高，所以叫做过去佛；右侧为未来佛，即弥勒佛，他是释迦牟尼的弟子，侍立一旁听法，释迦牟尼预言：弥勒佛将继承自己的佛位成为未来佛，即释迦牟尼的法定接班人。

④ 五方佛，是东南西北中五个方位佛的总称。中央是摩诃毗卢遮那佛，汉译大日如来佛，职责是驱除黑暗，带来光明。东方是香积世界的阿閦佛，南方是欢喜世界的宝生佛，北方是莲花世界的不空成就佛，西方是极乐世界的阿弥陀佛。五方佛常见于宋辽时代的古刹中，密宗寺院的大雄宝殿中和金刚宝座塔上也常有他们的雕像。

（2）菩萨　就是“觉悟而且有情的人”，即能自觉觉他、自利利他、自救救他、自度度他的修行者。菩萨的地位次于佛，但高于罗汉。他们的职责是用佛的宗旨解救在苦海中挣扎的芸芸众生。在中国的佛教信仰中较为流行的四大菩萨是指文殊、普贤、观音、地藏。

① 文殊菩萨，专司智慧，是释迦牟尼的左胁侍，与右胁侍普贤菩萨合称“华严三圣”。在佛教寺院中，常见的文殊菩萨形象是手持宝剑，象征智慧如同金刚宝剑，能够斩断妖魔和一切无名烦恼，坐莲花宝座，下骑狮子。传说唐朝年间，西域僧人波利来到山西五台山，文殊菩萨显现一老人形。自此，五台山成为文殊菩萨讲经说法的道场，也成为佛教徒心中的圣地。

② 普贤菩萨，又称“遍吉”，专司佛的“理德”，是释迦牟尼的右胁侍，旨在将佛教所推崇的善普及到一切地方。在唐朝以前，是男身女相，宋朝以后，多是女身女相。他的法像常为头戴宝冠，身披法衣，手持如意棒，以满足众生的愿望，身骑六牙白象，道场在四川峨眉山。

③ 观音菩萨，全称“观世音菩萨”，别名“光世音”、“观自在”，尊号“大慈大悲救苦救难观世音菩萨”。唐时避唐太宗李世民的讳，略称观音，道场在浙江普陀山。观音菩萨的地位虽然不及佛高，但他在中国民间的影响和名气最大，几乎超过一切神灵，超越了普贤菩萨，成为百姓心中的第一菩萨。至于他的寺庙之多、造像之广在佛教中更是首屈一指。“佛殿何必深山求，处处观音处处有。”这句诗道出了观音菩萨在我国民间的广泛影响。据《法华经》记载，众生遇难时，只要颂观音菩萨的名号，就会得到拯救。观音可随机变成的化身形象种类很多，包括“施药观音”、“马郎妇观音”、“杨柳观音”、“白衣观音”、“水月观音”、“送子观音”，而人们通常看到的观音则是指作为所有观音代表的“圣观音”或“正观音”，造型是头戴宝冠，结跏趺坐，手中持莲花或结定印。

④ 地藏菩萨，他因“安忍不动犹如大地，静虑深密犹如地藏”而得名。据称地藏接受释迦牟尼的嘱托，在释迦牟尼灭寂之后，弥勒佛未出世之前，发誓普渡众生，拯救诸苦。地藏菩萨的特点与其他三位菩萨不同，现出家像，作比丘装束，男身男相，右手持锡杖，表示爱护众生，左手持如意宝珠，表示满足众生愿望之意，

坐骑颇像狮子，显灵说法的道场在安徽九华山。

（3）罗汉　罗汉是梵文阿罗汉的简称，意译为“应供”，即跳出轮回、除去烦恼，应当受到众生供养的意思。寺院中常见的罗汉像有16罗汉、18罗汉、500罗汉，均指释迦牟尼的弟子。罗汉的塑像不像佛、菩萨那样公式化、定型化。他们形象生动，富于变化，更多地带有现实尘世中凡人的神态表情，或威、或醉、或笑、或慈，形态各异，栩栩如生。这些极富个性化的塑像群保留在一些古老的寺院中，成为我国佛教造型艺术中的瑰宝。

（4）护法天神

① 四大天王，又称“四大金刚”、“护世四天王”，四大天王在佛教中的地位不高，仅是二流的护法天神，但是在世俗百姓的心目中赫赫有名，威望很高。关于四大天王名称及形象传入中国之后曾几经变化，大约至明清时期基本定型，现今寺庙中所见四大天王形象均为中国武士打扮，是按《封神演义》中“佳梦关魔家四将”的描写塑造，所司职责分别为风、调、雨、顺，预示五谷丰登，天下太平，世俗更多美好的企盼被包含在其中。

② 韦驮，相传是南方增长天王手下的著名神将，其职责是保护东、南、西三州的出家僧众，是佛教寺院必供的护法天神。在天王殿中，一般正面供奉大肚弥勒佛像，背面供奉韦驮像。韦驮是一个地道的中国武将形象，手持金刚杵，通常有两种姿势，一种是双手合十，直挺站立，杵于手腕上，意味着欢迎来客住宿，代表是北京法源寺；另一种是左手握杵拄地，右手叉腰，意味着不接待客人住宿，代表是杭州灵隐寺。

③ 伽蓝神，伽蓝原来指僧众居住的场所，后来专指佛教的寺庙。因此，伽蓝神就是佛教寺庙的守护神，我国最著名的伽蓝神是关羽，这种信仰始于唐朝，是佛教为争取信众、扩大影响而不断汉化的表现。

④ 天龙八部，天龙八部是佛教的八大护法天神，共分八部，称为八部众，即天众、龙众、夜叉、乾达婆、阿修罗、迦楼罗、紧那罗、摩睺罗迦。天龙八部诸天鬼神，均受佛的教化，以护持佛法、保护众生为天职。

4. 佛教礼仪和主要节日

（1）佛教礼仪　佛教常用的礼仪有礼拜、口念“南无”、绕佛、合掌、五体投地。

（2）佛教的主要节日

① 关于释迦牟尼的节日：佛诞日（汉族为四月初八）、腊八节、盂兰盆节（鬼节为七月十五日）。

② 关于观音菩萨的节日：二月十九日为观音诞生日；六月十九日为观音成道日；九月十九日为观音出家日。

三、佛教名胜

1. 佛教四大名山

山西五台山、浙江普陀山、四川峨眉山、安徽九华山合称佛教四大名山。明代以来有“金五台，银普陀，铜峨眉，铁九华”之说。中国佛教徒，尤以禅僧向有寻师访友、寻法悟证、脚行天下、云游四方的传统，这四大名山是他们集中参拜的圣地。

(1) 五台山　位于山西省五台县东北隅，从北岳恒山蜿蜒而来，由五座山峰环抱而成，五台耸立，峰顶平坦，如垒土之台，故称“五台”。五峰之内，称为台内；五峰之外，称为台外。它又名清凉山，相传是文殊菩萨显灵说法的道场。元、明、清三代，藏传佛教传入五台山。五台山是我国唯一兼有汉语系佛教与藏语系佛教道场的圣地。青庙与黄庙并存，显教与密教竞传，是500年来五台山佛教的最大特色。

(2) 普陀山　是浙江省舟山市舟山群岛中一小岛。因《华严经》中有观音菩萨住在普陀山伽山之说，故借此一普陀名此山，向有“海天佛国”之称。五代时开始建“不肯去观音院”。传说，五代时日本僧慧锷从五台请观音菩萨像回日本，途经普陀山，被大风所阻，他祈祷观音菩萨，观音显灵说不愿去日本，于是便在潮音洞前的紫竹林内建“不肯去观音院”。此后，普陀山便成为观音菩萨的讲法道场。普陀山寺庙众多，现有70余座。其中，普济寺、法雨寺、慧济寺称为“普陀三大寺”。普济寺为该山最大寺院和佛教中心，为供奉观音菩萨生日，都有香会，来自国内、日本、韩国和东南亚的佛教徒络绎不绝，成为近、现代中国佛教最大的国际道场。

(3) 峨眉山　位于四川省峨眉市。自东汉开始创建道观，唐代时佛教日盛。宋代因传说一采药老人见到普贤菩萨瑞相，而于宋代开宝元年（公元968年）在此塑造普贤菩萨像。宋代太平兴国五年（公元980年）又造巨型普贤菩萨像，建阁安置，并将白水寺改名为白水普贤寺。此后。峨眉山便被称为普贤菩萨的圣地了。在法系上以禅宗为主。

(4) 九华山　位于安徽省长江南岸的青阳县。相传唐代时，新罗国王宗室金乔觉出家后，号地藏比丘，来中国在九华山结芦苦修75年，99岁时于七月三十日跏趺坐化，山上著名的月（肉）身宝殿，认为就是墓塔。后世遂以此日为地藏菩萨坐化中国的涅槃日，九华山也成为地藏菩萨的道场。九华山法系上以禅宗为主。

2. 著名佛寺

(1) 栖霞寺　位于江苏省南京市栖霞山。建于南朝齐武帝永明元年，为三轮宗祖庭。寺内有著名的舍利塔，附近有千佛岩石窟。

(2) 国清寺　位于浙江省天台山麓，是天台宗发源地。

(3) 华严寺　在陕西省西安市长安县。寺建于唐贞观元十九年，是佛教华严宗发源地。寺院毁于清乾隆年间。现存华严宗初祖杜顺禅师塔和四祖清凉国师塔。

(4) 慈恩寺　位于陕西省西安市，是法相宗祖庭。唐时主持玄奘在寺内修建大雁塔。

(5) 大明寺　位于江苏省扬州市西北蜀岗中峰上，东邻观音山。道宣再传弟子唐代鉴真和尚曾在此寺讲律，后赴日本大弘律学，并传播中国文化，被日本人民誉为日本律宗之开山祖。1974 年，中日两国合力在大明寺内建造鉴真纪念堂。

（6）隆昌寺　位于江苏省句容宝华山。它始建于梁天监元年，开山祖师宝公圆寂后，记荒废近千年。明末，三昧和尚为弘扬律宗重建隆昌寺，持律传戒，成为南山宗十四代祖师，宝华山第一代律祖，大兴律宗，清代以来成为律宗根本道场。

（7）大兴善寺　在陕西省西安市，隋开皇年间印度僧人来长安传授密宗时住此寺。唐开元年间，印度僧人善无畏、金刚智和不空在此翻译密宗经典 500 多部。唐时寺已毁损，现存佛殿建筑等建筑系明清时重建，1956 年全面修葺。

（8）少林寺　在河南省登封嵩山，建于北魏太和十九年。北魏孝昌三年，印度僧人菩提达摩曾在此面壁静修，首创禅宗，他为初宗。

（9）南华禅寺　在广东省韶关市南 20 公里处，倚山面水，峰峦奇秀，创建于南朝梁天监三年（公元 504 年）唐仪凤二年（公元 677 年）禅宗六祖慧能主持该寺，发展禅宗南派，故佛教徒有祖庭之称。该寺现保存宋代灵照塔等古迹和大量文物，其中有六祖真身像，唐代千佛袈裟及圣旨，北宋木雕罗汉等。

（10）杭州灵隐寺　为我国江南著名古刹之一，创建于东晋，是杭州现存历史最久、规模最大的佛教寺院，有“东南佛国”之誉。

（11）上海玉佛寺　是上海的近代名刹，位于安远路江宁路口，因寺内供奉玉佛而闻名。现玉佛寺为仿宋宫殿式建筑，结构严谨，殿宇壮丽。

【本章小结】

儒、释、道教是对中国传统文化影响最大的三大思想文化，因此本章从三者的起源发展入手，简要叙述其文化内涵，并对代表这三种文化的名胜做了简介。通过本章的学习，要求学生能掌握儒家思想要义、佛教和道教的教义；熟悉儒家思想的发展和佛教在中国的传播；熟悉佛教与道教的供奉对象；对各代表名胜有大致的了解。

习题训练

1. 儒家思想在各阶段的思想要义及其代表人物？
2. 儒家文化对现实生活有何重大意义？
3. 佛教与道教的经典和标志是什么？
4. 简述道教教义。
5. 简述佛教在中国的传播过程。
6. 佛教与道教的供奉对象各有何特征？
7. 为什么说宗教是一种宝贵的旅游资源？

情景训练

读读下面这个故事，请谈谈给你的启示是什么？

换个颜色开扇窗

最近工作压力很大。昨天开会时，老总还说，年底商场促销活动方案由我负责，另外一个新来的女孩做我的助手。今年大家的福利奖金有多少全看我这次活动成功与否。

老总说完这话的时候，不仅我自己不敢相信，全会议室的人都愣了。怎么可能？这么重要的任务，交给我这个刚过试用期毫无经验的小女孩负责？

晚上，躺在床上，头脑一片空白，辗转难眠。打电话给我一位待我亦母亦友的老师，问她，这老总葫芦里到底卖的什么药？是委我重任，还是不想发大家奖金，让我背黑锅？老师听后笑着说，甭管他卖的什么药，你现在能做的是，喝下去，好好做。

我听后不服气地说，肯定是想找个借口赶我走人。听说，我那个助手就是老总的什么亲戚。到时，费了这么大力气，做好就是那个人的功劳，做不好就是我背黑锅，真划不来。想想，做不做结果无异，不如省点力。

老师听后停了一会说，别想这么多，好好休息，明天上午你来我这一趟。听老师这么一说，我宽心了。这么多年来，不管遇到多大的困难，她总有办法引导我圆满解决。

第二天一大早，我迫不及待地赶到老师家去讨“灵丹妙药”。本以为到了之后，老师会像往常一样和我说故事、讲道理。结果，她只是端了杯水给我，不紧不慢地从衣橱里取出一件粉红色的大衣。我一看，愣了，这，不是前几天和她去逛街时看中的那款吗？连蝴蝶花纹的纽扣都一模一样，肯定错不了。当时因没有绿色，才没买。

老师示意我穿上试试。我看了看她手中的粉红色大衣，很为难地说，老师，你也知道我……老师接口道，我知道你喜欢绿色，想做一株清新淡雅的竹子，衣物和生活用品也非绿色不买。但为什么不能换种颜色呢？你这个年龄，穿粉红色很水灵。试一下，反正都买回来了。

心不甘、情不愿地穿上之后，被老师推到镜前，自己都吓了一跳。镜子里是白里透红的脸，微微漾着一丝不满，但眸子里闪出的却是惊喜。我不得不承认，虽然有点不习惯，但的确比绿色映衬下略黄的脸要水灵，人也可爱很多。

老师看后，满意地点了点头说，看到没？换个颜色未必不适合你。这次要不是自作主张帮你先买了，你怕是要习惯性地穿一辈子的绿衣，多亏呀！看，固定思维多可怕。生活原本就丰富多彩，是你把其他的颜色都给抹去了。

我听后不好意思地点头。老师又笑着说，工作也和买衣服一样，如果你喜欢那个款式，或许只是颜色不称心，那么换个颜色又何妨？你喜欢那份工作，就要好好做，你不试怎么知道不行？多试几次，总会找到合适的解决办法。办法总比困难多。至于老总作出这样大胆的决策，我想是因为每年商家促销方法大同小异，效果不明显。如果用有经验的人，和你一样走不出喜欢绿色的固定思维模式，想出奇制胜会很难。用新人，说不定就有新收获。不试就永远不知道哪种方式效果最好。凡事往好的方面想，才有好结果！

听了老师的话，心里犹如打开一扇窗，阳光洒满心房。很多时候，不管遇到什么事，多给自己一点选择的空间，往自己认为最好的方面去努力，一定会成功。如同一件衣服，找到最适合自己的颜色，才能展现自己最动人的一面。当一种颜色穿在身上不理想时，不妨换个颜色试试。

第四章　制度文化

【知识目标】

1. 了解我国历代官制的设置，熟悉我国古代各个时期的选官制度，明确各种选官制度的历史作用。
2. 了解中国古代的任用制度、考课制度以及勋赏爵位制度的演变过程。
3. 掌握中国古代官学、私学及书院的产生和发展过程，了解他们对中国古代教育发展的历史性影响。
4. 了解我国各个时期奴隶法制的主要内容、封建法制的革新和发展进程及作用。
5. 了解我国古代重要酷刑的惩罚方式。

【能力目标】

1. 古今制度文化的变迁简史。
2. 从历史景观的角度看书院的沿袭。
3. 从旅游角度看历史酷刑。

知识点阅读

白发童生　寿星举人

乾隆五十一年广东人谢启祚百岁时参加会试，此人三妻二妾、子23人、女12人、孙29人、曾孙38人、玄孙2人。这个五世同堂的人瑞，不含饴弄孙、颐养天年，如此高龄仍披挂上阵征战乡试，实在令人哭笑不得，照例这等年龄参加乡试，应由该省巡抚呈报礼部请皇帝恩赐举人，但谢启祚坚决推拒，他说：“科名有定数，我老手尚健，岂知我不能为老儒生们扬眉吐气?”果然一举考中，启发了谢启祚老骥伏枥的雄心壮志，遂作老女出嫁诗一首：“行年九十八，出嫁弗胜羞。照镜花生面，光生血白头。自知真处子，人号老风流。寄语青春女，休夸早好逑。”倘真以此高龄出嫁，恐怕新郎也只能如同清朝科举这般古板的人了。本次和谢启祚同科举人之中有一位12岁的少年，少年得志者与大器晚成者成了同榜年谊，监考的巡抚看到此景，颇多感慨，在鹿鸣宴上以诗纪事，有“老人南极天边见，童子春风座上来。”之句，又被当时的科场传颂一时。诸君可猜想谢启祚在与12岁少年同座时必定春风得意，但那少年如何看待这位年近百岁的老翁，就不得而知了。次年，谢启祚以99岁高龄入京会试，朝廷授给国子监司业衔。过了三年谢又进京为乾隆皇帝祝寿，并晋升为鸿胪寺卿衔，得到御制诗额的荣宠。谢启祚活到快120岁死去，他要算中国科举史上会试高龄纪录名列前茅者了。

读书、应试、入仕成了古代知识分子的人生三部曲。士子们对科名孜孜以求，锲而不舍，家庭父兄也以此督责期望。戴均衡在《桐乡书院四议》中记叙清代咸丰、同治间民风士习中说“自科举之法行，人期速效，十五不应试，父兄以为不才；二十而不胶庠，乡里得而贱之。”在古代，20 岁不中秀才的青年会被社会舆论所轻视，遭受巨大的压力，然而这位老人多年来确能一直坚持到最后，真可谓精神可嘉，勇气可嘉。白发童生的故事是否荒诞对我们来说已经不再重要，但是，倘若我们每个人都有这份执著，相信天下便无难事。

制度是一个文化体中要求所有成员都必须共同遵守的规章或准则，它属于上层建筑，是文化的实体，是文化长期积淀的结果。相对于精神文化而言，制度文化更具有外观的凝聚性、结构的稳定性和时间的延续性。中国数千年的历史积淀了丰富而深厚的制度文化，透视这些古代中国的制度文化，是理解中国传统文化精神不可缺少的途径。

第一节 职官制度

职官是指在国家机构中担任一定职务的官吏。职官制度包括职官的名称、职权范围、品级地位以及任用、罢免等管理方面的内容。通过考试来选拔官吏，是我国古代国家制度中的一项重大发明。

一、官制

我国古代历代王朝的文武职官的设置以及其职、权、责的规定，都体现出一个共同的特点——对皇权的维护。古代官制是以皇权为核心向全国各地伸展，构成网络式的结构，历代皇帝总是极力保持和加强对它的绝对控制，并为此目的不时进行调整。中国古代官制随着朝代的更替不断沿袭变革、演变轨迹。

1. 先秦中央官制

夏代是我国第一个奴隶制国家，而职官的设置是伴随着国家的产生才出现的。由于夏代国家政权初创，官制也就比较简单。但夏代已经有了辅佐夏王的六卿。司空为六卿之首，后稷掌管农业，司徒主持教化，大理主管刑狱，共工管营建百工，虞人掌控山泽畜牧。此时，夏王朝已初步建立了掌管军事、农事和赋税征收的机关。

商代建立起以商王为中心的中央机构。辅佐商王的主要大臣为尹，其下有主管力役的司徒、主管工程的司空和主管刑狱的司寇。商代“国之大事，在祀与戎”，神权在政治生活中占重要作用，故掌祭祀、占卜和纪事等宗教事务的官职在当时最为显要。商代王室百官总称多尹，大体可分为三类：一类是政务官，有“尹”、“卿士”等；一类是宗教官，有“多卜”、“占”、“巫”等；一类是事务官，有“宰”、“小藉臣”等。

西周的中央机构有了较大的发展，官僚制度也相对完备。西周初期，王室政权机构中最重要的职官是辅弼周王的三公，分别为太保、太师、太傅。太保的地位非常显赫，既是周王的辅佐重臣，又是最高的执政官；太师是地位显贵的武官；太傅是教养太子以明君臣父子之道的官职。三公下有“三事大夫”，分别为掌地方民事行政的为常伯，又称牧；掌官吏选任的为常任，又称任人；掌政务的为准人，又称准夫。政府行政事务官分为卿士寮和太史寮两大系统。卿士寮下有司徒、司马和司空三个事务官，分别掌管农事、役徒征发和营建。太史寮是掌管历法、祭祀、占卜和文化教育的行政部门。由此可见，西周的官制已逐渐完善，既有辅弼天子的重臣，又有管理国家军事、土地、工程、司法、官吏升黜、文书典册、祈祷占卜的重臣。

春秋战国是社会变动时期，随着封建化进程的推进，各诸侯国政府机构发生了重要变化。春秋时各国相继出现了辅佐国君、处理政务的主要执政官。秦称上卿、亚卿和大庶长；楚称令尹；齐、晋、鲁、郑诸国称相。尽管各国名称各异，但其地位和权利都相当于后来的“相”。中央机构日益完善，齐、鲁、郑、楚等国继承西周官制，仍以司徒、司马、司空及司寇为政府主要行政长官。其他重要事务官有：掌农田税收的司田、掌财务的职计、掌山泽田猎的虞人等。随着诸侯国间交往增多，各国设行人，以主外交。此时史官太史的地位更为重要，其职责为“记大事，书盟首”。战国初期，随着各国变法运动的进展，封建专制主义中央集权政体建立，这成为此时中央官制的重要特征。“百官之长”的相、丞相，已成为各国普遍设置的官职。由于历史和传统的原因，各国官制仍不统一。齐国变化较大，相以下设五官：大田、大行、大谏、大理和大司马。楚国自成一系，令尹是中央最高行政长官，上柱国、大司马和大将军是政府高级军事长官。秦国沿三晋，又取东方诸国之长，形成一套独特的官制，并为汉代所继承，成为封建社会前期中央官制的基本框架。

2. 秦汉中央官制

公元前 221 年，秦始皇统一中国，建立了专制主义中央集权封建国家，秦统一全国后，疆域空前辽阔。为了统治好这个庞大的国家，必须建立起一套完整的官僚机构。因此，秦始皇在确立了至高无上的皇权之后，紧接着在中央建立了以皇帝为首的中央政府，以及以皇帝为中心的三公九卿制。三公九卿制对秦汉时期政治、经济，文化的发展有着深远的影响。

三公分别为丞相、御史大夫和太尉，分掌行政、监察和军事，主持国政，号称万石之官，是朝廷的中枢职官。

九卿为中央政府各部门的主要行政长官。奉常为九卿之首，掌宗庙礼仪及文化教育；郎中令掌宫殿门户守卫，为宿卫侍从长官；卫尉为宫门警卫之官；太仆掌皇帝车马，兼掌全国马政；廷尉为中央最高司法长官；典客掌民族事务及朝聘；宗正专管皇室亲属事务；治粟内史职责为征收盐铁钱谷租税和国家财政收支；少府掌山海池泽之税和官府手工业制造，以供应皇室。

除九卿之外还有掌京师治安的中尉，掌宫室、宗庙、陵寝等土木营建的将作少府及掌宣达皇后旨意与管理宫中事务的大长秋。秦汉九卿除卫尉、廷尉和治粟内史诸卿主要掌政府行政事务外，其余诸卿职能主要为皇帝及皇室内廷服务。国事与君主家事不分，政务与宫廷事务混杂，是秦汉中央官制的特点之一。

汉代时期，汉武帝为加强皇权、削弱相权，建立中朝制，即选用一批地位较低的内廷人员参与朝政。朝廷政务要先与尚书、侍中、大将军等内廷“中朝”人员商议，然后告之以丞相为首的“外朝”官员。自此，外朝官的权力被削弱，中朝官员受到重用。中朝制的建立既是皇权与相权矛盾的产物，也是内廷近臣权力膨胀的结果。汉代末期，中央政务逐步由三公向三省转移，行政事务渐由九卿向六部过渡。

3. 隋唐中央官制

隋唐时代是中国封建社会经济繁荣的发展时期，专制集权中央政体趋于完备，确立了以皇帝为中心的三省六部制。

隋朝时期设置五省：尚书省、门下省、内史省、秘书省、内侍省。唐朝时期设置六省：尚书省、门下省、中书省、秘书省、殿中省、内侍省。其中以尚书、中书、门下三省最为重要。因此，隋唐时期三省为最高权力机关。

三省长官具有宰相之职，分工明确又相互牵制，这是行政制度的重要变化。尚书省是中央行政管理的中枢，下辖六部二十四司。六部由六曹演变而来，以吏部为首，掌官吏选授、勋封及考察之事；户部掌人口、土地、钱谷及赋税之政；礼部掌礼仪、祭享、贡举之政；兵部掌武选、地图、车马、甲械之政；刑部掌律令、刑法、徒隶及按复谳禁之政；工部掌山泽、屯田、营建与工匠之政。

六部之外又有九寺五监，它由秦汉九卿演变而来。九寺是：太常、光禄、卫尉、宗正、太仆、大理、鸿胪、司农、太府；五监是：国子、少府、将作、都水、军器。寺的长官称“卿”，监的长官多称“监”。唐代的中央职官可分为政务职官和事务性职官两类，前者指三省及御史台；后者指的就是九寺五监。唐代的御史台为最高监察部门，御史台下设台院、殿院、察院。御史台三院的设置表明中国封建社会的御史监察制度已经发展成熟。

4. 宋元中央官制

宋朝的官制是以中央朝廷的中书门下和枢密院分掌政、军大权的二府制为主要特征。宋代的枢密院是掌管全国军务的最高机构，专管兵籍、虎符，有调动军队的权力，但须经皇帝批准。地位仅次于二府的是三司，分别为转运使司、铁盐使司、度支使司，他们掌管全国财政，权力很大。御史台仍为最高监察机构，御史的任用由皇帝直接掌管，宰相不得过问。至此，宰相的权力被大大削弱，六部的权力也被不断增设的机构所侵夺。如吏部，权归审官东院、流内铨、审官西院、三班院；户部，权归三司；礼部，权归礼仪院；兵部，权归枢密院；刑部，权归审刑院，纠察在京刑狱司；工部，权归三司修造案等。九寺五监中部分寺、监权力的转移也有类似的情形。

元朝的中央统治机构有中书省、枢密院和御史台。中书省是最高行政部门，中书省长官中书令下设右、左丞相为实任的宰相；下设平章政事、参知政事为副相。

右在左上，与汉制不同。中书省下辖吏、户、礼、兵、刑、工六部。枢密院掌兵权，设院使、副使。御史台掌司法，设御史大夫。

5. 明清官制

明清时期中国封建君主专制集权发展到极端。明初中央官制作了较大的调整。废秦汉以来的宰相制为咨询顾问并办理日常公务的内阁制；监察方面改汉以来的御史台为都察院；军事上改大都督府为五军都督府；提高了六部的地位，直接向皇帝负责；建立了庞大的宦官机构及其控制下的厂卫特务组织，其中以废丞相设内阁为政府体制调整的主要内容。朱元璋在废丞相后，设华盖殿、谨身殿、武英殿、文华殿、文渊阁、东阁等大学士为皇帝顾问。后来明成祖即位，以官品较低的翰林院编修、检讨等官入午门内的文渊阁当值，参与机务，称为内阁，分首辅、次辅和群辅三类。其职责主要为“票拟”，即代拟诏书，批答奏折。永乐以后，内阁学士渐参与政事，不仅咨询顾问，且掌实权。内阁遂由明初的皇帝顾问秘书变为全国行政中枢。

清代在中央中枢部门依明制设内阁（三殿三阁），作为全国最高行政机关，下设六部。特设议政王大臣会议及军机处作为最高权力机关。军机处是清代皇帝直接指挥下的最高军政决策机构。雍正七年（公元 1729 年）因用兵西北，设“军机房”，雍正十年始正式改称“军机处”。军机大臣无定员，最多时达六七人，由亲王、大学士、尚书、侍郎或京堂在皇帝指定下兼任，称为“军机大臣”或“军机大臣上行走”，俗称“大军机”。其僚属称为“军机库京”，俗称“小军机”。军机处职掌为秉承皇帝意旨，处理军国要务、官吏任免及一切重要奏章，是中国历史上中央集权制的最高发展。在中央的一般部门，设理藩院专管边疆少数民族地区事务；设都察院以为最高督察机构；设大理寺以为最高法院；设翰林院以为“储才重地”。宫廷部门设宗人府专管皇旗；设内务府专管宫廷事务。

二、选官制度

选官用人乃国之大事，为了保证人才选拔，在我国漫长的封建社会，国家一方面大力发展教育，另一方面不断探索和完善选官制度，它是中国古代重要的典章制度之一，也是中央集权制度的一个重要内容。

1. 禅让制度

禅让制是传说中的尧、舜、禹时期部落联盟民主推选首领的制度。尧是历史上禅让制的第一个实践者。相传尧帝为部落联盟的首领时，执政 50 年之后，决定不传位给他的儿子丹朱，而是把帝位让给一位贤德的人。此时四岳推举舜为继承人，尧对舜进行 3 年考核，死后才让舜继承了帝位。用同样推举方式，经过治水考验，舜以禹为继承人。这种古代部落联盟推选领袖的制度，史称“禅让”。禅让制是我国历史上的古圣先贤们推行的“选贤举能”的用人原则。

2. 王位世袭制

世袭制是我国奴隶社会、封建社会爵位世代相传的制度。由夏启建立，贯穿中国奴隶社会和封建社会始终。从禹的儿子启开始，禅让制被破坏，从此建立在血亲关系上的“世卿世禄”制，也就是王位世袭制代替了禅让制。世袭制的特点是王权与族权统一。它通过家族血缘关系来确定政府各级官员的任命，依血缘亲疏定等级尊卑和官爵高下。凡定爵位与官职者都世代享有采邑和封地。西周初年，周公、召公二人在王朝执政，《史记·周本纪》云：“召公为保，周公为师。”周公、召公各有长子分别被分封在鲁国和燕国为国君；除此以外，周、召二公各有后裔在周王朝世袭为师、为保，亦称周公、召公。《左传》中还常见东周王室的周公、召公的活动。其他官职如太史、太祝、太卜及司马、司空、司徒等官职亦是世代相袭。从此，为官者常可世代为官，平民则难以改变自己的身份。王位世袭制的确立，是一次重大的历史变革，它标志着原始社会的“天下为公”为奴隶社会的“家天下”所取代。从历史发展的角度看，它是历史的进步，其根源在于生产力的发展。

3. 军功爵禄制

春秋战国时期，各诸侯国为了在争霸中占有优势，非常重视人才选拔。商鞅变法后，在官员的任用上有了很大变化。《尉律》上说，学童年满十七岁，能写九千个字，并熟悉法律的，就有了做官的可能，如果再加上有钱，这种可能性就进一步加大了。这一时期奖励军功，按功受爵，贵族无军功不再受爵。有利于新兴地主阶级力量的增强，也促进了封建制度的确立。

4. 察举与征辟

察举，是考察和推举的意思，也叫荐举。这种选官制度是由原来的“乡举里选”发展而来的，是一种根据皇帝诏令所规定的科目，由中央或地方的高级官员通过考察向中央推荐士人或下级官吏的选官制度。察举分诏举与岁举，诏举是皇帝下诏选取特殊人才；岁举是地方长官定期定员向朝廷推荐人才。察举的科目主要有贤良方正、孝廉、太学博士弟子及特举特科等。有时皇帝对于贤良方正等用“对策”、“射策”的方式进行考核。它是汉朝最主要的一种选官制度。

征辟是皇帝及公卿郡守选拔任用属员的制度，是一种不通过推荐试用而直接授予官职的选官方式，包括征和辟两个内容。征，是皇帝直接下诏，指名聘请某人来做官，有时也叫特诏或特征。辟，则是公卿或州郡官府，聘请某人来任僚属，也叫辟召或辟除。一般被皇帝直接征召到朝廷上来做官的人，大多是一些德高望重、学识渊博的人，如汉武帝时的辞赋家枚乘、鲁地大儒申公等。所以征召时常有较为敬重和优待的礼仪，如“束帛加璧”、“安车蒲轮”等，要先送上一份厚礼，成束的锦帛和玉璧。到了朝廷后，往往授以较高的官位。《后汉书·张衡传》说：“安帝雅闻衡善术学，公车特征拜郎中，再迁为太史令。”张衡不接受官府的察举和辟除，却接受了皇帝的“特征”，可见皇帝的这种“征”在当时读书人心目中的地位了。

5. 九品中正制

九品中正制也叫九品官人法，它是魏晋南北朝时期的重要选官制度，三国时开始实行，隋唐时被废除。东汉末年的军阀混战打破了原有的统治秩序，使汉代的察举制度无法继续实行下去。曹操为发展自己的势力，采用“唯才是举”的用人政策，成为了开九品中正制的先导，曹丕当政时创立了九品中正制。

九品中正制从内容上说主要有以下三条。

其一，设置中正。这是九品中正制的关键环节。所谓中正，就是掌管对某一地区人物进行品评的负责人，也叫中正官。中正官又有大小之分，州设大中正官，掌管州中数郡人物之品评，各郡则另设小中正官。

其二，品第人物。这是中正官的主要职责。中正官负责品评和他同籍的士人。品评主要有三个内容：第一，家世，即家庭出身和背景；第二，行状，即个人品行才能的总评，相当于现在的操行评语，如“天材英博，亮拔不群”、“德优能少”等；第三，定品，即确定品级。九品的等第名称为：上上、上中、上下、中上、中中、中下、下上、下中、下下。上品指的是一品（上上）、二品（上中）和三品（上下）三种，由于一品从来没有人被评上过，总是空缺的，所以实际上的上品只是二三两品，二品成了实际上的最高品级。品第与官位的高低在当时是密切相关的，升品就意味着升官，降品也就是降级，所以中正官每月都需召集一次专门会议，以评定或升降士人的品第，每三年还需作一次总的调整，称为“清定”。

其三，按品授官。中正官将品第士人的有关材料造成表册后，定期送交司徒府，以供吏部选官时参考。虽说中正评定的是人品，但在一定程度上却决定了某人的官品，因为官位的尊卑与品第的高低通常是必须相符的。

6. 科举制

科举制度是中国封建社会选拔官吏的一种考试制度。科，是考试科目；举，是选拔人才，由于采用分科取仕的办法，所以叫做科举。科举制从隋代开始实行，到清光绪二十七年举行最后一科进士考试为止，经历了1300多年。在我国历史上影响深远、意义重大。

科举制于隋朝兴起，隋文帝废除九品中正制，开始使用分科考试的方法选拔官吏，至隋炀帝时期开始设立进士科，科举制形成，唐朝对科举制进一步完善。唐太宗时，增加了考试科目，以进士、明经两科为主；武则天时，大量增加科举取士人数，还首创了武举和殿试；唐玄宗时任用高官主持考试，提高了科举考试的地位。北宋时期，科举制在改革中发展，考试分为乡试、省试、殿试三级，考试程序严格，税目减少，进士科成为主要科目，实行糊名法，录取名额增加，使北宋政权基础进一步扩大；王安石变法时，改革科举制度，废除死记硬背的明经诸科，进士科不再考诗赋，专考经义和时务策，并设置法科，专考律令、断案。明清时期，四书五经为学校的规范课本和科举考试的内容，答卷行文有一套僵化的固定模式，人们称之为“八股文”，从内容和形式上都束缚了当时知识分子的思想，科举制腐朽，严重阻碍了社会发展和进步。戊戌变法诏令中明确废除八股，改试策论，开设经济特科，但法令被取消。1905年，由于国内形势的变化，清政府被迫废除科举制度，延续了一千多年的科举制度寿终正寝。

明清时期的科举制度比较完备、严密。在考试等级上固定为乡试、会试和殿试三级，分别录取举人、贡士、进士；在考试内容上以八股为主；在保密手续上更加复杂烦琐。

秀才是明清时期参加最初一级科举考试及格后所取得的资格，正式称呼是生员，又叫诸生、序生，俗称秀才。在没有取得生员资格以前的应试考生，不论年龄大小，从十几岁到五六十岁，一律称为童生，所以有“白发苍苍老童生”的笑话。童生考秀才，要经过 3 次考试：县试、府试、院试，统称童生试，又叫小考。

举人是明清时期参加全省范围的科举考试及格后所取得的资格。全省的考试叫做“乡试”，因为在秋天举行，又叫“秋闱”。乡试每 3 年举行一次，遇有国家庆典，临时增加一次，叫做恩科。乡试之年叫大比之年。参加举人考试的必须是秀才，捐监和荫监虽然没有参加秀才考试，但由于出钱买了生员身份或因为先辈的荫庇，也可以参加举人考试。前者如《儒林外史》中的周进，后者如《红楼梦》中的贾宝玉。凡科考在四等以下的生员不得参加乡试。乡试第一名叫做“解元”，原是解送朝廷之意。放榜后，新科举人应邀参加巡抚衙门的宴会叫做鹿鸣宴。

进士是参加全国范围科举考试及格后所取得的资格，也是所谓科甲出身的最高身份。全国性考试称为“会试”，每三年一届，在乡试的次年 3 月举行，时届春季，所以又叫“春闱”或“礼闱”。会试放榜在四月十五日，因为正是杏花开放时节，所以叫“杏榜”。会试取中后叫做“贡士”。会试之后接着举行殿试，殿试由皇帝亲自主持，考试前三名通称“甲”。一甲第一名称状元，又称殿元；一甲第二名俗称榜眼；一甲第三名俗称探花。一甲三名统称三鼎甲。

三、职官文化链接

中国历史上的皇权统治依靠的是一套复杂的官僚体系，这套体系不同的朝代有其不同的特点，并随着历史的发展一脉相承、严密有效。这一体系所蕴含的深厚文化，对我国数千年文化的传承、历史的延续都起到了重要的维护作用。

1. 任用制度

为保证各级官员的政治标准，历代都很重视官员的任用问题。秦代为保证被荐举官员的素质，对举者规定“任人而所任不善者，各以其罪罪之”。汉代以后对官员的任用有多种限制，朝廷对候选官员的家世、职业、财产、资历、民族、体格及外貌都有一定要求。隋唐以后任官标准又增加了身、言、书、判等条件，要求入仕的人应体貌丰伟，言辞辩理大方，书法工整优美，判词文理优良。如秦汉以来，实行重农抑商政策，各代都不同程度地限制商人为官。魏晋时期，限制汉族为高官；十六国、北魏、元及清代又对任用官员有一定的民族限制。在等级森严的官僚队伍中，出身和资历是任官时优先考虑的条件，官僚制度越完善，出身和资历的限制越严格。任用的官吏，自汉代起有一年的试用期，不称职者或他调、左迁，或罢黜。

为了避免官场中的徇私，自东汉后任官有回避的规定。东汉实行“三互法”，基本精神是本地人不得为本地长官，婚姻之家不得相互监临，汉代还规定兄弟子侄及有婚姻戚属关系的不得在一个部门或地区为官，如果选在一个部门或地区为官，其中一人要申明回避；唐代不仅规定官员不能在本籍任职，而且不许在本籍所在的近邻州县任官，还规定凡职责相连或监临检察的官职，亲族间要回避，如宰相之子不能任谏官，兄弟不可在同省任职等；清代对任官的回避规定更为严格，如明确规定不能在原籍周围500里内为官；中央各部中分管各省事务的各司主官，不得用同省籍人士；凡京官三品以上、地方官中总督、巡抚等大员的子弟，不能在京中担任御史等。

2. 考课制度

考课是任用和黜陟的中间环节，因此受到统治阶级的重视。在隋、唐、五代、宋时期，形成了一套包括考课对象、标准、方式方法和管理等在内的，颇具规模的体系。

唐代实行一年一小考，四年一大考。三品以上的官员由皇帝亲自进行考核，四品以下的官员则分为京官、外官两大类，分别指定专人负责。考课的课目是“四善二十七最”，考课成绩分为上中下三级九等，根据等级分别取赏罚，并写有考评，当众宣读，然后归入官甲（本人档案），作为叙迁的依据。随着考课制度的逐渐完备，把它作为了解和督责“吏治”的基础，得以广泛推行。

宋代实行一年一考、三年一大考和文官三年一任、武官五年一任的方法，以“四善七事三最”作为考课内外官的标准。考课分上中下三等以定优劣。京官的考课由差遣院进行初考，磨勘院进行复核，由审官东西院分别总领文武考课的具体事务。外官的考课由考课院负责，由吏部侍郎主管的左右选总领外官文武考课的具体事务。武官使臣以上由枢密院主持。初期考课还有评语判词，元丰改制时除去判词，后来则全面确立“磨勘”制度。

“磨勘”作为考课和铨选的一项制度，是指审核、推究、勘验簿历文状的一系列做法和程序。簿历文状中有解状（又称解由，是选入解发赴阙的证明）、举状（推举者的荐举书）、家状（个人履历）、考状（功过成绩表格）等。对于官员的循资、转官有明确的规定，如文臣京朝官三年一磨勘，选人三任六考循资，武臣五年一磨勘等。这样，考课借助磨勘得以维持下去，但由于封建制度本身所存在的蒙蔽腐败等痼疾，官方规定的考课制度与实际执行的情况相差甚远。号称制度完备的唐代，“考簿朱书，吏缘为奸”，等仅凭长官印象而定，致使许多规定成为一纸空文。

3. 勋赏爵位制度

隋、唐、五代、宋分别在前代的基础上建立起一套包括文武散官、勋、阶、品、位、爵、赐、号等在内的，具有一定内容、系统分明的勋赏爵位制度。勋赏爵位制度是职官制度的重要组成部分，既与正式的职事官有一定的联系，又独立于正常官制之外。

散官也称阶官，唐代将文武散官作为按资升迁的等级。文散官自开府仪同三司至将仕郎共29阶，武散官自骠骑大将军至陪戎副尉共45阶。散官与职事官的品级不一定一致，职事官量才任使，散官则按资而叙。高散官任低职事称“行某官”，低散官任高职事称“守某官”，散官与职事级相同称“兼某官”。宋代文散官与唐一样有 29 阶，武散官则改为 31 阶，仅作为官章服饰的等级，大凡“文武三品以上服紫，五品以上服绯，九品以上服绿”。

勋官是奖给文武官员的称号。唐制自上柱国至武骑尉共 12 转，受勋者即称勋官。宋沿唐制为 12 转，但已经成为文武官员常加的勋号。

爵即爵位。唐爵有 9 等，有王、嗣王、郡王和公侯伯子男等。宋划分为 12 等，即王、嗣王、郡王、国公、郡公、开国公、开国郡公、开国县公、开国侯、开国伯、开国子、开国男。

食封分为食邑和食实封两种，一般与封爵相结合。唐代食邑自万户至三百户共分 9 等，宋代自万户至二百户共分 14 等。有食邑的在唐代“三丁以上为率，岁租三之一入于朝廷”，只有“食实封者，得真户，分食诸州”。宋代食邑是空的，只有食实封才享有封户所纳的赋税，因此，宋代实封只从千户到百户分为 7 等。

赐，即奖给文武官员某种政治待遇。唐代没有明文规定，宋代以剑履上殿、诏书不名、赞拜不名、入朝不趋、紫金鱼袋、绯鱼袋等作为赐的 6 个等级。

号，是加赐给文武官员的，旨在表示尊宠的封号。唐代以前没有明文规定，宋代以推忠、佐理、协谋等美称作为推崇功臣的名号，共分 40 等。

阶，即文武官员升迁的秩序。唐代是散官级为阶，宋以职事官“寓禄秩，叙位著”作为资序。在品级之中也有上下阶之分。宋以官易阶，有文、武、内侍阶，其中又各有若干阶差。

位，即班位，指朝参行立的顺序。唐代朝班是先按职位，后按爵位，爵位相同则以年龄来区分。宋代则有专门的合班之制，对每个官员的班序都有规定。班序与资品关系密切。宋代曾多次修改班序。班序又与叙迁有一定的联系。同品之内因班位的不同，也作为叙迁的一个等级，无形中扩大了等级层次。

品，即品级，是官吏的级别。有流内、流外各九品，品内分上下阶，故又称为品阶。

检校在唐代是兼理的任命方法，宋代则改为荣誉职，自太师至员外郎分为 19 等。

宫观，是宋代授予休致官员的名誉职位，作为食俸禄的等级。宫观即岳庙祠祭之地，如中太一宫、玉清宫、集椿观、佑神观等，这些宫观各设使、提举、提点等职以分高下。

封君，是皇室女宗室和文武群臣母妻的封号。皇室女自大长公主至县主分为 5 等。内命妇是后妃之母，有郡、县君之分。外命妇是诸王及文武百官的母妻，自王妃至乡君共分 6 等。

职，亦称职事。在唐代是“诸统领曹事，供命王命，上下相摄，以持庶绩”，是有职务所掌的官。宋代则于“庶官之外，别加职事，所以厉行义、文学之士。高以备顾问，其次与议论，典校雠。得之为荣，选择尤精，”，不完全是有职务所掌的官，而成为推崇文职官员的一种制度。

第二节 教育制度

中国古代教育从奴隶社会的奴隶主贵族教育到孔子的有教无类，至今已有几千年的历史，并形成了一个庞大的体制。教育为中国古代社会和经济的发展提供了动力和条件，在推进中国古代历史进程方面有着不可替代的作用。

一、教育的产生

在中国古代文献中，“教育”一词最早见于《孟子·尽心上》“得天下英才而教育之”。《说文解字》释“教，上所施下所效”；“育，养子使作善也”，教育就是教诲培育的意思。教育是人类文化传播的首要手段，是我国传统文化的重要组成部分。

教育是传递生产经验和生活经验的必要工具，是人类社会永恒的历史范畴。有意识和有目的性是教育的本质特点，要实现社会需要，无论是生产需要，还是生活需要，或是文化需要，都离不开教育对人的培养。因此，教育起源于社会劳动，为传播生产劳动和生活经验的需要而产生。它出现于人类社会之初，并随着社会的进步而不断发展。教育会与人类社会长期并存，永不消亡。

二、官学

中国古代教育包括中国封建朝廷直接举办和管辖的以及历代官府按照行政区划在地方所办的两大学校系统，也就是所谓的中央官学和地方官学。地方官学与中央官学共同构成了中国古代社会最主要的官学教育制度。

1. 中央官学

中央官学的产生、发展和衰落，是同中国封建社会政治经济的发展变化相适应的。虽西周时就有“学在官府”之说，但政府设立的中央官学正式创建于汉朝。魏晋南北朝时期由于社会动荡、政局纷乱，官学时兴时废，到了唐朝，中央官学日趋繁盛，制度日益完备，南宋以后逐渐衰退。封建社会后期，中央官学逐步衰败，成为科举制度的附庸，名存实亡，至清朝末年，完全被学堂和学校所代替。按照中国封建社会的中央官学各自所定的文化程度、教育对象和教学内容不同的情况，可将其划分为以下三大类。

(1) 最高学府——太学和国子监　太学和国子监是中国封建制国家的最高学府，是封建王朝培养人才的主要场所。太学和国子监在办学育才、繁荣学术、发展中国古代文化科学方面，积累了许多宝贵经验，在中国和世界教育史上占有重要地位。

汉代特别重视发展官学，重点就是太学。自汉武帝元朔五年创太学设置博士弟子 50 名，至成帝时增至 3000 人，质帝时增至 3 万余人。汉代太学规模之宏大，世界罕见。隋文帝时期设置国子寺，炀帝时改名国子监，是中国设立教育管理机构之始，一直延续到清代。

历代太学、国子监都注重考试，但考试形式方法不尽相同。汉初定岁试，后实行二岁一试。考试分口试、策试和设科射策。东汉桓帝永寿二年（公元156年），更定课试之法，每两年考一次，不限录取名额，以通经多寡授以不同的官职。这种注重课试、以试取士的做法，打破了世卿世禄、任人唯亲的制度，对于选拔封建贤德之才具有积极的意义，在当时世界教育史上也属罕见。唐代中央官学的旬试、岁试、毕业试，宋代太学的三舍试法，明清国子监一年积满八分为合格的积分试法等，都可看成是汉朝太学课试方法的继承和发展。太学、国子监强调自修、自由探究学术。以后历代均不同程度地继承和发扬了汉代太学这一优良传统，并培养出许多有用之才。

（2）专科学校　专科学校的教师、教材、教法、生徒及管理制度等都有比较完备的规定。东汉末创立的鸿都门学；南朝的史学、文学、儒学和玄学；唐宋明三代分别创办的书学、算学、律学、医学、画学、武学等，都是属于培养某种专业人才的专科学校。

（3）贵族学校　贵族学校初期可入学的，只有外戚樊氏、郭氏、阴氏、马氏四姓子弟。后来，门户开放，一般贵族子弟，不分姓氏，皆可入学。此学影响渐大，声名益彰，就连匈奴也慕名遣子入学。东汉的四姓小侯学，唐朝的弘文馆、崇文馆，宋代的宗学、诸王宫学及内小学，明朝的宗学，清代的旗学、宗学，都是属于这一类型。

2. 地方官学

中国古代地方官学自西汉景帝时问翁在蜀郡设学宫而开始的。按制度规定，不同历史时期地方官学也呈现出不同的规模和特点。

两汉时期，平帝元始三年（公元3年），建立了地方学校制度，并规定：郡国曰学，县、道、邑、侯国曰校，乡曰庠，聚曰序。东汉时期，由于地方官吏多系儒者，对于修缮学宫，提倡兴学比较重视，因而郡国学校得以普遍建立，官学和私学交织发展，形成了“学校如林，庠序盈门”的景象。

魏晋南北朝时期，自汉末建安以来，长达约400年间，国家经常处于战乱、分裂与种种矛盾之中，造成官学或兴或废的状态。两晋时期，地方官学有所倡设。东晋时期的北方各国，也崇儒立学，有的亦设有地方学校。南北朝时期，重要的地区如交州、荆州、晋平等地都有兴学的记载。北朝地方教育较南朝发达。特别是鲜卑族北魏立国后，采取崇儒政策，重视开办各级学校，培养统治人才。

隋唐时期，隋代国家重归统一，但由于立国较短，虽隋文帝、隋炀帝皆设庠序郡县之学，但实际上“空有建学之名，而无弘道之实”。唐代是中国封建社会“盛世”时期，教育事业也空前发展，特别是唐代前期，贞观、开元年间，地方官学繁盛，中叶自天宝安史之乱之后即告衰废。此时地方官学除由长史管辖的“儒学”外，还设有直辖于太医署的府州“医学”，直辖于中央礼部下的祠部的府州“崇玄学”。府州县的学生一般系下级官吏及庶民子弟，所学内容虽以“九经”为主，但要求较低，只要通过一经或“未通过，精神聪悟，有文词史学者”，即可毕业，升入中央官学之四门学。

宋辽金时期，宋代地方官学于仁宗庆历四年（公元 1044 年）开始设立，诏诸州府郡皆立学，学者 200 人以上允许设置县学。徽宗崇宁元年（公元 1102 年）撤销限制，所有州县一律置学。这一时期地方官学的特点是：设置了主管地方教育的行政长官；实行三舍制度，即上舍、内舍、外舍；划拨学田，保障经费。可见政府对地方官学的重视。辽、金立国以后也设有地方学校，辽在黄龙、兴中二府设有府学，圣宗统和二十九年（公元 1011 年）新置归、宁二州，翌年即为之设州学。此外，各县设县学，皆设博士、助教学官。

元代，地方官学制度比较完备，在路、府、州、县四级均有相应学校，但并未普遍设立。元代地方官学除设以上学校外，还设具有民族特点的蒙古字学、医学、阴阳学。

明代，前期是中国封建社会地方官学兴盛的时代。早在明太祖立国之初，既在全国诸府、州、县设立府、州、县学，又在防区卫所设有卫学，乡村设社学，还在各地方行政机构所在地设置都司儒学、宣慰司儒学等有司儒学。最盛时全国合计有学校 1700 余所。

清代，地方官学基本沿袭明制。依其地方区划设有府学、州学、县学，并于乡间置社学。各地均设专职学官。

三、私学

私学即私人办的学校，其形式主要是授徒讲学、书院、家族教育三种。中国在 3000 多年前的夏朝已经有了学校，从夏朝到西周，以官府办的官学为主，到了春秋时期，官学衰败，私学兴起，自汉代起，官学和私学并驾齐驱。因此说，中国古代私学与官学是相对而存在的。私学在中国教育史上同样占有重要的地位。

1. 私学的产生

私学产生于春秋时期，以孔子私学规模最大、影响最深。春秋战国是奴隶制向封建制过渡的历史转变时期，教育也随着经济、政治的变更发生了剧烈的变化，由“学在官府”变为“学在四夷”。原来西周的官吏到各诸侯国去谋出路，各诸侯国甚至各卿大夫的私门需要士为他们服务，争相养士，士的出路渐广，于是出现了“士”阶层。由于士的培养成为迫切的要求，私学便应运而生。

士阶层中出现了各种学派，代表着不同阶级或阶层的利益。各个学派为了培养自己的人才，向各诸侯宣传各自的主张，求各诸侯采纳，以扩大政治上的势力。由此出现了学派林立、诸子争鸣的局面，其中影响较大的是儒、墨、道、法四大学派，在学术上各家有长短。创立儒家学派的孔丘，虽在政治上保持守旧态度，但在整理文化遗产、创办私学方面却功垂千古。它是中国古代著名的教育家，拥有弟子三千名、七十二贤士门生，培养了大批掌握知识文化的人才，创造了一套以培养自觉性为中心的因材施教的教学方法，对后世影响深远。此时的墨家代表农业与手工业者的利益，注重科学技术教育。儒墨在当时并称，成为春秋时代的“显学”。而历代封建帝王汲取各家所长合成帝王之术，为巩固封建制度和各个王朝的统治服务。

2. 私学的发展

战国时期，秦、齐、楚、燕、韩、赵、魏七国争雄，“邦无定交，士无定主”，士的身价越来越高，养士的风气有增无减，私学更加盛行。“从师”之风盛极一时，于是私学更多，出现“百家争鸣”的局面。

秦采纳丞相李斯的建议颁“禁私学令”，否定教育的作用，违背历史的发展规律，造成了秦二世的迅速灭亡。

汉武帝时虽宣布“罢黜百家，独尊儒术”，但并没有禁止私学。私学内多传授古文经学。由于私学力量日益增强，至东汉末到了压倒官学的地位。汉代私学在组织形式上可分为“蒙学”和“精舍”两种，前者是小程度的书院、学馆，属启蒙教育；后者为专攻经学的经馆精舍、精庐等，属提高教育。由于学习经学是做官的唯一途径，所以经学极盛。其中儒家经学的发展历史，也就代表着中国古代私学发展的历史，官学虽然也起了一定作用，然而对学术发展的最大功劳仍在于私学，尤其是儒家以外的各家，之所以能保存下来，全赖私学，并形成许多新的流派。

魏晋南北朝时期，官学时兴时废，教育多赖私学维持。名儒聚徒讲学仍占重要地位，生徒常有几百、几千人屡见不鲜。这一时期的私学教学内容突破了传统的儒学，还包括玄学、佛学、道教以及科学技术等，私学教育意义重大。

隋唐官学极盛，私学亦盛，遍布城乡。隋朝的王通是一个大儒家，弟子遍及全国，唐代众卿相多出其门下。但此时私学制度不一，程度差距悬殊。既有名士大儒，又有村野启蒙识字的私立小学。唐代佛教极盛，每一个寺庙实即一个佛教学校。唐代佛教产生了天台宗、唯识宗、禅宗、华严宗等宗派，对佛教哲学进行独立发挥，对宋明理学和书院的发展都有很大的影响。

四、书院

书院是我国封建社会独具特色的文化教育模式。它在系统地综合和改造传统的官学和私学的基础上，建构了一种不是官学，但有官学成分，不是私学但又吸收私学长处的新的教育制度，它是官学和私学相结合的产物。自书院出现以后，我国古代教育便发生了一个很大的变化，即出现了官学、私学和书院平行发展的格局，三者成鼎立之势，直到清朝末年。它们之间互有排斥，但更多的是相互渗透与融合，促进了我国古代文化教育的发展和繁荣。书院在中国大地上存在了1000余年，成为中国文化史和教育史上引人注目的一大奇观。

1. 书院的产生

书院起源于唐代，开元年间设立的丽正书院和集贤书院，虽是宫廷的藏书修书之所，不是一个聚徒讲学的教育组织，但它却是“书院”名称之始。此后又出现一些私人创办的书院，但也只是文人士子读书治学之地，如皇寮书院、梧桐书院等，已有讲学活动的记载。唐朝“安史之乱”以后，国家由强盛走向衰落，政治腐败，民生凋敝，文教事业也受到严重冲击，官学废驰，礼义衰亡。于是一些宿学鸿儒受佛教禅林的启发，纷纷到一些清静、优美的名胜之地读书治学。此后，归隐山林、论道修身，聚徒讲学之风逐渐兴起。这就标志着以书院命名的教育机构初步形成。

2. 书院制度的确立

书院兴盛于宋代。宋代国家重归统一，社会生产得到了恢复和发展，人民生活相对稳定，士心开始向学，由于统治者忙于拓疆守土，无暇顾及兴学建校之事，只重科举对现有人才的选拔和吸收，以满足立国之初的一时之需。因此在建国近百年的时间里，官学一直未得到应有的重视。正是在此背景下，书院才以其强大的生命力获得较大的发展，并确立了自己作为一种重要的教育组织形式的地位。

两宋时期书院达到 397 所，几乎达到了代替官学的地步。北宋书院兴盛最显著的标志就是出现了一批私人创办的全国著名的书院，如岳麓书院、白鹿洞书院、嵩阳书院、应天书院“四大书院”。南宋书院的发展进入了一个新的阶段，即书院与理学相结合，随之自由讲学、学术研究、问难论辩等书院教授风格充分体现出来；制定学规、确定课程、建立管理机构等书院制度完全形成；书院教学宗旨也明确提出，遂与官学区分开来，使书院成为培养传道济民人才的场所。这些都标志着两宋时期书院作为一种制度化的私学成熟和完善起来。

3. 书院制度的官学化

到了元代元世祖忽必烈统治时期，统一全国的战争接近尾声，统治者为缓和蒙汉民族的矛盾，笼络汉族士心，对书院采取保护提倡的政策，同时也逐渐加以控制，使元代书院日益呈官学化趋势。

元朝最早出现的书院是杨惟中在大都建的太极书院，收藏的图书多达 8000 余卷，聘请大儒赵复、王粹担任主讲，招收学生达百人。此时政府下令不准骚扰书院，还命令各地方都要建书院。由于许多宋朝的遗民不愿到元朝做官，就在兴学的号召下纷纷成立书院。所以，官办的、民办的书院数量不断增加。元顺帝统治时期，元朝已经到了穷途末路，摇摇欲坠，为了继续统治下去，就打出崇尚理学的招牌，对书院热心支持，并亲自下诏新兴办的书院。

元代的书院有个显著特点就是“书院官学化”。书院的山长也是学官，既然是官，也就必须接受官府的管辖，致使书院教育形式僵化，逐渐失去了其自由讲学的特质，最后与官学无异。它赖以生存，饮誉于世的学术特色逐渐由淡化到消失，最后沦为科举的附庸。

4. 书院制度的勃兴与毁禁

明朝初期因政府重视发展官学，提倡科举取士，使官学兴极一时，书院备受冷落，甚至遭到禁止，近百年不兴。

明中叶以后，因官学空疏，科举腐化，书院教育由此复苏，嘉靖以后，发展到极盛。当时兴办书院和讲学者，最著名的当数王守仁和湛若水。这一时期所创办的书院有龙岗、稽山、养正、象山等书院。在众多书院中，东林书院是影响最大、特点最为突出的书院。其特点是积极参与当时的政治活动，致力于讽议朝政，裁量人物，因此名声大振，但也因此而屡遭封建统治者的禁毁。

明朝末期，由于书院研究学术特质的复归，书院讲学的政治色彩愈来愈浓，统治者深感“摇撼朝廷”，并于嘉靖十六年（公元1537年）、嘉靖十七年（公元1538年）、万历七年（公元1579年）和天启五年（公元1625年）4次焚毁书院，严重地戕害了学术思想的发展。

5. 书院特质的消失与改制

清朝初期统治者鉴于明末书院“群聚党徒”、“摇撼朝廷”的教训，唯恐私学的讲学活动会导致反清复明，故不予提倡，反而予以抑制。但由于私学屡禁不止，清政府便改变了政策，开始提倡兴办私学及各种书院，前提是要在政府严密控制下创建。清朝书院数量甚大，学习的主要内容是八股文，目的是参加科举考试，获取功名，完全丧失了书院原有的教学风格与学术研究的性质，其独立性和自主性已所剩无几，因此，同官学没有什么区别，官学化倾向达到了极致。

鸦片战争之后，闭关锁国百余年的“天朝大国”的大门终于被西方列强的“坚船利炮”所打破。在“师夷制夷”的洋务运动中，洋务学堂兴起，书院在历史的潮流下再次被革新。各省城书院被改为大学堂，各府书院被改为中学堂，各州县书院被改为小学堂，并多设蒙养学堂。至此书院制度走完了近千年的曲折历程之后，最终汇入了近代学校教育的洪流之中。

第三节 法律制度

“法制”一词古已有之。我国关于“法制”的用法首见于《礼记·月令》：“是月也，命有司，修法制，缮囹圄，具桎梏，禁止奸，慎罪邪。”此处所谓法制，乃指国法、法律或典章制度，同时还强调了它的强制性效力。中国古代自国家出现后，统治阶级就开始通过国家机关制定法律、建立法律制度，以此来巩固自身的统治。经过几千年的发展，逐步形成了一整套沿革清晰、特点鲜明的法律体系。

一、奴隶法制

国家与法不是从来就有的，它是社会发展到一定阶段的产物。奴隶法制是我国古代法制的开端，体现出了王权与族权的统一，渗透了神权思想，它是我国古代法制发展的一个重要阶段。

1. 夏朝法制

夏朝是我国第一个奴隶制国家，夏启是我国奴隶社会的第一个帝王，从文献记载来看，夏朝已基本具备了与原始氏族组织不同的国家组织的特征，表示国家已经产生，文献记载“夏有乱政，而作禹刑”，这说明具有阶级意义的法制已经产生，并出现了许多刑名和罪名。因此中国最早的法制即奴隶制法制是随着夏朝国家的形成而出现的。

夏朝的法制指导思想是基于氏族社会的天地鬼神观念而形成的“奉天罚罪”的天讨、天罚思想。“借天意发王命”是夏朝法制的主要形式。禹刑是夏朝奴隶制刑法的总称。主要罪名为昏、墨、贼、杀等。主要刑罚表现为五刑：墨刑（亦称黥刑）、劓刑、剕刑（也作刖刑）、宫刑、大辟。大辟为死刑的总称。墨、劓、剕刑、宫、大辟五刑为中国奴隶制时期代表性刑罚，它始于夏朝，发达于商、周，对秦、汉、三国、两晋、南北朝也有着重大的影响，延续数千年之久才被封建刑罚所取代。夏已有监狱，“夏后芬三十六年作圜土”，圜土即夏朝监狱，除此之外还有夏台，亦称钧台。

2. 商朝法制

商朝奴隶制国家的确立，使由来已久的神权政治得到充分发展。“率民以事神”即听命于神，是商朝法制的指导思想和基本特点；将祖先崇拜与上帝崇拜相结合，使神直接为政治统治服务，是商朝神权政治高度发展的重要标志。所以，商朝法制的指导思想是“天命观”和“君权神授”。

“汤刑”是商代法律的总称。商朝的刑法严酷，有死刑、肉刑、流刑、徒刑等，罪名也多于夏朝，涉及社会生活诸多方面。战国时期有“刑名从商”的说法，这说明以刑法为主体的中国古代法制至商朝已初具规模。而商朝的刑罚主要还是沿用夏以来的墨、劓、剕刑、宫、大辟奴隶制五刑，除五刑外还有些不常用的刑种，如徒刑和流刑等。由于商朝时期还没有形成严格的刑罚制度，刑罚手段的尚未规范化，致使刑罚的运用带有很大的随意性。不成文的习惯法以及国王发布的誓、诰、命成为当时的主要法律渊源。商朝的监狱也称圜土，又称囹圄，其制度与规模比夏朝有所进步。

3. 西周法制

西周是中国奴隶社会的鼎盛时期，反映奴隶主阶级利益和意志的法律制度，在夏商法律制度的基础上进一步发展并日趋完备。西周法制指导思想主要包括三方面：其一，“敬天保民，以德配天”，即敬重上天，争取民心；其二，“明德慎罚”，具体要求是“实施德教，用刑宽缓”，即提倡德教，慎用刑罚，对施用刑罚采取谨慎宽缓的方针；其三，“亲亲、尊尊”，即亲其亲者，尊其尊者，从而使全体贵族亲如一家，共尊周土，“礼”、“刑”结合。西周法制指导思想对后世有着重大的影响。“敬天保民”、“明德慎罚”思想后来被儒家发展为“德主刑辅，礼刑并用”的策略后，为封建法制的“礼法结合”奠定了理论基础；“亲亲、尊尊”的思想到封建社会被进一步发展成为以忠君孝父为核心的“三纲”。

西周时期法律规范表现形式已呈多样化，且以“礼”为表现的周族习惯法等占有相当的比例，倡导礼刑结合。礼起源于原始社会的祭祀活动，是一种社会习俗，后经夏、商、周改造、整理、沿用后，成为调整社会关系的准则。对礼最突出的改造和整理是由周公完成的《周礼》。西周时期的礼仪有吉礼、凶礼、军礼、宾礼、嘉礼等，通称“五礼”。解除婚姻有“七出三不去”制度。除礼外，西周还有刑，如《九刑》、《吕刑》等。礼、刑都是西周奴隶主贵族实行统治的工具，二者相辅相成，互为表里。“礼为所去，刑之所取，出礼则入刑。”但在使用上依对象不同而有区别，即“礼不下庶人，刑不上大夫”。

西周时期，墨、劓、剕刑、宫、大辟的刑罚仍作为主体刑而被广泛使用的同时，还有徒刑、拘役、流刑等，如圜土之制、嘉石之制、赎刑等。西周刑法原则主要有：老幼犯罪减免刑罚原则；区分故意与过失、惯犯与偶犯原则；罪疑从轻、罪疑从赦原则；宽严适中的原则；刑罚世轻世重的刑事政策，即根据时世变化确定用刑的宽与严，轻与重。刑事政策主要包括“五听”、“五过”、“三刺制度”和“狱”、“讼”。五听是西周时期审判案件时判断当事人陈述真伪的五种方式，具体内容是：辞听、色听、气听、耳听、目听；五过是西周时期有关法官责任的法律规定：“五罚不服，正于五过”，为“惟官”、“惟反”、“惟内”、“惟货”、“惟来”，凡此五者出入人罪，皆以其罪罪之；三刺制是西周司法程序之一，西周时的重大疑难案件，要经过三刺程序，即“一曰讯群臣，二曰讯群吏，三曰讯万民”，三刺制说明西周对司法审判的慎重，是明德慎罚思想的体现；狱与讼，西周时期民事案件为“讼”，刑事案件为“狱”。

4. 春秋战国法制

春秋战国时期是我国从奴隶制社会逐步向封建社会转变的时代。随着社会生产力的发展，一些诸侯国先后出现了新的生产关系——封建生产关系。作为上层建筑的法律制度，也随着“礼崩乐坏”而发生变革。

春秋时期奴隶制法制解体，各诸侯国的法律制度发生重大变化。春秋中后期公布成文法活动日益活跃。其中郑国铸刑书、邓析的竹刑、晋国的铸刑鼎活动较为突出。成文法的制定和公布，限制了旧贵族的特权，促进了封建生产关系的发展，标志着奴隶制的瓦解。

战国时期封建制确立，各诸侯国陆续颁布了以保护封建私有制为中心内容的封建法律。其中具有重大历史影响力的是魏国李悝在总结各国刑法典的基础上制定《法经》6 篇，即《盗》、《贼》、《囚》、《捕》、《杂》、《具》。《法经》是中国历史上第一部系统的封建成文法典，以刑为主，诸法并用。秦国统治者奉行法家学说，任法为治。公元前 359 年，商鞅以《法经》为蓝本，改法为律，制定《秦律》6 篇。此外，秦通过商鞅变法对法制进行了改革，提出了重农奖功、富国强兵、明法重刑等主张，为秦国的政治经济发展奠定了基础。

二、封建法制

1. 秦汉法制

秦统一六国后，秦始皇把秦国的法律推行全国，第一次建立起全国统一的封建法制。秦朝的法制指导思想是法自君出，君主独断；以法为本，严刑峻罚；治道运行皆有法式；以法为教，以吏为师；统一法律、法令，注重法律宣传。

秦代法律以酷烈而著称于世，刑罚种类繁多，手段也极为残酷，有死刑、肉刑、徒刑、劳役刑、流刑、赀刑、赎刑、身份刑笞、籍没收孥等，对罪犯往往数刑并施。秦朝定罪量刑的原则有：确定刑事责任能力；区分故意与过失；区分犯罪后果轻重；共同犯罪和累犯加重处罚；诬告反坐；实行株连；教唆犯加重；自首减轻处罚等。

秦代主要法律形式是：诏令、律、廷行事、法律解释。在中央，皇帝握有最高司法权，并亲自断狱。皇帝下设专职司法官廷尉，负责审理诏狱以及地方移送的重大案件或疑难案件。设置御史大夫与监察御史，对全国进行法律监督。在地方，郡的审判由郡守兼理；县的审判由县令兼理，并设啬夫、县丞专理；乡的轻微诉讼由有秩负责，治安由游徼负责。

汉代法制指导思想的变化，主要表现在从秦朝的以法为主、专任刑罚，经过西汉初期的黄老思想，到西汉中期以后过渡到以儒为主、德刑并用。这种演变分为两个时期，汉朝初期即汉高祖至汉武帝以前的时期，黄老思想为法制指导思想，并辅以儒法思想，确立“与民休息”、“宽省法刑”的政策思想。汉武帝以后，把儒家思想作为其法制指导思想，其核心思想是“德主刑辅，礼法并用”。自此直至封建社会末期，历代封建王朝都以“德主刑辅，礼法并用”作为其基本的法制指导思想。

汉代的立法主要有：约法三章，即“杀人者死，伤人及盗抵罪，余俱去秦法。”它是汉朝法制的开端；《九章律》，是西汉萧何以《秦律》为基础而制，确立了以律、令、科、比为形式的一整套法律制度；《傍章》，是汉高祖时叔孙通奉命制定的有关宫廷礼仪方面的法规；《越宫律》、《朝律》，是汉武帝时制定的法律，前者是关于宫廷警卫方面的专门法规，后者是关于朝贺制度方面的法规。

汉代皇帝掌握最高司法权。中央设廷尉专理司法，审理诏狱和疑狱。丞相、御史大夫参与司法。地方州为最高司法机关，州牧审理郡县上诉案件。郡由郡守兼理司法，设决曹椽吏专理司法。县由县令兼理司法，并设县丞佐理司法。汉代司法制度的显著特点是春秋决狱，它是指汉代中期以后在司法实践中开始的，以儒家经典《春秋》中的原则与精神作为判案根据的司法活动，也称经义断狱。其核心在于“论心定罪”，始创于董仲舒。该制度使儒家观念与法律制度进一步融为一体，封建法律的儒家化越来越深。

汉代刑罚主要有：死刑、徒刑、笞刑、徙边、禁锢、赎刑。刑法原则有矜老恤幼；区分故意与过失；先自告除具罪；诬告反坐；上请；亲亲得相首匿。上请制度指一定范围内官僚、贵族及其子孙犯罪，不交一般司法机关处理，而应呈请皇帝裁决的制度。这是“尊尊”原则的要求，也是“刑不上大夫”的具体体现；亲亲得相首匿是指汉法律所规定的有血缘或姻亲的亲属之间，有罪应互相隐瞒，不得向官府告发的制度。自汉宣帝下诏后，此原则成为正式法律规范沿袭两千余年。

2. 三国两晋南北朝法制

三国两晋南北朝时期，各朝都编纂法典，先后制定出一系列逐渐完善的法典，成为封建法制的一个重要发展阶段。其中以《曹魏律》、《晋律》、《北魏律》、《北齐律》最为突出。《曹魏律》是魏明帝时制定的重要法典，共18篇，它把《法经》中具律改为刑名，冠于全律之首；规定五刑，使刑名进一步规范化。此外，还有曹魏对法律作的修改：把保护贵族、官僚、地主等8种权贵人物在审判上享有特权的“八议”正式上升为法律制度，充分体现了“举贤不出世族，用法不及权贵”。这是中国古代刑法的重要发展。其后产生了诸如《晋律》、《北齐律》等。《北齐律》首创“重罪十条”(亦称“十恶”)。北魏、南陈法律中规定的官吏可以官抵罪的“官当”制度，对后世的封建法典皆有重大影响。

3. 隋唐法制

隋唐是中国封建社会各种制度包括法律制度发生重大变革的时期。隋朝制定的《开皇律》在封建法典占有重要地位。唐代尤为重视立法建设，唐太宗时制定《唐律》12篇，500条。高宗永徽年间，编定《唐律疏议》30卷，于永徽四年(公元653年)颁行全国。唐律把“十恶”特标篇首，律文全面反映了唐代社会的等级划分，明确规定了社会各等级的不同身份、地位、权利和义务，以及它们之间的关系。《唐律》和《唐律疏议》是中国历史上最完整的封建法典，对中国封建法律的发展影响极大，对亚洲一些国家亦有一定影响。

唐朝在中央设大理寺、刑部、御史台三大法司。大理寺是最高审判机关，负责审理中央百官案件和京师徒以上案件以及重审刑部移送地方之死刑疑案。刑部是最高司法行政机关，负责复核大理寺及地方判决徒刑以上案件。御史台是最高监察机关，对大理寺、刑部司法审判进行监督，有权参与重大案件审讯。如遇重大疑难案件，常由大理寺卿、刑部尚书、御史台御史会同审理，称为三司推事或三法司推事。

4. 宋元法制

宋元时期，为了维护统治阶级的封建统治，立法制度不断革新。《宋刑统》是历史上第一部刊印颁行的法典，它是宋代的基本法典，以五代时后周的《显德刑统》为基础修改而成的。宋朝全面强化封建专制主义，皇帝可随时颁布诏令作为断罪处刑的依据，诏敕成为最重要和具有最高效力的法律，编敕成为宋代最经常最重要的立法活动。南宋时期又出现了编例，即对皇帝与中央司法机关发布的单行条例或审判的典型判例加以汇编，以补充律敕。敕、例广泛应用是导致宋代法制混乱的重要原因，并影响至明、清。宋仁宗嘉祐年间颁布了《重法地法》，这是出于对京城地区的安全考虑，将开封诸县划为重法地，在重法地内犯罪加重处罚。神宗熙宁年间又颁行《盗贼重法》，凡犯有该法所定各罪者，无论是否在重法地内犯罪，皆以《重法地法》从重惩处。二法实质是打击民众反抗，维护统治者人身财产及其利益的。

宋代的大理寺是中央审判机关，刑部负责大理寺详断的全国死刑已决案的复核及官员叙复、昭雪等。审刑院是神宗前为加强皇帝对司法控制而增设的中央审判机关，后并入刑部。地方司法机构中，各路设提点刑狱司，为中央派出机构。分设专职司法官司法参军与司理参军；县由知县负责审判。

元世祖忽必烈统一中国后颁布了第一部法典《至元新格》，元英宗时又制定了《大元通制》，它是元统一以来的法例汇纂。元代法律的基本内容依循唐律，形式上仍沿用宋代的编敕，但改敕为“条例”或“条格”。元朝的法律具有阶级压迫和民族压迫的双重特点，保护地方、官吏、贵族、僧侣的特权。

元代中央的司法机关为刑部、大宗正府、御史台和宣政院。大宗正府审理蒙古人、色目人及宗室案件。宣政院是宗教管理和审判的最高专门机关，地方设行宣政院，形成宗教与世俗权力并行的特殊司法体系。同时，还设有军事司法机关，由基层军官奥鲁负责审理军户轻微案件。

5. 明清法制

明清是中国封建社会后期的两个朝代，在法律上也反映出了封建社会后期的时代特点。

明代明太祖总结历代统治经验，以元为鉴，以法制来维护君主专制统治，确定了元代的立法指导思想，即承袭汉唐，德主刑辅，明刑弼教，礼法并用；反思宋元，治乱世用重典；吸取古训，立法因时为准；体察民情，立法简当易晓。在这一思想的指导下又制定了《大明律》、《明大诰》等一系列重要法律。《大明律》是明代最主要的法典。它改唐律 12 篇为 7 篇，即在名例律之下按六部官制分吏律、户律、礼律、兵律、刑律、工律，改变了隋唐以来的封建法律体系结构。《明大诰》共 4 篇，是以诏令形式颁发的，由案例、峻令、训导三方面内容组成的具有教育作用和法律效力的特种刑法，这是中国古代法律制度上前所未有的。

明代的法律特点主要有：重其重罪，轻其轻罪的量刑；受朱元璋“吏治之弊，莫过于贪墨”思想的影响，立法严法惩贪；加强对社会经济关系的法律调整，制定钞法、钱法、税法、盐法等；刑制繁酷，复活了肉刑制度，创设了充军刑和枷号。

明代中央司法机关为刑部、大理寺和都察院，合称三法司。刑部为审判机关，大理寺变为复核机关。都察院由御史台改来，称风宪衙门，监督法律的执行。地方司法机关分省府县三级。省设提刑按察使，府、县则由知府、知县兼理司法。厂卫干预司法是明代司法体制的一大特点，厂卫是明代法外审讯机关，由皇帝亲信宦官和禁军组成。明代君主专制制度走向极端的突出表现就是廷杖制的确立。廷杖制是隋文帝时期在朝堂上杖责大臣先例，明朝则将其发展为固定制度。宦官干政是皇权专制极端发展的必然产物。

清代立法指导思想是“详译明律，参以国制”。《大清律集解附例》是清朝的第一部法典，仿效《大明律》。《大清律例》是在前者基础上修订而成，是中国历史上最后一部封建法典。其篇目与《大明律》相同，在沿用唐、明五刑的基础上，又增加了许多新的刑罚及民族压迫条款。在刑罚和诉讼方面，清律规定满人享有各种法律特权。清朝还颁布了用于少数民族地区专有特定内容的单行法律，如《回律》、《番律》、《蒙古律》等。随着封建经济的发展，清律中调整经济关系的内容也大为增加。

清代法律制度的主要特点是：以严刑峻法加重对十恶及盗罪的惩处；强化集权机构，维护皇权与中央集权，严禁内外官交结，重惩强盗等；大兴文字狱，以酷刑厉行文化专制；维护满族在政治、经济、司法上的种种特权；进一步强化礼与法的结合；以严法压抑资本主义的萌芽。

清代中央司法机关为刑部、大理寺、都察院。刑部负责审判，大理寺负责复核，都察院负责监察。都察院所辖六科给事中与十五道监察御史合称“科道”。地方司法为州县、府、省按察司、总督四级。满人案件由特殊机关审理，如审理宗室案件的宗人府。而理藩院则是专理少数民族重大案件中的中央司法机关。

综上可见，无论是奴隶社会，还是封建社会，法制不过是人治之下的一种法律统治形式。古代中国实行专制主义的统治，奴隶社会的君主的“命”即法律，封建社会的皇帝拥有至高无上的权力，他既是最高立法者，又是最高审判官。这些都赋予了中国古代法律制度浓厚的“皇权”色彩。当然，古代法制对现代法制的推动影响也是不容忽视的。

三、历史上的酷刑

在中国古代，虽以儒家为主流的政治哲学讲究仁者爱人、提倡慎刑，但还是把酷刑作为一种合法的惩罚措施和逼供手段，因为法律和酷刑都是维护阶级统治必不可少的工具。中国历史上的酷刑主要有如下几种。

1. 梳洗

这里说的梳洗并不是女子的梳妆打扮，而是一种极为残酷的刑罚，它指的是用铁刷子把人身上的肉一下一下地抓梳下来，直至肉尽骨露，最终咽气。梳洗之刑的真正发明者是朱元璋，据沈文的《圣君初政记》记载，实施梳洗之刑时，刽子手把犯人剥光衣服，裸体放在铁床上，用滚开的水往他的身上浇几遍，然后用铁刷子一下一下地刷去他身上的皮肉。就像民间杀猪用开水烫过之后去毛一般，直到把皮肉刷尽，露出白骨，而受刑的人等不到最后早就气绝身亡了。梳洗之刑与凌迟有异曲同工之处。据《旧唐书·桓彦范传》记载“武三思曾派周利贞逮捕桓彦范，把他在竹槎上曳来曳去，肉被尽，露出白骨，然后又把他杖杀”。

2. 剥皮

历史上最爱搞剥皮的人是明太祖。由于他是贫民出身，最恨贪官污吏，一旦被他抓到贪污，下场通常就是剥皮。他即位之初，曾抓到一对父子贪污，震怒之下下令剥皮，皮剥下来之后制成两面鼓，挂在衙门口，以昭炯戒。最早的剥皮是死后才剥，后来发展成活剥。剥的时候由脊椎下刀，用刀把背部皮肤分成两半，从这里撕开，慢慢用刀分开皮肤跟肌肉。

3. 腰斩

小说戏曲描写的包青天故事中，把罪人处死开铡的时候都是把人头塞进去，刀起头落，仿佛中国式的断头台。根据历史上的记载，包青天那三把铡刀其实是腰斩用的。也就是一刀下去，就要把人分成两段。由于腰斩是把人从中间切开，而主要的器官都在上半身，因此犯人不会一下子就死，斩完以后还会神志清醒，得过好一段时间才会断气。明成祖杀方孝孺就是用腰斩，传说一刀下去之后，方孝孺还能以肘撑地爬行，以手蘸血连书“篡”字，一共写了十二个半才断气。秦朝的李斯也是被腰斩的。

4. 五马分尸

五马分尸很简单，就是把受刑人的头跟四肢套上绳子，由五匹快马拉着向五个方向急奔，把人撕成6块。秦朝的商鞅就是受五马分尸之刑而死。历史上还有“大卸八块”之说，通常是把人杀死以后，才把人的头、手脚剁下来，再把躯干剁成三块。据记载汉高祖死后，吕后把他的宠妾如意夫人抓来，剁去手脚，割掉鼻子、耳朵、舌头，眼睛挖出，丢在猪圈里喂养，取名“人彘”。结果被吕后自己的儿子看到，活活吓死。

5. 凌迟

最早是把人杀死之后再剁成肉酱，称为“醢”。受过此刑的有子路和周文王的长子伯邑考。后来发展更加精细，目的还是要让犯人受最大的痛苦，因此不但是活的时候施刑，还要求受刑人必须身受多少刀以后才可以死。发展到后来，每次凌迟要由两个刽子手执行，从脚开始割，一共要割一千刀，也就是要割下一千片肉片才准犯人断气，而犯人若未割满一千刀就断了气，刽子手也要受刑。这是明朝的规定，受此刑最有名的人就是大太监刘瑾，据说一共割了3天才断气。

6. 缢首

缢首就是把弓弦套在受刑人脖子上，弓弦朝前，行刑人在后面开始旋转弓。弓越转越紧，受刑人的气就越来越少，直至断气。岳飞父子就是受此酷刑死在风波亭的，明末流亡的桂王也是这样被吴三桂亲手缢杀。

7. 请君入瓮

“请君入瓮”这句成语是从酷刑得来的。唐朝时期，武则天当皇帝的时候，朝中有位酷吏崇尚严刑峻法，对不肯招供的犯人往往以酷刑对待。方法是找个大瓮，把人塞进去，然后在瓮下面用柴火加热。温度越来越高，受刑人也越来越受不了，如果不肯招供的话，往往就被烧死在瓮里。

8. 刖刑和棍刑

刖刑是一种类似截肢的酷刑。是把膝盖骨削掉，使大腿小腿之间断开。我国战国时代的军事家孙膑曾遭刖刑。

棍刑，是拿根棍子直接从人的嘴里插进去，整根没入，穿破胃肠，让人死得苦不堪言。

严酷的刑罚是国家按照统治阶级所制定的法律规定对犯人采取的惩罚措施，是统治阶级为维护自身利益的最重要的、最严厉的手段。

【本章小结】

“没有规矩，不成方圆”，制度是统治阶级治理国家的重要手段和工具。本章主要介绍了中国古代各时期的职官制度、教育制度及法律制度，从政治、思想、文化等方面阐述了各种制度的历史地位和作用，重点介绍了中国古代的选官制度和官学、私学、书院的发展过程，以及古代法律制度的内容。这些制度文化是中国历史发展的一个重要“片段”，掌握这一部分内容有利于更好地熟悉历史的发展进程。

习题训练

1. 秦汉时期三公九卿制度的具体内容？
2. 隋唐时期三省六部制的具体内容及各部门的职责？
3. 阐述中国古代选官制度的演变过程。
4. 简述中国古代中央官学的主要形式，以及私学和书院的产生、发展过程。
5. 简述西周时期法制指导思想的具体内容。
6. 阐述明清时期法律制度的主要特点和具体内容。
7. 列举中国古代的历史酷刑。

情景训练

泰山上与孔子有关的景点有哪几个？下面的答案是否正确？

泰山孔子登临处

孔子登临处位于泰山一天门北，为四柱三门式跨道石坊。古藤掩映，典雅端庄，额题“孔子登临处”五大字。明嘉靖三十九年（1560）始建。柱联曰：“素王独步传千古，圣主遥临庆万年”。坊两侧分立两碑，东为明嘉靖间济南府同治翟涛题“登高必自”碑；西为巡抚山东监察御史李复初题“第一山”碑。北侧为两柱单门的“天阶”坊。

瞻鲁台

在岱顶南侧，是孔子登山眺望鲁国的地方。《孟子·尽心上》载：“孔子登东山面小鲁，登泰山而小天下。故游于海者难为水，游于圣人之门难与言。这是讲知识境界要不断递进，才能有更高的道德修养。”此处曾有“孔子小天下处”刻石，以志纪念。

孔子崖

位于天街东首路北山岗上的孔子崖，传说是孔子与弟子颜子登泰山到了这里，孔子向东南而望，看见吴国都城门下的一匹白马，于是此处就叫做孔子崖或称望吴峰。崖上石刻有“泰山乔岳”、“高山仰止”等等。孔子崖下有一座孔子庙，是明嘉靖年间尚书朱衡建的，万历年间又曾重修。庙里的建筑有山门、正殿、配殿，内奉孔子，配祀孔子弟子颜子、曾子、子思、孟子等。今天就剩下遗址及山门，山门上有清代徐宗干题的联：“仰之弥高，钻之弥坚，可以语上也；出乎其类，拔乎其萃，宜若登天然。”1984年，庙前重建“望吴圣迹”石坊。庙的东南方为斗仙岩，上有明人大书的“振衣岗”题刻，周围多宋元人题名。上有鲁班洞，北有北斗台。北斗台为明万历年间所筑。台子四面都有门而中间相通，上边还是一个台子，台上有两根顶着柱头的石柱 ，名礼斗，俗呼“辅弼星”，取“泰山北斗”之意。民国年间台毁，1984年重建。台顶设泰山花岗岩石栏，上刻牛郎、织女、天鹅、北斗等图案；台中设石制圆形日晷 ，刻十二时辰。孔子庙庙西是崇岗，传说吕洞宾常常登临这里，所以名叫登仙台。庙前盘道西边原来有万寿宫，是明万历年间建的，祀的是九莲菩萨孝定皇太后铜像；崇祯年间又增祀智上菩萨孝纯皇太后铜像。

虎山

在泰山南麓王母池东侧。《礼记·檀弓》篇载：“孔子过泰山侧，有妇人哭于墓者”而慨叹“苛政猛于虎”。不过此处地势开阔，山峦疏旷，似非虎狼出没之地，“虎山”之称或系后人附会。清乾隆皇帝在此立“乾隆射虎处”石碑，声称曾在此亲射猛虎，不少人信为史实，其实是附庸风雅，借题发挥，寓革除“苛政”之意罢了。

季札子墓

在泰山以东莱芜口镇。季札是吴王寿梦的第四个儿子，曾三次放弃继承王位，周游列国学习礼乐，是吴文化的集大成者。孔子八岁时，季札曾专程赴鲁观看同代乐舞，并进行了全面系统的评价。后来出使齐国，返途中长子夭折于泰山脚下，只好就地安葬。《礼记·檀弓》记载，孔子认为季札是吴国最熟悉札乐制度的，曾专程前往观看季札长子的殡葬仪式。现在季札子墓旁，仍立有“孔子观礼处”石碑。

盗泉峪

在新泰木厂峪乡以南十五里，以“盗泉”得名。《尸子》载：“孔子至于暮矣，而不宿于盗泉，渴矣而不饮，恶其名也。”故有“志士不饮盗泉之水，廉者不食嗟来之食”之说。后人因恶其名，改“盗”为“道”，今称道泉峪。

郕邑

在宁阳县东庄乡境。《列子·天瑞》篇载：“孔子游于泰山，见荣启期行乎郕之野。”荣启期是隐士，已经九十岁了，身披鹿皮，腰束草绳，正在弹琴唱歌。孔子问道：“什么事情使先生这样高兴呢?”荣回答说：“使我高兴的事太多了。世间万物只有人最尊贵，我能生而为人，是第一件乐事；人又分为男女，男尊女卑，我能作为男人，是第二件乐事；有的人寿命短暂，甚至夭折于母腹、襁褓之中，我有幸活到九十岁，是第三件乐事。生活贫寒是贤德之士的通常处境，死亡是人生的终结，我能在正常处境中度过一生就很满足了，还有什么值得忧虑呢?”孔子听了深有感触，说：太好了！真是能自我宽慰的人！这件事情给孔子以很大的启发和影响。

泰山还有关于孔子的建筑。孔子庙有两处，一处在泰城岱庙东南，始建于宋代，一处在岱顶天街东首，碧霞祠西侧，始建于明嘉靖年间。庙中除奉孔子外，还祀颜回、曾子、孟子、子思，是为“四配”，另有“十二贤哲”列祀。清代泰安知县徐宗干题联：“仰之弥高，钻之弥坚，可以语上也；出乎其类，拔乎其萃，宜若登天然。”“孔子登临处”牌坊。在红门宫前。明嘉靖三十九年（1560）山东都察御史朱安等人建。坊上镌联：“素王独步传千古，圣主遥临庆万年。”不过汉代以前，登山是走泰山东路，入山须走大津口乡。明人在此建坊是以儒家文化晓喻游人，“代圣人立言”，扩大孔子在泰山的影响。

第五章　民俗文化

【知识目标】

1. 认识中国传统文化民风民俗，了解其文化内涵。
2. 解读地方风情，民族风情，为旅游专业提供较全面的借鉴。

【能力目标】

1. 运用民俗文化感知民俗旅游。
2. “十里不同风，百里不同俗”的理会与运用。
3. 名胜景区的节日民俗、服饰民俗、饮食民俗、信仰民俗、婚丧民俗的整理运用。

知识点阅读

据民间传说，很久以前，有头凶猛无比的野兽叫“年”，每到岁末隆冬时节，山里食物短缺，“年”就要出山以人为食。有一次，它刚来到村口看到一个小牧童在噼噼啪啪地放鞭炮，“年”惊恐不知何物，吓得赶紧躲开，没跑多远，它又看到一件随风而动的红衣裳，那耀眼的鲜红色又吓得它掉头就逃。气喘吁吁、惊魂未定的“年”想在一户人家的屋檐下休息，但那门缝里露出来光亮又刺得它头昏眼花，终于逃回山里再也不敢露面了。从此人们发现了“年”有三怕，一怕声响、二怕红色、三怕火光。于是，每到岁末“年”要出山的时候，家家户户就燃放鞭炮，穿红衣，贴红纸写成的春联、福字，点起灯火，等“年”怪吓跑了之后，大家互道“新年好”、“恭贺新禧”以示没被“年”吃掉，慢慢地这些传说衍化成了如今的年俗。

第一节　民俗文化

中国各民族风情风俗习惯丰富多彩，是旅游业丰富的旅游资源，民俗风情旅游吸引了众多的海内外游客。同时，民族风情和风俗习惯是人类社会发展史的见证，极具学术研究价值。

一、民俗概述

何谓民俗？民俗即民间风俗习惯，是广大民众在日常生活中自然创造并形成的世代传承的文化现象。民俗是一种社会文化，普遍存在于社会生活中，它有极强的规范教育功能，能限制人们的语言、行为、心理，是民族文化的重要组成部分。

民俗的概念由三个要素构成，一是民俗自然创造过程，它来源于生活，这源于生活的过程（无论什么过程），主体永远是民众，不会变更；二是民俗文化，它栖身于历史的创造和传承中，形成过程是一个过去时；三是民俗不是一成不变的，而永远是发展变化的，在不断的演变中顺应历史时代的变迁，满足人们不同时期的精神、心理之需，并肩负起民俗的历史、传统、社会等多种功能。

因地形、气候、物产各异，我国的民俗文化据此可划分为7个风俗文化区。一是东北满汉风俗文化区所辖区域黑龙江、吉林、辽宁北部及内蒙古东部，其特点是满汉民族风俗的大荟萃；二是游牧剽悍风俗文化区，所辖区域是内蒙古大部分，辽宁、河北、陕西的北部、宁夏北部及新疆，其特点是强悍勇武民风；三是黄河流域乡情风俗文化区，所辖区域是北起长城，南届秦岭、淮河，西抵青海湖的东部，东至黄海，是中国传统文化的发源地，其特色是重乡土情谊；四是长江流域风俗文化区，所辖区域是秦岭、淮河以南，西藏至青藏高原东侧，东南均迄于海，其特点是突兀起伏发展快速；五是青藏佛缘风俗文化区，所辖区域是青海一带，其特点是藏族风俗文化同藏传佛教结下了不解之缘；六是云贵百态风俗文化区，所辖区域是云南、贵州的少数民族聚居地，风俗文化包罗万象，千姿百态；七是闽、台等地，其特点是沿袭中原古代风俗文化现象，堪称中国风俗文化的活标本。

民俗不但可以以区域来划分类别，还可以按内容划分为经济、社会、信仰、游娱，实质上就看在什么前提下分类，所以民俗类别的划分可以多种多样。

二、民俗的形成

中国有56个民族，各民族各地区都有其长远的发展史，每个民族、每个区域都有其独特的民俗，可谓是“十里不同风，百里不同俗”。民俗的形成是漫长的，原因是多方面的，它要受政治的限制、经济的制约、地理的影响、宗教的渗透，那就分而观之吧。

人类进入阶级社会以后，就有了政治，统治者为了实现自己的政治目的，凭借手握大权的优势，任意摆布着百姓的生活，左右着民间的风俗习惯，如历史上少数民族地区的自由婚姻形式，被统治阶级强行封建婚姻媒证；清朝汉族男子的发式也是清朝统治者强行下令统一的。

社会生产力的发展水平影响制约着广大民众的生活生产。民俗产生形成的过程，经济基础起着关键性作用，历史上生产力低下科学不发达时，曾有过好多有关鬼神的禁忌与信仰，当时民众把生产力达不到，无法解释的种种事象，都归于鬼神。

人和自然是息息相关不可分割的，自然环境决定着民俗的样式，也就是说什么样的地理环境，就形成什么样的风俗习惯，比如服饰，南北服饰趋于轻薄、浅色，北方服饰趋于厚重深色，这是地理气候原因造成的。人们住宅的样式也是这样，如华北地区的四合院、青藏高原的雕房、黄土高坡的窑洞、内蒙古的毡包、南方山区的吊脚楼、西双版纳的竹楼、东北地区的地窨子火炕等，都是由地理条件和气候决定的。

由宗教仪式演变成民俗，在中国是比较普遍的，有直接的，也有间接的。一些原始宗教形成于人类的童年时期，这些原始宗教对祖先、自然、图腾的崇拜，后来就演变成一些民族独特的民俗现象，如鄂温克族人崇拜火；满族人崇拜狗；汉族人崇拜龙，自称是龙的传人；伊斯兰教对回族人、维吾尔族人有极大的影响，有严格的禁食猪肉的习俗；喇嘛教对藏族人生活习俗产生了深远的影响……中国还有一些节日习俗也是宗教的产物，如元宵节、端午节、中秋节、腊八节等。

三、民俗文化特征

民俗文化在社会历史的舞台上，显示着多种多样的功能，多姿多彩的民俗文化活动，以丰富的形式对自己的子民进行传统文化的教育，帮助人民学会劳动本领，了解本民族祖先创造的辉煌的历史文化，民族凝聚力大大增强。民俗文化种类浩繁，区域与民族千差万别，除了具有其他文化现象的共性外，有着自身独特的鲜明的个性，主要有如下五个方面的特征。

（1）社会性和集体性　风俗习惯的社会性是指人类在共同生活中形成约定的社会行为模式，风俗习惯的集体性是指社会民俗现象的产生与流传，都是集体智慧的结晶，任何一种民俗必须是社会公认的集体行为，民俗作为一种社会文化现象有鲜明的区域性、民族性，创造过程；传承过程都离不开民众的响应，没有社会民众，也就不可能产生民俗。

（2）传承性和播布性　民俗的传承性是指民俗现在历史时间上的纵向发展过程；播布性是指民俗文化在空间上的横向发展过程。民俗的传承性和播布性是风俗习惯的两种延续方式，是历史和社会延续的文化形式。民俗也是在纵向的传承，横向的播布中发展壮大的，民族风情、民俗文化圈也因此形成。没有横的播布民俗就构不成风情，文化圈也就无从谈起；没有纵的传承，民俗文化就没有了生命线。所以，横的播布也好，纵的传承也罢，对民俗文化来说，二者缺一不可。

（3）民族性和地方性　民俗的民族性是指不同的民族诞生不同的独特标志性民俗，这种独特民俗起着区别其他民族的标志性作用；民俗的地方性是指民俗文化在横向空间表现出来的浓郁的地域性和乡土气息。各类民俗因地理与自然的差异而有着自己浓厚的地方色彩，中国辽阔的地域、多样的气候，造就了鲜明特色的民族与民俗，成为了丰富多彩的旅游资源，深受世界各地游客的青睐，成了很受欢迎的特色旅游品牌，如2006年的乡村风情游。

（4）原始性的神秘性　民俗的原始性是指民俗久远的野性。许多原始的民俗虽历经传承与变异，一些原始的野性的因子依然保存下来了，现在一些偏远山区，还有处在内陆深处与世隔绝的少数民族，处于人类自然原始的早期阶段，当地的民风民俗带有浓烈的现实原始性；民俗神秘性是指人们在进行某些民俗活动时的神秘心理、神秘力量。是当地民众在进行自己民俗活动时虔诚的表现，使得民俗具有神秘性特点，主要表现在信仰与崇拜上，如图腾崇拜，带宗教色彩的信仰等。

(5) 规范性和服务性　民俗的规范性是指民俗文化对民众具有语言、行为、心理的、内在外在规范性制约作用；服务性是指民俗文化依人之需要而具有的调节心理、协调关系规范行为、教化思想的功能。所以，民俗在变化中发展，长久地服务于人类。民俗的创造是规范服务人类的，民俗的生产、生活经验，更是规范服务于民，民俗生动活泼的形式极大满足了人们审美心理之需，这些都是民俗规范性，服务性作用之所在。

第二节　服饰文化

春服宜倩，夏服宜爽，秋服宜雅，冬服宜艳；见客宜庄服，运行宜淡服，花下宜素服，对雪宜丽服。这是中国服饰的基本哲学观与美学观，华夏民族很早就把服饰看成是文化的、灵感的、穿的美术。

一、服饰文化的历程和要素

服饰受制于审美观念、社会风俗、生活环境、经济基础，所以不同历史时期就有不同的服饰风貌。中国的服饰在不同的历史时期还表现出浓郁的地方色彩和民族风情，它的构成有质地、造型、装饰、花色、图案等 5 个方面的要素。其中，质地是指服饰面料性质，造型是指服装款式，花色是指服装颜色，图案是指服饰花纹图案。服饰作为一种文化是在继承中发展的，其发展历程如下。

旧石器时代（距今 18000 余年），北京周口店山顶洞人就使用 8.2 厘米的骨针，这个发现说明，此时人们应该知道缝制衣服。新石器时代彩陶器上，有穿衣服的人物图案，奴隶社会上衣裙已成形。从出土的玉雕上可清晰看出，古代华夏族上衣下裳，束发右衽的装束特点，这时已经定型。

西周时代，上衣下裳还是分开的，金文和《尚书》、《诗经》等文献中出现了玄衣、衮衣、萤裳、绣裳等服饰名目，这时他们在腰间常束宽宽的绅带，腹前时常系着一条像围裙一样的装饰物。

春秋战国时代，服饰变化重大，出现了深衣和胡服，深衣把过去分开的衣和裳连起来了，衣和裳连接后，“被体深邃”就叫深衣，深衣下摆不开衩，将衣襟延长，向后拥掩，这就叫“续衽钩边”。这两种服饰在战国广泛流传。

西汉当时还是深衣，将下襟缠在身上，麻烦又费布帛，到东汉时一种直裾的襜褕就流行开来了，那时汉代服装最重要的特点是它的冠制，此时的画像上，看到的官员和士人，大都着这类衣饰，襜褕的进一步发展就是后来唐宋时代的交领袍。

魏、晋、南北朝时代，是古代服装史上的大转变时期，朝服成为司空见惯的装束，此时朝服很受百姓喜爱。官员在正式严肃场合着宽袍大袖子的衣裳（冠冕服饰），这种服饰叫法服，也叫礼服，明代礼服、常服并用。

唐代，日常生活中多为常服，常服圆领袍，裹幞头穿长鞠靴。还穿缺胯袍，四褛袍等袍服，再就是穿法服。唐代常服幞头、腰带等说法很多，腰带上一种叫铐的饰品，质地不同，官品不同，隋代出现品色衣，到唐代，皇帝的服色为柘黄，官僚服色从一品到九品以紫、绯、绿、青作为区分，平民穿白衣，唐代女装由裙、衫、帔三件组成。

宋代服饰主要是沿袭唐代服饰，幞头的样式是不同身份的重要标志，皇帝、官僚戴展脚幞头，身份低的公差戴无脚幞头。女子缠足已比较普遍了，有身份的女子戴花冠。

元代，男女服饰趋向蒙古族风情，官服用龙蟒缎衣，以龙爪分等级，一般情况是一至三品为九蟒五爪，四至六品为八蟒五爪，七至九品五蟒四爪。

明代服饰材料丰富，官服制度很严肃，皇帝穿龙袍，大臣们穿绣有蟒、花卉等纹饰的宽大袍服，头蓄发髻，戴綦帽，腰佩玉带，袍上胸背缀有象征等级不同而纹饰各异的褂子，如：一品官，贺经五寸的大独科花；二品官，圆经三寸的人独科花；三品官，贺经二寸没有枝叶的散花；四品五品官，贺经一寸半的小杂花；六品七品官，贺经一寸的小杂花；八品九品官，没有花。“四方平定中”和“六合一统帽”分别是读书人和小商贩、市民的装饰。

清代服饰保留了不少明代服饰特点，还保留了少数民族服饰特点。官服规定很细，官帽分夏天凉帽、冬天暖帽，帽上顶珠按不同官品，颜色和质料各异，有军功的人，皇帝赐孔雀翎做顶戴花翎，蟒袍与明代相似，官员胸背的褂子，比明代略少，褂子的绣品区分很细：文官为鸟形，一品鹤，二品锦鸡，三品孔雀，四品雪雁，五品白鸥，六品鹭鸶，七品鸳鸯，八品鹌鹑，九品麻雀；武官兽形，一品麒麟，二品狮子，三品豹，四品虎，五品熊，六品彪，七八品犀牛，九品海马；五品以上及内廷官员胸前挂朝珠，着靴，大礼时有披领，还系有金玉板作饰物的带。

二、服饰特点

中国服饰历史悠久，姿态万千，美不胜收。由于地域的差异，民族文化背景的不同，宗教信仰、风俗习惯的千差万别，造成了华夏民族服饰文化的独特。

首先是中国服饰文化的丰富性。伟大祖国地域辽阔、民族众多，四季分明，地域、民族、季节决定了中国服饰的多样，中国东、西、南、北各地区的人们穿着特色各异。南方服饰特征是轻、浅、薄，北方服饰是重、浓、厚；沿海服饰是开放宽敞型，内陆服饰是封闭包裹型。中国是有着 56 个民族的一个大家庭，各民族审美标准不一，服饰也多姿多彩，如藏族长袍，朝鲜族的长袍、靴子，西南许多民族的绣饰、银饰等，都极具鲜明的民族特色。中国季节分明，服饰也有很强的季节性，冬装要暖，夏装要凉，春装要倩，秋装要雅，这些都充分地表现了中国服饰的丰富性。

其次是中国服饰文化的层次性。从北京周口店山顶洞人使用的第一根骨针到现在，中国服饰文化有近 2 万年的历史，随着历史的变迁和千百年的民族交融，中国服饰文化在不同历史时代，有不同的特点，但服饰文化内涵的传承性没什么大的改变，儒雅、端庄、含蓄、洒脱、隽秀的民族风格依然完整如初。服饰的伦常礼仪、尚祖敬宗、求吉趋福等心理观念没有太多变更，都有其层次性。以服饰颜色为例，我国历史上最早使用的颜色是黑红、土红和赭石色，而红色是最早的流行色。至奴隶社会，青、赤、白、黑、黄代表着东西南北中和金木水火土的五方正色。在封建社会，黄色标志着神圣、威、庄严，象征智慧文明，为皇帝专用色，代表皇权，庶人无权问津。夏代黑色流行，殷代白色流行，周代红色流行，春秋风行紫色，秦始皇倡导黑色，汉高祖喜红色，隋代则以白配青色、绿色，唐代兴五彩，宋代喜欢青、绿色，元喜金、银色，明代以品蓝、宝蓝、金色为贵。清代仿唐、宋，但用色趋于复杂艳丽。服饰的层次性还表现在样式、材质与图案上，样式上主要是上衣下裳和衣裳相连，大襟右衽的基本形式特征，材质上有麻布，丝绸棉布和皮革这样几种类型，图案上有动物、植物和几何图形三种形式，这几种图案具体层次是，商周前是抽象的，唐宋是规范的，明清是写实的，图案的工艺多采用织花、印染、刺绣和书画 4 种形式。

再者是中国服饰文化的兼容性。中国的服饰在继承中发展，在发展中兼收并蓄，辉煌并恩泽后世。至今，中国服饰已走上了一体化发展的快车道，这是兼容的结果，比如，中山装是中西合璧的结果；旗袍是满汉民族服饰风格融合的结晶；中国的牛仔服饰，是西方牛仔与中国刺绣联姻的产物；现代服饰的九分裤，是借鉴了西南少数民族的宽脚短裤的风格。所以说，中西、古今、民族的兼容荟萃铸成了中国服饰文化的灿烂辉煌。

三、服饰的文化内涵

郭沫若先生说："衣裳是文化的象征，衣裳是思想的形象"。服饰作为一种物质文化现象，物质满足后必然是精神需求服饰遮着，实用是其基本功能，美观功能在现代服饰发展中已跃为首要之需了，这是精神要求服饰美，是一种形式美，反映的是人的内心，是文化水平和修养程度，服饰还无声地表述着一个人的社会地位、文化品位、审美意识以及生活情趣，一直以来，服饰就是人的身份的标志。

对列祖列宗的尊崇，把伦常礼仪看得至高无上，是中国传统文化的体现，孝道、伦常、祖先，人们视其如生命，这种儒家意识在服饰文化中体现得十分突出，如，有生之物，人赤裸裸地来到这个世界上的第一次诞生之礼服，成年之礼服，婚庆之礼服，丧葬之礼服，人生这四次着装都有非常的要求，且每次的方式，内容都不一样，通过服饰的变换，表现的是对祖先崇拜，对死去人的孝行，对礼仪伦常的高度重视。还有，我们服装的样式、饰物、图案、色彩都有其象征意义，有其乞求吉祥、走向幸福的美好愿望，如服饰上的牡丹花象征富贵；喜鹊登枝是吉祥如意；日、月、星辰象征前途光明幸福永驻；红色是兴旺；黄色高贵。再有，服饰又是某种政治观念的体现，如历史上的相服骑射，洋务运动的西装与朝服之争，表现的都是政治变革的态度。

服饰还表现出很强的民族内聚力和认同感，一个民族穿同样的服装，是一种视觉符号，表示我们是同一民族，传递的是一种心理状态，民族自我意识油然而生。比如：壮族是穿唐装，女着无领左衽，绣花，滚边的衣裤。满族男子蹄袖袍褂，两侧开衩，腰中束带，女着直流旗袍，花鞋，头顶发髻戴耳环。回族男装衣服肥大，裤长及脚背，圆顶小帽，女衣上窄下宽长边膝盖，戴披肩或盖头，男、女严禁露头顶。维吾尔族男穿无领、无扣宽袖长衣，系腰带，裤腿肥大，喜黑白色，女穿花色短式连衣裙，外套黑色小背心，下着灯笼长裤，有蒙面纱习惯，喜欢描眉染指甲，戴耳环、串珠、镯子和戒指等饰品。苗族男装对襟大褂，下穿长裤，束大腰带，头裹青色长巾，冬天裹腿，有的地方男子喜戴几何图案的披肩，女穿无领上衣长及膝，大襟右衽，下长裤，穿绣花鞋，上衣，裤子多处绣花。蒙古族的服饰由首饰、长袍、腰带、靴子等几个主要部分组成，色彩鲜艳。藏族男女都爱戴藏式金花帽，上身穿绸布长袖短褂，外套宽肥的长袍，有襟系带，男女均穿氆氇或牛皮的长靴。高山族人爱穿麻布衣。朝鲜族人爱穿白衣素服，女穿短上衣，大长裙，脚穿船形鞋，男穿短上衣，外套坎肩，下穿宽大裤，出门时外罩斜襟长袍、以布带打结。还有傣族的筒裙、白族的白衣裤、彝族的斗篷、苗族的刺绣银饰，壮族的刺绣围腰，都非常有民族特色。这些民族的服饰，自我认同感都很强，历史久远，文化内涵丰富。（本节相关内容见插图 2、3、4）

第三节 节日文化

中国人口众多，历史悠久，民族兴旺，开化较早，长期的农业生产，产生、继承和发展了许多节日，这些节日具有民俗性、民族性，文化内涵丰富，许多节日还有一定的现实意义。作为一种文化，可研究、可借鉴的很多，就让我们去开阔一下视野吧！

一、节日文化概述

节日就是按历法时序排列而形成的，周期性的约定俗成的社会民俗文化活动日，节日民俗是岁时民俗的一种独特的表现形式，岁时民俗是指一年之中随着季节、时序的变化，形成的不同的民俗现象和传承，不同的季节有不同的岁时节日，通俗地说，节日民俗是指在某个相对阶段或特定日子，在人们的生活中形成的具有特殊意义的社会性活动，作为民俗文化一般具有周期性和特定的主题，有广泛的群众参与。

节日民俗的形成是一个历史累积的过程，其内容是民俗文化中最丰富的一种，与古代天文、历法知识、科学技术等有着密切的关系，在特定的日子里，以特定的仪式感谢上天，感谢祖先的恩赐，并开展各种庆祝活动，节日由此生成。节日同样有区域性、民族性。除此之外，节日还受多种因素的影响，像昼夜更替、月的阴晴、四季变换、生产生活都要随之改变，因此制定相关的特定日子，演化成节日。社会生活对节日民俗的影响很大，像祭祀活动日、人际往来的日子，都在节日民俗形成时有过重要影响。一些历史条件、美丽的传说也是节日民俗形成因素之一，如端午节就跟历史人物屈原相关，傣族泼水节就有许多美妙的传说，与传统节日春节相关的传说也非常多。相关的文化传播也是节日民俗形成的原因之一，在民俗文化、宗教文化影响下形成的节日，如肉孜节、圣诞节、清明节、中秋节、春节等。节日民俗形成的因素多种多样，累积过程是十分漫长的，这个过程积淀的文化内涵丰富多彩，让世人瞩目。

节日按性质可分单一性节日和综合性节日。单一性节日就是一种目的的节日，如生产性节日、纪念性节日、宗教性节日、社会娱乐性节日等；综合性节日就是多种目的的节日，各民族的年节都是综合性节。按区域范围划分，节日可分成全民性节日、区域性节日、单一民族性节日。我国节日文化十分丰富，还有其他许多分类法，这里就不一一列举了。

二、文化的特征及社会功能

我国的节日民俗是农业文明古国的伴生物，有许多节日表现的是农业生产规律。节气告诉人们的是与农耕相关的信息，如中国的二十四节气，表现的是冷暖气候、农时节气的变化。中国的节日还很有人情味和伦理观念，节日的祭祀功能、节日的亲人团聚、走亲访友，都体现了人们的亲情观念、伦理观念。我国的节日民俗功能初时是单一的，敬天、祈年、驱灾、避邪只是其一，后来随着历史的发展，节日功能就越来越多了，传统节日集信仰、社交、娱乐、经济等多种功能于一身，成为民众生活不可或缺部分。每个节日民俗都有一定的时间周期性，节日都是按年、月、日的次序排出来的，节日随地域民族的不同，形式、内容都有很大差异，节日活动内容也丰富多彩，这就构成了节日的地域性、民族性、多样性。节日民俗在传承中发展，在发展中更新。群众发明创造了节日，任何节日都要有广大群众的响应才能得以延续，节日只有满足广大群众的需要，才能得以延续，才能为大众服务。这就是节日民俗的群众性、社会性、传承性、变异性。

中国受儒家文化熏陶数千年，亲情、家庭、友情是中国人的为人之本，节日期间，合家团圆，走亲访友，融洽巩固了亲朋之间的友好关系，使家庭、家族更和睦，朋友更亲密。节日民俗成就了亲朋关系和谐、人际关系融洽，这是节日的社会功能之一。还有，节日期间往往要参加一些社会性的节日活动，体现的是集体性，需与大家集体配合才能完成，如舞龙、扭秧歌、划龙舟等，社会集体意识在节日氛围里得到了强化，群体内聚力在欢庆节日的活动中得到提高，调适社会群体生活，这是节日社会功能之二。再有，节日消费促进了商品经济发展；节日民俗使民族文化传统得到发扬光大，后人就是在民俗节日中受到民族文化传统的熏陶，潜移默化地深化了民族文化传统，这是节日功能之三。

三、中国的主要节日

中国的主要节日有两大类，一是全民性节日，一是区域民族性节日。全民性的主要节日有春节、清明节、端午节、中秋节；区域民族性的主要节日有泼水节、三月街、火把节、花儿会、那达慕大会、雪顿节、望果节、歌圩节。主要内容如下。

春节，是中国全民性最隆重的传统节日，从腊月二十三日过小年开始，经过除夕、大年初一，起码到正月十五日元霄节结束。《东方朔占经》一书说，从正月初一至初八各占一物，按次序是“一日鸡，二日犬、三日豕、四日羊、五日牛、六日马、七日人、八日谷”。其与天气好坏有主要关系，“晴，所主之物育，阴则灾”。春节有守岁、吃年饭、贴灶公、贴福字、贴对联、贴年画、拜年、放鞭炮、放焰火、走亲戚、点蜡烛、包饺子、点旺火、剪纸赠送贺年卡、游春等年俗，主要是表示驱邪消灾、家族兴旺、五谷丰登、六畜兴旺、福禄寿喜等祥瑞之意。

清明节，是全民性传统节日，节期是每年公历四月五日前后，古时候清明这一天禁火寒食，所以清明节又叫寒食节，还叫踏青节、聪明节，是由传统二十四节气演变而来的，习俗有扫墓、插柳、踏青、射柳、放风筝、荡秋千、拔河、作假花、蹴鞠等。

端午节，又名端阳节、天中节、女儿节、五日节等，是全民性传统节日，节期是每年农历五月初五日。多数人认为端午节是纪念爱国诗人屈原的节日，节日习俗有赛龙舟、吃粽子、挂钟馗像、挂香袋、饮雄黄酒、插菖蒲、采药、躲午、迎火船、持葫芦、驱五毒等。

中秋节，又名团圆节、仲秋节、女儿节及八月节，是全民性传统节日，节期是每年农历八月十五日。历史上帝王春天祭日，秋天祭月，这是严格的礼制，始于周代，北京定为中秋节，合家团圆，赏月吃月饼，至今不衰。月饼始于唐代，种类繁多，至今越做越精，色、香、味俱佳。节日习俗有祭日、赏月、吃月饼、吃团圆饭、舞龙灯等，表达的是对家人团圆、生活美满的愿望。

泼水节，也叫浴佛节，是区域民族性节日，流行于云南西部和南部傣族、布朗族、德昂族、阿昌族等民族的传统节日，节期是公历 4 月清明节后第七天开始，历时 3～5 天，头两天送旧，最后一天迎新。节日习俗除泼水外还有赛龙舟、放高升、跳孔雀舞、丢包、点孔明灯、插花房、听诵经等。节日传说很多，节俗表示祈祷丰年、祈福、祈求吉祥如意等。

三月街，也叫观音节，是区域民族性节日，主要流行于云南大理等地，是白族人民的传统盛会，节期是每年夏历三月十五至二十日。三月街始于唐代，相传这天观音菩萨在此讲经升天。节日习俗有礼拜诵经、祭祀观音、物质交流、文体活动等。

火把节，是区域民族性节日，流行于云南、四川、贵州一带，主要是彝族、白族、傈僳族、纳西族、哈尼族、拉祜族、基诺族等民族的传统节日，节期在农历的二月二十五日至三十日。节日习俗有杀鸡、杀猪、宰牛、祭神、祭田公地母、饮酒欢唱、载歌载舞，进行赛马、赛歌、斗牛、摔跤、射箭、拔河、荡秋千等比赛活动。

花儿会，是区域民族性节日，流行于青海、甘肃、宁夏一带。主要是汉族、回族、东乡族、土族、保安族、撒拉族及裕固族等民族的传统歌会，节期在四月至六月间择期举行，为期一周。节日习俗是拦路问歌、游山对歌、夜晚情歌、告别祝福歌，主要以唱“花儿”为主，往往通宵达旦，伴有物质交流等活动。

那达慕大会，是区域民族性节日，主要是蒙古族的传统盛会，在内蒙古、甘肃、青海、新疆等地流行，节期是在农历七八月间择期举行，一年一次，为期7天左右。“那达慕”是蒙古族语，相聚娱乐之意，所以节日习俗以娱乐为主，有赛马、摔跤、射箭、识书、歌舞、下蒙古棋、祭祀、诵经、投布鲁、拔河、田径、球赛、展览会、贸易会等，主要表示的是祈求神灵保佑六畜兴旺、祈望幸福吉祥。

雪顿节，是区域民族性节日，主要是藏民族吃酸奶宴的传统节日，在西藏、青海、甘肃、云南等地藏区流行，节期是每年藏历七月初一，为期5天左右。“雪顿”，藏语，酸奶宴之意。主要节日习俗有演藏戏、游玩、喝酒、吃各种酸食品、唱歌、跳舞、摆摊设棚、串帷幕做客、唱祝酒歌、敬酒，尽兴方归。雪顿节由宗教活动施舍酸奶子、喇嘛纵情游乐演变而来的节日。

望果节，是区域民族性节日，主要是藏族人民每年一次的期盼丰收的传统节日，在西藏、青海、四川等地流行。节期在秋收前择吉日举行，为期3天左右。节日习俗有，村民集体转地头绕圈后将取回的谷物插在谷仓或神龛上，然后角斗、耍剑、耍移标，接着是集体歌舞，表示的是收地气、求丰收、祈愿五谷丰登、六畜兴旺、人气旺盛。

歌圩节，是区域民族性节日，相传始于唐代，有歌仙刘三姐，唱成歌海流传至今，在广西、云南等地流行，主要是壮族民间的传统歌节，节期为每年春秋各一次，春天多选在春节，秋天多选在中秋节前后，为期7天左右。节日习俗有对情歌、抛绣球、抢花炮、踢毽子、赶庙会、联谊会、商品集散会、物质贸易会等，最大特点是男女以歌传情。

第四节 信仰与禁忌文化

入境而问禁，入国而问俗，入门而问讳，入乡而随俗。

信仰、禁忌历来为中国人所重视，这是中国人传统的风俗民情，由自然条件的不同形成的习尚叫做“风”，由社会环境不同而形成的习尚叫做俗，风俗的内容极为广泛，大体可概括为心理、行为和语言三个方面。心理方面的风俗以信仰为核心，包括各种禁忌在内反映在人们心理上的习尚，这是无形风俗。历史上的自然图腾祖先崇拜当属此类；行为方面的风俗主要是指与心理风俗密切关联而表现在祭礼、婚仪、祈禳等仪式和岁时节日，纪念游艺等活动上的习尚也称有形风俗；语言方面的风俗主要是指以语言为手段表现人们的思想感情和意愿要求的传承性艺术，如神话、传说、谜语、谚语、歌谣、说唱等。中国信仰与禁忌文化体系完整，内容丰富，对旅游发展、资源开发有一定积极意义，不可忽视。

一、信仰民族文化

承前而言，心理方面的风俗是以信仰为核心的，人们对某种精神体、宗教信仰的心理崇拜形成习惯性心理而衍生出的仪式行为就叫信仰民俗。信仰民俗涉及范围广，内容包涵人类原始信仰，还有相关的现代宗教的渗透。民俗风情对旅游很有现实意义。

信仰民俗产生过程十分久远，这是一种特殊的社会意识形态。原始人由于生产力极其低下，物质匮乏，世间许多事情令他们束手无策，解释不了，也找不到答案，他们就视自然为灵性神威之对象，并通过各种各样的仪式，表示想求得自然神力保护的愿望，崇拜信仰伴随着对自然力的恐惧与依赖就产生了。此外，人类在进化过程中，思维想象力不断发展，幻想随之产生，对一些找不到答案的现象就进入了幻想，从而得出“事物有灵”、“灵魂不死”的结论，这也是原始信仰产生的原因之一。阶级产生后，人们不但要承受自然的压迫，还要遭受阶级压迫，人的认识能力有限，就产生了对社会与自然的歪曲反映，随着宗教的产生对其冲击影响，也就是说现代宗教的下渗和原有的各民族民间风俗相结合，就产生了带有浓厚宗教色彩的独特的信仰风俗，这也是信仰民俗产生的一个原因。总而言之，人类之初，受判于自然、社会生产力等方面的限制，这种深重的心理负担使人们渴望认知事物本质，摆脱自然和社会生产力等多方面带来的压力，但由于原始人认识的局限，导致了认识虚幻性的产生，这是信仰民俗产生、形成并发展的根源所在。

信仰民俗发展至今，已有完整的体系，属社会传统文化范畴，分类方法多种多样，依内容性质可分为自然崇拜、图腾崇拜、祖先崇拜、颜色崇拜等多种类型，看下页分解图可一目了然。

二、禁忌民俗文化

源于汉的禁忌民俗作为一种文化现象，古老而又神秘，从文字上看，禁是一种行为，表示不允许之意；忌是一种心理状态，表示回避之意。禁忌民俗，就是人们为了避免臆想中某种超自然力量带来的灾祸、惩罚，对某种人、某些言行、某些事物的限制与自我回避，这种社会民俗文化现象不止在中国有，国际上也有。统称禁忌民俗为“塔布”，把有灵力的事物叫“玛那”，只要被认为富有玛那的事物，就被看作是“塔布”，神圣不可侵犯，不然会遭至灾难受到惩罚。

禁忌民俗的产生源于以下四种说法。

神灵说：从信仰认识角度，源于对灵力的崇拜和神秘力量的畏惧。

欲望说：从心理学角度，源于对欲望的克制和限定。

仪式说：从社会学角度，源于对仪式的属守和服从。

教训说：从认识论角度，源于对教训的总结和证取。

禁忌民俗可以说是无所不在，对其内容体系的划分也多种多样，比较认同的有两种分法，一是以人的实践活动为主的主体类，一是以被禁忌对象为主的客体类。主体类包括行业禁忌、日常生活禁忌、礼仪禁忌等，行业禁忌如农、林、渔、畜牧等行业；日常生活禁忌如语言避讳、行为避讳、生死避讳等；礼仪禁忌如日常交往、大型活动、穿着住房等。禁忌民俗按作用可分高速规范作用的禁忌、迷信的禁忌、有害无益的禁忌，总之看你以什么前提来划分禁忌民俗。

- 自然崇拜
  - 天体崇拜
    - 天神：老天爷、皇天、上天、上帝等
    - 日神：祭日习俗
    - 月神：中秋月、嫦娥、吴刚、桂花树、玉皇
    - 星神：金、木、水、火、土、北斗、福禄寿三星
  - 天象崇拜（对偶神）
    - 雷神：雷公
    - 电神：电母
    - 云神：哥
    - 雨神：妹
    - 风神：风神庙
  - 自然物崇拜
    - 地神：土神、社神等
    - 火神：火神庙
    - 水神：龙王等
    - 山神：山神庙
    - 石神：白石崇拜
  - 生物崇拜
    - 动物：兽、鸟、鱼、虫
    - 植物：树、谷、灵芝、人参、艾草、葫芦
- 图腾崇拜
  - 动物：龙、鸟、熊、槃瓠(pán hù)、虎、狼、牛等
  - 植物：荞(qiáo)、竹、薏苡 yì yǐ(玉米)
- 祖先崇拜：炎帝、黄帝、伏羲、女娲、央田、沙麻、佛托等
- 颜色崇拜
  - 黄色：代表皇权、宝贵
  - 红色：驱邪、会标
  - 紫色：权贵
  - 五色：青、赤、白、黑、黄
  - 五行：金(金居西，尚白)、木(木居东，尚青)、水(水居北，尚黑)、火(火居南，尚赤)、土(土居中，尚黄)
- 吉祥民俗
  - 吉祥图
    - 喜从天降(蜘蛛)、寿山福海
    - 百寿、并蒂莲、百合、升官
  - 吉祥俗
    - 节日吉祥俗：春联、门神、年画等
    - 祝寿吉祥俗：寿面、寿桃、寿酒
    - 婚事吉祥俗：跨火盆、栗子、枣等
    - 生养吉祥俗：百家衣、长命锁、麒麟送子
    - 生活吉祥俗：吃、住、穿等方面都有
    - 信仰吉祥俗：吉祥神等
    - 其他吉祥俗：数字民俗等
  - 吉祥物
    - 动物：龙、凤、喜鹊、鸳鸯等
    - 植物：松、竹、梅(岁寒三友)；竹、梅、兰、菊(四君子)；吉祥物等
    - 器物：元宝、鼎、如意、古钱、寿石等
    - 符物：喜、寿、八街图、祥云图、方胜等
  - 吉祥语：婚庆、乔迁、年节、金榜题名等
- 兆卜民俗
  - 征兆民俗
    - 天体兆：日食、彗星、气象、地震等
    - 动物兆：喜鹊、狗、蜘蛛等为吉兆；乌鸦、蛇长足、鸡上房等为凶兆
    - 人体兆：眼跳、噩梦、打喷嚏等
  - 占卜
    - 占卜物：龟甲、蓍草
    - 占卜方式：求签、算卦、鸡蛋卜、米卜、排八字、扶乩等

禁忌民俗有其危险与惩罚的特征，危险的小心避开，以期遇难呈祥，表现的是人类的自我保护意识，对于不能避的灾难，以期满足精神需求，表现的是人类的麻痹心理状态；有些积极的禁忌民俗，往往有安定社会、维护社会秩序的作用，因为这一类的禁忌反对思想和行为的自由化，对人的行为是一种自我约束，为道德规范的形成奠定了相应基础。禁忌民俗是通过人们口耳相传、代代相承来延续的，在社会发展中，人的认识能力提高了，有些禁忌原有的信仰色彩减弱了，逐渐变成某一地的民俗，这时禁忌民俗就发生了变异，禁忌民俗的消极性表现在盲目、愚昧落后、迷信等方面，它回避矛盾和斗争，打消人们积极进取的心理，某种程度上阻碍了社会的发展。但禁忌民俗对提醒人们用禁止和回避的方法躲避危险的事物，有一定的警示作用。

经过漫长的发展过程，禁忌民俗体系在中国已相当完备，内容也非常丰富，生产、生活、日常言语、信仰忌讳、民族禁忌多种多样。现如今，旅游业发展很快，特别是民族风情游很受游客的欢迎，作为旅游工作者应更多地了解不同区域不同民族的禁忌民俗，以便很好地为游客服务。

【本章小结】

“十里不同风，百里不同俗”，中国地域辽阔，民族众多，民俗民风淳朴而丰富，独特而鲜明，对欣欣向荣的民俗风情旅游来说，是可观的旅游资源，从事和将要从事旅游业的同仁们要认识和做好旅游工作，了解中国的民俗文化很有必要。本章对服饰文化、节日文化、信仰禁忌文化都作了全面的梳理，系统地介绍了民俗文化的基本常识，特别是对其产生过程的分类、特征、性质等方面介绍清晰，相关文化事项的列举，很有参考价值，这些在学习过程中要予以重视。

习题训练

1. 什么叫民俗？中国有代表性的七个风俗文化区分别在哪？
2. 概述民俗文化特征，最好能联系实际。
3. 服饰的主要因素是什么？简述服饰文化发展历程。
4. 服饰文化的特征是什么？清朝文武官员服饰标志有哪些？
5. 什么叫节日？节日有什么功能？
6. 中国有哪四个全民性节日？节期在什么时间？各自主要的节日习俗是什么？
7. 那达慕大会、泼水节、花儿会、望果节分别是什么区域民族的节日？节期时间在什么时候？主要习俗有哪些？
8. 什么叫信仰民俗？什么叫禁忌民俗？
9. 请为图腾崇拜、自然崇拜、祖先崇拜、颜色崇拜列出实例，能扼要分析更好。
10. 日常生活禁忌在中国多吗？联系实际简要分析。

情景训练

情景训练：在本章知识点阅读里，讲了“年”的故事，请把你家乡，有关过“年”的故事，讲给大家听。

第六章　传统艺术文化

【知识目标】

1. 了解中国传统书法、绘画艺术的精髓内容。
2. 懂得如何欣赏音乐、舞蹈、戏剧艺术，开阔视野，达到强化旅游从业人员自身修养的目的。

【能力目标】

1. 能演绎一段戏曲，能跳一段民族舞，能写一种书法。
2. 中国绘画在历史景观中所占的地位。
3. 强化个人综合能力。

知识点阅读

书法名家柳公权小时候字写得很糟，常因此受到父亲和先生的训斥，经过苦练，字大有长进，于是便有点不知天高地厚了。

一天，柳公权和小伙伴正在老桑树下举行“书会”，这时走来一个卖豆腐脑的老头，柳公权拿着自己刚写的字得意地对老头说：“老爷爷，你看我写得棒不棒！”老人接过字一看，上面写着“会写飞凤家，敢在人前夸”。老人觉得这孩子太骄傲了，便说：“我看这字写得并不好，好像我的豆腐脑一样，软塌塌的没有筋骨。不值得在人前夸。”柳公权一听，很不服气，硬要老人写几个字看看。老人说：“我是粗人，写不好字，可有人用脚写都比你写的好得多，不信你到县城去看看。”

柳公权真的到县城去了，北街的大槐树上挂着一个白幌子，上书“字画之”三个大字，树下围了许多人，柳公权挤进去一看，不禁呆住了，只见一个黑瘦的畸形老头，没有双臂，赤脚坐在地上，左脚压纸，右脚夹住一支毛笔，挥洒自如，运笔如神地在书写对联，字迹龙飞凤舞，变化多端，博得了观众一阵阵喝彩。

从此，柳公权开始发奋努力了。后来他终于成了我国历史上一流的大书法家。

中国是一个传统文化土壤十分丰厚的国家，神奇的书法，奇妙的绘画，源远流长的舞蹈，博大精深的音乐，韵味十足的戏剧，都在向世人昭示着中华民族上下五千年的辉煌，昭示着民族传统艺术文化的悠远绵长，昭示着我们龙的传人的骄傲与自豪。让我们共同走进这传统艺术文化的伊甸园，去看、去想、去采撷我们所需要的艺术珍品。

第一节 传统书法艺术

书法是中国具有悠久历史的传统艺术，是中国文化艺术宝库中的瑰宝之一，是中华民族珍贵文化遗产的重要组成部分，具有极强的实用价值，能给人以高雅的艺术享受，深得世界各国人士的喜爱与赞赏。书法艺术，是中华民族的骄傲。

中国文字各种书体的演变，历史相当漫长。它由图画符号式的原始文字演变为殷商的甲骨文，到周的金文、秦的小篆、汉的隶书、章草，魏晋以后的楷书、行书、草书，书法家的流派异彩纷呈，书法艺术风貌千姿百态。

一、汉字

文字是记录和传达语言的书写符号，是交流思想、传播科学文化知识的重要工具。文字有三种类型：表形文字、表意文字、表音文字。现在世界上通行的文字有两大类：表音文字和表意文字。汉字是书写汉族人民语言的文字，是汉族人民在长期的劳动实践中创造出来的。汉字有如下特点。

① 它是世界上历史最悠久的文字，从近年考古资料上看，汉字的历史可逾六千年，且一直作为书面语来使用，生命力最强。

② 它是独立发展起来的文字，始初是象形文字，把音、形、义巧妙地结合起来，成为一个文字体系。

③ 汉字历史悠久，是非常宝贵的民族文化遗产，中华民族祖先创造的辉煌灿烂的古代东方文化，借助汉字得以保存下来，内容丰富，种类繁多。

④ 汉字是世界上使用人数最多的文字，汉字早已遍及五大洲，海外华侨走到哪里，汉字就传播到哪里。

⑤ 结构独特，“方块”型的汉字由图画发展而来，除了记录汉语外，还是世界上唯一可以作为艺术品欣赏的文化传播工具。

书画同源，书家与画家并重，汉字书法远涉重洋，驰誉海外，充分显示了汉字的特点与魅力。

汉字的造字方法归纳起来有 6 种：象形、指事、会意、形声、转注、假借。

象形就是用线条来描摹实物形状的造字法。清人朱骏声统计《说文解字》中，象形字有 364 个，“日”、“月” 就属象形字。

指事造字法用象征的符号来表示意义。该法分两类：一种是纯符号的，另一种是在象形字的基础上增加指事符号。朱骏声统计《说文解字》中，指事字有 125 个，“上”、“下”、“本” 等字皆属指事字。

会意字把两个或两个以上的字组合起来去表示一个意义。朱骏声统计《说文解字》中，会意字有 1167 个，“尘”、“明”、“林” 等属会意字。

形声字由形旁和声旁组合而成，形旁是表意成分，声旁是表音成分，主要有 6 种搭配方式：左形右声、左声右形、上形下声、上声下形、内形外声、内声外形。朱骏声统计《说文解字》中，形声字有 7697 个，现行汉字形声字占 90%，“描”、

“忠”、“珠”、“婆”、“问”等属形声字。

转注造字法是用一个形声字的引申义换了形旁另造一个形声字的造字法。“耙”、“靶”、“捡”、“挎”等字属转注字。

假借字是针对语言中某些词有音无字，而借用同音字或音近的字来表示的造字法。“求”、“功”、“峻”、“敢”等即属假借字。

二、书法源流

我国的书法是一门源远流长、丰富多彩的传统文字书写艺术，特指用毛笔写汉字。字体演变由繁到简，书法技巧和风格却越来越复杂多样。

现在常见的书体大致可分为篆、隶、楷、行、草五种。从形体来看，甲骨文、钟鼎文、大篆、小篆都属篆书一类。甲骨文是殷商时期出现的文字，因其刻在龟甲或兽骨上而称甲骨文，甲骨文被证明是商代从盘庚迁殷到被灭共8代12王273年间的卜辞。甲骨文的书法风格，可按5个时期划分：盘庚、武丁时期，大字气势雄伟、挺削峻厉，中、小字庄严瑰丽；祖庚、祖甲时期，工整谨饬、端凝秀雅；廪辛、康丁时期，草率颓废，常有讹误；武乙、文丁时期，粗犷疏厉，奇姿多变，劲峭纵逸；帝乙、帝辛时期，大字丰茂峻伟，小字秀丽晶莹，似蝇头小楷。

大篆也称籀文，是公元前9～8世纪产生的字体。书法特点是线条化和匀圆整齐化，字形大小整齐。小篆本来是篆文，汉代人把它叫做小篆或秦篆。公元前221年丞相李斯和赵高、胡毋敬一起将六国文字收集整理颁布全国，是为最终定型。书法特点是笔画均为婉曲与平直的单线，粗细基本不变，一般较圆浑，笔画间空距非常匀称，字形狭长，上半部较紧，下部分舒展，具有柔中寓刚，爽朗峻健的气势。

李斯相传被称为篆书第一人，行笔圆转，线条匀净，刚健流美，挺然秀出，有代表碑刻《峄山碑》；唐朝篆书最有成就的是李阳冰，被誉为李斯之后第一人。阳冰篆书笔画规整婉曲，从玉箸变化为铁线，活泼飞动，传世碑刻有《怡亭铭》、《般若台题铭》等；宋代写篆书的人很多，著名的有徐铉、徐锴，作品有《宋拓许真人井铭》、《南京二徐题名》等；元人能写篆书的也不少，且各有特色；明人篆书无突出成就，流传很少；清代篆书经历了摹古、创新、发展三个阶段，清初的篆书家都宗法李阳冰、王澍、钱坫、陈潮等人，成就突出，名家辈出，各成一派；清代中叶以后，以长锋羊毫作篆，形成流利奔放的风格，代表是邓石如等人，清代晚期是篆书辉煌灿烂时期，形态变化多端，呈丰富多彩局面，此时名家有陈介祺、赵之谦等人。

隶书分古、今二隶。古隶称左书和秦隶，今隶又称汉隶。今隶由古隶演变而成。隶书相传由当时的狱吏程邈搜集、整理简化而成，因当时办理公文的小官叫“徒隶”，所以人们把这种字体叫“隶书”，其实隶书是民间创造出来的字体，早在六国时期就已萌芽，兴于秦，经两汉、三国发展演化至西晋基本定型。

西汉的隶书还带有秦隶的遗意，笔势敛束无波。东汉后期，隶书趋于正整精巧，多棱角，结体扁平，笔势舒展，带有波势挑法，此时的蔡邕所写的《熹平石经》是汉隶的代表和楷模。晋唐以后，隶书用笔结体富于变化，风格多样，艺术性强。至今，隶书一直为众多人士所喜爱。

楷书即真书（正书），汉代曾叫“楷隶”或“今隶”。相传楷书由王次仲始创，但无实证可考。汉字由隶书变成楷书主要是受了草书的影响，利用草书流转的笔势，去掉隶书的波势挑法，并适当地加以简化，就成了楷书。楷书萌芽于西汉宣帝时期，到东汉末期日趋成熟，魏晋以后成为汉字的正规字体。现存古代最早的正楷作品为三国魏人钟繇所写；西晋人陆机的《平复贴》字形朴质，带有章草的笔法，也是我国流传最久远的书家墨迹。东晋王羲之发展了楷书的写法，完全不隶意，楷书才流行于世。因南北朝对立局面的形成，书法有了南派与北派之分，南派代表有卫铄、王羲之、王献之等人，其楷书笔画遒美清丽、字势雄强、结构严谨，北派代表有索靖、郑道昭等人，南北派各有所长；唐代楷书规范化了，艺术水平很高，成为汉字的正体，起着承前启后的作用，初唐的代表书法家是欧阳洵、虞世南等人，唐中叶的代表是徐浩、李邕等人，晚唐中叶的代表是颜真卿、柳公权，其楷书被称为“颜柳”流派。此外，宋、元、明代的书法家也很有成就。

行书始于东汉末年，为颍川人刘德升所创。行书介于楷书和草书之间，变化多，伸缩性较大，特点是行笔而不停，着纸而不刻，轻转而重按，如行云流水，很少间断。晋代是行书的繁荣时期，名家很多。王羲之的《兰亭集序》被称为天下第一行书。

草书包括章草、今草。早期的草书是章草，是由草隶发展而成的一种字体，属隶书的草写。对于草书起源，说法很多，较统一的说法是：源于秦末汉初，盛行于汉魏西晋，是为了便捷，在隶书的基础上，加以改进简化草写而成的。特点是字字独立，字内常有连笔，一篇之中每个字的大小基本相同，上下字间不相连带，与今草数字相连的一笔书迥异，代表书法家是张芝。今草就是东汉魏晋、隋唐以后直到现在通行的草书，张芝始创。枝分派衍，发展成三种不同的风格：张芝、张旭、怀素的草书属于大草、狂草一派；王羲之、王献之父子一派多为行草书，妍美流畅、潇洒秀丽、笔断意连、烟霏露结、字势雄强、英俊豪迈、古雅清新、遒健多姿；智永《千字文》、孙过庭《书谱》一派草书极有规矩，字字区分，全不做连绵体势。

草书的特点是笔从曲处还求直，意到圆时更觉方。草书贵在流畅，着纸沉着痛快，纯任自然，无拘无束，字形结构上追求严谨，不可失去重心。章法布白要丰富多彩，疏密得当，大小适宜，映带呼应，筋脉相连，参差错落，达到浑然一体的艺术境界。

任何种类的艺术，都是一定的社会生活反映的产物。书是取法于自然的，自然生阴阳，因此书法中包含着动静、刚柔、舒敛、虚实等阴阳的对立统一。形是静止的，势是活动的，形是由变化往来的势交织构成的，形和势的对立统一造成了各种各样的复杂形态和变化不拘的活泼精神。

任何一种书法作品，都具备两点：一是线条要有美感，点画形态要生动，这就是所说的精美出于挥毫；二是结构要优美多姿，情趣天成，这就是所说的巧妙在于布白，名家大师之所以成为书法艺术大家，正是因为“挥毫”都很精美，“布白”

各有巧妙；再就是渗情入法，法渗于情，书法者要有高的艺术修养和道德修养，具有字外之功，只有如此，方能出神入化。

三、文房四宝

古人云："工欲善其事，必先利其器。"学习书法，要选择好工具——笔、墨、纸、砚，这四样工具被称为文房四宝。

笔（毛笔）：我国早在五六千年以前就有了毛笔的雏形，秦始皇统一六国后，始称笔。就毛笔的原料和性能划分，有刚、柔、中3类，笔中的珍品首推湖笔。一支好毛笔要具备"尖、齐、圆、健"四个条件，从用途上看，有小楷笔、中楷笔、大楷笔、提笔、斗毛、棕笔等。笔在使用和保管上也有讲究。

墨：后汉始用墨石磨汁，叫"石墨"，到南唐始以松烟制墨。常见的有"松烟墨"、"油烟墨"、"油松墨"三种。辨别墨的好坏，主要是看它的墨色，以黝墨而发紫光的为最佳，安徽省徽州产的"徽墨"最好，驰名中外。

纸：是中国最早发明的，有近两千年的历史。中国书画所专用的纸叫"宣纸"。"宣纸"产于安徽省泾县，泾县古属宣州，"宣纸"故名，特点是纹理纯净，质地绵韧，颜色白雅，润墨性强，不蛀不腐，搓折无损。宣纸有生、熟、半熟三种，生宣适用于书法，熟宣适用于工笔画，半熟宣适用于国画上的兼工（笔）带写（意）。

砚：也叫"砚台"、"砚池"、"砚田"，最大的又称"墨海"。砚有"秦砖"、"汉瓦"、玉砚、石砚等多种之分，以广东肇庆东郊端溪产的"端砚"、江西婺源龙尾山产的"歙砚"（"龙尾砚"）、甘肃藏族自治州临潭县产的"洮砚"、山西绛州产的"澄泥砚"、山东产的鲁砚最为著名，其中"端砚"居群砚之首，为最佳。这些砚的共同特点是质地坚实润滑，纹理细密，发墨快，磨墨细，研墨不滞不滑，贮墨不干涸。砚的形状有方、圆、长方等。砚的使用也有讲究。

第二节　传统绘画艺术

中国素有书画同源之说，甲骨文、钟鼎文往往象形类通，此为起源至汉隶，魏晋、北魏、隋唐而一变，书画分途，艺术各异。唐宋传统，用色彩线条，造型甚工。到了明代，书法有狂草，绘画有水墨大写意，艺术思潮发生了变化，书画两者又有了共同点。

原始社会时期彩陶上画有互相追逐的鱼、跳跃的鹿，还有模拟船形的陶壶、舞蹈纹盆，我们不难看出，那时的人们已经具有相当高的审美意趣，有情节、有构图、有意境的画面令人惊叹。

奴隶社会的青铜器、玉器、象牙雕刻和白陶，图案细密美丽，布局严谨整齐，给人以"镂金错彩、雕缋满眼"的美的感受。如《水陆攻战船图》、《夔风美女》等作品，形象生动，既表现了生活的理想，又表现了浪漫的幻想。从画中还可以看到想象和概括、夸张和变形这些艺术手法，特别是以线条作为主要的造型手段，为我国绘画史勾勒上了重重的一笔。

秦汉时代，雕塑丰富，题材广泛；绘画手法多样，线条成为造型的基础，题材包罗社会生活的各个方面。秦兵马俑、西汉帛画、人物御龙帛画等作品线条更流动，色彩更丰富，情感更复杂，形象更生动，是绘画技巧大发展的一个历史阶段。

三国以后是绘画新时代，专业画家登上历史舞台，佛教艺术的绘画、雕刻、规模成就巨大，内容极其丰富，人们深为那些绘画中的生动形象所吸引，以至到那里追寻古风，从画艺中陶冶自己的艺术情操。

六朝出现一大批专业画家，他们从内容到形式进行了多方面的探索。曹不兴是此间画家之中享有盛名的第一人，是中国佛像画的始祖；卫协是绘画变革中的代表人物；顾恺之是曹、卫以后第一流大画家。之后的陆探微、张僧繇尤为突出，其特色与贡献是正式以书法入画，张僧繇的第一贡献是创造了"没骨"画法，在中国画上运用晕染方法，增加了色彩表现效果。

南北朝时代，南北画风不同，画家曹仲达的画法是融合中印度笈多式雕刻形式创造出来的，这与曹不兴的风格有明显区别。直到隋统一后，阎立本到荆州看张僧繇的画，经过三次观察才把张氏画的特点抓住，南北风格的混合统一，经历了一段过程。

魏晋南北朝的绘画作品受佛教艺术的影响较大。

隋唐，美术达到了空前繁荣，表现了现实主义实质，其手法也是高度现实主义的，山水画大青大绿，富丽鲜艳；人物画精工华艳，满壁风动；宗教画不再是"苦难的呻吟"，而是"极乐世界"；《西方净土》花团锦簇，《昭陵六骏》气魄壮伟，唐三彩雄浑绚烂。出现了一大批绘画艺术家，仅文人士大夫画家就有200多人，优秀作品丰富多彩，有展子虔的《游春图卷》、阎立本的《步辇图》、张萱的《虢国夫人游春图》、周昉的《簪花仕女图》等作品。

五代两宋时期，现实主义艺术传统力量强大，美术继续向前发展，山水、花鸟画成就尤为突出，工艺美术也普遍发展，人物画代表有顾闳中与他的《韩熙载夜宴图》、周文矩和他的《重屏会棋图》等。花鸟画方面，黄筌的《珍禽图》临摹动态极其细致有力。

北宋中期，喜欢"刻实"的画风，追尚"清新"的美感。代表有李公麟的《放牧图》、张择端的《清明上河图》、米友仁的《潇湘奇观图》等。李唐、刘松年、马远、夏圭等人的绘画艺术形成了自己的派别，其特点一是突破了水墨的技法，二是富有革新的布局，代表有马远的《踏歌图》等；画家梁楷创作了"减笔"的画风，笔简意深。赵孟坚的《墨兰图》娟秀而清高。

元朝画家把宋代的文人画推向高峰，发展为空灵的元画风格。画家们多以枯笔干墨作画，因此形成了黄公望的苍凉风格、吴镇的旷逸景色。倪云林的画风以"天真幽淡为宗"；王蒙以繁密为基本格调；王冕的梅花则画得孤傲倔强。元代画家中的主力赵子昂主张作画贵在古意，对当时的绘画起了推陈出新的重要作用，对明代美术的影响很大。

明代因为朱元璋的高压政策，现实主义传统受挫折。前期画风追随南宋的院体画，代表有戴进、吴伟、吕纪、边文进等人；明代后期，无论哪个派别的画家都没成为画坛中的前进力量，版画插图却因人物画家陈洪绶和崔子忠的贡献，有了较大发展。明末清初，在新领域开拓的画家们探索新题材和新的表现手法，代表有徐渭、陈道复、周之冕的花卉，几笔勾画驴腿的徐渭《驴背寻诗图》等，从而使画坛有了进展。

清朝，画家追求个性解放，绘画、版画、工艺美术发展较快，著名画家有八大山人、石涛、扬州八怪等。石涛的画通俗豪放见功力；八大山人的画笔墨简括，形象夸张；张仁的画以情见长；恽寿平的花卉色调清新；金农、李鲜、郑板桥、罗聘、黄慎等书画家如同幽兰秋菊，群芳竞秀。

中国绘画，源远流长，派别林立，博大精深，这里无法细说，不能一一列举，只是给大家做一个大概的简介。爱好者可继续深入去探索，去发现，去研究。

第三节　中国传统音乐艺术

中国民族音乐的产生和发展经过了漫长的历史。各种类型的音乐形式在各个历史阶段存在和延续的时间，有先有后，有长有短，历史发展很不平衡，相互之间有着错综复杂的关系。

一、隋朝以前的音乐

我国第一部歌词总集——《诗经》中的“国风”，典型地反映了周代民歌特征，这种民歌一直延续到春秋中朝，流传的地域大约在现今的陕西、山西、河南、湖北等广大地区。“国风”的形式多种多样，有后来称为山歌、号子、夯歌的形式，还有领唱与帮腔的形式等。“国风”的曲式比较简单，各种形式的民歌在演唱时大都没有乐器伴奏，有时是用简陋的打击乐器伴奏的，伴奏音乐才日益丰富起来的，歌曲只有后来进入宫廷的一小部分。

战国时期流行的“楚声”，发展成为一种具有较高艺术水平的音乐，对后来的西汉音乐有重要的影响。

自西周兴起，春秋战国盛行并延续到秦汉之际的“钟鼓乐”，是一种以编钟与建鼓为主要乐器的大型管弦乐队。曾侯乙钟继承了西周以来编钟的传统音乐而又有所发展，其音域已扩展到 5 个八度，其中 3 个八度的中部音区又配有 3 套音列大致相似的编钟，形成三个重叠的声部，而且几乎 12 个半音俱全，可以奏出完整的五声、六声、七声音阶的乐曲。

到了汉末三国之际，民族乐器有了长足的发展，如《相和歌》的伴奏乐队已由笛、笙、节鼓、琴、瑟、筝、琵琶等乐器组成；汉末乐曲《广陵散》的琴曲历经唐、宋、元、明各代一直保存至今，是一首大型乐曲，同时也是琴的独奏曲，无论在结构布局、主题发展手法、调性调式安排方面，还是在塑造音乐形象方面，在当时的世界音乐艺术领域都是十分杰出的。

二、隋唐时期的音乐

隋朝的建立，结束了魏晋以来大动乱的局面，统一了中国；唐帝国的建立，长期的统一和稳定，使经济达到空前的发展和繁荣，国力强盛，遂形成从唐太宗到唐玄宗的“盛世”局面。在宗教、文化、艺术方面，由于唐代统治者采取兼收并蓄的政策，各族文化、中外文化之间的交流活动日益频繁。

在这大背景下，中国各族人民共同创造了光辉灿烂的隋唐文化，促使文化艺术发展到一个新的高峰，“燕乐”的兴起和繁盛就是主要标志之一。这时流行的“曲子”、“变文”，无论在当时还是对后世都具有相当的影响。曲子兴于隋，至唐稍盛。其歌词作者有乐工、歌伎，也有文人、僧人和贵族。歌词形式有固有的五言、七言，更出现了长短句。其结构多为单段的，也有多段词共用一个曲调的。

伴随着音乐实践的发展，在音乐理论上提出了“八十四调”；产生了“燕乐二十八调”；涌现出《乐书要录》等一大批音乐专著；在记谱法上，出现了“工尺谱”和“减字谱”。

“燕乐”在周代以来的宫廷音乐中即已存在，属雅乐之一部，隋唐燕乐的性质则不同，是“合胡部为燕乐”，即对汉族俗乐、少数民族音乐和外国音乐的总称，是相对于雅乐而言的一种宫廷音乐。公元640年唐太宗统一高昌（今新疆吐鲁番），增高昌伎成唐“十部乐”，包括燕乐、天竺乐（印度）、高丽乐（朝鲜）、清商乐、西凉乐、高昌乐、龟兹乐、疏勒乐、康国乐、安国乐。十部乐外，尚有扶南（柬埔寨）、百济（朝鲜半岛古国）、突厥（6世纪时阿乐泰山以南的游牧部落）、南昭（中国西南古国）、倭国（日本）、骠国（缅甸）等多部伎乐。

在唐代燕乐中，“唐代大曲”占有极为重要的地位。大曲是在继承了汉魏的相和大曲、清商大曲的传统基础上，融合外来音乐创造性地发展成具有高度艺术水平的含有器乐、声乐和舞蹈的大型歌舞音乐。唐代大曲创作以《秦王破阵乐》、《霓裳羽衣》最为著名，形成了我国歌舞音乐的全盛时期。

从现存传谱唐代著名歌曲《阳关三叠》中，可见一些唐代抒情歌曲的风貌。其歌词是唐代诗人王维的七言律诗《送元二使安西》，因诗中“阳关”与“渭城”两地名，故称《阳关曲》或《渭城曲》；又因其音乐有三叠（反复唱三遍），故称《阳关三叠》。此歌尽抒离别之情，传唱最久的一首歌曲，堪称古代音乐之珍品。

经西域龟兹传入中原的“胡琵琶”，在隋唐广泛流行，演奏技法逐渐发展和丰富。唐代诗人白居易所作《琵琶行》一诗，曾对当时琵琶的高超表演和演奏技法作了精彩的描述。

唐代除琵琶音乐最突出外，羯鼓艺术也发展到高峰。唐玄宗曾将羯鼓艺术誉为“八音之领袖”。当时不仅涌现了一批技艺高超的羯鼓名手，而且出现了成套的羯鼓独奏曲，标志着羯鼓音乐在节奏、力度与音色等方面都已有了相当高的艺术表现力。

三、宋、元、明音乐

宋代的建立，结束了长达半个世纪之久的五代十国的割据动乱局面，中国归于统一。

宋以来随着市民音乐的崛起，宫廷音乐每况愈下，城市音乐生活中出现了新型的固定娱乐场所，尤在大城市中的音乐活动异常活跃，促使各种音乐艺术形式获得了发展。

“宋词”（或称“小唱”）是在隋唐“曲子”的基础上出现的一种新的艺术形式，受到市民、文人、士大夫的普遍爱好。其创作往往是倚声填词，即按流行的曲调填词。“宋词”因文人的参与，文学水平相当高，成为音乐与文学高度结合的艺术品种之一。不少文人为曲子填词而成为著名词人，有的人更善创新曲。

明代，民歌小曲获得了空前的发展，成为明代音乐的一大特点。这些富有生命力、受到群众欢迎的民歌小曲曾被明清一些文人所收集、刊印，供人习唱。明清民歌小曲因地域、习俗、语言的不同，形成多姿多彩的风格和特色。在内容上有不少反映追求自由和个性解放、反对阶级压迫的思想，而具有反封建的民主倾向；有的则是真挚、纯朴的情歌，因之遭到统治者的镇压，直到清代，律典中还有针对民歌小曲的规定和禁止的法令。

北宋杂剧的兴起标志着中国戏曲艺术的初步形成。初时其“正杂剧”是杂剧的主体，表演的是有完整情节的故事。于是一种有表演、有歌唱、有器乐、有化妆、有舞蹈、有情节的综合性艺术品种形成了。元时，这种新兴的戏曲艺术获得重大发展，并趋于成熟，此后，南北曲音乐系统的形成影响甚为深远。

宋、元时期的器乐比前代有重要的发展，首先表现在弓弦乐器“奚琴”的演奏技艺明显进步、“胡琴”的出现以及琵琶的改革，其次是器曲创作的发展，为民间器乐合奏形式的多样化。

宋、元、明时期音乐理论上最大的成果就是发明了“十二平均律”。

四、清代音乐和西洋音乐的传入

进入19世纪，中国的封建专制统治盛极而衰，与东方各国同样面临着西方资本主义国家殖民侵略的威胁，1840年的“鸦片战争”轰开了中国封闭的大门，使中国沦为半殖民地半封建社会。太平天国运动在阻止列强使中国殖民地化图谋的同时，中国旧民主主义革命的序幕也随之被揭开了。

明清以后，南方花灯戏、花鼓戏、滩簧和北方的秧歌、二人台、二人转等大量小戏与“弹词”、“鼓词”、“牌子曲”、“道情”、“琴书”等说唱风行一时；鼓吹、十番、弦索、冀中管乐、西安鼓乐、福建南音、山西八大套、潮州音乐等器乐合奏艺术百花争艳；琵琶演奏名手频出；四大徽班（三庆、四喜、春台、和春四戏班）进京，逐渐形成“京剧”；明万历年间意大利传教士利马窦来华进献西洋古钢琴，滞留期间还著有介绍西洋音乐的著作《西琴曲意》；清康熙年间聘请西方传教士在宫廷中讲授西洋音乐……1840年鸦片战争后，大量西方传教士涌入中国，移居来华的欧洲侨民增多，特别是教会学校的兴办，为西洋音乐的普及和影响的扩大创造了条件。

在传教士创办的教会学校中普遍开设了传授西洋音乐知识的课程，有的还设置了专修音乐的“琴科”，当然这一切都是以服从教会需要为前提的，但也应看到，通过教会的音乐活动，传播了一些西洋音乐知识，也造就了一些掌握西洋音乐的人才，对我国近代初期音乐的形成起了一定的积极作用。

五、近、现代音乐

19 世纪末变法维新的领袖之一梁启超曾愤言“举国无一人能谱新乐，实为社会之羞也”，可见中西音乐文化之间的落差之大。故而学习西洋音乐，成了当时中国音乐的唯一出路，于是在 20 世纪初清王朝行将覆灭之时的中国大地上，伴随着“新学”的兴起，出现了一种前所未有的中国音乐——“学堂乐歌”。从而揭开了从传统音乐向现代音乐转型的历史进程。

中国的近代音乐是从“唱歌课”开始，实施新型的国民教育。在近代音乐教育先驱沈心之、李叔同等人以从日本传来的西文音乐曲调填词为歌，为己所用。出现了很多有着富国强兵、抵御外侮、男女平等、学习欧美科学文明、反对封建迷信、洋溢爱国主义热情、号召民众觉醒的歌词，如《工农兵歌》、《国民革命歌》等。

在新文化运动的影响下，在蔡元培先生“以美育代宗教”的主张下，一些新的音乐社团相继成立，上海、北京逐步建立了音乐师范和专修学校；从德国留学归来的萧友梅先生在蔡元培大力支持下，于 1927 年在上海创建了中国第一所现代高等音乐学府——“国立音乐院”。这些音乐专业教育机构的建成，为中国培养了一大批音乐人才，促进了向现代音乐的转型。

在国立音乐院成立不到 5 年，日本帝国主义悍然发动了侵华战争。在国难当头的严峻形势下，随着抗日救亡运动的蓬勃展开，一场较之“学堂乐歌运动”更为壮阔的左翼音乐“抗日救亡之歌咏运动”在中国共产党的领导下席卷大地，音乐院的师生在黄自的率领下唱出校门募捐演出。抗日救亡歌咏运动中涌现出的杰出代表聂耳创作了《毕业歌》、《铁蹄下的歌女》、《义勇军进行曲》、《开路先锋》、《大路歌》等诸多电影、话剧歌曲，和在全国范围内产生巨大影响的多首歌曲，其创作开一代乐风，创形式之先，体现了在无产阶级世界观指导下的中国音乐的方向和道路。1935 年 4 月为躲避反动当局的缉捕他远赴日本，7 月 17 日游泳时不幸溺水而逝，年仅 24 岁。

在聂耳逝世后不久，从法国回归祖国、投身于民族解放斗争中的冼星海举起了聂耳的旗帜，成为中国新兴的无产阶级革命音乐的又一个领头人，创作了《救国军歌》、《只怕不抵抗》、《在太行山上》、《到敌人后方去》、《黄河大合唱》、《民族解放交响曲》等多种题材和体裁的优秀作品，从而形成了更加民族化、艺术化和大众化的创作风格。

在抗日救亡歌咏运动期间，还涌现出一大批歌曲作曲家和作品，如任光的《渔光曲》、麦新的《大刀进行曲》、孙慎的《救亡进行曲》、阎述诗的《五月的鲜花》、张寒晖的《松花江上》、吕骥的《抗日军政大学校歌》、贺绿汀的《游击队歌》和《嘉陵江上》、夏之秋的《思乡曲》等，成为我国歌曲创作中的经典之作。

在20世纪初，只有向西方学习才能实现中国自由富强的梦想，也是中国唯一的出路。但是，西方呈崩溃状态的经济大危机引发了第一次世界大战，使中国人民对西方资本主义产生了疑虑。俄国十月革命的胜利和世界上第一个社会主义国家的建立，使中国的知识分子看到了中国发展道路的另一种选择，于是，1921年成立了中国共产党，工农运动随之而起。

1942年，在旧民主主义与新民主主义文艺实践的基础上，在抗日民主根据地延安召开了文艺座谈会。会上，毛泽东发表了著名的《在延安文艺座谈会上的讲话》，第一次全面系统地为中国的新文艺指出了明确的方向。音乐工作者纷纷深入工农兵、深入生活。

1943年春节前，鲁迅艺术学院组织秧歌队演出了新秧歌《拥军花鼓》，在延安掀起了一场规模宏大的群众性新秧歌运动，不仅使旧秧歌得以彻底改造，而且还产生了如《兄妹开荒》、《夫妻识字》等众多的秧歌剧。1945年4月，在延安成功上演的马可等人创作的歌剧《白毛女》，成为中国新歌剧的奠基之作，并对后来的新歌剧创作产生了深远的影响。

社会主义新中国成立后，毛泽东文艺思想成为中国文艺的主流，中国音乐事业在诸多领域取得了前所未有的成就，出现了一大批讴歌新生活、新社会的优秀之作。

首当其冲者当为声乐创作，虽然艺术歌曲创作的题材一度局限于对新生活和社会主义建设成就的赞颂之中，但其体裁几乎涉及所有声乐的领域，既有群众歌曲，也有独唱曲、合唱、大合唱、组歌，风格多样，涌现出许多如美丽其格的《草原上升起不落的太阳》、吕远的《克拉玛依之歌》、秦咏的《我为祖国献石油》、生茂的《马儿啊，你慢些走》、朱践耳的《唱支山歌给党听》之类的优秀作品；其二，在20世纪50年代才得以创建的交响音乐方面，得到了长足发展，如管弦乐组曲《春节》（李焕之）、《长征交响曲》（丁善德）、驰名中外的小提琴协奏曲《梁山伯与祝英台》（何占豪、陈钢）等；其三，在歌舞音乐上，以集歌、舞、诗、管弦乐于一身的《东方红》大型歌舞著称于世，似乎是古代"乐舞"在新时代的再现。

"文化大革命"时期虽然受到极"左"思潮的影响，音乐创作上并不是"空白"，包括语录歌、钢琴伴奏现代京剧。群众的参与活动数量之大，不可小视。

20世纪70年代末，以实践是检验真理的唯一标准的大讨论为起点，掀起一场思想解放运动，开创了社会主义现代化建设的新时期，音乐艺术出现了新潮音乐与流行音乐的两大潮流。

20世纪80年代以来，由于政治经济上的改革开放，文化上的禁锢被解除，国门大开，港台通俗音乐一拥而进，形成热潮。接着，欧美各种通俗音乐也蜂拥而入，一时间铺天盖地，精华与糟粕并存，引起许多人的不安与争论，国内音乐界人士对声乐技巧、无拘无束的演出格局非常反感，唯敏感、热情的青年人多为之倾倒，甚至发狂，产生了强烈的共鸣。

近年来，通俗歌曲演唱方法参加各种级别的大奖赛、各种形式的音乐会，以及成千上万通俗唱法的磁带、录像带、光盘裹挟着强烈的热浪，洗刷、冲击着人们的思维定势，崔健的《一无所有》将封建、封闭、苦涩、压制等绑在中国国民身上几千年的桎梏一扫而光，使原来不习惯的人，也逐渐习惯并接受和参与到这种现代科技文明所达到的灯、光、影之中。随之中国大地上又刮起了强烈的“西北风”，通俗音乐从自我陶醉、自我情调走进了关注和平、关注生存、关注人类的命运、关注国际政治的大舞台，它无情地冲撞着庄严、神圣的传统音乐，终于从20世纪80年代开始与美声、民族唱法分庭抗礼，在国内声乐领域形成了“三足鼎立”的局面。

通观近、现代中国音乐实践，在中国文艺思潮中出现了4次高峰。第一次是以资产阶级民主主义思想为主流的民主主义音乐的张扬；第二次是以1942年毛泽东《在延安文艺座谈会上的讲话》为标志，中国化的马克思主义文艺思想的产生，新中国成立后成为中国文艺的主流形态；第三次是1956年在基本完成社会主义改造的情况下，为突破苏联模式，探索符合中国国情的适合自己的文艺道路，在总结近百年文艺历史经验教训和根据当时出现的新情况的基础上，毛泽东提出并确立了“百花齐放，百家争鸣”这一繁荣社会主义文艺的基本方法；第四次是邓小平纠正了“文化大革命”时期中的极“左”文艺路线，进入社会主义现代化建设新时期，以其1979年在中国文学艺术工作者第四次代表大会上的“祝辞”为转折，中国音乐出现蓬勃发展的新势头。

第四节　传统舞蹈艺术

人类社会的一切物质和精神的财富，都是劳动创造的，舞蹈艺术也是劳动创造的。

舞蹈是通过有节奏的，经过提炼和组织的人体动作和造型，来表达一定的思想感情的艺术。《礼记·乐记》中说：“凡音之起，由人心生也，人心之动，物使之然也。感于物而动，故形于声；声相应，故生变；变成方，谓之音；比音而乐之，及干戚羽旄，谓之乐。”大意是：音是发自人的内心，人心的感动是由外界事物引起的。外界事物激动了人心，于是用“声”表现出来，“声”在相互应和之中，显示出有变化，有规律的“声”，就叫做“音”（乐），把音（乐）演奏起来，再拿着干（盾）、戚（斧）、羽（鸟羽）、旄（牛尾）跳起舞来，就叫做“乐”。古人所谓的“乐”，均指乐舞。

一、中国传统舞蹈的历史发展与沿革

1. 原始社会的舞蹈

原始社会没有阶级、没有剥削，人们群居生活，共同劳动。在劳动中，产生了最古老的表现劳动生活的舞蹈。

相传远古阴康氏时，洪水泛滥，“水道壅塞，不行其原”，人们受了阴冷潮湿，“筋骨瑟缩不达”，于是，创造了一种舞蹈让人们跳，伸展人们的筋骨，使人恢复健康（《吕氏春秋·古乐篇》、《路史》）。这种舞蹈起到了锻炼身体的作用。其实，我

国传统的舞蹈与既练武艺，又练身体的武术关系密切，此舞蹈是直接从武术发展演变而来的。各种武术有许多优美的舞蹈自不必说，如《剑器舞》，从实战的击剑到艺术变化的剑舞是一脉相承的，这样的例子很多，传说中阴康氏时的舞就是从人类与自然搏斗中产生健身舞。

人们狩猎归来，为猎获了食物和遮身的兽皮而欢乐。他们聚集在一起，有轻有重地敲击着类似磬一样的石器，有节奏地表现狩猎的情景。这就是古老的狩猎舞。

古代的“百兽率舞”不仅是欢庆胜利和狩猎生活的再现，同时也是年长的人向青年人们传授生产知识，教他们如何识别、捕捉鸟兽的反映。经过世代相传、创新，我国各族都有丰富多彩、形象生动表现各种鸟兽的舞蹈。

原始社会各氏族之间有时会发生战争，由此便有了表现战阵生活的舞蹈。

处于原始公社时期的人类，已产生了原始宗教的概念，他们以假设的动物或其他自然物为祖先，作为崇拜对象和本氏族的图腾，形成代表性的乐舞，用以歌颂氏族的英雄或祭祀天地祖先，形成了反映宗教活动的祭祀舞蹈。相传慕名的有《云门》、《大章》、《咸池》。其中《韶》是很著名的乐舞，表现的是庆祝禹治水的胜利和歌颂舜的贤德，举行了盛大的集会，舜把首领的权力交给了禹。约公元前517年左右孔丘到齐国听到《韶》，三月不知肉味，说：想不到《韶》乐感动人竟达到如此境界（《论语·述而七》）。

原始社会的舞蹈，大都没有确实的记载可考，我们只能通过古代的神话传说找出一些符合社会发展规律的合理内容，去做分析与研究。总之，原始舞蹈都与人类的劳动、战争、祭祀活动密切相关，是生活的直接反映。

2. 奴隶社会的舞蹈

禹以前的氏族领袖都是由选举产生的，自从禹传位给儿子启以后，就开始了我们古代史上“家天下”的局面，已进入了奴隶社会。历经商、西周以及春秋，奴隶社会时期逾1600年。

古时候，人类对自然界许多现象无法理解，认为冥冥之中，有神在主宰着一切，因此在遇到灾难或疑难时，就要去问神，求神的保佑。最早从事这种祭祀占卜活动的人叫“巫”，人们迷信巫能通神，巫成了神的化身和代言人。“巫”在进行巫术活动时，要以歌舞娱神，我们把这种舞蹈叫做《巫舞》。

商代的统治是神权的统治，但随着社会的进展，娱神的《巫舞》逐渐成了不仅娱神，同时也娱人的舞蹈。巫舞娱人在后世逐渐发展，人们越来越不相信巫能通神的鬼话。唐代王维《祠鱼山神女歌·迎神》诗云：人们在忙着迎神歌舞，但连他们自己也怀疑神是否真的会来。

《巫舞》保存下一些成为民间传统的舞蹈，如东北的《单鼓舞》（也叫《太平鼓》），在长期的发展中，逐渐成为节日里跳的民间舞蹈。

由自娱自发性群舞，发展成娱人，表演的乐舞，是舞蹈逐渐进入表演艺术领域的标志。专供奴隶主享乐的乐舞艺人是乐舞奴隶，是推动舞蹈发展的重要力量。

相传夏朝的末代统治者——桀，有女乐三万（这个数字可能有些夸张），表演起来声音很大，传得很远；商代最后一个统治者——纣，“使师涓作新声，北里之舞，靡靡之乐”，为了享乐加紧搜刮剥削奴隶，纵情声色，挥霍无度。这时的乐舞为了迎合奴隶主的欣赏趣味，已注入了某些不健康的色彩。后世形容不健康的、色情的音乐为“靡靡之音”，大约由此而起。由于统治阶级对乐舞享乐要求的提高，在表演技术上可能也有所提高和创新。

和那些制造了精美的青铜器的奴隶一样，乐舞奴隶创造了美丽的歌舞，供奴隶主享乐，奴隶主幻想着死后到另外一个世界也还要继续享乐，便杀死大量奴隶去殉葬。1950 年在河南安阳武官村发掘出一座商代奴隶主贵族大墓，在椁室西侧，就发现了女性骨架 24 具，其中有乐舞奴隶。

大约在公元前 1027 年，建立了强盛的奴隶制国家——西周。周公旦为了巩固自己的统治，极力加强等级观念，制定礼乐（舞）制度，集中、整理、增删了前代各氏族具有代表性的乐舞，用于祭祀天地祖先、朝贺等大典。

古代著名的《六舞》、《小舞》相传都是周初确立的礼仪祭祀乐舞。《六舞》是：一是《云门》，相传是黄帝时的乐舞，周代用于祭祀天神；二是《咸池》，相传是尧修订黄帝时的乐舞，周代用于祭地神；三是《大韶》，相传是舜时代的乐舞，周代用于祭祀四望（即四方神，亦说祭日、月、星、海）；四是《大夏》，相传是夏禹时的乐舞，周代用于祭祀山川；五是《大濩》，相传是商汤时的乐舞，周代用于祭祀先妣（女性祖先）；六是《大武》，相传是歌颂周武王伐纣的乐舞，用于祭祀先祖。《小舞》是西周贵族少年子弟跳的《羽舞》、《皇舞》、《旄舞》、《干舞》、《人舞》等祭祀舞。

周代宫廷还有《四裔乐》、民间散乐等各少数民族乐舞，每当新立皇帝，都要制礼作乐，编制《文舞》歌颂统治者的“文德”，编制《武舞》歌颂统治者的“武功”。随着公元前 770 年东周的建立（前期叫春秋，后期为战国），礼乐制度随之崩溃，清新活泼的民间歌舞却蓬勃地兴盛起来。

3. 春秋、战国时期的舞蹈

由于封建生产关系逐渐形成，解放了生产力，随着经济的发展，文化艺术呈现出空前繁荣的局面，西周的所谓“先王之乐”的舞蹈已不受人欢迎。而被称为“世俗之乐”，郑卫之间的民间歌舞，则逐渐兴盛起来。

《诗经·陈风》的《宛丘》与《东门之枌》生动地描写了陈国民间歌舞的情况：

你的身姿飘荡荡啊歌舞宛丘上/爱你想你情切切啊单思无指望/敲鼓击缶音乐起啊歌舞宛丘下/四季曼舞歌不尽啊鹭羽伞儿拿……（白晓颖译文）

东门有白榆/宛丘有柞树/树下翩翩舞/子仲好姑娘/晨光无限好/村南歌舞场/行乐懒纺织/婆娑舞一场/寻你心情急/群中穿行忙……（白晓颖译文）

楚国巫风盛行，伟大诗人屈原在楚国祭祀起乐歌的基础上，加工创作了《九歌》，在祭歌中都有描写爱情成分，是热情深挚的恋歌；《国殇》是一首悼祭卫国英雄的赞歌，写得慷慨悲壮，动人心魄；《礼魂》是描写祭礼结束时的歌舞场面，年轻美貌的巫女们，手拿鲜花相互传递，穿插在一起歌唱跳舞，当时在盛行巫风的楚国，祭祀歌舞已具有一定的艺术水平。

兴盛的民间歌舞，培养了不少优秀的歌舞艺人，当时歌舞艺人已成为穷人赖以为生的技艺。《史记·货殖列传》介绍，以美貌闻名的“赵女郑姬”长于修饰，会弹琴、善舞蹈，为了谋生，只要是富贵人家或各“国”君王的后宫，不论有多远都去，她们穿长袖舞衣，着轻便的舞鞋，踩着细步，飘曳长袖，以轻盈而富于表情的舞蹈卖艺（甚至卖身）。

“长袖善舞”是我国的传统。周代《人舞》的特点是舞袖。战国时，曳长袖而舞者形象在出土文物中已有不少，如洛阳金村古墓出土的战国玉雕舞女佩饰，两个舞人，穿长袖舞衣，细腰长裙，一手“托掌”，飞舞长袖于头上，一手“按掌”指垂长袖于腰侧，相对而舞，形象优美生动。

战乱频繁的春秋、战国时代，王室贵族把女乐当作寻欢作乐的工具，在争霸斗争中女乐成了他们互相赠送的礼物或政治斗争的牺牲品。《史记·秦本记》载：秦缪公三十四年（公元前626年），缪公为了战胜强邻西戎，采取离间戎王与贤人由余关系的手段，送去了女乐28人，诱使戎王沉溺于声色享乐之中，秦终于3年后打败了西戎。这些供皇室贵族享乐的歌舞艺人，在封建社会里，都是处于奴隶地位，任人买卖，赠送或处死。由于统治阶级享乐的需要，他们获得了提高舞蹈艺技的某些条件，正是这一大批专业歌舞艺人的创造，在一定程度上推动了我国古代舞蹈的发展。

春秋、战国时代民间歌舞的兴盛和各种歌舞艺人的创造，为汉代《百戏》及舞蹈的发展准备了条件。

4. 汉代的舞蹈

西汉王朝正处于封建社会的上升时期，国家统一，经济发达，国力强盛，人民生活比较安定，国内各族之间和国与国之间交往频繁，促使舞蹈艺术得到了充分的发展。

秦汉时代建立乐府，客观上对搜集、整理、提高民间乐舞起到了一定的推动作用。

汉代的《百戏》是深受人民喜爱的表演艺术形式。《盐铁论》提到民间好《百戏》，用“戏倡舞象”招待客人或取乐，甚至死了人办丧事也有“歌舞俳优”表演。《百戏》包括杂技、幻术、滑稽表演、音乐演奏、演唱、舞蹈等多种民间技艺的串演。张骞出使西域以后，西域的乐舞杂技传入中原，丰富了《百戏》的内容。在招待各民族及外国来宾的宴会上，经常举行规模盛大的《百戏》演出。其中《东海黄公》和《总会仙唱》比较著名。《东海黄公》演的是：东海人黄公有法术，去制服白虎，反而被老虎所杀。这个节目有一定的情节、人物，有类似武术或舞蹈的人虎相斗表演，内容有讽刺迷信思想的意味；《总会仙唱》是对前代《百兽率舞》传统舞蹈的继承，是模拟动物情态的舞蹈，是器乐演奏、歌唱、兽舞、幻术的综合串通。

《巴渝舞》是汉代著名的舞蹈。刘邦十分赞赏居住在四川一带勇敢善战的少数民族，他们喜欢唱歌跳舞，便命乐工学习了这种歌舞，由于人居住在巴渝地区，所以叫《巴渝舞》。

《七盘舞》是由一个编配了打击乐、吹奏乐、弹拨乐、弦乐等众多乐器表演的舞蹈。七盘分两行排列地上，还有一鼓放在盘前，舞者从盘上纵身飞跃而舞。

《盘鼓舞》是多种多样的，舞者有男有女，盘鼓多少不定，可能是依据舞者技巧的高低，作不同的安排。张衡《舞赋》："历七盘而纵蹑"，既要在盘鼓上腾踏纵跌，发出有节奏的鼓声，还要完成高难度的动作；既要有力度、柔度，更需要身体的控制能力。《盘鼓舞》是舞蹈与杂技的巧妙结合，也是我国古典舞蹈的一种风格。

《巾舞》也是汉代著名的舞蹈之一，特点是双手执长巾（绸）而舞，与今天的长绸舞相似。相传刘邦、项羽宴于鸿门，项庄舞剑欲杀刘邦，项伯也起舞以袖相隔，并说："公莫！"意思叫项庄不要杀刘邦。晋用《巾舞》表示项伯的舞袖。其实舞巾是我国民间固有的传统舞蹈。1949 年以后，舞蹈工作者在这种传统舞蹈的基础上，创作了红火热烈的《红绸舞》和优美多姿的《长绸舞》。

汉代的舞者需要从小进行严格的专业训练，舞蹈艺术已达到相当高度的水平，有下腰、舞袖和独打的舞步等技巧，并已懂得很好地控制呼吸，使腰肢达到了一定的力度和柔度。其中《巾舞》、《鱼舞》、《狮舞》、《孔雀舞》流传至今，并经改良加工成为现代民族舞蹈。

5. 两晋、南北朝的舞蹈

西晋灭吴结束了三国鼎立的局势，但中国统一不久，又进入了动荡不安的时期。汉族政治中心迁移到南方，其他民族大量涌入中原地区，先后形成了东晋和十六国、南朝和北朝的对峙局面。文化由于人口、民族的迁徙与杂居而交流频繁，形成了各民族乐舞大交流的形势。

当时颇有影响的龟兹（读作 qīu cí，今新疆库车一带）乐舞，大约是在公元 384 年吕光进入龟兹后传入中原的，由于它欢快的曲调和鲜明的节奏非常适于伴奏舞蹈，使得北周、北隋、唐时代的许多舞曲都采用了《龟兹乐》。此外，疏勒（今新疆喀什噶尔和疏勒一带）、安国（前苏联乌兹别克哈拉一带）、天竺（今印度）、高丽（今朝鲜）等地的乐舞也在这时期传入我国。

另一种影响较大的《西凉乐》也是在南北朝时期传入中原的。西凉在今甘肃一带，地处当时内地通往西域的交通通道，西凉地方的乐舞吸收了汉族、西域和其他民族地区（主要是龟兹）的成分，从而形成了自己的独特风格，从南北朝到隋、唐数百年间一直盛行不衰。

当时，江南民间歌舞十分兴盛。如浙江德清县南的前溪村就是艺人云集的地方，有几百户人家学习音乐，南朝乐舞艺人多出自那里，所以有"舞出前溪"的说法。《前溪舞》是以前溪村命名的，是一种舞姿轻盈柔婉的女子舞蹈。随着北方人的南迁，被带到江南的中原地区的传统乐舞《清商乐》融入了当地的民间乐舞后，将南方、北方的许多民间歌曲、配合舞蹈表演的乐曲、舞歌，如汉代的《巴渝舞》、《公莫舞》，三国时的《百舞》，晋朝的《明君舞》等都包容于《清商乐》之中，充分扩大了自身的内容。

6. 唐代的舞蹈

唐朝是古代舞蹈艺术高度发展的时期。

公元618元唐朝建立以后，国力日渐强盛、政治局势比较稳定，文化交流频繁，为各种艺术的繁盛创造了有利条件。

唐代宫廷设置了专事乐舞的机构——教坊（唐代管理宫廷乐舞的宫署，专管雅乐以外的音乐、歌唱、舞蹈、杂技等百戏的教习、排练和演出等事务）、梨园（玄宗时期训练歌舞艺人的机构）、太常寺（专管礼仪、祭祀、雅乐的机构），集中了大批优秀的民间艺人，培养了大批专业艺人。

唐继承了隋的乐舞，《九部乐》照样演出，直到贞观十一年至十六年（公元637～642年）才将隋代的《九部乐》增删为《十部乐》，即《燕乐》、《清乐》、《西凉乐》、《天竺乐》、《高丽乐》、《龟兹乐》、《安国乐》、《疏勒乐》、《康国乐》、《高昌乐》。这《十部乐》中只有《燕乐》和《清乐》是汉族乐舞，《燕乐》即宴乐，是举行宴会时表演的乐舞，其余八部都是来自中、外各地的民族民间乐舞。

此外还有《坐部伎》、《立部伎》，是以中原乐舞为基础，大量吸收融会中外各民族乐舞创制的新的乐舞节目。《坐部伎》规模小，人数少，舞蹈比较精致，表演者艺、技水平较高，在厅堂内演出；《立部伎》规模大，人数多，讲究排场气势雄伟，大都在“堂下”（可能在庭院广场）演出。

唐代经常在一般宴会或其他场合表演的小型舞蹈，分敏捷刚健的《健舞》和优美柔婉的《软舞》。

唐代的“歌舞大曲”是音乐、舞蹈、诗歌三者相结合的多段歌舞曲。开始是一段节奏自由的器乐演奏，叫“散序”；接着是慢板的歌唱（有时插入舞蹈），叫“中序”；最后是节奏急促起伏变化的舞曲，叫“入破”。

在大量的唐代舞蹈中，多是比较单纯、表现一定风格的舞蹈，另外还有一部分是歌、舞、戏相结合，表现一定人物和情节的歌舞戏，其中《大面》、《拨头》、《踏谣娘》是著名三个歌舞戏。

《大面》和《拨头》只有一个人物，情节比较简单，还不算完整。《踏谣娘》则比较完整。相传隋末有个姓苏的男子无官职，自号郎中（中宫名），面貌丑，爱酗酒，醉后回家打妻子。妻貌美又会唱歌，挨打后便向邻居哭诉。人们在模仿她哭诉的音调和受屈挨打的动作中，逐渐演变成为一种民间歌舞戏。

唐代在较长期安定的政治环境中，在社会经济较为繁荣昌盛的基础上，充分利用有利因素，创造了广泛吸收国内外各种舞蹈滋养的条件，创造了我国封建社会时期舞蹈艺术发展的黄金时代。

7. 宋代的舞蹈

宋代是我国封建社会曾一度走入衰落的时期，但也有显著进步。两宋时期由于农业、手工业、商业的发展，对外贸易发达，出现了许多人口众多、交通发达的城市。民间舞蹈和其他表演艺术有了很大发展（公元55年安史之乱以后，唐王朝逐渐衰落，宫廷的乐舞机构缩减，乐工舞人流散于民间，对唐以后民间歌舞的发展起到了一定推动作用)。两宋出现了许多“瓦子”也叫“瓦市”或“瓦舍”。在瓦子里拦成一个个的圈子叫勾栏，是专门表演各种技艺的固定场所。瓦子勾栏的建立，对维持艺人生活，传授和提高技艺都起到了一定的推动作用。

在瓦子里演出的技艺种类繁多，有杂剧、杂技、讲史、小说（评书)、说浑话(类似相声)、影戏（皮影)、散乐、卖嘌唱、诸宫调、相扑、舞旋、舞蕃乐、耍大头、花鼓、舞剑、舞砍刀、舞蛮牌、扑旗子等。

“舞旋”是以旋转动作为主要技巧的一种舞蹈。现在还有人称为“旋子”，仍然是舞蹈的重要基本功之一；《耍大头》类似现在的《大头娃娃舞》；《花鼓》至今流传于民间，打法有“苏秦背剑”、“古树盘根”、“菊花顶”等十二套。新中国成立后，舞蹈工作者编演了《花鼓舞》，安徽有著名的《凤阳花鼓》，山西《花鼓》形式多样，分高鼓（胸前)、低鼓（腰间）和多鼓（腰、胸、肩各挂一鼓)；《舞剑》、《舞砍刀》都是由武术演变而来的舞蹈，直到今天《霸王别姬》中仍有优美的剑舞。

宋代民间还有另外一支庞大的、世代相传的业余舞蹈队伍，这种舞队叫“社火”。宋代民间舞队与至今流传在河北等地的“花会”相似，是综合的街头游行表演队伍。其中有《扑蝴蝶》、《舞龙灯》、《跑旱船》、《竹马灯》、《村田乐》（清代叫《秧歌》）等。

宋代除了兴盛的民间舞队之外，也继承了唐代的歌舞大曲，并有所发展变化，已不是单纯的舞蹈表演，其中夹有唱述或表演故事的成分。戏曲艺术在这种发展中逐渐形成。

8. 明、清的舞蹈

明、清逐渐进入中国封建社会的末期，明代中叶以后，在封建社会的母体中，孕育了资本主义的萌芽，繁荣的都市生活促使戏曲、说唱、小说等艺术蓬勃发展。戏曲兴起后，单纯的舞蹈艺术表演已不多见。融合在戏曲中的舞蹈不断发展、提高、形成一套较完整的训练方法和表演体系，保存了丰富、优秀的古典舞蹈传统。

元、明、清三代由于阶级矛盾和民族矛盾极端尖锐化，促使人民去寻求能更直接地表现人民痛苦生活和反抗精神的艺术形式，单纯的歌舞比较难于达到这种要求，而戏曲艺术却能适应这种要求。因此，戏曲逐渐兴盛，舞蹈逐渐融合在戏曲之中，成为戏曲表演的组成部分。

在戏曲艺术的影响下，清代各个地区的民间歌舞逐渐发展转化成许多风格不同的歌舞小戏。如《花鼓戏》、《采茶戏》、《甬剧》、《泗州戏》等。这些民间歌舞小戏，深深地扎根在人民生活中，倾诉人民的痛苦和欢乐。某些民间歌舞，一方面向戏曲发展，成为各种地方小戏，或演变成大剧种，或与其他剧种合流。另一方面，原有的歌舞形式仍在民间流传。旧历正月十五日是传统的灯节或迎神赛会的时候，是民间歌舞最活跃的日子，多种民间技艺常组合在一起，成为综合性的表演队伍叫“花会”。

二、少数民族舞蹈

我国少数民族向来是以能歌善舞著称的，其舞蹈艺术在我国舞蹈史上占有重要地位。少数民族舞蹈与他们的劳动、生活、爱情、风俗习惯有极密切的关系，群众自娱性的舞蹈很普及，风格纯朴、健康，生活气息浓郁，保存了浓厚的民族特色。

维吾尔族具有悠久的历史，大都住在古称“西域”的新疆，《十二木卡姆》是长期在维吾尔族民间流行的古老、内容丰富的大型歌舞，其中包括古典叙诵歌曲、民间叙事组歌、舞蹈组曲、即兴乐曲等340多首。还有许多历史悠久的民间舞，如抒情优美、婀娜多姿的《赛乃姆》是流传极广的群舞；《刀郎卡木姆》别具风格，因古代在塔里木沙漠边缘一带的人合群从事劳动（古维尔族语“刀郎”即“群”的意思），故被称为“刀郎”人；雄浑有力的《萨玛舞》、优美多姿的《手鼓舞》等。

蒙古族是我国北方地区很多部落在长期的历史发展中形成的一个民族。蒙古族的舞蹈大多气势磅礴，雄健有力，同时也有优美的抒情舞蹈。

成吉思汗统一全国后，蒙古族的古舞蹈流传中原，如“倒喇”从元代一直流传到清代，音乐有鲜明的蒙古族风格；舞有流传至今的“顶灯舞”和“碗舞”。

藏族的《锅庄舞》相传已有五六百年的历史，《锅庄舞》的动作大体可分两类，一类节奏缓慢，舞姿舒展，优美；另一类急促，舞姿激烈奔放。歌词有反映狩猎生活的，有倾诉爱情的，有歌颂家乡的。

藏族的《弦子》舞，舞时由一男子拉着弦子（类似二胡的弦乐）在前领舞，一群人随后围圈群舞；《堆谢》舞——汉族习惯称“拉萨踢踏舞”，以脚部的踢、踏、腾、跳、跺、擦等动作舞出各种清脆、复杂的节奏；《热巴》舞是一种包括铃鼓舞、杂技、说笑话的综合性表演，形式自由活泼。

我国少数民族的舞蹈有着深厚的文化基础，如：根据宋代的记载，瑶族就有男女聚而踏歌的风格，《踏盘曲》（宋人沈辽作）：“湘水东西踏盘去，青烟白雾将军树，社中饮酒不要钱，乐神打起长腰鼓。女儿带环着缦布，欢笑捉郎神作主。明年二月近社时，载酒牵牛看父母”，在“踏盘”盛会上，男女选择自己的心爱之人；苗族的《芦笙舞》是苗族流传最广、最普遍的一种舞蹈，一般是由男子吹芦笙在前领舞，女子随后而舞。还有壮族的《师公舞》、《扁担舞》，朝鲜族的《长鼓舞》，彝族的《阿细跳月》，傣族的《孔雀舞》，黎族的《钱铃双刀舞》，高山族的《杵舞》等都颇有特色。

三、民族、民间舞蹈的生存与发展

我国的民族民间舞蹈经历了漫长的发展过程，可以说从原始社会前期就有了许多舞蹈种类的雏形。它伴随着人类社会的发展，不断丰富和完善，才有了今天众多民族民间舞蹈繁花似锦的景象。进入21世纪，中国的全面改革开放，促成了世界文化大交流，民族民间舞蹈受到了挑战和冲击。西方种类繁多的现代舞、节奏舞逐渐占领中国舞坛，为中国民族民间舞蹈如何继承、发扬、发展提出了非常值得研究的课题。

1949年新中国成立以来，一部分具有很强的群众性和地方性，能够适应时代和生产力发展的民族民间舞蹈虽然得以保存下来，但是随着社会历史的发展，民俗民风不断变化，人们的审美情趣也在改变，致使一些舞蹈品种渐渐失传。民族民间舞蹈的生命力，从总体上说还是很强的，消失一部分，也还会保留一部分。自中国共产党的十一届三中全会以后，舞蹈艺术也同其他艺术门类一样，在继承发展和创新上得到了蓬勃发展，并已超过唐代。

总之，民族民间舞蹈自有其生存和发展的艺术规律，不仅需要它有自身旺盛的生命力、有超强的适应能力，还需要全社会长期的关注与扶持。中国是一个传统文化土壤十分丰厚的国家，我们有责任、有义务将前人留下来的民族民间舞蹈文化遗产加以保存、整理、弘扬、繁荣，很好地传承下去，不能再让稀有的舞蹈品种丢失，这是我们每一个中国人义不容辞的历史责任与义务。

第五节　中国传统戏曲艺术

我国戏曲经历了漫长的孕育过程，到宋金时期渐趋成熟，为元人杂剧的产生提供了充分的条件。根据文献记载考查，原始社会已出现反映农牧业生产的歌舞，此后随着阶级社会的产生，巫风盛行，“巫舞”的内容主要是对于祖先或神灵的祝颂，但是有些也包含了萌芽状态的戏剧因素。到春秋、战国之际，又产生了专门供人娱乐的俳优，然而他们的出现也有利于戏曲艺术中喜剧因素的积累。西汉帝国建立后，以竞技为主要内容的百戏开始盛行，广泛汇集了民间的表演艺术，并且接受了西域文化的影响，其中包括《东海黄公》一类的戏剧性故事的演出。汉乐府吸收的“燕赵之讴，秦楚之风”，以及汉魏以来在民间流行的平调、清调、杂舞、杂曲，给了唐宋以来组成戏曲艺术的歌舞、音乐以影响。在南北朝对立时期，由于北朝的社会矛盾更复杂，也更尖锐，出现了“拨头”、“代面”、“踏谣娘”、“参军”等具有一定故事内容和战斗意义的表演艺术形式，在唐代继续流传和发展，这些都体现了表演艺术的逐步成熟，为我国戏曲的形成准备了良好的条件。

从唐代到宋金时期，是我国戏曲的形成期。唐代各种艺术都获得了高度的发展，推动了戏曲的诞生。

我国戏曲在进入 12 世纪以后，开始演变成了较为完整的艺术形式。北方的杂剧与南方的南戏在瓦舍勾栏中或戏台上出现，使我国的戏曲艺术进入了一个新纪元。自此以后，戏曲艺术开始进入不断成长壮大和日益丰富多彩的发展过程。

一、元代杂剧和南戏

元杂剧的形成是我国历史上各种表演艺术发展的结果，同时也是时代的产物。金灭北宋，元灭金的过程，同时是北方人民反抗女真贵族、蒙古贵族的过程。人民反抗民族压迫和阶级压迫的艰苦斗争，要求有战斗性和群众性较强的文艺形式加以表现，而经过长期酝酿构成戏曲艺术的各种因素到这时已融为一体，于是，元杂剧就在金院本和说唱诸宫调基础上，揭开了我国戏曲史上辉煌的第一页。

元杂剧把歌曲、宾白、舞蹈动作熔于一炉，形成了一套完整的体制。它的出现，标志着具有我国独特民族风格的戏曲艺术进入成熟阶段。杂剧剧本由曲词、宾白和“科泛”提示三部分组成。曲词是剧本的主体，可按一定的宫调和曲牌歌唱，是有规定韵律的新诗体，富有抒情性。宾白包括人物的对白、独白等，一般都用通俗的口语。“科泛”（范、汎）俗称“科”或“范儿”，指角色的动作表情和舞台效果，“科泛”提示就是舞台提示。曲词一般通过一个演员（男称“正末”，女称“正旦”）一唱到底，表现人物的思想性格，描绘环境，渲染气氛；在结构上，一个完整的故事分四折（或加一楔子）演完，个别剧本超出四折的（如《赵氏孤儿》）或多本连贯（如《西厢记》），每折用同一宫调的曲牌组成一套曲子（专业术语称之为“套曲”），剧末有二句、四句或八句韵文概括剧情，称为“题目正名”。随着戏曲内容的充实和发展，杂剧角色的分工更趋细密，借以表现各种不同类型的人物，反面人物和次要人物靠勾画面目和简短的宾白去表现。由于杂剧以主要力量描写正面人物，“正末”、“正旦”就分别成了“末本”或“旦本”的主角，而“副末”、“贴旦”、“搽旦”、“净”、“孤”、“卜儿”、“孛老”、“徕儿”等即成为了配角。

关汉卿是我国戏曲史上最早也是最伟大的作家，号已斋叟，大都人，活动时间大约从13世纪20年代前后到14世纪初，他把一生的主要精力贡献给了当时正在蓬勃兴起的杂剧事业。

揭露元代权豪势要的残暴和政治上的黑暗，赞扬受害者的反抗斗争，是关汉卿戏剧最有价值的主题。《窦娥冤》是他晚年的作品，也是他一生思想和艺术的结晶，这部杰作深刻揭露了当时深刻的社会矛盾，批判了黑暗的政治势力。

关汉卿写了60多个杂剧剧本，他的创作不仅为元代戏剧家树立了一面光辉的旗帜，而且大大丰富了我国文学艺术的宝库，对后世文学，特别是戏剧，有着巨大的影响。《窦娥冤》、《拜月亭》、《单刀会》长期上演不衰，在南戏、传奇和京剧里影响深远。《窦娥冤》早在一百多年前就被译成了法文、日文，对世界文学产生过影响，其他如《赵盼儿》、《诈妮子》、《蝴蝶梦》、《望江亭》等也曾经活跃在多种戏曲舞台上。

王实甫，名德言，大都人，创作活动稍晚于关汉卿，今存其剧目14个，全存的有《西厢记》、《破窖记》、《丽春堂》3个。

使王实甫驰名后世的是《西厢记》。他的这部杰作是在董解元《西厢记》诸宫调基础上，吸收了宋、金时期同题材的说唱文学和戏曲的成就，进一步精心创作而成的，比起“董西厢”来，“王西厢”有了很大提高。在主题思想上，王实甫鲜明地提出“愿天下有情人都成眷属”的理想，从而揭露了封建礼教对青年自由幸福的摧残，并通过他们的美满结合，歌颂了崔莺莺和张生对爱情的追求。

《西厢记》打破元杂剧一本四折的通例，以五本二十一折的巨大篇幅连演一个故事，每本也不限一人主唱，对杂剧的体制作了创造性的革新和发展。

元前期，除关汉卿、王实甫外，还出现过康进之、高文秀、纪君祥、石君宝、白朴、马致远等著名杂剧作家，创作了《李逵负荆》、《赵氏孤儿》、《秋胡戏妻》、《墙头马上》、《汉宫秋》等优秀作品，共同铸成了元前期剧坛的繁荣。

南戏是南曲戏文的简称，最初流行于浙东沿海一带，称温州杂剧或永嘉杂剧。南戏在南北宋之交传入临安（今杭州），在村场小戏的基础上，承袭古戏的遗产，吸收了各种表演艺术的营养，很快发展起来，形成大型的戏剧艺术，南戏的出现标志着中国戏曲的正式形成。

元杂剧鼎盛时，南戏已在民间流传，到元末，随着元廷控制力量的减弱和经济文化中心的南移，南戏广泛流传到海盐、苏州、泉州、余姚、弋阳等地，并与各种地方腔调相结合，产生出新的地方剧种。当时，除了北曲杂剧以外，流传于南方的戏统称为南戏。

南戏在结构上不限四折，可长可短，角色有生、旦、外、贴、丑、净、末，演唱不限一人，可生可旦，几个角色还可联唱、轮唱或合唱。

南戏剧目有半数以上以婚姻问题为题材，一类是为争取婚姻自由而斗争的爱情戏，代表作是《拜月亭》，另一类是表现婚变和家庭纠葛的戏，代表作是《琵琶记》。

二、明、清时期的戏曲

元末南戏得到发展，出现了许多名作，并逐渐形成了新的戏曲形式——传奇。明王朝建立后，封建社会秩序暂时得到稳定，阶级矛盾、民族矛盾都趋向缓和。到明中叶以后，由于东南沿海城市经济繁荣，新兴的市民阶层和日趋腐朽的明王朝之间的矛盾日趋尖锐，北方的俺答、东南的倭寇屡次入侵，国家内外危机严重。受新的时代气氛的激荡，戏曲创作也突破了长期沉寂的局面，产生了影响深远的作家与作品，如梁辰鱼的《浣纱记》、无名氏的《鸣凤记》、汤显祖的《牡丹亭》等。此时的杂剧也取得了新的成就，如康海的《中山狼》、徐渭的《四声猿》等。

从明初到嘉靖年间，北杂剧趋于衰落。南戏却得到了进一步发展，各种声腔剧种在民间纷纷兴起，并作为我国当时戏曲艺术的代表，在明初到清中叶这一时期发展到了高峰。自元末明初开始，南戏的许多传奇出现以后，已成为当时群众很喜爱的一种戏曲形式，由于它们在各地的流传，促成了各声腔剧种的形成。其中的弋阳腔产生于江西；余姚腔、海盐腔出于浙江；昆山腔出于苏州，形成我国戏剧史上的著名的四大声腔。

明后期的戏剧创作空前繁荣。这一时期的创作不仅数量大，形式多样，而且出现了我国杰出的戏剧家汤显祖（江西临川人）。在戏曲创作上，汤显祖继承了唐人小说和元杂剧的优秀传统，写出了《紫箫记》和《玉茗堂四梦》——《紫钗记》、《牡丹亭》、《邯郸记》、《南柯记》等传奇，代表作品是《牡丹亭》。《牡丹亭》是戏曲史上杰出的积极浪漫主义作品，通过杜丽娘和柳梦梅生死离合的爱情故事，揭露封建礼教对青年男女理想生活的摧残，同时又歌颂了青年男女为了个性解放所做的斗争。

清代戏剧的发展，可分为前后两个时期。

前期是清代初叶，剧坛上一时出现了专业作家和文士们面向社会现实，在一定程度上反映了群众的政治要求和政治斗争而创作社会剧、历史剧的新气象，其中最突出的有李玉的《清忠谱》、洪升的《长生殿》和孔尚任的《桃花扇》，标志着传统戏剧的新的发展；后期是清代中叶，这个时期由于戏曲作家脱离社会现实，创作上日渐衰落，没有产生重要作品。当传统的杂剧、传奇以及宫廷化的昆曲逐渐衰颓之际，在人民中成长起来的地方戏曲则应运而生，出现了弋阳腔、梆子腔、秦腔、皮黄腔、川剧、湘剧、徽剧、粤剧等数以百计表现人民爱憎、富有生活气息的地方剧种，以崭新的面貌、旺盛的生命力在全国范围内形成了“诸腔竞奏”的繁荣局面，逐渐压倒了传统的杂剧、传奇，为近代京剧和地方戏的发展准备了充分的条件。

京剧是以二黄、西皮两二腔为主的剧种。西皮源于西北的梆子腔，后传入湖北衍变成襄阳腔，再由襄阳腔衍变成西皮；二黄源于江西的宜黄腔，后流行于安徽，形成徽调。演唱徽调的徽班于清代乾隆末年进北京带入二黄，演唱西皮的湖北汉班于道光初年进京加入徽班，与二黄同台演出，在演出实践中，它们又吸收了昆调、梆子、弦索调等剧种的长处，在唱腔和表演方面逐步形成了一套自己的艺术程式，鸣响了京剧诞生的前奏，为京剧的最后形成奠定了基础。

20 世纪初，随着国内斗争形势的迅猛发展，资产阶级改良派和革命派都开始重视戏剧的社会教育作用，要求改革戏剧为各自的政治主张服务。在他们的倡导下，戏剧界出现的传奇、杂剧和地方戏的更新，京剧的改良，话剧运动的兴起等革新运动，标志着我国戏曲已经进入了一个新的发展阶段。

【本章小结】

本章将中国传统的音乐、舞蹈、戏曲和书画艺术发展史，以及各时期各艺术品种的产生、发展、繁荣和主要成就作了一个线条式的讲解，目的是让读者对我国传统艺术有一个大致的了解，为将来专门学习打下基础。重点是汉代百戏、唐代歌舞所处的时间、背景、发展状况；南戏、京剧产生的历史背景、社会条件及形成的过程，还有各时期书法绘画流派的特征等内容。

习题训练

1. 汉代的“百戏”指的是什么？
2. 为什么说唐代是古代舞蹈艺术高度发展的时期？
3. 《阳关三叠》是哪个朝代流行较广的歌曲？
4. 汉代一首历经唐、宋、元、明各代，一直保存至今，有“曲”有“乱”的大型琴曲的名称是什么？
5. 关汉卿、王实甫、汤显祖各自的代表作品是什么？有何艺术成就？
6. 简述京剧的产生。
7. 简述书体的分类、每种书体的特征。
8. 汉字的特点是什么？中国书体类型包括哪几种？

9. 文房四宝是什么？各自的品牌代表是什么？

10. 成功书法作品的标准是什么？

11. 《清明上河图》是哪朝，什么人所画？

情景训练

北京传统文化旅游，你认为，经典推介的代表应该是什么？请分类列出。

第七章　器物文化

【知识目标】

1. 认识我国古代典型的器物。
2. 了解中国工艺品的相关内容。
3. 认知器物、工艺品与旅游业之间的联系以及对旅游纪念品的参考价值。

【能力目标】

1. 从旅游纪念品角度辨识玉器、瓷器、青铜器、古钱币。
2. 正确定位工艺美术品在旅游业的归属。

知识点阅读

北京大钟寺内的"永乐大钟"被称为"中国古钟之王"，是明成祖永乐皇帝敕命铸造的。这口钟的铸造可谓一波三折，传说是用少女的生命铸成的。

当时铸钟师试铸了两次，但都失败了，皇帝限第三次必铸成，否则处斩。铸钟师胆颤心惊，到算卦摊算命，算卦先生说，此钟不牺牲纯洁的少女，就不会成功地铸出好钟。铸钟师的女儿，在旁听到这句话后，决定献出自己的生命，帮助父亲完成此钟的铸造。第三次铸钟开始时，铸钟师的女儿跳进了沸滚着的铁水里，沸腾着的黄铜铁和白银顷刻间熔化了少女。由于孝女的牺牲成功铸出了钟。这口钟后来一直含着对少女的哀思，"咣咣"地声传百里，鸣响至今。

其实，据今人考证，这口大钟的铸成并非因少女的神奇，而是因中国的铁矿磷成分不足，是铸钟师女儿身体中磷的成分加入到铸模的金属熔液中，适当促进了化合作用，才使高质量的"中国古钟之王"得以铸造出来。

第一节　古代器物

在历史的沧桑岁月里，在生产生活的实践中，中华民族伟大的劳动人民用自己的聪明智慧创造了历史悠久、灿烂辉煌的器物文化。中国器物文化以其浩繁的品种类型、千姿百态的造型艺术、鲜明的民族特色震惊世界。这是祖先留给后世的宝贵文化遗产，是世界的每一个炎黄子孙的骄傲与自豪，是每一位旅游从业者文化修养的根基所在。

一、古玉器

玉器的概念是指以硬玉、软玉、碧玉、蛇纹石、水晶、玉髓为原料制作的工具、装饰品、陈设品、祭器等。

中华民族好玉之风由来已久，自西周以来形成了一整套用玉道德观，中国人自古赏玉、佩玉成风，可谓是一种文化。中国人的好玉不是无缘由的，原因有四，一是以玉为中心的古训礼制，孔子称玉有仁、知、义、礼、乐、忠、信、天、地、德、道等 11 德，玉器是权力等级的象征，是政治等级制度的重要标志，历代统治阶级都十分重视它。二是中国人认为玉可避邪，视玉如神，只要佩玉，就可避邪免灾、大吉大利、平安吉祥、子孙满堂、逢凶化吉，因此奉玉为宝。三是自古以来上起皇帝下至庶民，都认为玉可养生，历代帝王嫔妃养生不离玉；清代乾隆皇帝一生嗜玉如命；唐代杨贵妃含玉镇暑；炼丹气功师把精、气、神看成是人身三宝，气当属首位，玉正是蓄气充盈之物。四是上行下效的原因，历史上宋徽宗嗜玉成癖，好玉就是因此风靡全国，乾隆皇帝喜欢玉的程度，跟宋徽宗相比有过之而无不及，乾隆皇帝为玉可以不惜一切……这是好玉成风的又一个重要原因。

一直以来，玉在中国用途十分广泛，按用途可分成八大类：一是礼乐器类，在祭祀、朝会、交聘、军旅等活动中使用，主要包括璧、琮、圭、琥、瑛、璜、瑗、环、珑、玉馨等，其中使用规定是以苍璧礼天，以黄琮礼地，以青圭礼东方，以赤璋礼南方，以白琥礼西方，以玄璜礼北方。还有圭的使用规定也极严格，如王执镇圭（一尺二寸），公执桓圭（九寸）。侯执信圭（七寸），伯执躬圭（六寸），子执谷璧，男执薄璧。古代十分重要的吉、军、嘉、宾、凶五礼，也普遍使用玉礼器。二是仪仗器，隆重的仪式上使用主要包括戈、刀、牙戚、斧等。三是丧葬器，专门为保存尸体而制造的随葬玉器，主要包括玉衣、玉塞、玉握、瞑目等。四是佩饰器，用途很广，主要是人身佩玉，包括玉环、玉带饰板、玉坠、玉锁块、玉镯、玉行、乐冲、搬指、组佩、璜形佩、觽等。五是生产工具玉器，日常劳动生产所用的工具主要包括斧、锛、箭、簇刀、凿、刀等。六是日常生活用玉器，主要包括玉簋、玉角杯、玉仓、玉奁、玉灯、玉羽觞、玉碗、玉碟、文具、酒具、玉瓮等。七是陈设类玉器，生活中的工艺摆设一般陈放于厅堂，艺术欣赏价值极高，主要包括玉屏风、玉兽、玉山子等。八是杂器，除上述用途之外的其他方面使用的玉器，包括如意玉带、玉剑、刚印、玉旋玑等。

新疆和田、江南独山、辽宁岫岩的玉闻名全国，也是中国软玉的主要产地，软玉是一种含水的钙镁硅酸盐，它又因产地不同而风格各异；硬玉是含钠和铝的硅酸盐，其代表是翡翠。硬玉产于缅甸，在中国是罕见的。

中国古代玉器多用软玉。现存的著名中国古代玉器代表有这样三件玉器：一是西汉金缕玉衣，长 188 厘米，用玉 2498 片，分别是青色或白色玉片制成，由头罩、上衣、袖筒、手套、裤筒，生殖器套、鞋七部分组成，玉片有长方形、正方形、梯形、三角形、多边形每片玉片边角处穿圆孔，用金丝编缀。1968 年在河北满城县中山靖王刘胜墓中出土，现由河北省文物研究所收藏。金缕玉衣使用级别是皇帝；银缕衣使用级别是诸侯、列侯、始封贵人、公主；铜缕衣使用级别是大贵人、长公主。二是元代的玉瓮，又叫渎山大玉海，玉质青白泛黑色，高 70 厘米，口径 135～182 厘米，膛深 55 厘米，体呈椭圆形，内空，外雕壮阔海景及海生物。1265 年忽必烈制作并当酒器使用，明清战乱遗落民间西华外真武庙中，道士做菜瓮用，后被乾隆重金收回收藏。三是清代的大禹治水图玉山子，高 224 厘米，宽 96 厘米，重达 5300 公斤，用整块巨型和田碧玉雕成，雕的是层峦叠障，古木苍森，众多人物在劈山开石，费时十年完成，是世界玉雕之冠，有“玉王”之誉是一级国宝，现存故宫博物院。

二、古陶瓷器

陶器是以高岭土、长石、石英为原料，经混合、制坯、干燥、烧制而成的日用品或陈列品。陶器制品和瓷器制品的总称叫陶瓷器，没有陶器就没有瓷器，陶器是瓷器发展的基础。陶与瓷的区别如表 7-1 所示。

表 7-1　陶器与瓷器的区别

项目	原　料	温　度	质　　地	釉
陶器	黏土(陶土)	700～1100℃	密度小,不透光,有吸水性	一般不上釉,即使上釉也是低温
瓷器	高岭土(瓷土)	1200℃以上	密度大,透光,不吸水,有清脆金属声或金石声	高温釉

从原始社会末期开始，陶在制作发展中，产生了许多名陶，这些名陶，有四种用途，一为炊器，如釜、鬲、鼎等；二为盛器，如钵、盆、盘等；三为水器，如单耳杯、高柄杯、瓶等；四为储器，如罐、瓮、坛等。历史名陶代表分别是秦陶塑、唐三彩、紫砂陶、琉璃陶。秦陶塑在陶塑艺术中成就是最高的，秦始皇兵马俑最有代表性，被称为世界第八大奇观，现出土的陶俑有将军俑、军吏俑、铠甲武士俑、战袍武士俑、子奇兵俑、立射武士俑、跪射俑等，其神情姿态服饰各异，为研究当时陶塑艺术、绘画手法、人物服饰等，提供了实物依据。汉俑、汉画、汉模型、隋唐仪仗俑等也都很有特色。唐三彩，是唐代的釉陶生活用具和雕塑工艺品，釉色丰富，深受众人喜爱，因以绿、黄、褐三色使用最多，故称三彩。唐三彩造型丰富，有人俑、子俑、骆驼俑等，其中人俑中姿态婀娜的女俑，色彩最为艳丽、特色最为鲜明，代表性强。紫矿陶，是用一种含铁量高，质地细腻的特殊陶土制成的赤、褐、浅黄或紫黑色的无釉细陶器。紫砂陶茶具特色鲜明，代表性强，该茶具泡茶，色、香、味持久不变，茶具造型古朴、典雅、美观，艺术欣赏性强。琉璃陶，是以陶为胎施琉璃釉再入窑烧制而成的一种工艺品，山西的琉璃工艺久负盛名。明清时，琉璃工艺有了长足发展，琉璃建筑饰材很有成就，像陶质筒瓦、板瓦、脊瓦、檐头装饰物等，都有一定的特色，河北承德外八庙的建筑就是一个代表。

瓷器是中国的伟大发明之一，在世界上，中国素有瓷器之国的美誉，中国瓷器不仅是很好的日用品，而且是珍贵的艺术品，深受世界人民的喜爱和赞扬。中国瓷器始于商代，成形于东汉，发展于南北朝，成熟于隋唐五代，繁荣于宋代，总结于元、明、清。古代名窑及瓷器特征分别是邢窑、定窑、钧窑、汝窑、龙泉窑、德化窑、石湾窑、景德镇窑。邢窑在古邢州（今河北省临县），特点是胎质细白，釉色白润，盛于唐代；定窑在古定州，特点是印花图案工整严谨，宋代著名瓷窑之一；钧窑在古钧州（今河南省禹县），特点是窨变釉色如行云流水；汝窑在古汝州（今河南省临汝县一带），特点是梅子青晶莹柔润，宋代著名瓷窑之一；龙泉窑在今浙江省龙泉县，特点是断纹瑕疵美，代表是冰裂纹片瓷器，始于五代，鼎盛于南宋；德化窑在今福建省德化县，明代名窑，特点是白如玉，声如磬，薄如翼，在世界上享有“东方艺术之花”之美誉；石湾窑在今广东佛山市石湾，明代名窑，特点是神形兼备，美观实用；景德镇窑在今江西省景德镇市，从南朝至今的历史著名瓷窑，特点是白如玉，薄如纸，明如镜，声如磬，有1000多个品种，青花瓷、青花玲珑瓷、薄胎瓷、粉彩瓷是该窑的四大名窑。还有湖南醴陵的釉下彩也久负盛名，特点是白如玉，花纹晶莹润泽，耐高温防腐，不褪色。

中国“三大瓷都”是江西景德镇、湖南醴陵、福建德化；“五大名窑”是河南钧窑、河南汝窑、河北定窑、河南官窑、浙江哥窑。

三、古青铜器

中国青铜器时代从原始社会末期开始，到战国末年结束，历经了夏、商、周、春秋、战国时代。在这两千多年的时间里，青铜器从形制、铭文、书体、纹饰、组合铸造工艺等方面都被注入了复杂的社会背景和悠远的文化背景。

何谓青铜器？以铜和锡或铅的合金为原料加工制成的金黄色用具、器皿，经长期在空气中氧化，表面生成青绿色铜锈者谓之“青铜器”。

古青铜器具有如下三个方面的特征：第一，数量大、分布广、品种多、造型特（殊）、质量高、精品多；第二，铸刻铭文，为研究青铜器文化提供重要依据；第三，以礼器为多，以容器为重，做其他用途少，是阶级等级的重要标志。

青铜器种类繁多，具体有食器、酒器、水器、乐器、兵器、车马器、工农用（器）具、货币、铜镜、度量衡、玺印符节、杂器等12种，每一种类型又有10种左右形制。青铜器之所以这样广泛长时期地为人所喜爱，是因为硬度大不易损坏、熔点低易于铸造、化学性能稳定便于使用保存，即使损坏也可回炉重铸。

青铜器比较典型的代表如下。

司母戊鼎，造型厚重典雅，气势宏大，纹饰庄重美观，工艺精巧，是商代文化发展到顶峰的产物。此鼎是迄今为止出土的最大、最重的青铜器，通高133厘米，口长110厘米，宽78厘米，足高46厘米，壁厚6厘米；在缺一耳情况下，重875公斤。司母戊鼎立耳，长方形腹，四柱足中空，所有花纹均以云雷纹为底。腹内壁有铭文“司母戊”三字。1939年3月于西南距河南安阳侯家庄武官村大墓仅80米的吴玉瑶家农田出土，几经周折后，于1959年被中国历史博物馆收藏。

毛公鼎，清道光末年出土于陕西省岐山县。是现存“台北故宫博物院”铭文最长的一件青铜器，铭文内容是周宣王命其臣毛公瘖之辞，史料价值高，更是金文书法之典范。毛公鼎表面装饰简洁，腹内铭文32行，共499字，鼎通高53.8厘米，口径47.9厘米，腹围145厘米，重34.7公斤，形制是大口、半球状深腹、圆形底、下附三兽蹄形足、口沿有双耳。

马踏飞鸟，俗称“铜奔子”，又名“马踏飞燕”、“马踏乌鸦”、“马超龙雀”、“踏飞鹰奔子”、“马踏飞隼”、“飞马奔雀”。1969 年 10 月出土于甘肃省武威县。1983 年被国家旅游局确定为中国旅游的图形标志。现存甘肃省博物馆。铜奔马身高 34.5 厘米，体长 45 厘米，昂首扬尾，三足腾空，对天长嘶，右后足轻轻地踩在展翅飞翔、回首惊望的鸟背上。可见作者技艺之精湛，想象力之丰富。铜奔马的出土轰动了世界，应邀赴多国展出，参观者叹为观止，惊叹铜奔马是绝世珍宝，是艺术作品的最高峰，惊呼：“天才的中国!”（见插图 5）

四、古钱币

中国货币在世界货币史上独树一帜，各种材质的货币在不同历史时期都行使着货币的职能。历史上，金属币使用时间最长，留下的文物也最多。中国使用的金属币主要有三种：一是金币，二是银币，三是铜币。中国也是最早使用纸币的国家，最早的纸币叫“交子”，最早的汇兑业务票据叫“飞钱”。

铜币应用广泛。秦以前币的形制有：布形币、刀形币、贝形币、圆形币。秦统一后，货币统一，推行全国的是圆形方孔的“半两钱”。这种形制的铜币，使用时间长，影响大。两千多年的铜币使用过程，主要有三种形制的货币，一是半两钱，二是五铢钱，三是通宝钱。半两钱因钱重半两，币面有小篆“半两”二字得名，有秦半两和汉半两之分；五铢钱法定重量为五铢，以重量为钱名之。通宝钱以通宝、元宝、重宝等宝文为钱名的货币，所谓通宝就是通行的宝货。

金币使用历史久远，形制有金饼、金版、金元宝、金铤、金牌、金币等，形制虽多，但参与流通少，多被收藏。

银币最早起于春秋楚国，形制有银布币、白金币、银货二品、银铤、银锭、银饼、银元宝等，银币在中国流通了两千多年。

第二节　中国工艺美术文化

从古到今，人类追求美的愿望始终就没有停止过，中国工艺美术品就是很好的例证。勤劳伟大的中华民族创造了无比瑰丽的中国特色的工艺美术品，这一簇璀璨的东方民族艺术之花向世界挥洒着中国人的骄傲与自豪，告诉世人，炎黄子孙对祖国、对生活、对未来的无比热爱，同时这簇花也蕴藏无限的商机，顺应时代经济发展的脉搏，认识中国工艺美术文化可谓是一举多得。

一、中国工艺美术品概述

何谓工艺美术品？工艺美术品简称工艺品，是人们通过对不同的物质材料进行造型和装饰加工技艺处理之后，所制成的具有实用价值和艺术欣赏价值的陈设品或日用品的总称。中国工艺美术品，独具中国风格和气派，走的是中华民族自己的艺术发展之路，艺术底蕴及其历史深厚，充分体现了中国人的审美意识和创造精神。

一个民族，一个国家，其自然地理环境、人文风情、历史背景、经济状态、科技水平、审美意识等，呈现出千姿百态的风格特色，所以工艺美术品水准往往是这个民族、这个国家历史文化发展和经济技术实力水平高低的最重要标志之一。工艺美术品标志着国家民族特质财富的雄厚程度，标志着国家民族鉴赏力和创造力的水准，反映的是不同民族在不同历史时期的审美特性、科技发展特性，意义非常深远。

二、工艺美术品特征

工艺美术品对人潜移默化的艺术熏陶，使人生更加美好，工艺美术品的本质特征是实用与赏心悦目的完美结合，其设计、生产原则是以经济、适用、美观满足各种人的不同之需，但工艺美术品是特殊的造型艺术文化，有着鲜明的个性特征，具体表现在如下三个方面。

首先是中国工艺美术品的生活性。工艺美术品从诞生之日起，就是为人类生活服务的，创始之初就是生活必需品，实用是第一位的，在不断的发展过程中，工艺美术品在完成生活实用必需功能之后，才逐渐衍化出审美功能。随着生产力的发展与提高，工艺品的生活性更充分地体现在满足人们物质生活与精神生活两个方面的需求。实用又美观的工艺品，让人们的生活和谐美满，方便又舒适，快乐又美好，工艺品服务生活，美化生活的主题，在实用性与艺术性有机统一中得以确言，这正是人们在物质生活基础上对美好精神生活的追求。

其次是中国工艺美术品的技艺性。材质与制作工艺技巧决定工艺美术品的价值。早在战国时中国就“工有巧，材有美”的说法，可见材质、技巧在工艺品制作中的作用，中国历史上的许多工艺美术品，都是因材质与技巧的关系而流芳百世的，如乾隆年间的“大禹治水国”玉山子，以其珍贵的材质——珍贵的新疆和田春玉，以及10万人次的能工巧匠的雕琢而闻名于世。还有古代的紫檀、楠木家具，现在都很珍贵，原因是材质精美、工艺精巧，古时各种材料的雕刻、技巧、材质也非常有特色。技艺之美，材质之美，强化了工艺美术品的艺术鉴赏价值。

再者是中国工艺美术品的国情性。中国的工艺美术品，无论是历史上的，还是现在的，都有鲜明的国情性，也就是中国文化特色。一是中国的工艺美术家们是在中国传统文化的背景下进行工艺创造的，审美前提是文化背景决定的；二是工艺美术品市场决定的，面对的是中华民族传统文化下的需求人群，很多工艺品都以传统的历史故事、神话传说、风情民俗等为创作题材，人们在使用欣赏这些工艺美术品时，感受到的不只是工艺品本身的工艺技巧、材质、构思等方面的美妙，还有厚重的传统历史文化、华夏民族文化的精髓，如以传统名著《红楼梦》、《西游记》等为题材的工艺品。

三、工艺美术品分类

工艺美术品内容丰富，种类繁多，按功能分两大类，一是日用工艺品，二是陈设工艺品。按工艺水平和原材料质量、价格定位可分成三大类，一是民间传统工艺美术品，二是特种工艺美术品，三是现代工艺美术品。其中现代工艺美术品集中在经济发达地区、政治文化中心区和历史传统文化中心区；特种工艺美术品原材料珍贵特殊，设计水平要求高，加工技巧工艺复杂，如高级漆器、景泰蓝、金银饰品织绣、织锦、雕塑、美术陶瓷传统家具等，且多为礼品、陈设欣赏品。

民间传统工艺美术品具有民族性、地方性和趣味性，乡土气息浓，民间特色强烈，重乡土、重感情，生活气息淳朴、生动健康，有以下三大类内容组成：一是生活实用工艺品，如服装、蜡染、花边、印锦、首饰、佩饰、包装、建筑装潢、编织等；二是喜庆节日工艺品，如年画、剪纸、乡土玩具、泥面塑、食品艺术、风筝、皮影、木偶、龙舟、舞具、手器祭器、模具等；三是传情达意工艺品，如绣球、香包、绣饰品、简帕、藤腰围等。

中国工艺品有名气的很多，如中国四大名绣，图案秀丽，绣工精细，色彩文雅，针法细巧。苏绣以绣工精细、针法活泼、图案秀丽、色彩雅洁著称，代表作品虽双面绣《猫》，可从正反两面欣赏，绣猫的各个部位，得用不同针法，使毛茸茸的猫形象逼真，仅绣猫眼睛就要选用 20 多种绣线反复套色，并用一根线的二十四分之一进行眼睛的镶色和衬光，使之有水晶体的质感，发亮有神，整个画面绣织得活灵活现，栩栩如生，大有呼之欲出之感。粤绣色彩艳丽，针线重叠隆起，用线种类丰富，常用捻金线和孔雀羽线，并用尾线作勒线，勾勒图案轮廓，使绣品有立体感，格外炫目，代表作是《百鸟朝凤》。湘绣风格豪放，画彩鲜艳，针法考究，善于表现景物、动物，绣品若画，代表是狮虎形象，狮虎毛纹刚健直竖，眼球有神，生动地表现了雄狮、猛虎的性格和神态，几可乱真。蜀绣针法严谨，光亮平齐，线路分明，深度柔和，原料是软缎和彩线，传统针法有晕、切、拉等 12 大类 132 种，所绣山水、花鸟、走兽、人物神态各异，层次鲜明，代表是《芙蓉鲤鱼》条屏，绣的最多的是被面。中国的扇子也很有名，常见的有羽扇、团扇、芭蕉扇、蒲扇、宫扇、折扇、竹扇、鹅毛扇、龙凤掌扇和阴阳扇等，代表产品是杭州雅扇。杭州的雅扇与丝绸、龙井茶被称为“杭州三绝”而闻名天下，其雅扇有 400 多个品种，30 多种花色，分为牙扇、白骨扇、黑纸扇、女娟扇、戏剧扇、舞蹈扇、羽毛扇等 15 个种类，其中黑纸扇和檀香扇最负盛名，黑纸扇制作考究，要经过 80 多道工序。再有，驰名中外的工艺美术品北京景泰蓝、福建漆器、景德镇瓷器被称为“中国传统工艺三绝”，景泰蓝的品种数以千计，工艺复杂，要经过钢作胎、掐丝、填釉料、烘烤、烧洁、磨光、镀金等近百道工序，以工艺造型优美、纹线丰富、色泽深厚、富丽堂皇而闻名海内外，代表是景泰成化两朝精美的景泰蓝工艺品。

购物是旅游要素之一，也是旅游接待地一个重要的经济收入项目，在众多的旅游纪念品中，精美工艺品成为首选。在我国古老文化的背景下，出现了许多艺术大师和能工巧匠，他们创造了许多巧夺天工、各种各样有民族风格的稀世珍品，为广大游客选购旅游纪念品创造了条件。工艺品的地域性，可满足来自不同区域游客的需求；工艺品的民族性，可让不同文化背景的游客各取所需；民间工艺品、特种工艺品又可为不同经济收入的游客各取所需；日用工艺、陈设工艺又能让生活中不同角色的游客得到满足。如西方游客来中国旅游，首选即是丝、瓷的工艺品，因为中国有“丝绸王国”和“瓷器王国”的美称，丝绸、瓷器是民族文化、历史文化的缩影，独特的工艺水平无与伦比；北方游客去南方旅游，首选有南方地域色彩的旅游纪念品，所以工艺品为旅游服务的空间是广阔的。经济效益增长空间前景是无限的，岂不美哉！（相关内容见插图 6、7、8）

【本章小结】

这一章对古代器物及中国工艺美术品在基础知识上作了扼要系统的梳理，对古器物工艺品的概念、分类特征、代表，及相关文化事项都做了一定的介绍，中国传统文化底蕴是深厚的，这里介绍的都是代表性的知识，目的是抛砖引玉，举一反三，若真能由此及彼做深入、广泛的探索，则是编者所期望的，希望能给大家以启迪。

习题训练

1. 什么叫陶器？什么叫瓷器？什么叫陶瓷器？陶器和瓷器的区别是什么？
2. 名词解释：杭州三绝、中国传统工艺三绝、景泰蓝、青铜器、软玉。
3. 宋代有哪五大名窑？
4. 中国人好玉的原因是什么？
5. 中国金属币有哪几种？
6. 中国有哪四大名绣？其风格是怎样的？各自代表什么？
7. 中国工艺品有哪几种分类法？各自的主要内容是什么？
8. 中国旅游标志是什么？相关主要内容有哪些？
9. 从旅游资源角度谈谈对古器物的理解。
10. 从旅游纪念品的角度谈谈对工艺品的理解。

情景训练

你带团去新疆，你的客人要买玉器，有什么购物技巧？在玉质分辨、玉的价格、玉文化等方面，应做哪些准备？

第八章　饮食文化

【知识目标】

1. 了解祖国丰富多彩的饮食文化，掌握与此相关的文化现象，为从事旅游工作奠定基础，提高为游客服务的水平。
2. 认识各地区、各民族饮食方面的民情及风俗习惯。

【能力目标】

1. 掌握名胜景区的特色饮食及历史经典菜肴的典故。
2. 对中国茶文化独到之处的理解运用。
3. 旅游看地区名酒，建立旅游与名酒的联系。
4. 收集整理全国经典菜肴、名酒的典籍故事。

知识点阅读

江苏名菜“叫化童鸡”制法独特，且有浪漫传奇的故事。传说有一个化子流落到了常熟一个村子，那天正是年关，他躺在破庙里，饥饿难耐想出去乞食，又怕人家忌讳。忽见一只母鸡出来寻食，他心中一喜，忙捉住鸡，又害怕有人寻找，就急忙带着鸡躲到郊外，在既无锅烧开水又无刀宰鸡的情况下，只好把鸡头拧断，放了血，从鸡肋下挖个洞，掏出内脏，再把从地里扯来的葱蒜之类的东西塞进去，又用水调稀一些黄泥，把鸡糊成泥团，然后燃起一堆火，将泥糊鸡放在火上烤。火烧完了可鸡还未烤好，于是他又找来干草焖在鸡身上，火上再罩一破缸片。又饿又累的叫化子，倒在地上睡着了，等他一觉醒来，拨火灰扒出泥团子，只见一股热气从一条裂缝中冒出，他急忙将泥团子往地上一扔，泥连鸡毛一齐脱落，鸡香四溢，叫化子美美地饱餐一顿。叫化子吃鸡时，恰被过路的饭店掌柜看见，觉得香气扑鼻，掌柜反倒向叫花子讨吃，不吃则罢、一尝便觉其味美，其香远。回去后如法炮制命名为“叫化童鸡”以待顾客。从此“叫化童鸡”名扬天下，成为江苏名菜之一。

如今江苏名菜叫化童鸡就是由此演化而来，其现在的做法是用黄泥均匀地裹在鸡外包的荷叶上约半寸厚，然后放入微波炉中烘烤。烤好的鸡肉拆开，撕成毛片，肚内碎馅垫盆底，鸡片放在上面，淋上麻油后入席。

中华大地上，我们祖祖辈辈生息不止，吃了几千年、几万年，餐桌上、灶台上积累了极其丰富的经验。到如今，中国成了世所公认的饮食超级大国，中国餐馆开遍了五大洲，威名远扬海内外，中国人为什么吃得如此辉煌灿烂，究其原因还是沉淀其中已久的历史和文化使然。

第一节 食 文 化

中国人一向以“衣食住行”为生活四大要素，食虽排在第二位，那是由于衣不遮体有悖于礼，不能不把衣放在首位，一旦衣能蔽体，那食便是最重要的了。所以夏丏尊在《谈吃》中说：在中国，衣不妨污浊，居室不妨简陋，道路不妨泥泞，而独在吃上，却分毫不能马虎。衣、食、住、行的四要素之中，食的程度远高于其余一切，很不调合，中华民族的文化，可以说是“口的文化”。

下面我们就从四个方面去探求食文化的究竟。

一、烹饪简史

1. 中国烹饪的起源

“烹饪”是南宋以前食品加工制作技术的泛称。烹饪史是研究中国烹饪发展过程及其规律的科学。多数研究者认为，人类的饮食文明大体上由生食、熟食与烹饪三个阶段组成。这三个阶段时间起止要依据国家、民族而定，中国是文明古国，饮食文明三部曲雄浑嘹亮。

多数人认为中华民族的饮食文明应当从元谋人（迄今所知中国境内年代最早的直立人）开始，已有170万年的历史。对于饮食文明三部曲：生食、熟食、烹饪三阶段的划分，基本上是以50多万年前北京人学会用火，以及1万年前发明陶器和用盐作为界标。也就是说，中国的生食阶段约有120多万年的历史，熟食阶段有50多万年的历史，烹饪阶段约有1万年的历史。这段历史写下了中华民族食文化历史的灿烂、辉煌、壮丽、艰辛、漫长的一面。

“生食阶段”的人群主要是指“猿人”。猿人包括170万年前的元谋人、60万年前出现的蓝田人、50多万年前出现的北京人。当时的猿人数十人群居于洞穴之中或树干之上，利用简陋的石器或木棍集体捕猎野兽，共同采集植物的块根或籽实，平均分配少得可怜的食物，饮食方式则是“茹毛饮血”、“活剥生吞”，艰辛地度过了120多万年，这就是中国饮食史上的“生食”阶段。

“熟食阶段”大约在先民学会用火的50多万年前。这一时期的人群是“古人”，古人包括北京人之后、陆续出现的马坝人、长阳人、丁村人、柳江人、资阳人、河套人及山顶洞人。大量考古资料证实，这些“古人”尽管仍处于比较原始的状态，但已学会了用火捕获野兽、烧烤食物、化冰取水，进入了中国饮馔史上的“熟食”阶段，古民的熟食具有以下四个方面的特色。

① 食物原料以容易捕获的肿骨鹿、梅花鹿、野马和野羊为主。

② 野物被石刀等锐器剥膛后，或直接在火上燎炙，或埋在炽热的火灰中烧煨，或丢在烧得发烫的石块上烫烤，没有任何调味品。

③ 用手进食的工具可能是蚌壳、石片、树棍或原始骨叉之类，吃完后喝点生水。

④ 每人每餐分得的食物甚少，仅够勉强维持生存。中国社会前进到距今一万

年左右的旧石器时代晚期，生产力上有一定程度的发展；商品原始交换活动使氏族公社形成了小的聚民点；发明了适用的刮削器、雕刻器、打磨的石刀与骨椎，有利于动物的肌体的分割；摩擦用火的发明促进了火的利用，有利于食物的烹煮以及陶的发现与烧制；盐以及梅子、苹果、野蜜和香草等有利于改善食物的滋味的发现，标志着“烹饪”的条件已基本具备，为烹饪技术的诞生打造了了关键性的环节。中国饮馔史从此揭开了烹饪阶段的华章，奏响了中华民族辉煌的“刀勺味火”交响曲。

2. 中国烹饪的发展

中国烹饪的发展，大体上可划分为先秦、汉魏6朝，隋唐至明清的4个时期。

“先秦时期”是秦朝以前的历史时期，即从烹饪诞生之日起，到公元前221年秦始皇统一中国止，共约7800年。这个时期被称为中国烹饪的草创时期。其中包括新石器时代（约6000年）、夏商周（约1300年）、春秋战国（约500年）三个发展阶段。

“汉魏6朝”自公元前221年秦始皇统一六国，止于公元589年隋炀帝终结南北朝，共810年，这时期各方面都有很大发展，民族间的沟通日益频繁，在中央集权的封建专制国家里，烹饪文化不断出现新的特色。这一时期的后半段战争频繁、诸侯割据、改朝换代快，烹饪就在这种社会大变革中演化，博采各地各民族饮馔的精华，焕发出勃勃生机，烹饪原料得到扩充，炊饮器皿不断出新，烹调技法有了长足长进，筵席格局发生了很大的变化，饮食市场十分活跃，烹饪理论收获颇丰。

“隋唐宋元时期”是中国烹饪发展的第三阶段，起自公元589年隋统一全国，止于公元1368年元朝灭亡，共779年。这一时期，政局稳定，经济发展快，饮食文化成就斐然，形成了中国烹饪发展史上的第二个高潮。隋唐、五代、宋、金、元时期，燃料质量提高，革新了炉灶炊具，推出仪器加工机械，瓷质餐具风姿绰约，金银玉牙制品完美；扩大了食源，珍馐增多，食品雕刻和花碟拼摆突飞猛进，造型热菜日见发展，菜式花色丰富，小吃精品层出不穷；铺陈华美，筵宴升级；涌现出大批名厨，烹饪著述丰收，出现一批烹调原料专著，《饮膳正要》和《千金食治》建树卓著。地方风味被首次提出，菜系开始孕育。

“明清时期”从公元1368年明朝立国起，至1911辛亥革命推翻清王朝止，共543年属中国封建社会的晚期，仅经历两朝，政局稳定，经济上升，物质充裕，饮食文化发达，是中国烹饪史上硕果累累的第三个高潮。明清两朝的烹饪成就可以归纳为：努力开辟新食源，引进辣椒和土豆，扩大肴馔品种，燃料、炊具均较前代先进，出现成龙配套的全席餐具；烹调术增加，工艺规程严格，烹调技术升华，名厨巧师如林，一批名师命名的美食广为流传，珍馐佳肴丰收，清宫菜和孔府菜影响深远，四大菜系形成，地方风味蓬勃发展，大宴华美，礼仪隆重，全羊席和被称为“无上上品”的满汉全席破土而出；以燕窝、鱼翅、烧猪、烤鸭四大名珍领衔，汇集四方异馔和各族美味，菜式多达一两百道，一般要分3日9餐吃完。技法偏重烧烤，主要由满族茶点与汉族大菜组成，因此又叫“大烧烤席”或“满汉燕翅烧烤全席”。饮食市场蒸蒸日上，出现繁华的食街，经营方式多种多样；《本草纲目》进入食文化成就巨大，普遍重视养生食疗，烹饪理论有重大突破。

3. 中国烹饪的昌盛

中国烹饪的昌盛系指当代，包括中华民国和中华人民共和国两个时期，即1911年起至今。

“中华民国时期”（1911～1949年）共38年，这时期工农业发展缓慢，人民生活困苦，市场不活跃，烹饪前进速度不快，无明显成就，但也有一些尚好表现，如引进新食料和西餐；仿膳菜肇始和仿古宴滥觞；川苏风味萌芽和沪菜兴盛；川菜走出天府之国；粤菜走红和星期美点问世；中餐随着华侨的足迹走向世界等。

“中华人民共和国时期”（1949年10月1日开始）由三个阶段组成，1949～1956年属复苏时期，1957～1976年属动荡时期，1977年至现在属跃升时期，这时期的烹饪成就体现在建立管理机构，抢救文化遗产；开办烹饪院校，培训技术人才；组织众多人力，出版烹饪书刊；制定职称标准，表彰名厨巧师；采用先进工艺，创新花色品种；组织观摩比赛，提高服务水平；开展科学研究，建立科学体系；派遣技师出国，大展中菜雄风等8个方面。

二、饮食研究对象

饮食业相对于烹饪产品，服务对象是消费烹饪产品的人群。饮食文化是指人们在消费烹饪加工而成的饮食的历史过程中形成的观念、制度、习俗、礼仪、规范，以及从这些方面反映出来的文化底蕴。

1. 中华饮食文化研究的内容

中华饮食文化是中华各族人民经数十万年的生产生活实践，在食源开发、食品制造、营养保健和饮食审美等方面创造、积累，并对周边国家及世界产生影响的物质财富和精神财富。它包括以下内容。

① 食源的利用，能源的开拓，餐饮器皿和仪器机械的研制。

② 烹饪技术和相关的生产劳动，筵席宴会的设计与调理。

③ 各类食品及其生产、消费规律、饮食民俗事物和饮食审美观念。

④ 中医养生食疗学和西医营养卫生学。

⑤ 饮食市场机制与餐饮业、食品厂的经营与管理。

⑥ 餐厅装潢、服务规程及接待礼仪。

⑦ 烹饪著述与食品工业研究成果、有关饮食的语言文字和文艺作品。

⑧ 饮食心理规律与烹饪中的哲学理念。

⑨ 饮食在国民经济、民族发展和社会进步中的地位及作用。

⑩ 中外饮食和文化交流等。

2. 中华饮食文化研究的对象

从中国饮食文化的概念看，这是一门综合性学科，涉及的方面很广泛，研究对象分成两个方面。

第一，馔肴制作本身，有原料的选择，加工与切配、风味的调制、加热和成熟方式、火候的掌握控制、造型与装盘等技术和营养、卫生方面的要求，其中包含烹饪工艺学、烹饪原料学、烹饪调味学、饮食营养学、食品卫生学、烹饪微生物学、食疗学、烹饪机械与设备等分支。这些内容涉及自然科学中许多学科的基础理论，并运用这些基础理论来阐释饮食烹饪现象。

第二，中国馔肴的形成、发展、演变，要受历史、民族、宗教、民俗、文学、艺术、语言、地理等诸多因素的制约和影响，所以要掌握史学、考古学、民俗学、心理学、美学、文学等方面涉及社会科学类的诸多学科，从而更好地研究筵席设计、烹饪史学、烹饪民俗学、饮食美学、饮食心理学、餐饮管理等。

3. 中华饮食文化研究的分类

中华饮食文化可以从不同角度进行分类。

(1) 按时代特征和烹饪方法分　旧石器时代晚期火烹饮食文化、陶器时代水烹饮食文化与汽烹饮食文化、铜铁器时代油烹饮食文化、电器时代机械烹及自动化烹饮食文化。

(2) 按地域特征和农业生产布局分　黄河流域麦畜作饮食文化、长江流域稻鱼作饮食文化、辽河流域豆粱作饮食文化、珠江流域芋果作饮食文化、蒙新青藏牧区肉乳作饮食文化、滇黔桂粤山区虫菌作饮食文化、东南沿海滩涂作饮食文化、西北边陲林原作饮食文化。

(3) 按食馔品种和餐饮器皿分　有珍馐文化、筵宴文化、小吃文化、快餐文化、药膳文化、现代食品工业文化、茶文化、酒文化、乳文化、食虫文化、盐文化、酱文化、豆品文化、保健饮品文化、外来食品文化，还有骨石器饮食文化、竹木器饮食文化、箸匙器饮食文化、钟鼎器饮食文化、陶瓷器饮食文化、金玉器饮食文化、金属化工制品饮食文化等。

(4) 按消费对象和层次方位分　神鬼饮食文化、帝王饮食文化、官绅饮食文化、文士饮食文化、军卒饮食文化、僧道饮食文化、绿林饮食文化、游侠饮食文化、乞丐饮食文化、匠夫饮食文化、市民饮食文化、耕农饮食文化、观光客饮食文化等。

(5) 按民俗风情和社会功能区分　居家饮食文化、燕宾饮食文化、寿庆饮食文化、婚嫁饮食文化、丧葬饮食文化、祭奠饮食文化、年节饮食文化、交流饮食文化、民族饮食文化、宗教饮食文化、仿古饮食文化、拟外饮食文化、车船饮食文化、茶坊饮食文化、公关饮食文化、厨行饮食文化等。

三、风味流派、饮食民俗

风味流派，也叫菜种或地方菜，是指由于地理环境、气候物产、历史变迁、文化传统、宗教信仰、民族习俗以及烹调工艺诸因素的影响，长期以来在某一地区内形成，有一定亲缘承袭关系，菜点特色风味相近，知名度较高，并为相当一部分人群喜爱的传统膳食体系。

1. 八大菜系

“菜系”是指品类齐全，特色鲜明，在海内外有较高声誉的系列化的菜种，包括民族菜系、宗教菜系、地方菜系、家族菜系四大类型。在20世纪50年代，就有四大菜系、八大菜系、十大菜系、十二菜系、十四菜系、十六菜系、十八菜系等种种说法。这里说一下认同率较高的鲁、苏、川、粤、浙、闽、徽、湘八大菜系。

“鲁菜”指山东菜，起源于春秋时期的齐国和鲁国。主要风味特色是：鲜咸、纯正、善用面酱、葱香突出；原料以海鲜、北方冷水鱼和禽畜为主，重视火候，精于爆炒，善于制汤和用汤；装盘丰满，造型古朴，菜名稳实，敦厚庄重，具有官府菜的饮馔美学风格。代表菜有：葱烧海参、德州脱骨扒鸡、酥海带鱼、糖醋鲤鱼、九转大肠等。

“苏菜”指江苏菜，起源于春秋时期的吴国。主要风味特色是：清鲜平和，咸甜适中，口味淡雅；组配谨严、刀法精妙、色调秀美、菜形清丽；食雕技术一枝独秀；擅长炖、煨、焐、烤，鱼鸭菜式尤为漂亮；园林文化和文士饮膳的气质浓郁，餐具精美。代表菜有：松鼠鳜鱼、清炖蟹粉狮子头、金陵桂花鸭、叫化鸡、沛公狗肉、天下第一菜等。

“川菜”指四川菜，起源于周秦时期的巴国和蜀国。主要风味特色是：“尚滋味，好辛香”，清鲜醇浓并重，以善于麻辣著称；选料广博，以小煎、小炒、小烧、小靠、干烧、干煸见长；独创出鱼香、家常、陈皮、怪味等20余种味型。代表菜有：毛肚火锅、宫保鸡丁、河水豆花、麻婆豆腐、鱼香腰花、回锅肉、八宝素烩等。

“粤菜”指广东菜，起源于秦汉时期的南越（也称“南粤”）。主要风味特色是：生猛、鲜淡、清美，具有热带风情和滨海饮膳特色，用料奇特而又广博，技法广集中西之长，趋时而变，点心精巧，大菜华贵。代表菜有：三蛇龙虎凤大会、金龙脆皮乳猪、爽口牛肉丸、烧鹅、炸禾花雀、白斩鸡等。

“浙菜”指浙江菜，起源于春秋时期的越国。主要风味特色是：醇正、鲜嫩、细腻、典雅、注重原味，鲜咸合一；擅长调制海鲜、河鲜与家禽，轻油、轻浆、轻糖，注重香糯和软滑，有鱼米之乡风情；主辅料强调“和合之妙”，讲究菜品内在美与外观美的统一，以秀丽雅致著称。代表菜有：西湖醋鱼、龙井虾仁、梅干菜焖肉、冰糖甲鱼、干炸响铃、东坡肉等。

“闽菜”指福建菜，起源于秦汉时期的闽江流域。主要风味特色是：清鲜醇和、荤香不腻、重淡爽，尚甜酸；善于调制山珍海味，精于炒、蒸、煨三法；习于红糟、虾油、沙茶酱、橘汁等佐味提鲜，汤路宽广；餐具玲珑小巧，古朴大方。代表菜有：佛跳墙、太极芋泥、龙身凤尾虾、鸡汤氽海蚌、通心河鳗等。

“徽菜”指安徽菜，起源于汉魏时期的歙州。主要风味特色是：擅长生做山珍野味，精于烧炖、烟熏和糖调；讲究“慢工出细活”，重油、重色、重火功；咸鲜微甜，原汁原味，常用火腿佐味，用冰糖提鲜，用芫荽和辣椒配色；重茶、重酒、重情义，古朴、凝重、厚实，受徽州古文化和徽商气质的影响较大。代表菜有：无为熏鸡、清蒸鹰龟、软炸石鸡等。

“湘菜”指湖南菜，起源于春秋时期的楚国。主要风味特色是以水产和熏腊原料为主体，精工烧、炖、腊、蒸，以小炒、滑熘、清蒸见长，味浓色重，咸香酸辣，油润醇和，姜豉突出，受楚文化的熏染较深，历史积淀厚重。代表菜有：腊味合蒸、潇湘五元龟、霸王别姬、冰糖湘莲、麻辣仔鸡、红椒酿肉等。

2. 民俗、食俗

民俗又叫民风、土风、遗风、遗俗、风尚、风习、土俗、方俗、风俗、流俗、习俗、习惯、习性、风土人情、乡风民俗、风俗习惯、民间礼俗或民俗事象，即民间社会生活中传承文化事项的总称。民风民俗无所不在，蕴藏在人们的生活传统里，如：北方人睡炕，偏重咸味；南方人睡床，喜甜酸口味；吃年饭、过端午、清明扫墓踏青、重阳敬老登高等。

民俗分生产消费民俗、社会风情民俗、精神信仰民俗、民艺游乐 4 大类型；有良俗、俗信、迷信、陋俗、恶俗之分。民俗有历史性、地方性、传功性和变异性等特征，还有历史认识功能、思想教育功能、传授知识功能和娱乐身心功能。

食俗又叫食风、食尚、食性、食规、饮食习惯或饮食民俗，泛指有关食物和饮料在筛选、组配、加工生产、销售与食用过程中形成的风俗习惯。中国食俗事象极为丰富，涉及社会生活的许多方面，通常将其分为年节文化食俗、地方风情食俗、宗教信仰食俗、少数民族食俗四种类型。

年节文化食俗又叫“节庆食俗”，专指年节期间具有传统文化色彩的节庆食品和饮食风尚。如：春节食俗、元宵节食俗、清明节食俗、浴佛节食俗、端午节食俗、尝新节食俗、乞巧节食俗、中元节食俗、中秋节食俗、重阳节食俗、冬至节食俗、腊八节食俗、灶王节食俗、除夕节食俗等。年节文化食俗具有历史性、准时性、全民性、多样性和传说性等特性。

地方风情食俗是以风土人情作为标志，流传在某一区域内的饮食习俗。如：家庭日常习俗、家庭节庆食俗、诞生礼食俗、成年礼食俗、婚嫁礼食俗、寿庆礼食俗、丧葬礼食俗、酒楼装饰食俗、经营方式食俗、东北地区食俗、华北地区食俗、西北地区食俗、华东地区食俗、华中南地区食俗、华西地区食俗等。地方风情食俗的特色往往通过特异的食料、食技、食品、食规、食趣和食典展示出来。

宗教信仰食俗是在原始宗教“万物有灵”思想或现代宗教教义、教规约制下，在信众或教徒内部形成的饮食生活习惯。如：物灵崇拜食俗、萨满教食俗、佛教食俗、道教食俗、基督教食俗、伊斯兰教食俗等。宗教信仰食俗，行为上多有某种手段或仪式，心理上多有某种影响精神意识的力量，语言上多有某种语汇或戒律。

少数民族食俗，指分别流传在 55 个少数民族中的特殊饮食习惯。这一食俗十分复杂，原因是民族众多，历史沿革与居住环境不一样，各自都有自己的膳食结构与忌讳，个性分明；还因少数民族习俗与其食俗彼此存在着相通之处而不易把握。

3. 小吃

小吃又叫小食、零吃，指可充作早点或夜宵，在正餐和主食之外用于充饥、消闲的粮豆、肉脏或果蔬制品。中国小吃主要有八大帮式：分别是北京小吃、天津小吃、山东小吃、山西小吃、上海小吃、江苏小吃、四川小吃、广东小吃。

（1）北京小吃　萌于隋唐，发展在辽金，成形在元，兴盛在明清。包括汉民风味小吃、回民风味小吃、宫廷风味小吃三个系列，分荤素、甜咸、干湿、冷热四个品种，共300余种。主要风味特色是应时当令，适应节俗，春有艾窝窝和驴打滚，夏有杏仁豆腐和漏鱼，秋有栗子糕和烤白薯，冬有羊肉杂面和盆糕。用料广博，品种丰富，豆类制品有近10种，烧饼有10多种，佐配料有100余种，技法多样，工艺精巧。

（2）天津小吃　孕育于宋元，成熟在明清，随着天津卫的兴盛而兴盛，主要风味特色是：以面食品为主，选料广而精，资源厚，四时品种不同，五方杂处，经营灵活，如狗不理包子、桂发祥大麻花、耳朵眼炸糕、五香驴肉、贴饽饽熬小鱼、嘎巴菜等都很有名。

（3）山东小吃　始源于汉，唐宋品种增多，明清形成体系，品种多达数百种，分民间小吃、适时小吃、筵席小吃三大系列。主要风味特色是：源于民间和当地气候物产，与生活习俗密切相连；技法多达10余种，面团齐备、品种多，馅心种类繁多，物美价廉。

（4）山西小吃　始于汉唐，兴在宋元，明清发展迅速，有500多个品种，分晋式面点、面类小吃、山西面饭三系列，面食之丰富、功力之深厚为全国之冠。风味特色是注重色味质感，讲究看好吃香，米麦豆薯皆可制作；面团多达20余种，花式繁多，技法奇绝，有拉面、削面、拨鱼、搓鱼、流尖、蘸尖等100余种；成熟方法多种多样，煮、炸、炒、焖、蒸、煎、烩、煨，各随人意；浇头有7大类100余种。此外还讲究面码，因面而变，四季有别，堪称一绝。

（5）上海小吃　始自南宋，明代出现高档品种，现已形成城隍庙小吃、高桥糕饼和葛汉点心三大系列。主要风味特色是：适应节令，因时而变，春有汤团，夏有凉面，秋有蟹粉小笼，冬有羊肉煮面；杏花楼月饼、乔家栅粽子脍炙人口；桂花薄荷糖油馅心的制作要有近10道工序、火腿粽子仅有拇指大小……选料严谨，工艺精细，南北各档次风味兼备，品种多达700余。

（6）江苏小吃　起源于古时的吴越，品种多达1000余种，有扬州富春菜点、南京夫子庙小吃、苏州观前街小吃、无锡太湖船点、南通小吃等系列。风味特色是：原料多用花卉、海鲜和野菜，口感清鲜，风味别致，制作精细，造型玲珑，注重原汁配汤，分外松软爽口。

（7）四川小吃　始于汉魏，兴于唐宋，成熟在明清。主要风味特色是：用料广泛、米麦豆薯、鸡鸭鱼肉、蛋奶蔬果、山菜野味，无不取之，特别是在豆、薯的利用上技法全面，有10余种；品种多样，有数百种；还有独一无二的“宜宾燃面”，注重传统工艺，如赖汤圆、味儿粑等都秉承古法，一丝不苟；善于调制复合味，味种多达几十种，与川菜异曲同工；讲究吃的艺术，有零吃、套餐、小吃席多种，老字号经久不衰。

(8) 广东小吃　源于唐宋，发展在元明，昌盛在清代，由糕品、油品、粉面品、粥品、甜品、杂食6种类型组成。分为长期点心、四季点心、星期美点、席上点心、节日点心、旅行点心、早茶点心、招牌点心八个系列。其中，皮有四大类23种，馅有三大类47种，各式点心有2000多种，主要风味特色是：糖、油、蛋、奶下料重，酥点居多；微生物发酵与化学剂催发并用，质地异常松软；馅料重用鱼虾鸡鸭和花卉果珍、味鲜且香。

我国源远流长的各种小吃无不体现着特定的地域和民族文化，闪耀着中华民族饮食文化的灿烂之光。

四、筵宴食器

1. 筵宴的特征类型

筵宴是筵席与宴会的合称。分开来看，筵席的定义是：人们为着某种社交目的的需要而隆重聚餐，并根据接待规格和礼仪程序精心编排制作的一整套菜品，既是食肴的组合艺术，又是礼仪的表现形式，还是公关社交的工具；宴会又称酒会、会饮，是因民间习俗和社交礼仪的需要而举行的宴饮式聚会，包括国宴、专宴、便宴、家宴等多种形式，特征是饮宴、娱乐、社交、晤谈相结合。由于宴会必备筵席，两者性质和功能相近，因而常被合称为筵宴。筵宴的特征有三，具体介绍如下。

首先是聚餐式的形式。中国筵宴始终是在多人围坐、亲密交谈的欢快气氛中进行的，习惯于8人、10人、12人一桌，以10人一桌形式为主，象征十全十美，有吉祥的寓意。桌面形状虽多种多样，但以圆形为主，意味着团团圆圆、和和美美，赴宴者身份不外乎主宾、随从、陪客和主人四种。

其次是规格化的内容。筵宴与便餐的区别在于它的档次和规格化，要求全桌菜品配套，应时当令，制作精美，调配均衡，食具雅丽，仪程井然；冷碟、热炒、大菜、甜食、汤品、饭菜、点心、茶酒、水果、蜜脯等均需按一定质量和比例分类组合，前后衔接，依次推进。

再次是社交性的作用。筵宴是佳肴玉食汇展的橱窗，既可以怡神甘口，满足口腹之欲，又能启迪文思、陶冶情操，给人以精神上的愉悦。尤其是在社会交际方面，可以聚会宾朋、敦亲睦谊、纪念节日、欢庆盛典、洽谈事务、开展公关、活跃市场、繁荣经济。

古往今来，我国筵宴隆重、典雅、精美、热烈，形成了一套传统规范作为礼俗世代相传，成为中华饮食文化的有机组成部分。

2. 食器

食器最早源于陶器时代（距今约一万多年前），有碗、豆、盘、杯、盂、瓶、簋、壶、钵、罐、缸、盆、瓮等多种；青铜器时代，有铜制的簋，用白陶、硬陶、原始瓷玉石、牙骨、竹木等材料制作的多种食器；铁器时代，金属餐具在数量和质量上虽有了较大提高，但除陶制、铜制食器外，最引人注目的还是属瓷制食器，大量使用并呈现优势；近现代食器就更广泛而丰富多彩了。

食器之美有两种含义：一是器本身的美，二是器与馔肴配合的美。寻求食与器美的规律有三：首先是和谐之美，其次是精巧之美，再者是古朴之美。说白了，美食用美器，更加完美，也就是说红花须有绿叶配。

第二节　酒　文　化

酒是食品范畴里一种美好的饮品。

中国是酒的王国，饮酒和酿酒的历史已逾数千年。酒在长期的发展过程中，出现了许许多多被誉为“神品”、“琼浆”的珍品。在中国这块酒的乐土上，有许多关于酒的诗篇流传至今，构成了丰富多彩、千姿百态的酒文化。

酒是人类文化的象征之一。

一、有关酒的酿造

中国是世界上最早的酿酒国家之一，对世界酿酒业的发展作出了特殊的巨大贡献，但酒始于何时，由谁酿造，历来争论不休。

一说猿猴造酒。明周光旦《篷拢夜话》记载：“黄山多猿猱，春夏杂采花果于石洼中，酝酿成酒，香溢四发，闻数百步”；《清稗类钞·粤西偶记》中记“樵子入山，得其巢穴者，其酒多至数石，饮之，香美异常，名曰猿酒”。这些记载似乎说得很肯定。猴子酿酒不是有意识的，那是花果堆积偶然发酵而成，但猿人有目的地采集花果酿酒却是可能的。

猿猴居深山老林中，完全有可能遇到成熟后坠落经发酵而带有酒味的果子。开始它们也许并不食用，但在饥饿的情况下或偶尔尝一尝，觉得别有风味，于是发生了兴趣，就将果子采下放在“石洼中”，让它自然发酵后再来享用。如果说“酝酿成酒”的“酝酿”，是指事物的自然变化养成，那么，猿猴采“花果”“酝酿成酒”是完全可能的。因此，有学者推断，含糖果物酿酒起源于猿人时代。

二说原始的酒。到了旧石器时代的后期，人们基本上还过着采集和渔猎的生活，石头工具的制作技术已明显提高，已有饰品出现。据此可推测，人们对于食物的好恶有了选择的可能，发现经自然发酵带有酒味的野果好吃，产生爱好，将野果采下贮存起来，有意识地发酵后享用，可以说是最原始的酒。

随着社会发展，当捕获到活的野兽吃不完时，就用绳子缚住或用栅栏围住养起来，这样畜牧业就逐渐产生发展起来，当猎获到哺乳幼兽的母兽或关在栅栏里的母兽产了仔时，人们可能尝到兽乳，含糖的兽奶吃不完时，也可能发酵成酒。《周礼》一书中提到“醴酪”，即用乳酿制的酒。这大概是中国有文字记录的较古老的酒了。

三说谷物酿酒。到底是谁发明了谷物酿酒的呢？这可能与果、乳成酒有同样的情况，大家知道，原始人在采集野生谷物为食的时候，就可能多次遇到谷物受潮发霉发芽生酒的现象。随着农业的发展，生产的谷物也逐渐多了，当然贮存过程发霉发芽成酒的事也多了起来。正如原始人用水果造酒一样，人们尝了谷物成的酒，很是喜爱，于是模仿着、摸索着干了起来，谷物酿酒就这么“出世”了。所以汉朝淮南王刘安撰写的《淮南子》中说的“清醠之美，始于耒耜”即谷物酿酒的起源，几乎是和农业同时开始的，这种说法有一定道理。

四说仪狄、杜康造酒。对于酒的发明，有许多传说，仪狄、杜康造酒就是其中一说。《世本》一书说“仪狄始作酒醪”，也就是说酒是一个叫仪狄的人发明的。仪狄，比较一致的说法是夏禹的一个臣属。《战国策》有这样的记载：“昔者，帝女令仪狄作酒而美，进之禹，禹饮而甘之，遂疏仪狄而绝旨酒。”这是我们见到的关于仪狄作酒的较详细的记载。但此记载并没有明确说是仪狄“始”作酒，也没有说作的什么酒。《说文解字》“酒”条中，也只记了“古者仪狄作酒醪，禹尝之而美，遂疏仪狄”的话，好多古籍中还有一些否定仪狄“始”作酒的记载。还有的书上说神农时代就有酒了，或者说帝尧、帝舜时就有酒了。神农、黄帝、帝尧、帝舜都早于夏禹，可见“仪狄造酒”说是值得怀疑的，仪狄很可能是夏禹时代的一位酿酒高手，酿出的酒质地美好，因之人们对他念念不忘，生出许多传说。

杜康造酒是流传最广的一种，关于杜康是什么时代的什么人，众说纷纭，谁也说不清，据说杜康是黄帝部落管理粮食的一位官员，因其手下仆从渎职而造成库存粮食发霉变质事件，后被贬职回乡。他把霉变的粮食带回家乡，走访乡民，总结民间酿酒的经验，取附近山里的泉水酿造，经过反复实验，终于酿成了酒。因此，人们称其为“酿酒始祖”。清朝乾隆年间《白水县志》即记载“杜康，字仲宁，为我县康家卫人，善造酒”。

《说文解字》“酒”条中说：“杜康作秫酒”；“帚”条中也说：“古者少康初作箕帚、秫酒。少康，杜康也”。明确提到杜康是“秫酒”的“初作”者。秫，即黏高粱，也作高粱的统称。按《说文解字》的说法，杜康该是用高粱酿酒的创始人。

从现有的材料看，很难得出“杜康发明酿酒”的结论。但如果说杜康是一位善于酿酒的大师，可能比较符合实际。

二、说名酒

中国酒的历史悠久绵长，酿造出了丰富多彩的名酒，历史最悠久的当数黄酒，系列如绍兴黄酒、福建老酒、闽西沉缸酒等都早已名扬天下。名扬海内外的白酒系列中有贵州茅台、宜宾五粮液、泸州老窖、安徽古井贡、江苏洋河大曲、山西汾酒、陕西西凤等名酒，张裕的葡萄酒系列享誉国内外。我国的酒不光历史悠久，而且酒的花色品种也极为丰富多彩。

凡是含有纯酒精体积分数0.5%～75%的液态或固态可入口物品，均可称其为酒。酒应分药酒、补酒、饮料酒三大类。药酒，是一类含酒精的特殊药品，但更确切地应该说药酒绝不是饮料酒或一般的补酒，而是药用酒，它以特定的疗效为其主要质量指标，应遵医嘱食用。补酒，是以滋补作用为主要目的的酒。饮料酒，是属于食品范畴之内的含醇饮料。饮料酒按生产方式的差别又分酿造酒、蒸馏酒、配制酒三类。酿造酒是经过将谷物类、果类及乳类等原料发酵等工序所得的酒液，不经蒸馏，而是直接贮存、过滤、调配杀菌等工艺处理后就可饮用的酒，这种酒的酒精体积分数一般在24%以下，大多在0.5%～20%之间；蒸馏酒是将含谷类、薯类、果类的原料直接发酵，或经糖化再发酵后必须进行蒸馏，取馏出液贮存，除蚀、勾兑而成的酒，这种酒的酒精体积分数为18%～60%；配制酒，即以酿造酒、蒸馏酒或用酒精为基酒，辅以增加香味的材料，经萃取或重蒸调配、过滤、贮存等工序制成的酒，这种酒的酒精体积分数通常为14%～40%，也有高达55%甚至71%的，我们这里选择有代表性的饮料酒系列作扼要介绍。

“茅台酒”产于贵州省仁怀县赤水河畔的茅台镇，因产地而得名，被众人誉为“礼品酒”、“外交酒”、“国酒”，有270多年的历史，以独特的色、香、味为世人称颂，以清亮透明、醇香回甜而名甲天下。

茅台酒的酒度虽为53度，但郁而不猛，柔和芬芳。在蒸馏过程中，先出的和后出的酒质量不一样，分为6个等级：酒头、特级、甲级、乙级、一般和酒尾，其中特级重点取香，甲级重点取甜，乙级香甜差不多。蒸酒时各级酒出现时间的比例没有定式，全凭酿酒大师经验，分段接酒，分级贮存。最后由勾兑师将贮存期满的各种级别的酒进行勾兑。

“五粮液酒”，顾名思义，是采五种粮食而酿造。五粮是高粱、糯米、大米、玉米、小麦。五粮液酒味甜、醇厚喷香，无色透明，冰清玉洁，酒度虽高达60度，但并无强烈刺激性，不愧酒中之珍品。

五粮液酒产于金沙江、岷江和长江汇合处的四川宜宾市，源于唐代的“重碧”和宋代的“荔枝绿”，又经过明代的“杂粮酒”、“陈氏秘方”，经过1200年的历史实践，才达到今天的一枝独秀。瓶启之时，酒香喷放，浓郁扑鼻；饮用时，满口溢香，四座生香；饮用后，口味柔和甘美，余香绵长，净爽醇厚，各味协调，在我国大曲酒中以酒味齐全而著称。五粮液的酒度一般为60度，出口的五粮液为52度。

“西凤酒”产于陕西省凤翔县柳林镇，酒度65度，酒液清澈透明似水晶，幽兰香醇，在我国酒类中属清香型，酸、甜、苦、辣、香五味俱全，为众人所喜好。

相传凤翔县柳林镇是春秋时代五霸之一的秦穆公建都的所在地。这一带从周初以来传说是出凤凰的地方，流传着秦穆公的女儿弄玉吹箫引凤的故事。还有“凤鸣岐山”的典故；唐朝以来，又是“西府”府台的所在地，人们称其为“西府凤翔”，据说其商标上常见的凤凰图案即与此有关。

“汾酒”，唐代诗人杜牧《清明》“清明时节雨纷纷，路上行人欲断魂。借问酒家何处有？牧童遥指杏花村”。诗中“杏花村”就是“汾酒”的产地，山西省汾阳县杏花村距今已有1500多年的历史。

相传当年杏花村昌盛时，有大小72家酒坊，酒馆云集，据说杏花村的井水很神奇，用它煮饭水不溢锅，盛入容器不蚀不锈，洗涤衣衫柔软干净。杏花村水质好，酿酒原料也讲究，采用的是晋中原特产“一把抓”高粱，以大麦和豌豆制曲；酿造时，将高粱蒸熟时拌曲、放入，埋在地下，在口与地平的陶缸中发酵21天取出蒸馏，蒸馏后的糟醅再加曲发酵21天，两次蒸馏得到的酒再配合起来，成品为60度，可并不使人感到强烈的刺激；工艺上也很独特，前人总结成7大秘诀：人必得其精，粮必得其实，水必得其甘，曲必得其明，器必得其洁，缸必得其湿，火必得其缓。因为工艺的严格，才保证了汾酒的特殊品质和风味，而赢得了“甘泉佳酿”和“液体宝石”的美誉。

三、名酒的评定

为世人所瞩目的名酒是怎么评出来的呢？这是大家感兴趣的话题，历届评酒情况不完全相同，中国的酒成千上万种，比较复杂，这里只做大概介绍。

酒在投放市场之前，要经过专门部门的检验。以白酒为例，一是感观指标，色、香、味如何；二是理化指标，指酒度多高，所含总酸、总脂、总醛、甲醇、杂醇油、氰化物、铅等，是否在允许范围内；三是年销量是否具备规模，达到了这三项要求，还要经过市、地、省逐级评比，过关后，方能参加全国评比。

全国评酒会上，每一种酒都有十几位到二十几位全国评酒委员。国家级评酒员必须通过严格的考核才能获得资格，因为目前对确定各种酒的品质和风格，以及它们之间细微的差异，还很难用化学检验或物理检验的办法去验证，只能凭人的嗅觉和味觉感官。天生的评酒专家并不存在，评酒能力与实践锻炼关系很大。考核评酒委员，第一项内容就是感官判断力，第二项是酒的理论知识，同时还要经过逐级选拔，最后经全国评酒委员会考核合格后，才具备了参加全国评酒会的资质。

对于参评的酒样，要求和市场上销售的一样，不得另取样，具体取样还有好多的具体要求。

评酒员在评酒期间，如果感冒了、牙疼了、胃病了，都会影响到评酒员的感官。评酒期间，评酒员还要忌口，不吃过咸、辣、油腻、酸性的食物，更不允许在评酒会外饮酒。

评酒时，参评的酒是分类别的，比如说白酒系列、葡萄酒系列、啤酒系列、黄酒系列、药酒系列等。每个系列又分不同香型，例如白酒往往分酱香型、清香型、浓香型、米香型、其他香型等。评酒时，所有评酒员都参加，每人一张桌子，桌上有清水一杯，新鲜黄瓜一条，淡面包一片，评酒员落座后，工作人员就将编好号的样品酒端上来，评酒员按色、香，味、风格几个方面品酒打分，当场填表。

在评酒过程中，要求评酒员不许互看评分结果，不许吸烟，不许将化妆品带入评酒室；每评完一种酒都要用清水漱口，咬一口黄瓜或面包，消除口中上一种酒的余味之后再进行下一轮的品评。由于评酒员评酒时感官、精力都高度紧张与集中，几轮下来，都会感到很疲劳，若连续数日，有的评酒员口腔黏膜还会被燎起泡来。

参评酒最后要依总分数和评语为根据得出名次，这时再由编号人员查出各号样品酒的名字、厂家、主管部门，根据每一类型酒参评的比例确定前几名为国家名酒，并予以公告。

组织一次国家评酒会，具体事项是很复杂的，这里只做简单介绍，其他系列的酒评法，还有更具体的要求，如啤酒，不能事先将酒倒在杯子里再端到桌上，因为那样泡沫和二氧化碳气会消失，所以就要求用布套把瓶子套上，当着评酒员的面开瓶。

四、酒俗、酒礼

既然中国是酒的王国，那么欢庆佳节、婚丧嫁娶、好友相聚、宴请宾客，各种交际礼仪场合就都少不了酒。酒可以化干戈为玉帛，可以壮怀激烈，可以让相逢知己千杯少，也可以使醉翁之意不在酒……酒使人精神振奋，食欲大增，消除疲劳，加快血液循环，促进新陈代谢，活跃气氛，增进友谊，酒在我们中华民族的生活习俗中，无所不在，无酒则不成礼。

古时人们饮必祭、祭必酒。祭祀的对象非常之多，诸如天地、山川、社稷、宗庙、祖先、神鬼等。祭祀完毕，开宴饮酒，乞求平安、健康、顺利。

春节饮酒是除夜守岁，五月单五端午节饮雄黄酒是驱邪，九月九日重阳节登高饮菊花酒是敬老。出师、祝捷饮酒的风俗，在我国延续了几千年，还有贺得子、做弥月、庆寿诞、办丧事等都要以酒庆贺，喝的是喜酒、交杯酒、合欢酒、饯行酒、凯旋酒、寿酒、接风酒、洗尘酒……

客来敬茶以示敬意，客来时加待以酒，以示隆重。欧阳修说“十载相逢酒一杯，故人才见便开眉”，表示故人重逢，心情是多么愉快、欢畅；王维诗说“劝君更进一杯酒，西出阳关无故人”，举杯相敬，以表友情之深厚。很多文人墨客，酒缘深厚，唐朝有斗酒诗百篇的李白，他的诗歌传下来的有1500余首，其中写到饮酒的有170首之多，他的“但使主人能醉客，不知何处是他乡”，说的是主人待客以酒，客人多么感谢主人的情谊；“花间一壶酒，独酌无相亲。举杯邀明月，对影成三人”成为传世佳作。宋朝的“醉翁”欧阳修，有流芳百世的《醉翁亭记》；还有为世人传咏的苏轼妙文《酒经》、李清照的“沉醉不知归路”、“浓睡不消残酒”。郭小川有“一杯酒，开心扉”，“五杯酒、豪情胜似长江水”，“十杯酒红心与朝日同辉”美妙佳句。酒助诗兴，也助豪情，更壮勇士胆。雅士好酒英雄亦好酒，就有了刘邦凯旋返归故里，与家乡父老畅饮开怀，高唱大风歌；曹操青梅煮酒论英雄，豪情满怀议论纵横；荆轲饮燕市，酒酣气益震；关云长温酒斩华雄；宋太祖杯酒释兵权。难怪人们说，中华民族的文化是飘着酒香的文化。

少数民族在酒方面也有很多他们自己的习俗，如哈尼族待客是先敬酒，后敬茶，以示欢迎，而裕固族正好与哈尼族相反，有客来后，主妇生火煮茶、喝完茶后，男主人敬酒，一敬就是双杯，接着是女主人敬、孩子敬，依次类推，家里每个成员都要敬；土家族敬酒习惯是主人托盘端来三杯青稞酒，客人用中指蘸酒敬天地，而后主人请客人上炕入席，席间主人和陪客按土家传统轮流唱“敬酒歌”；傣族山寨待客是寨中姑娘手托银盘敬酒，如果敬而不饮，她们就会抱着客人的头硬灌下去。

中国饮酒非常讲究礼仪，比较认可的饮酒礼俗是：一是未饮先酹酒，就是把酒洒于地，表示祭天地；二是饮酒必干，端杯敬酒，先干为敬，以示尊敬；三是行酒令以助酒，活跃气氛、调节感情，促进交流，斗智斗巧，提高宴会的趣味。

第三节 茶 文 化

中国是茶的故乡，也是世界上最早种植茶和利用茶的国家。茶在我国是公认的国饮，老百姓们说："开门七件事，柴米油盐酱醋茶"，茶是我国群众物质生活的必需品；文人们说"文人七件宝，琴棋书画诗酒茶"，茶通六艺，茶是我国传统文化艺术的载体。人们视茶为生活的享受、健身的良药、提神的饮料、友谊的纽带、文明的象征。饮茶之乐，其乐无穷。正是在这饮茶过程中，逐渐形成了具有中国传统特点的茶文化。

一、中国茶文化的形成与发展

1. 茶文化的形成

据科学家们的研究，茶树的起源至少有六七千万年的历史，比人类的历史要早得多。原始社会时期，人们就已经开始采摘茶树的叶子进行食用了。那么，茶叶是在什么时候作为饮料得以广泛应用的呢？目前虽然没有确切的记载，但是至少到了东汉末年和三国时期，茶叶就已经被作为饮料了。清代顾炎武在《日知录》中记载："自秦人取蜀而后，始有茗饮之事。"也就是说，到战国末期，秦灭巴蜀之后，黄河流域才受其影响，饮茶之风才开始流行。

汉代，有关茶的保健作用日益受到重视，文献记载也开始增多。西汉王褒在《童约》中提到"烹荼尽具"、"武阳买荼"。荼即指茶，买茶要到远处的武阳去买，说明当时已有专卖茶叶的茶市，茶叶作为饮料已成为日常生活中的必需品。到了魏晋南北朝时期，饮茶之风已传播到长江中下游地区，茶叶已成为日常饮料，在宴会、待客和进行祭祀时都会用到它。晋代的文人杜育还专门写了一篇歌颂茶叶的《荈赋》："灵山惟岳，奇产所钟。厥生荈草，弥谷被岗……"。可以看出，这时的茶已不再是简单的用于解渴、提神、保健等需要，还具备了一定的文化色彩，中国的茶文化也逐步形成。

2. 唐代茶文化的兴起

"茶"作为一种文化自唐代开始在我国逐渐发展完善起来了。唐代是我国历史上疆域辽阔、经济发达、国富民安、十分强盛的封建王朝。国家的高度统一，使得交通发达，东西南北的文化经济交流十分活跃，为茶叶的流通和茶文化的传播创造了有利条件，同时也使茶叶的生产贸易有了飞跃的发展。唐朝作为我国古代茶业发展史上的一座里程碑，其突出之处不仅在于茶叶产销的极大发展，还表现于这一时期茶文化的蓬勃发展，除了唐代经济、文化的昌盛起作用外，还与以下几个因素密切相关。

（1）与佛教的发展相关　隋唐之际，佛教得以在中国迅速发展。寺院常建在青山秀水之间，气候宜人，因此唐代很多寺院都有种茶、制茶的习尚。禅宗主张佛在内心，提倡静心、自悟，所以要"坐禅"，既能解渴又可提神的茶自然成了僧人们喜爱的饮料，也由此有了历史上有名的“茶禅一味”之说。因此唐代僧道都以茶供祖、以茶释经、以茶养生、以茶应酬文人，招待俗客。他们通过办茶会、行茶礼、写茶诗、著茶书，甚至亲自种茶、精心研究制茶技术，大大丰富了唐代茶文化的内容，推动了茶道的发展。

(2) 与唐代的诗风大盛有关　唐代是我国的诗歌极盛时期，那些活跃在当时文坛的诗人、画家、书法家、音乐家，如诗仙李白、诗圣杜甫、陆羽、颜真卿、卢仝、柳宗元、周昉、张萱用自己的生花妙笔创作出了大量传诵千古的茶诗、茶词、茶歌和《调琴啜茗图》、《烹茶侍女图》、《煎茶图》等名画，对普及和弘扬茶文化起到了推波助澜的作用。

研究茶文化，不可不知陆羽和卢仝。

① 陆羽，一生专心研究茶事，因善于煮茶、品茶而名闻各地。他自唐肃宗上元元年（公元760年）隐居浙西后，游遍了江苏、浙江、江西茶区，对茶叶的采制、饮用和茶事作了深入的研究和实践，于公元780年完成了世界上第一部7000多字的茶学专著《茶经》，对唐代茶叶的历史、产地与茶的功效、栽培、采制、煎煮、饮用等知识和技术都作了阐述，对推动中国茶叶生产和饮茶风气起了很大的作用，宋人梅尧臣称“自从陆羽生人间，人间相学事新茶”。因此，陆羽被后人尊称为“茶圣”。

② 卢仝（约775～835年），自号玉川子，范阳人（今河北涿县）。卢仝才高有节，时人称誉他“志怀霜雪，操似松柏”，以一首《走笔谢孟谏议寄新茶》（也被称为《卢仝茶歌》）被后人誉为诗化的《茶经》，堪称茶诗中的经典之作，全诗如下。

“日高丈五睡正浓，军将打门惊周公。口云谏议送书信，白绢斜封三道印。
开缄宛见谏议面，手阅月团三百片。闻道新年入山里，蛰虫惊动春风起。
天子须尝阳羡茶，百草不敢先开花。仁风暗结珠蓓蕾，先春抽出黄金芽。
摘鲜焙芳旋封裹，至精至好且不奢。至尊之余合王公，何事便到山人家？
柴门反关无俗客，纱帽笼头自煎吃。碧云引风吹不断，白花浮光凝碗面。
一碗喉吻润，二碗破孤闷，三碗搜枯肠，唯有文字五千卷。
四碗发轻汗，平生不平事，尽向毛孔散。五碗肌骨清，六碗通仙灵。
七碗吃不得也，唯觉两腋习习清风生。蓬莱山，在何处？玉川子乘此清风欲归去。
山上群仙司下土，地位清高隔风雨。安得知百万亿苍生命，堕在巅崖受辛苦！
便为谏议问苍生，到头还得苏息否？”

《卢仝茶歌》通过得茶、煎茶、品茶把中国茶道的审美体验描绘得淋漓尽致，特别是对品茶的感受更是写得出神入化。卢仝用优美的诗句阐述了中国茶道的高雅、神韵、精理和美感以及茶人在品茶时的心灵感受，这首诗是继陆羽《茶经》之后的又一文学力作，因而卢仝也被后人尊称为茶仙。

(3) 与茶叶作为饮料得以在大众中普及有关　唐代茶叶的生产贸易有了飞跃的发展，茶作为一种人们生活中不可缺少的饮料，得以在社会各层中普及，尤其是那些广大的平民百姓、贩夫走卒以及边区的少数民族群众。茶对于他们而言是解渴、祛病、健身、涤烦以及招待亲朋好友的佳饮。这些人是唐代茶文化的根基，他们使得茶文化融入民风，化为民俗，让唐代茶文化更加根深叶茂。

(4) 贡茶的兴起　推动了宫廷茶文化的形成与发展，其主体是帝王将相、皇亲国戚。这些人为数不多，但权倾朝野，从某种程度上看，这些人对唐代茶文化发展的方向和发展速度都起着决定作用。

3. 宋代茶文化的兴盛

茶兴于唐而盛于宋。宋代的茶叶生产得到了空前的发展，饮茶之风非常盛行。上层社会嗜茶成风，王公贵族经常举行茶宴，皇帝也经常在得到贡茶后举行茶宴招待群臣，以示恩宠。大观初年（公元 1107 年），宋徽宗精心论述，御笔亲书了一部约 3000 字的《茶论》，后人称之为《大观茶论》。该书以陆羽的《茶经》为立论基础，结合宋朝茶叶生产发展和茶文化的提高与普及，详细论述了茶叶的种植以及北宋蒸青团茶的产地、制作、鉴别、烹试、斗茶等内容。《大观茶论》内容丰富、论述得体、造诣精深，为后人认识宋代茶文化留下了珍贵的资料。《大观茶论》不仅发展了中国的茶文化理论，更是把茶文化推上了高尚娱乐的圣坛，使宋代出现了举国上下“倾身事茶不知劳”的局面，茶文化从而被普及到社会的各个阶层，渗透到日常生活的每一个角落。

宋代，烹茶法逐渐被淘汰，点茶法盛行。点茶法和唐朝的烹茶法最大的区别是不再将茶末放到锅里去煮，也不添加食盐以保持茶叶的真味，而是将茶放到茶盏里，用瓷瓶烧开水注入，在加以击拂产生泡沫后饮用。点茶法从宋代开始传入日本流传至今，现在日本茶道中的抹茶道所采用的就是点茶法。

宋代为了评比茶质的优劣和点茶技艺的高低，盛行斗茶。斗茶即茶艺比赛。通常是二三或三五知己聚在一起，煎水斗茶，互相审评看谁的点茶技艺更高明、色香味更佳。斗茶时还有两条具体的标准，一是斗色，看茶汤表面的色泽和均匀程度，鲜白者为胜；二是斗水痕，看茶盏内的汤花与茶盏的内壁相接处有无水痕，水痕少者为胜。斗茶时使用的茶盏是黑色的，这样更容易衬托出茶汤的色泽及茶盏上是否挂有水痕。因此，当时福建生产的黑釉茶盏最受欢迎。

关于斗茶的记载甚多，但最脍炙人口、影响最深远的莫过于范仲淹的《和章岷从事斗茶歌》，全文如下。

“年年春自东南来，建溪先暖冰微开。溪边奇茗冠天下，武夷仙人自古栽。
新雷昨夜发何处，家家嘻笑穿云去。露芽错落一番荣，啜玉含珠散嘉树。
终朝采掇不盈襜，唯求精粹不敢贪。研膏焙乳有雅制，方中圭兮园中蟾。
北苑将期献天子，林下群豪先斗美。鼎磨云外首山铜，瓶携江上中泠水。
黄金碾畔绿尘飞，碧玉瓯中翠涛起。斗茶味兮轻醍醐，斗茶香兮薄兰芷。
期间品第胡能欺，十目视而十手指。胜若登仙不可攀，输同降将无穷耻。
吁嗟天产石上英，论功不愧阶前蓂。众人之浊我可清，千日之醉我可醒。
屈原试与招魂魄，刘伶却得闻雷霆。卢仝敢不歌，陆羽须作经。

森然万象中，焉知无茶星。商山丈人休茹芝，首阳先生休采薇。
长安酒价减百万，成都药市无光辉。不如仙山一啜好，泠然便欲乘风飞。
君莫羡花间女郎只斗草，赢得珠玑满斗归。”

宋代的斗茶从实践上发展完善了中国的茶文化，而斗茶的艺术也在随后被传到了日本，逐渐形成了日本的国粹——茶道。

4. 饮茶风气的鼎盛

明代是茶文化进一步发展的时代，也是因袭与创新相融合的时代，明朝茶文化的发展主要体现在以下三个方面。

(1) 创制瀹饮法，开创茗饮新方式实行 1391 年明太祖朱元璋下诏罢造龙团凤饼茶，改制芽茶以贡，大大推动了散茶（尤其是炒青散茶）的生产，从此不再将茶叶碾碎，而是直接将茶叶放入茶具中用开水冲泡品饮，这种方法即为瀹饮法，也被称为撮泡法。瀹饮法不仅冲泡方法简便，更是保留了茶叶本身的清香味道，因此受到了讲究品茶情趣的文人们的一致欢迎与认可。

(2) 茶文化的载体丰富多彩，百花齐放 明清时期的茶文化除了产生了大量的茶诗、茶画以外，还产生了众多的茶歌、茶舞和采茶戏，其中尤以江西、湖北、广西和云南的茶灯戏最为出名，这也算是明清茶文化史上的一个重大成就。

(3) 茶学著作发展到了最高峰 传统茶学始于陆羽《茶经》，经唐宋两朝的发展到明末清初达到了高峰，这可从中国古代茶书的发表量上得以证实。据万国鼎《茶书总目纲要》介绍，中国古代茶书共有 198 种，其中唐代的有 7 种，宋代的有 25 种，明代的有 55 种，清代的有 111 种。明代茶书中，初叶仅有 2 种，中叶有 10 种，后期有 43 种。清代茶书全集中于清初，自雍正以后，几无茶书问世，可见，明末清初是我国古代茶书的发行高峰，占古代茶书总数的一半以上。

5. 中国茶叶再现辉煌

我国的茶叶生产从清代后期开始由盛而衰，19 世纪后半叶，年均产茶量尚为二十几万吨，出口茶叶十几万吨，出口量占当时世界茶叶贸易量的 80%以上，但是到了 20 世纪初，茶叶生产即一落千丈。帝国主义列强的入侵加上政府的懦弱无能，国运日衰，百业不兴，到 1949 年，我国的茶叶生产量竟只有 5.12 万吨，出口茶叶也只有 2.17 万吨而已。新中国成立以后，政府高度重视茶叶的经济效益，使茶叶生产有了飞速的发展。全国茶园面积从 1950 年的 21.15 万公顷增加到 1997 年的 107.62 公顷；茶叶产量从 1950 年的 7.19 万吨增加到 1997 年的 61.34 万吨；茶叶的出口量从 1950 年的 2.63 万吨增加到 1997 年 20.31 万吨。目前，我国的茶园面积占世界第一位，产量占世界第二位，出口量占世界的第三位，并且一直比较稳定。

随着中华民族传统文化的复兴，茶与经济活动相结合，已渗透到相关领域，人们从开始时对名茶的爱不释手，到逐渐深入与茶相关的各种茶事、茶文化活动。茶文化已经喷薄而出，蓬勃发展起来。具体来说，现代中国的茶文化发展主要体现在以下几个方面。

(1) 茶文化组织的建立 在社会的转型过程中，茶一直被文人学士们看作是清廉的象征，这可以追溯到三国时期或更早。杭州于 1982 年 9 月成立了第一个社团性质的“茶人之家”；在 1983 年“纪念陆羽诞生 1250 周年”之际，湖北天门县(陆羽的出生之地) 成立了“陆羽茶文化研究会”；陆羽的第二故乡，浙江省湖州也于 1990 年 10 月成立了相关的研究会。随后，“中华茶人联谊会”和 1990 年即开始酝酿和筹备的“国际茶文化研究会”也相继成立。为适应茶文化的蓬勃开展，“中国茶叶流通协会”自 1998 年起，内设专门茶道专业委员会，积极开展相关方面的工作。这些茶文化组织为中华茶文化的发展起到了推波助澜的作用。

(2) 进行与时代接轨的茶文化研究 改革开放初期，茶文化活动一般都局限于茶业界。到了 20 世纪 90 年代中期，茶文化活动开始发生较大改变，上海的“茶文化节”开始探索茶文化内涵与都市文化的接轨，这一探索和实践开辟了茶文化发展的新思路。与此同时，茶文化的研究也由开始的以茶论茶发展为以文化论茶，并进而提升到跳出茶的局限来研究茶文化。近来一些有识之士更是把茶与历史、社会和经济发展综合起来研究茶文化，以便能更好地对茶文化进行定位和定性，以便使茶文化与社会经济和生活结合得更紧密。

(3) 举办各种茶文化活动 1989 年“首届茶与中国文化展示周”的成功举办，使茶文化活动得到了很好的开展，参加活动的 33 个国家和地区的人士“乐不思蜀”。从此，中华举办茶文化活动一发而不可收。1990 年 4 月的杭州，举办了“第一届国际茶文化节”之后，各国茶人们又先后在中国湖南常德、中国云南昆明、韩国汉城和中国杭州举行了 4 次大型国际茶文化盛会。茶文化活动还扩展到了茶资源丰富的地方，如福建武夷山的“岩茶节”、云南的“普洱茶节”、河南信阳的“茶节”等，各地的茶文化活动以形象的茶艺言行，向爱茶的人和广大群众进行宣传，取得了很好的效果。

此外，还有以斗茶会、茶宴、品茶会与吟茶诗、茶书法、茶画、茶歌、茶舞等其他文化艺术形式结合开展的活动，加强了与文化界的联系。值得一提的是上海市每年举办的茶文化节，成功地将茶文化与都市文明和社区文化建设相结合，探索出了发展茶文化的新路。

(4) 茶文化进入校园，用“茶德”精神进行传统道德教育 以“廉、美、和、敬”为核心的中国茶德，不但是封建社会所认可的传统美德，更为现代社会广泛承认与接受。合理饮茶不但有利于促进青少年智力的发育，茶中所蕴含的文化艺术内涵更是有助于培养青少年在艺术和创造能力方面的天赋。青少年们通过茶艺实践活动可以规范自己的言行举止和文明礼貌，使他们的心灵得到很好的熏陶。上海是最早在小学生中开展茶艺活动的，并且还编写了相关的特色教材。现在上海市已培养小茶人近 2 万人，在此基础上开展的夏令营和“小茶人茶艺馆”等，已成为上海市少儿德育和美育教育的一大特色。

茶文化课程进入大学课程也是提高素质教育的一个方面。当代大学生们年轻好动、思维活跃、求知欲和参与感强，对客观事物有一定的判断力。但相对而言，他们阅历不深，对传统文化认知不够，多年的应试教育也逐渐暴露出现代大学生在知识结构方面的缺陷。要想培养高素质的复合型人才，适应未来社会的挑战，就需要在教育上作出更多的创新并开展相关的素质教育。茶之为饮，不仅可以给人以生理上的满足，更为重要的是茶可以给人带来美妙的感官享受和精神上的愉悦，这就为茶文化课程的有效开展提供了契机。茶文化课程内容文理结合，理论联系实际，其中的艺术性、哲理性及其与传统文化的渊源，对提高大学生相关方面的素质大有好处。大学里开设中国茶文化课程，不仅仅是介绍茶知识，更重要的是通过茶文化对学生进行中国传统文化的认知以及思想道德教育。

二、茶文化的内涵

所谓茶文化是指人们在饮茶过程中所产生的文化现象和社会现象，有广义茶文化和狭义茶文化之说。广义的茶文化是指人类在社会历史过程中所创造的有关茶的物质财富和精神财富的总和。狭义的茶文化特指人类创造的有关茶的“精神财富”部分，如茶史、茶诗、茶画、茶道、茶艺、茶树栽培学、茶叶制作学等，其中的核心部分当属茶道和茶艺。

1. 茶道

（1）茶道的概念　“茶道”一词最早见于中国唐代，早在《封氏闻见记》中“饮茶”一节就有记载：“楚人陆鸿渐（陆羽）为《茶论》，说茶之功效，并煎茶炙茶之法，造茶具二十四事以都统笼贮之。远近倾慕，好事者家藏一副。有常伯熊者，又因鸿渐之论广润色之，于是茶道大行，王公朝士无不饮者。”可见“茶道”一词在我国已使用了1200多年。但是长期以来都没有一个统一的定义，直到20世纪末，在茶文化复兴的浪潮中，许多专家学者才对什么是茶道有了具体的解释。

茶道，就是在操作茶艺过程中所追求、所体现的精神境界和道德风尚，它经常是和人生处世哲学结合起来，成为人们的行为准则。

茶道作为茶文化的核心，是我们的祖先在长期的茶事实践中，融入中华民族传统的文化精髓所逐渐形成的，是现代茶事活动的指导思想。茶道中既包含了“克明峻德、格物致和”的儒家思想，也有“天人合一、道法自然”的道家哲学理念，更包含了“茶禅一味、普爱万物”的佛法真理，可以说茶道是通过日常的平凡生活去体道悟道。早在唐代，陆羽就在其所著的《茶经·一之源》中指出：“茶之为用，味至寒，为饮最宜精行俭德之人”，即饮茶者应是那些注意自己操行并具有简朴美德的人。可见陆羽对饮茶者提出的品德要求，已不再是单纯的满足生理需要的解渴了。当然现在用这样空泛的道德规范来要求泡茶之人是过于严格了，也使人不易接受。因此现代一些茶艺大师和茶艺专家们便把茶道的基本精神精炼概括为一些具体的饮茶中所应遵循的道德要求，也就是人们所认可的茶德，即平和敦厚、崇尚自然、重生乐生、追求怡真的民族个性。这也是我国人民数千年以来讲究的传统美德。

（2）中国茶道的内涵

① 廉，是茶道的行为准则，即廉俭育德。过去的文人士大夫修身养性，以茶

养廉、以茶示廉。“为饮最宜精行俭德之人”，就是通过饮茶活动，陶冶情操，使自己成为具有美好行为和俭朴的高尚道德之人。

② 美，是中国茶道修习过程中的身心感受。中国茶道不重形式，不拘一格，雅俗共赏，最能使人在茶事过程中愉悦身心，得到美的享受。这种享受可分为以下三个层次。

一是怡目悦口的直接感受。修习茶道，首先获得的就是对美的直接感受。幽美的茶室环境，精美的茶具器皿，醉人的茶香，甘爽的茶味，悠扬悦耳的背景音乐，这一切都直接作用于人的感觉器官，使人获得美的享受。

二是怡心悦意的审美领悟。茶道审美的心理活动并不只是停留在怡目悦口的直接感受上，茶的色香味以及茶事活动中的美妙情景必然会焕发茶人的美妙联想，从而加深对茶道的领悟力，体验到更深沉的全身心的舒畅和怡悦。如唐代灵一和尚《与元居士青山潭饮茶》中的“野泉烟火白云间，坐饮香茶爱此山。岩下维舟不忍去，清溪流水暮潺潺”，说的就是从品茶中领悟到的灵境之美。

三是怡神悦志的精神升华。这是茶道美的最高层次，也是茶人们至高的追求。所谓怡神悦志的精神升华，是指茶人在茶事活动中通过感知、理解、想象等多种心理活动，即品出了茶的物外高意，悟出了茶道中的玄机妙理，不仅达到了身心的享受，而且产生了精神上的升华。这种升华可表现为“明心见性”后的畅适，也可表现为“物我两忘”后的“天乐”。唐代诗人僧皎然在《饮茶歌诮崔石使君》中写道：“一饮涤昏寐，情来朗爽满天地。再饮清我神，忽如飞雨洒轻尘。三饮便得道，何须苦心破烦恼。”所描述的都是怡神悦志的“天乐”。

③ 和，是中国茶道的哲学思想核心。“和”是佛学、儒家、道家共同的哲学思想理念。茶道所追求的“和”源于《周易》中的“保合太和”，即指世间万物皆由阴阳两要素构成，阴阳协调保合太和之元气，以普利万物才是人间正道。对于茶道中的“和”，佛、道三家虽有共同的认知，但却有着不同的诠释。

儒家推崇的“和”是从“太和”的哲学理念中推行的“中庸之道”的中和思想；在儒者的眼中，和是中，和是度，和是宜，和是一切恰到好处。在情与理上，和表现为理性的节制，而非情感的放纵；行为举止上，要表现得适可而止。

道家从“和”这一哲学理念中引申出了“天人合一”、“知和日常”的理念。老子认为天地万物都包含阴阳两个因素，生是阴阳之和，道是阴阳之变。阴阳两气相互依存、相互激荡而生成新的和谐体是宇宙变化的根本。人与自然界的万物同是阴阳两气相合而成，人与自然万物本为一体，所以在中国茶道中特别注重亲和自然，回归自然。在为人处世上强调“知和日常”，提倡“和其光，同其尘”。这在茶事服务中表现为无论为什么样的人泡茶，都应做到和诚处世、和蔼待人、和乐品茗。

佛教对茶道中“和”的诠释集中体现为“莫执著，莫放逸”，即在泡茶时应顺应自然、顺应天性。

正因为茶道“和”的内涵如此丰富而深刻，所以历代茶人们都以“和”作为一种襟怀、一种修行境界，在茶事实践活动中去不断地修习、体悟，从而超越自我，完善自我。

④ 敬，客来敬茶，以茶示礼。具体体现在敬茶、敬具、敬人。

敬茶，泡茶时应根据茶性的特点进行恰到好处的冲泡，茶味不可过浓或过淡。动作要适中，茶水比例要适当，这才符合中庸之道。宋代大诗人苏东坡将茶叶拟人化地称为叶嘉先生，并在《叶嘉传》中借皇帝之口说："叶嘉真乃清白之士也，其气飘然若浮云"。只有懂茶、敬茶，才能泡好茶。

敬具，泡茶时应根据不同的茶叶选择适合的茶具，并且要对茶具经常进行清洁保养，使其富有灵性，这样泡出的茶不但好喝，更能使人增添无限情趣。

敬人，无论是泡茶者还是品饮者，都应做到合乎礼仪。

2. 茶艺

(1) 茶艺的概念　茶艺一词最早出现于20世纪70年代的中国台湾地区。当70年代出现茶文化复兴浪潮之后，"台湾民俗学会"的理事长娄子匡教授提出了"茶艺"一词，并为大众广泛接受。为什么叫"茶艺"而不是"茶道"？这是因为"茶道"虽然是中国自古有之，但是日本的茶道在世界上被广为认可，如果中国也使用茶道一词，会引起误会，认为中国是在学日本。此外，因中国自古认为"道"是高高在上，非常庄重的，故而不轻易言道。而我们要弘扬的茶文化，是要使其既具有中国传统文化的内涵，更要使人们易于接受和掌握，权衡利弊，"茶艺"一词更适合中国的国情并利于国民接受，所以便决定使用"茶艺"一词作为中国的茶文化的表现形式。

茶艺的具体含义是什么呢？台湾地区著名的茶艺学专家范增平先生认为，茶艺应包括两方面，即：科学地泡好一壶茶的技术和美妙地品享一杯茶的方式。具体来说，茶艺是在茶道精神指导下的茶事实践活动，是泡茶的技艺和品茶的艺术，其中尤以泡茶的技艺为主体。"艺"是指制茶、烹茶、品茶等艺茶之术；"道"则是茶艺过程中所贯彻的精神。茶艺和茶道精神是中国茶文化的核心。因此茶艺必须以道驭艺，以艺示道，尊崇中国茶道道法自然、崇尚俭朴的审美情趣。在艺茶程序上更要顺茶性、合茶理，掌握好选茶、鉴水、用火、择器，科学地安排程序，灵活掌握时间等每一个环节。

(2) 中国茶艺的特点

① 文质并重，尤重意境。这里的"文"是指文饰，也就是人的外表美；"质"是指人内在的道德品质，也就是内在美。孔子所说的文质统一，也就是内涵美与外表美的统一。在茶艺表演中，"文"是指服装、道具、表演程序和表演技巧；"质"则是通过茶艺表演所要体现的茶道精神内涵。一个茶艺表演者单有华丽的外表，缺乏深刻的内涵，就会显得浮躁；有深刻的思想内涵却不注重自己的仪表、表演程序与技巧，则显得缺乏礼仪。因此只有文质并重才会意境高远，韵味无穷。

② 百花齐放，不拘一格。自古以来我国的泡茶形式就是多姿多彩，形式各样的。单就乌龙茶的泡法，就有闽北、闽南、广东、台湾等四大流派，而其中的台湾流派又有小壶泡法、盖杯泡法、同心杯泡法等不同的表现形式，小壶泡法还可细分

为“吃茶流”、“妙香式”、“三才式”等不同的小流派。

③ 道法自然，崇静尚简。“道法自然”是中国茶艺表演的最高法则，它要求茶艺的操作者应从精神上追求自由，反对心为物所役，力求去亲和自然、契合大道，尽可能做到物我两忘，达到至美至乐。操作时动作上要求动如行云流水、静如苍松屹立；笑如春花烂漫、言如山泉絮语，举手投足都纯任自然、发自心性，毫不造作。“崇静尚简”是指在泡茶中应力求简约玄淡，心静行俭，返璞归真。

④ 注重内省，追求怡真。茶艺活动中强调内省自性，主张用自己的心去感受茶事活动，注重怡口悦目、怡心悦意、怡志悦神的审美体验。在茶艺活动中要尽可能静下心来去追求茶之真善美。

三、茶叶的制作与名茶

中国是世界上茶类最齐全、品种最丰富的国家。从原始时期的咀嚼鲜叶，生煮羹饮到后来的蒸青做饼、炒青散茶，逐渐形成了现代的绿茶、黄茶、红茶、黑茶、白茶、乌龙茶等六大茶类及再加工茶类，并且形成了一大批名优茶。现在就其生产工艺和品质特点做以下介绍。

1. 绿茶

绿茶属于不发酵茶类，是我国产区最广，产量最多，品质最佳的一类茶叶，其产量占我国茶叶总产量的70%左右。绿茶的加工工艺是鲜叶采摘后，经过高温杀青、揉捻、干燥制成。按初制加工过程的杀青和干燥方式的不同，可将其分为蒸青绿茶、炒青绿茶、烘青绿茶和晒青绿茶四类。杀青是绿茶初制的关键工序。通过高温杀青迅速钝化酶的活性，制止多酚类物质的酶性氧化，保持绿叶绿汤的特色。著名的绿茶品种如下。

（1）西湖龙井　产于浙江省杭州市西湖西南的龙井村四周的狮峰山、梅家坞等地，故名西湖龙井茶。西湖龙井茶历史上曾有“狮”、“龙”、“云”、“虎”、“梅”五个字号。这一带多为海拔30米以上的坡地，西北有白云山和天竺山为屏障，阻挡冬季寒风的侵袭，东南有九溪十八涧；山谷深广，年均气温16℃，年降水量1600毫米左右，尤其在春茶吐芽时节，常常细雨濛濛，云雾缭绕。山坡溪涧之间的茶园常以云雾为侣，独享雨露滋润。茶区土壤属酸性红壤，结构疏松，通气透水性强。西湖龙井生长在这泉溪密布，气候温和，雨量充沛，四季分明的环境之中，正是龙井茶独具高格、闻名遐迩之故。

西湖龙井一向以“色绿、香郁、味甘、形美”四绝著称于世，其外形光洁、匀称、挺秀；色泽绿翠，或黄绿呈糙米黄色；香气鲜嫩、馥郁、清高持久、沁人肺腑，似花香浓而不浊，如芝兰醇幽有余；味鲜醇甘爽，饮后清淡而无涩感，回味留韵，有新鲜橄榄的回味。

（2）黄山毛峰　产于安徽省黄山风景区内的桃花峰、紫云峰一带。黄山毛峰分特级和一级、二级、三级。特级黄山毛峰为我国毛峰之极品，一般在清明前后采制，采摘一芽一叶初展的芽叶，经过轻度摊放后进行高温杀青、理条炒制、烘焙而成。其形似雀舌，色泽嫩绿微黄而油润，俗称“象牙色”，香气清香高长，汤色清澈明亮，滋味鲜浓、醇厚，叶底嫩黄，肥壮成朵。

（3）碧螺春　产于江苏吴县太湖洞庭山，因茶树与果树交错种植，茶吸果香，花窨茶味，形成碧螺春花香果味的天然品质。“入山无处不飞翠，碧螺春香百里醉”，这是对洞庭碧螺春的真实写照。碧螺春条索纤细，卷曲成螺，满身披毫，银绿隐翠，香气浓郁，滋味鲜醇甘厚，汤色碧绿清澈。冲泡时应先注水后投茶，让茶叶在杯中徐徐下沉，可领略到碧螺春那雪花飞舞、芽叶舒展、春满晶宫、清香袭人的奇观神韵美。

（4）庐山云雾　产于江西省庐山，古称“闻林茶”，茶叶的品质最好。从明代起名“庐山云雾”至今。因山上终日云雾不散，而外形条索紧结重实，色泽碧嫩光滑，芽隐绿；香气芬芳高长，滋味浓醇香甘。

（5）六安瓜片　产于安徽省六安、金寨、霍山三县，以金寨县齐云山鲜花岭蝙蝠洞所产的茶叶质量最佳。六安瓜片茶产地位于皖西北大别山区，山高林密，泉水潺潺，空气相对湿度达70%以上，年降水量1200毫米左右，尤以蝙蝠洞周围茶树生长繁茂，鲜叶葱翠嫩绿，芽大毫多，因蝙蝠翔集，所排撒的粪便富含磷质，是天然的肥料，致使土壤肥沃，使其成品茶叶具有天赋的优异品质。六安瓜片形似瓜子形的单片，自然平展，叶缘微翘；色泽宝绿，大小匀整；滋味鲜醇回甘，清香高爽，汤色清澈透亮。

六安茶在清代曾被列为贡品，因外形顺直完整，形似葵花子，故称“瓜子片”，以后即叫成了“瓜片”。

（6）南京雨花茶　因产于南京中华门外的雨花台而名，后扩大到南京附近5个县。其形似松针，条索紧直浑圆，两端略尖，峰苗挺秀，色呈墨绿；香气浓郁高雅，滋味鲜醇。沸水冲泡，芽芽直立，上下浮沉，犹如翡翠，清香四溢。其清雅的名字与独特的品性在我国绿茶中魅力四射。

（7）敬亭绿雪　产于安徽省宣城县敬亭山，历史悠久。“敬亭绿雪”以茶形似雀舌、挺直饱润、色泽翠绿、身披白毫、芽叶色绿、白毫似雪，冲泡后，杯中茶叶朵朵，伴随着白毫翻滚，好似“绿树丛中大雪飞”而得名。是安徽省最早的名茶之一，明清时期曾列为贡茶，为绿茶中的珍品。

（8）顾渚紫笋　产于浙江省长兴县顾渚山，是历史上著名的贡茶。因鲜茶芽叶微紫，嫩叶背卷似笋壳，故名顾渚紫笋。该茶系半炒半烘型，因而外形紧结较完整。顾渚紫笋香气馥郁，汤色清澈，茶味鲜醇，回味甘甜，“青翠芳馨，嗅之醉人，啜之赏心”。

（9）平水珠茶　产于浙江省绍兴市各县，是浙江省的独特产品，其产区包括浙江的绍兴、诸暨、新昌、萧山、余姚、天台等县，整个产区内山岭盘结，峰峦起伏，溪流纵横，气候温和，青山绿水，不少地方是著名的旅游胜地。平水是浙江绍兴东南的一个著名集镇，历史上很早就是茶叶加工贸易的集散地，各县所产的珠茶，过去多集中在平水进行精制加工、转运出口，故此在国际市场上将此类茶统称为“平水珠茶”。平水珠茶外形浑圆紧结，色泽绿润，身骨重实，好似一颗颗墨绿色的珍珠，冲泡后，颗颗珠茶释放展开，别有一番趣味。茶汤香高味浓、经久耐泡是其一大特点。平水珠茶主要出口欧洲和非洲的一些国家，有稳定的市场，深受消费者的青睐。

（10）金奖惠明茶　简称惠明茶，产于浙江省景宁畲族自治县红垦区赤木山的惠明村与惠明寺周围。茶区位于瓯江上游，一般海拔在 650～800 米，气候温和湿润，年降水量在 1886 毫米。惠明产茶历史悠久，相传唐朝时畲族老人雷太祖在惠明寺周围辟土种茶，成为赤木山区发展茶叶生产的创始人，清咸丰年（公元1851～1861 年）后渐有名气，1915 年获国际金奖后，遂成为闻名国内外的世界名茶。惠明茶外形条索紧密壮实，色泽翠绿光润，全芽披露，茶味鲜爽甘醇，带有兰花之香气，汤色清澈明绿。

（11）太平猴魁　产于安徽省黄山市黄山区新明乡的猴坑、猴岗及颜村三村，猴坑地入黄山，林木参天，云雾弥漫，空气湿润，相对湿度超过 80%，茶园土壤肥沃，酸碱度适宜，所产的猴茶品质超群，故名猴魁。太平猴魁茶外形挺直、两端略尖，扁平匀整，肥厚壮实，全身白毫含而不露，色泽苍绿，叶脉绿中隐红，俗称“红丝线”；冲泡后芽叶徐徐展开舒放成朵，或悬或沉，在茶汁中似小猴子搔首弄姿而独具“猴”韵；茶汤清绿，香气高爽，蕴有诱人的兰花香，味醇爽口。其品质按传统分法：猴魁为上品，魁尖次之，再次为贡尖、天尖、地尖、人尖、元尖、弯尖等。太平猴魁曾于 1915 年在巴拿马的万国博览会上获得金质奖章。

（12）遂川狗牯脑茶　产于江西省遂川县汤湖乡的狗牯脑山，该山形似狗头，故此地所产之茶名狗牯脑茶。该茶始制于明代末年，至今已有 300 多年的历史了。相传清嘉庆元年（公元 1769 年），茶农梁传溢夫妇在狗牯脑山侧的石山梗中开辟茶园数亩，采取祖传的工艺，制作的茶叶品质极佳。后来遂川茶商李玉山采用狗牯脑茶树鲜叶制成银针茶，参加 1915 年巴拿马万国博览会荣获金质奖章和特等奖状，于是遂川狗牯脑茶便成为了饮誉世界的名茶。该茶叶片细嫩均匀，表面覆盖一层柔软细嫩的白绒毫，碧色微露黛绿，茶汤清澄而略带金黄，味清凉芳醇，经久不绝。

（13）婺源茗眉　江西省婺源县产茶，历史悠久，《宋史·食货》中称“婺源谢源茶为绝品”。这里为怀山山脉和黄山山脉所环抱，植被丰富，森林茂盛，清流急湍，汇成千百条小溪，土层深厚肥沃，气候温和，四季云雾缭绕，人称“星江江水清又清，人文豪杰地更灵。松杉柏桧翠如玉，户户飘来茗眉香”。1915 年婺源出产的精制绿茶曾在“巴拿马万国博览会”上获金牌奖；被美国人所著的《茶叶全书》称赞“婺源茶为中国绿茶中品质之最优者”；1958 年，婺源茶叶科研人员结合原有茶叶技术，新创出“婺源茗眉”，1982 年即被列为全国 30 种名茶之一；1995 年 3 月，婺源被国家命名为“中国绿茶之乡”。

婺源茗眉外形弯曲似眉，翠绿紧结，银毫披露，内质高香，鲜浓持久，具兰花香，滋味鲜爽甘醇，汤色嫩绿清爽，叶滴匀嫩，明亮完整。

2. 红茶

红茶属于全发酵茶类。在国际茶叶市场上，红茶的贸易量占世界茶叶总贸易量的 90%以上，印度和斯里兰卡是世界上最大的红茶种植国和输出国。红茶初制的基本工艺是萎凋、揉捻、发酵和干燥 4 道工序。萎凋是红茶初制的重要工序，通过萎凋散发鲜叶的部分水分，便于揉捻并增强酶的活性，促使鲜叶内含成分发生一定程度的化学变化，为红茶品质的形成奠定基础。发酵是决定红茶品质的关键工序。通过发酵促使多酚类物质发生酶性氧化，形成红茶所特有的色、香、味。红茶可分为小种红茶、工夫红茶和红碎茶（将叶片切碎后再发酵和干燥）3 类，红茶所共有的品质特点是红叶红汤。著名品种如下。

（1）祁门红茶　简称祈红，产于安徽省祁门县。该茶外形条索紧结，苗秀显毫，色泽乌润，俗称“宝光”；茶叶香气清香持久，似果香又似兰花香；汤色红艳透明，滋味醇厚，回味隽永，叶底鲜红明亮。国外把“祈红”与印度大吉岭茶和斯里兰卡乌伐的季节茶并列为世界公认的三大高香茶，国际茶市上把这种香气专门叫做“祁门香”。1915 年祁门红茶参加巴拿马万国博览会时荣获金奖。

（2）滇红红茶　产于云南省西部和南部地区，属于大叶种类型的功夫茶。外形条索紧结，肥硕雄壮，干茶色泽乌润，金毫明显，汤色艳丽，香气高长，滋味浓厚鲜爽。在国内外广受欢迎。

（3）宁红红茶　产于江西省修水县等地，是我国最早的工夫红茶之一。高级“宁红金毫”条索紧细秀丽，金毫显露，色乌润，香味鲜嫩醇爽，汤色红艳。

（4）小种红茶　是福建省的特产，有正山小种和外山小种之分，唯正山小种百年不衰。其外形条索肥实，色泽乌润，泡水后汤色红浓，香气高长带有松烟香气，滋味醇厚。

3. 乌龙茶

乌龙茶又名青茶，属于半发酵茶类。主要产区为福建、广东、台湾三省区。以闽北的武夷岩茶、闽南安溪的铁观音、广东的凤凰单枞，以及台湾地区的冻顶乌龙品质最佳。乌龙茶的初制工艺介于绿茶和红茶之间，基本工艺是晒青、凉青、摇青、杀青、揉捻和干燥等 6 大工序。摇青是决定乌龙茶品质的关键工序，是形成“绿叶红镶边”品质特色的重要过程。乌龙茶的成品外形紧结重实，干茶色泽青褐，香气馥郁，汤色金黄或橙黄，清澈明亮，滋味醇厚，富有天然的花香。高级的乌龙茶还具有特殊的韵味，如武夷岩茶因其特殊的生长环境而具有独特的岩韵；安溪的铁观音具有“观音韵”等品质风格。著名的品种如下。

（1）大红袍　历史名茶，原产于福建省武夷山市风景区内九龙窠的悬崖峭壁上。这里独特的生长环境造就了大红袍独特的品质。大红袍母树所在地，两旁岩壁直立，太阳直射时间短，温湿的小气候特别宜茶，更难得的是悬崖终年有清泉滴下滋润着茶树，随泉水落下的还有落叶、苔藓等有机物，如不断地给茶树施天然有机肥。得天独厚的生态环境，使得大红袍“臻山川精英秀气之所钟，品俱岩骨花香之胜”，成为历代贡品。清代咸丰年间，在民间斗茶赛中大红袍被评为武夷四大名枞之首，尊为“武夷茶王”。乾隆皇帝在品评全国各地贡茶后赋诗“建城杂进土贡茶，一一有味须自领。就中武夷品最佳，气味清和兼骨鲠。”诗中所赞美的武夷茶即大红袍。如今大红袍原产地尚存6棵母树，武夷山市人民政府委托给福建省茶叶龙头企业、武夷星茶业有限公司独家管护、承制。母树所产的大红袍堪称国宝，在2002年广州市茶博会上，20克的母树大红袍拍卖到人民币18万元，被广州市南海渔村酒楼购得，创下中国茶叶拍卖史上的纪录。为了确保这6棵大红袍母树不受损害，当地政府已向保险公司投保了1亿人民币。从20世纪80年代开始，当地政府组织科研人员进行大红袍的无性繁殖攻关，最终取得了成功，现在纯种大红袍已经进入商品化生产。

(2) 铁观音　为历史名茶，创制于清乾隆年间（公元1723～1736年），原产于福建省安溪县西平乡，现已被广泛引种。铁观音既是茶树品种的名称，也是商品茶的名称。优质铁观音外观卷曲、壮结、沉重，色泽乌润，富有光泽，砂绿显，红点明，呈“青蒂绿腹蜻蜓头”状，素有“美如观音重如铁”之说。铁观音开泡后汤色金黄或黄绿，艳丽清澈，叶底肥厚明亮，具有绸面光泽。据有关部门研究表明，安溪铁观音所含的芳香类物质非常丰富，其香气馥郁持久，有兰花香、栀子花香、桂花花香等不同的天然香型，冲泡后开起杯盖立即芬芳扑鼻，满室生香。其茶汤纯爽甘鲜，入口回甘带蜜味，并且还有一种若有若无的令人心醉神迷的独特韵味，茶人们称之为“观音韵”。铁观音曾多次在国内外荣获金奖，1986年，“新芽牌”铁观音在法国巴黎举行的国际美食博览会上被评为世界十大名茶之一，荣获“金桂奖”。

(3) 凤凰单枞　为历史名茶，属于广东乌龙茶类，始创于明朝末年，因原产于广东潮州市潮安县凤凰镇，并经单枞单独制作而得名。凤凰镇生产的乌龙茶以凤凰水仙种的鲜叶为原料，产品分为三个品级。最普通的称为“凤凰水仙”，优质的称为“凤凰浪茶”，而用品质最优异的单株青叶，单采单制，生产出来的顶级茶才称为“凤凰单枞。”凤凰单枞与大红袍、铁观音等名茶不同，它实际上是众多品质各异的优良单株茶树所产乌龙茶的总称。已知的凤凰单枞至少有80多个品系（株系）。这些不同品系的香型也各不相同，有黄枝香、桂花香、米兰香、芝兰香、茉莉香、玉兰香、杏仁香、肉桂香、夜来香、暹朴香，即所谓的“凤凰单枞十大香型”。凤凰水仙茶树为小乔木型，树高可达5～8米，树冠可达6～8米，因树越老，根越深，吸收的矿物质等养分越多，故凤凰单枞很讲究“老树出珍品”。最名贵的称之为“宋种”，相传已有数百年树龄。

凤凰单枞有“形美、色翠、香郁、味甘”之誉，优质凤凰单枞条索较挺直，肥硕油润，汤色橙黄清澈明亮，有优雅自然花香气，滋味浓郁、甘醇、爽口、回甘，有独特蜜味，极耐冲泡。1982年被评为全国名茶。

(4) 台湾乌龙茶　是乌龙茶中的极品，也是享誉海内外的历史名茶，其茶树品种及采制技术均来自武夷山。台湾乌龙茶外形优美，披满白毫，故又被称为“白毫乌龙茶”。优质台湾乌龙茶茶芽肥壮，茶条较短，含红、黄、白、青、褐五色，鲜艳绚丽；茶汤色呈琥珀般的橙红色，滋味甘醇醉人，带有一股天然熟果的甜蜜香，入口浓厚圆润，过喉爽滑生津，让人一啜难忘，深受欧美等国上层人士的欢迎。

(5) 冻顶乌龙　冻顶乌龙为台湾地区的历史名茶，属台湾乌龙茶类，创制于清代嘉庆年间（公元1796～1820年）。由柯朝先生将武夷山的茶种传入台湾，而后在南投县鹿谷乡得到发展。按台湾茶业界的分类方法，茶青萎凋后，发酵度达15%～25%，再经过炒青、揉捻、初干、包揉（热包揉）、干燥等工艺程序，生产出来的乌龙茶称为中发酵茶，冻顶乌龙、高山乌龙均属这类茶。冻顶乌龙茶有传统风味与新口味之别。传统风味的冻顶乌龙发酵程度达28%左右，外观色泽墨绿，汤色金黄或蜜黄，带橙红，香气以桂花香、糯米香为上乘，滋味甘醇韵浓。近10多年来，冻顶乌龙逐渐向轻发酵方向发展，一般平均发酵度仅18%左右，外形坚结、整齐、卷曲成球形、色泽墨绿、鲜丽带油光，茶汤颜色春茶为蜜黄色、冬茶为蜜绿色、澄清明丽，有水底光。香气比传统做法更高，花香馥郁，茶汤入口富活性，过喉甘滑、喉韵明显。因为市场销路好，如今“冻顶乌龙”早已发展到南投县及其周边的各个茶区，不再是冻顶山的特产。

（6）文山包种茶　台湾包种茶为台湾地区历史上的三大名茶之一，属台湾乌龙茶类，因产地在文山故名。台湾乌龙茶可按发酵程度分为三类。茶青萎凋后，发酵程度轻（8%～10%）经炒青、揉捻、干燥等程序生产出来的轻发酵乌龙茶称为“包种”。“包种”茶又可细分为条形包种茶和半球形包种茶。包种茶有“香、浓、醇、韵、美”等五大特色。文山包种茶外形深绿色，有油光，带有青蛙皮一般灰白点，干茶条索紧结，自然弯曲，有淡雅的素兰花香。开汤后，汤色金黄、芳香扑鼻、香气持久、滋味纯和清爽，回甘力强，所以100多年来盛誉不衰。因文山包种具有清爽、清亮的风韵，所以又称“清茶”。文山包种茶含有丰富的营养保健成分，可强心利尿，消除疲劳，有消除血脂肪，防止血管硬化的妙效。

4. 黄茶

黄茶属于轻微发酵茶类。初制的基本工艺是杀青、揉捻、闷黄、干燥四道工序。闷黄是形成黄茶品质特点的独特工序。黄茶的品种不同，闷黄的方法也不尽相同，一般分湿坯闷黄和干坯闷黄两种，闷黄时间需7天左右才能达到黄变的要求。黄茶的品质特点是黄叶，黄汤，香气清悦，滋味醇厚。著名的品种如下。

（1）君山银针　产于湖南省岳阳市洞庭湖君山岛，以注册商标“君山”命名，为黄茶类针形茶。据说初唐时，有一位云游道士名叫白鹤真人，他从海外仙山归来在君山上建寺、挖井，并把带回的8株茶苗种在这里。真人用白鹤井的水冲泡他所种的仙茶，水一冲入杯中，立即升起一团白雾，慢慢化为一只白鹤冲天而去，因此茶得名“白鹤茶”。因茶叶产于君山，泡入杯中，茶芽三起三落，而后根根挺立竖于杯底，宛若银针，故后又得名“君山银针”。古时君山银针年产仅一斤多，现在年产量也只有300多公斤。每年清明前三四天开采鲜叶，以春茶首摘的单一茶尖制作，制1公斤君山银针约需5万个茶芽。君山银针的制作工艺虽然精湛，但对其外形并不作修饰，保持其原状即可，只从色、香、味三个方面下工夫。君山银针成品外形芽头茁壮，坚实挺直，白毫如羽，芽身金黄光亮，素有“金镶玉”之美称；品质香鲜嫩，汤色杏黄明净，滋味甘醇甜爽，叶底肥厚匀亮。从古至今，以其色、香、味、奇并称四绝。

（2）蒙顶黄芽　以黄山牌注册商标名世，因生产厂家注册商标不同，故茶名有“山”与“顶”之别。产于四川省名山县蒙顶山山区，是中国种茶业和茶文化的发祥地之一，蒙顶茶被称为“仙茶”，蒙顶山也被誉为“仙茶故乡”，蒙顶茶栽培始于西汉。唐代《国史补》中将蒙顶茶列为黄茶之首；唐朝出了很多赞美蒙顶茶的诗篇……蒙顶茶作为贡茶，供历代皇帝享用，一直延续到清朝，距今已有2000年历史。新中国成立后曾被评为全国十大名茶之一，已成为国家级礼茶。蒙顶黄芽以每年清明节前采下的鳞片开展的圆肥单芽为原料成品茶，芽条匀整，扁平挺直，色泽黄润，全毫显露。汤色黄中透碧，甜香鲜嫩，甘醇鲜爽，叶底全芽嫩黄。蒙顶黄芽以其品质的独特、制艺的精湛、外形的娟秀、历史文化的厚重而享誉中外。

（3）霍山黄芽　产于安徽省霍山县大化坪金鸡山的金刚台、乌来尖、漫水河与金竹坪等地，而以金刚台所产品质最佳。成品茶芽叶挺直匀齐，色泽黄绿，细嫩多毫，形似雀舌，汤色明亮黄绿，带黄圈叶底嫩黄，滋味浓厚鲜醇，甜和清爽，有熟板栗香，饮后有清香满口之感。

5. 白茶

白茶属于轻微发酵茶类。主产区为福建、广东等地，主要销往东南亚和欧洲。白茶分为芽茶和叶茶两类。采用单芽为原料加工而成的为芽茶，称之为银针；采用完整的一芽一叶加工而成的为叶茶，称之为白牡丹。白茶初制的基本工艺是萎凋、烘焙、拣剔、复火等工序。萎凋是形成白茶品质的关键工序。白茶具有外形芽毫完整或形态自然成朵、满披白色茸毛、汤色清中显绿、滋味清淡回甘等特点。著名的品种有：银针白毫、白牡丹。

（1）白毫银针　简称“银针”，又叫“白毫”，是白茶中的珍品。产于福建省福鼎县和政和县。银针白毫芽头肥壮，遍披白毫，挺直如针，色白似银。开汤后，汤色杏黄，茶芽芽尖向上，先浮后沉，上下交错，熠熠生辉，好似群笋出土，蔚为杯中奇观，被茶人们形象地称为“正直之心”。白毫银针香气嫩爽、滋味醇厚、味甘性寒，有明显的降火退热、清凉解毒之功效。1891年开始外销，1912～1916年达到鼎盛，1982年被评为全国名茶。

（2）白牡丹　原产于福建省建阳县水吉。白牡丹叶张肥嫩，毫心硕壮，绿叶夹银色白毫芽形似花朵。因冲泡后绿叶托着嫩芽，宛若蓓蕾初开，故名白牡丹。成品白牡丹两叶抱一芽，芽叶连枝，叶绿垂卷，叶态自然，夹以银白毫心，称为“抱心形”。冲泡后，叶底浅灰，叶脉微红，汤色杏黄或橙黄、清澈，绿叶映衬绿芽，宛如蓓蕾初绽，绚丽秀美。汤色杏黄明亮，香气鲜嫩持久，味道清醇微甜，叶底均匀完整，绿叶之间叶脉微红，故有“红装素裹”之誉。

（3）贡眉　产于福建省建阳、建瓯、浦城等县（市），以菜茶的芽叶为原料，俗称“小白”，以别于用福鼎大白茶、政和大白茶芽叶生产的“大白”。优质贡眉色泽翠绿，汤色橙黄或深黄，叶底匀整、柔软、鲜亮，味道醇爽、香气鲜醇，主销香港、澳门地区，贡眉表示上品，另有寿眉次之。

6. 黑茶

黑茶属后发酵茶类。黑茶采用的原料较粗老，是压制紧压茶的主要原料。初制的基本工艺是杀青、揉捻、渥堆和干燥4道工序。渥堆是决定黑茶品质的关键程序。用黑茶压制而成的砖茶、饼茶、沱茶和六堡茶等紧压茶主要销往青海、西藏等地，是我国某些少数民族每日必不可少的饮料。

（1）花砖茶 为历史名茶，其前身为“花卷茶”，始创于道光年间（公元1821～1850年）。清同治年间（公元1862～1874年），晋商在“花卷茶”的基础上，选用优质黑茶原料，用棕片和竹篾捆压成圆柱形花卷，柱长1.66米，圆周0.56米，每支净重1000两（16两老秤），故又称为“千两茶”。“千两茶”做工精细，技术性强，工艺技巧十分保密，因而旧有传儿传媳不传女和女婿的陈规陋习。曾有茶商将千两茶整支浸泡水中，历经7年而茶心不湿之说，千两茶的品质就此闻名遐迩。1958年，白沙溪茶厂进行工艺改革，用机械压制“花卷茶”，更其名为“花砖”。现在花砖有净重2千克、0.5千克、0.45千克的3种规格。产品外形色泽黑褐，内质香气纯正，滋味纯和尚浓，汤色红黄明亮，叶底黄褐匀称。1983年、1987年连续两届获得商业部优质产品证书，畅销于西北、华北省份。

（2）黑砖茶 为现代名茶，创制于1939年5月，原产于湖南省安化县白沙溪茶厂，以安化三级黑毛茶为主要原料，拼入少量四级黑毛茶后经过毛茶处理，蒸压定型和包装刷唛等工艺程序制成。产品呈长方形，有2千克、0.5千克、0.45千克3种规格。砖面色泽黑褐，外形平整，四角分明。内质香气纯正，滋味浓厚微涩，汤色红黄微暗，叶底暗褐。其中白沙溪茶厂的黑砖于1988年获全国首届食品博览奖，1995年被中国茶叶流通协会授予中国茶叶名牌产品，主销山西、陕西、宁夏、甘肃、内蒙古等地，深受各族人民的欢迎。

（3）苍梧六堡茶 苍梧六堡茶为历史名茶，早在清代嘉庆年间就以其独特的槟榔香味而列为全国24种名茶之一。六堡茶原产于广西苍县六堡乡一带，以当地所产的茶青叶，经过杀青、揉捻、渥堆、复揉、干燥等程序制成毛茶，然后再经过过筛整形、拣梗拣片、拼堆、冷发酵、烘干、上蒸、踩篓、凉置陈化等工序而制成。成品有的制成块状，有的制成砖装，有的制成金钱状，还有的散装。六堡茶具有红、浓、醇、陈的特点，品质色泽黑褐光润，汤色红浓亮丽如琥珀，滋味醇和甘爽，有槟榔香味，越陈越好，特耐冲泡。主要销往广东、广西和香港、澳门地区以及新加坡等地。

（4）普洱茶 产于云南普洱及西双版纳、思茅等地，生产历史十分悠久，在唐代就已有了与康藏地区的普洱茶贸易。普洱茶以云南大叶种茶树鲜叶为原料，加工中有一道泼水堆积发酵的特殊工艺，使得成茶有一股独特的陈香。普洱茶具有降血脂、减肥、助消化、醒酒、解毒等诸多功效。人们在吃过酒肉后，常泡一杯普洱茶，以助消化和醒酒提神，普洱茶流行于港澳地区和许多国家，被称为美容茶、减肥茶和益寿茶。用普洱茶蒸压后可制成普洱沱茶、七子饼茶、普洱茶砖。

（5）沱茶 有绿茶沱茶和黑茶沱茶两种，其外形似一个倒扣着的厚壁碗，直径约 80 厘米左右。绿茶沱茶用晒青绿茶蒸压而成，称云南沱茶和重庆沱茶；黑茶沱茶以普洱散茶蒸压而成，称云南普洱沱茶。云南沱茶香气馥郁、滋味醇厚，曾获国家银质奖和全国名茶称号；重庆沱茶曾获国际金奖；云南普洱沱茶有独特的陈香，滋味醇厚，有显著的降血脂功效，曾获国际金奖。

7. 再加工茶类

再加工茶类是以绿茶、红茶、乌龙茶等六大茶类为原料进行再加工而成的固态和液态茶，包括花茶、紧压茶、速溶茶、浓缩茶、风味茶、保健茶及液态饮料等。花茶是我国北方群众较为喜爱的饮料。花茶在加工制作时采用烘青绿茶和香花拼和窨制，使茶叶吸收花香制成花茶。主要有茉莉花茶、白兰花茶、珠兰花茶、桂花茶等，其中以茉莉花茶最为常见。

(1) 茉莉花茶　是花茶中产销量最多的品种，产于众多茶区，其中以福建福州宁德和江苏苏州产品品质最好。窨制时，将经加工干燥的茶叶（多烘青绿茶制成茉莉烘青，或用特色名茶如龙井、大方、毛峰等，制成特种茉莉花茶）与含苞待放的茉莉花按一定比例拼和，经通花、起花、复火、提花等工序即成，茉莉花茶中以福州的茉莉大白毫、宁德的天山银毫、苏州的茉莉苏萌毫为上品。

(2) 珠兰花茶　是我国主要的花茶品种，主要产于安徽歙县，福建、广东、浙江、江苏、四川等地亦生产。珠兰花茶选用黄山毛峰、徽州烘青、老竹大方等优质茶为茶坯，加入珠兰或米兰窨制而成。由于珠兰花香持久，茶叶完全吸附花香需要较长时间，因此珠兰花茶适当储存一段时间（约 3～4 个月），香气更为浓郁隽永。珠兰花茶由于既有兰花的幽雅芳香，又有绿茶的鲜爽甘美，而尤其受到女士的青睐。

四、茶叶的品饮

饮茶的方式就是泡茶的方式。在日常生活中，虽因茶叶的种类与各地区人们生活习惯的不同，饮茶方式也有所不同，但无论如何，好茶必须要有好水和好的茶具，可是如果只强调这些，而未熟练掌握泡茶的技术，还是得不到很好的品饮效果。

泡茶技术的好坏主要取决于以下因素：一是茶叶的用量；二是泡茶的水温；三是冲泡的时间。

1. 茶量

茶叶的用量就是在每杯或每壶中放入适当分量的茶叶。要想泡出一杯（壶）好茶，首先必须掌握茶叶的用量。每次泡茶用多少茶叶并没有统一的标准，主要是根据茶叶的种类、茶具的大小以及饮茶者的饮用习惯而定。

(1) 因茶而异　茶叶种类繁多，茶叶用量也不尽相同。一般认为，冲泡红茶、绿茶及花茶时，茶水比例可掌握在 1∶50～1∶60 为宜，即每杯约置 3 克茶叶，注入 150～200 毫升沸水；品饮普洱茶时，茶水比例一般为 1∶30～1∶40，即 5～10 克茶叶加 150～200 毫升水。在所有茶叶中，投茶量最多的是乌龙茶，茶叶体积约占壶容量的 2/3 左右。

（2）因地而异　投茶量的多少与饮茶者的饮用习惯有着密切的关系。我国西北少数民族地区常年以肉食为主蔬菜为辅的人们，以茶叶作为他们补充维生素的最佳途径，饮用的茶叶多为紧压茶类，如金尖、康砖、茯砖和方苞茶等，茶叶原料较粗老，所以普遍采用煮渍法，并且在茶中加入糖、乳、盐或其他调味品，茶叶用量较大；我国华北和东北地区的广大人民喜饮花茶，通常用较大的茶壶泡茶，茶叶用量较少；长江中下游地区人们主要饮用绿茶或是龙井、碧螺春等名优茶，一般用较小的瓷杯或玻璃杯，每次茶叶用量也不多；福建、广东、台湾等省区，人们喜饮功夫茶，茶具虽小，但用茶量却较多，每次投入量几乎为茶壶容积的二分之一，甚至更多。

（3）因人而异　茶叶用量还与饮茶者的年龄结构及饮茶史有关。一般常年饮茶的中老年人喜饮浓茶，茶叶用量较多；初学饮茶的青年人普遍喜饮较淡的茶，茶叶用量较少。原料较细嫩的饼茶可采用冲泡法。用煮渍法时，茶水比例可用1∶80，冲泡法茶水比例约为 1∶50。泡茶所用的茶水比大小还依消费者的嗜好而异，经常饮茶者喜爱饮较浓的茶，茶水比可大些，相反，初次饮茶者则喜淡茶，茶水比要小。此外，饮茶时间不同，对茶汤浓度的要求也有区别，饭后或酒后适饮浓茶，茶水比可大；睡前饮茶宜淡，茶水比应小。

总而言之，泡茶的关键是要掌握好茶与水的比例，茶多水少，味浓；茶少水多，则味淡。

2. 水温

（1）水温高低　水温是影响茶叶水溶性物质溶出比例和香气成分挥发的重要因素。水温低，茶叶滋味成分不能充分溶出，香味成分也不能充分散出来。但水温过高，尤其加盖长时间闷泡，也会造成茶汤色泽和嫩芽黄变，茶香也变得低浊。一般而言，泡茶水温与茶叶中有效物质在水中的溶解度成正比，水温愈高，溶解度愈大，茶汤愈浓；反之，水温愈低，溶解度愈小，茶汤也就愈淡。这里要指出的是，上面所说的泡茶水温无论高低，都必须是将水烧开，即达到 100℃的沸水，水温再冷却至泡茶所需的温度。泡茶水温的高低和用茶量的多少也影响冲泡时间的长短。水温高，用茶多，冲泡时间宜短；水温低，用茶少，冲泡时间宜长。

对泡茶水温的掌握，要因茶而异。细嫩的高级绿茶以 85～90℃为宜，叶茶愈绿、愈嫩，冲泡水温越要低，这样泡出的茶汤嫩绿明亮，滋味鲜爽，茶叶中所含的维生素 C 也不会被破坏；水温过高，茶汤容易变黄，滋味较苦，这是因为茶叶中所含的咖啡碱大量渍出，并且维生素 C 也被大量破坏。一般的红茶、绿茶、花茶以及乌龙茶，宜用正沸的开水冲泡，如果水温较低，茶叶中的有效成分不易渍出，茶味淡薄。乌龙茶还要在冲泡前用开水淋烫茶具，冲泡后在壶外用开水浇淋，以提高茶的色香味。对于原料较老的紧压茶，则要求水温更高，需将砖茶敲碎，放在锅中熬煮，可使茶叶在沸水中保持较长时间，以便充分提取茶叶的有效成分，获得浓度适宜的茶汤。调制冰茶时，最好用温水（40～50℃）冲泡，尽量减少茶叶蛋白质和多糖等高分子成分溶入茶汤以及加冰时出现沉淀物，同时，冷茶水还可提高冰块的制冷效果。

（2）水的老与嫩　煮水时水沸过久容易加速水溶氧的散失而缺乏刺激性，用这种水泡茶，茶汤应有的新鲜风味会受到损失。关于这些问题，唐代陆羽在《茶经》中早有叙述，“其沸，如鱼目、微有声，为一沸；边缘如涌泉连珠，为二沸；腾波鼓浪为三沸；以上水老，不可食也”；明代许次纾的《茶疏》也持相同观点，认为“水一入铫，便需急煮，候有松声即去盖以消息其老嫩。蟹眼之后，水有微涛，是为当时。大涛鼎沸、旋至无声，是为过时；过则老而散香，决不堪用”。以上说明，泡茶烧水要大火急沸，不要文火慢煮，以刚煮沸起泡为宜，用这样的水泡茶，茶汤香味皆佳。水沸腾过久，即古人所说的“水老矣”，此时溶于水中的二氧化碳挥发殆尽，泡茶鲜爽味便大为褪色。而未沸腾的水，古人称为“嫩水”，因其水温低，茶中有效成分不易泡出，使得茶汤香味低淡，而且茶叶漂浮于表面，饮用不便，故也不适宜用来泡茶。

3. 时间

茶叶冲泡的时间和次数与茶叶种类、泡茶水温、用茶数量和饮茶习惯等都有关系。据测定，一般茶叶泡第一次时，其可溶性物质可渍出50%～55%；泡第二次，能渍出30%左右；泡第三次，能渍出10%左右；泡第四次，则所剩无几了，所以茶叶以冲泡三次为宜。当然茶叶冲泡的次数也是因茶而异，冲泡乌龙茶时，因为壶小茶叶量多，一般冲泡7次仍有余香。

4. 品茶的礼仪

品茶，无论是在家中还是在户外，无论是泡茶者还是品饮者都要注重礼仪，做到文明礼貌。泡茶者应礼仪周全、举止端庄；品茶者要态度谦恭、言语得体。斟茶时不宜过满，一般只斟七分满，谓之曰“酒满敬人，茶满欺人”。奉茶时，应本着先宾后主、先女后男、先长后幼的顺序。如来宾很多，且彼此之间差别不是很大时，可采取以上茶者为起点，由近而远按顺时针方向依次上茶。上茶时，应双手托杯，目视客人，并轻声告之：“请您用茶。”客人在接受茶杯时，应双手接过，并点头致谢。如果是主人或是长辈为自己上茶时，应起身站立双手捧接。为客人上茶时尽量不要用一只手上茶，尤其是不要用左手上茶。

品茶时，应慢慢品啜，细心体味，不要大口吞咽，一饮而尽，更忌讳连茶汤带茶叶一并吞入口中。为客人续水时，应以不妨碍对方为佳，做到勤斟茶，勤续水，绝不可以让茶杯中茶叶见底。在我国广东一带，客人使用盖碗品茶时，如果不是客人自己揭开杯盖要求续水，我们不可以主动去为客人揭盖添水。另外，我国很多地方和很多民族还有许多不同的做法，如蒙古族敬茶时，客人应躬身双手接茶而不可单手接茶；藏族同胞最忌讳把茶具倒扣放置，因为只有死人用过的碗才倒扣着放；生活在我国西北地区的少数民族一般都忌讳高斟茶，特别是忌讳斟茶时冲起满杯的泡沫等。

五、茶馆文化

茶馆在我国的发展历史悠久，是随着城镇经济和市民文化的发展、茶叶及饮茶习俗的兴盛而出现的一种以饮茶为中心的综合性群众活动场所。但茶馆起源于何时，历史上并无明确记载，一般认为，茶馆的雏形出现于晋元帝时，唐代开始萌芽，宋代形成一定的规模，明清时终成时尚。唐宋时，茶馆称茶肆、茶坊、茶楼、茶邸，明代以后时称茶馆。

1. 茶馆的形成与发展

(1) 唐代茶馆的兴起　唐代，茶叶的种植已十分普遍，朝野上下、寺观僧道，饮茶成风，盛极一时，以茶为契机的聚会更成为唐代文苑的风雅之事。中唐以来，文士之间茶文化活动的一个重要形式是举行茶会和茶宴，同时还出现了官办的大型茶宴；到了晚唐时期，宫廷开始兴办清明茶宴。唐代城市经济的发展，促进了商业交往。商人在外经商需要一个住宿、解渴吃饭和谈生意的场所，为了适应这种需要，开店铺煎茶、卖茶自成必然，茶馆文化便应运而生。唐代茶馆中，卖茶者将烧制的陆羽像放在煎茶的炉灶上和茶具间，奉陆羽为茶神（直到近现代，一些茶铺的炉灶上仍供奉着陆羽神像）。初具规模的唐代茶馆虽然多，却与旅舍、饭店相结合，不是很普及和完善，但它却为宋代的茶馆兴盛奠定了基础。

(2) 宋代茶馆的兴盛　宋代茶肆、茶坊已独立经营，几乎各个大小城镇都有茶肆。宋代茶馆很讲究经营策略，为了招徕生意，留住顾客，他们常对茶肆进行精心的布置和装饰，不仅是为了美化饮茶的环境，增添饮茶的乐趣，也与宋人好品茶赏画的特点分不开。苏东坡就有“尝茶看画亦不恶”的诗作，随着茶肆的增多，竞争也日渐激烈。为了吸引更多茶客前来，各茶肆使出了浑身解数，安排诸多的娱乐活动吸引顾客，并以此为由多下茶钱。宋代茶馆的类型和功能多样化为前代所不及，茶馆的社会功能逐渐超过了“饮食”本身的意义，与现代茶馆基本相似。

(3) 明清茶馆的成熟　明清时期，茶馆文化渐趋成熟，并逐渐走向兴盛。明代茶馆较之宋代，最大的特点是更为雅致精纯，茶馆饮茶十分讲究，对水、茶、器都有一定的要求。明代兴起的散茶冲泡饮法因使用了茶壶，而使得崇尚盏、碗的唐宋茶具不适用了。茶盏也由黑釉瓷变成为白瓷或青花瓷，尤其是“薄如纸、白如玉、声如磬、明如镜”得异常考究。当然最为时尚的还是宜兴的紫砂壶，以致“明制一壶，值抵中人一家产”。明代市井文化的发展使茶馆文化更加走向大众化。最为突出的表现是明朝末年出现在北京街头的大碗茶，以它贴近大众生活的优势而经久不衰。

清代，茶馆随着社会经济的发展与繁荣遍布城乡，数量为历史所少见，北京有名的茶馆就有 30 多座，上海更是多达 66 座。清代的茶馆多种多样，有以卖茶为主的清茶馆，也有既卖茶又兼营点心、茶食，甚至还经营酒类的荤铺式茶馆，还有一种茶馆兼营说书和演唱，是人们娱乐的好场所。茶客们一边喝茶，一面听书、听曲，悠闲自在。值得一提的是，清代茶馆与戏园紧密联系在一起。戏曲艺人在酒楼、茶肆中作场，宋元时已有之，但那时仅仅是在席前表演，尚无专设的戏台。到了清代，不少茶馆为了吸引更多的茶客，在茶馆内设有戏台，久而久之，茶院与戏园就合二为一了，故旧时的戏园往往又称茶园。

(4) 近、现代茶馆的兴盛　清末民初，中西文化撞击，茶馆业呈现出与以前不同的特点——中西合璧，追求豪华奢侈。其陈设更齐全，功能更多样化，西方的茶点、饮料大量进入中式茶馆，模仿西方咖啡馆的音乐茶座、露天茶室应运而生。茶馆原来精致清俭的精神与清新、雅致、具有大众化文化气息的特点逐渐减弱，消极作用越来越明显。此外，由于大量西式咖啡馆、酒吧、西餐馆的出现而带来的西方生活习俗的冲击，影响了茶馆的生意，清末民初的茶馆逐渐走向了衰落。

当代，随着茶文化的复苏，我国茶馆业开始了再次的兴盛。继台湾茶艺馆的兴起之后，于20世纪80年代末90年代初，各地相继出现了大量布置高雅、服务讲究的茶艺馆。

现代经营的茶艺馆大致可分为4种形式：一是历史悠久的老茶馆，多保留着旧时的风格，传统文化氛围浓厚；二是近年来新开设的茶艺馆，铺面通常位于现代建筑中，通常以假山、喷泉、花草、树木来营造闹中取静的效果，室内则布置以书画来突出文化氛围，除供应茶水、茶食和进行茶艺表演，还主办各种茶会，面向公众传播茶文化；三是设在交通要道两侧、车船码头、旅游景点等处的流动性茶摊，主要是为过往行人休息解渴之用，颇具地方乡土气息；四是露天茶园、棋园茶座，这类茶园（座）或坐落于公园清幽处，或紧邻绿地，用的是简易的木质桌、椅，喝的是普通茶叶，客人可自娱自乐，轻松悠闲，别有一番自然情趣。为了更好地推广茶文化，很多茶艺馆还在原有的茶表演基础上，编排了很多易于操作、富有特色的茶艺表演。总之，我国现在的茶艺馆是百花齐放，形式多样，中国茶文化正日益走向辉煌。

2. 风格迥异的现代茶馆

(1) 北京茶馆　北京是六朝古都，是中国的心脏，其茶文化当然也是集“天下之大成”，各种茶馆种类繁多，功用齐全，文化内涵极为深邃。北京的茶馆中大多供应香片花茶，兼售红绿茶，茶具多为盖碗。馆中备有象棋、谜语等供人消遣；新兴的高档茶艺馆装修考究，陈设华丽，清一色的红木八仙桌，室内悬挂名人字画，服务小姐身着旗袍。茶客们边品茗边品尝京式小吃，同时也可欣赏京剧、曲艺等充满传统文化韵味的节目。

五福茶艺馆，创立于1994年8月，是北京首家茶艺馆，也是北京第一家引进潮州功夫茶和台湾功夫茶的茶艺馆，坐落于市中心的地安门，随后几年相继开办了多家分店，现已遍布北京市区。五福茶艺馆环境布置均极为幽雅，室内装饰以古典中式风格为主，老式木门楼、石板地面、翠竹流水、茶诗屏风，茶情茶韵无处不现，在清幽淡雅的背景音乐中呈现一股浓郁的文化气息。五福茶艺馆属南派，代表的是南方的饮茶习俗，茶具、茶叶与北方不同。茶馆内供应中高档茶叶，用现代纯净水烹沏，茶客一边品茗一边可欣赏服务小姐潮州功夫茶的茶道表演。茶馆的氛围温馨高雅，别具一格，其“康宁、富贵、好德、长寿、善终”的“五福”所体现出来的文化底蕴，意尤深远。

老舍茶馆，是以人民艺术家老舍先生及其名字命名的茶馆，始建于1988年，现营业面积1500平方米。室内环境典雅，陈设古朴，漏窗条格、玉雕石栏，顶悬华丽宫灯，壁挂名人字画，满眼清式的桌椅，还设置了专门的雅座，充满了传统的京式风格；男女服务员身着长衫、旗袍，提壶续水、端送茶点，穿梭不停。在这古香古色的环境里，客人在品茶的同时可以享用各类宫廷细点和应季北京风味小吃；茶馆内的“大碗茶酒家”由名厨主理，有京、晋、鲁三种风味，菜肴种类繁多、口味上乘，且具有地方风味特色；每晚都可欣赏到来自曲艺、戏剧等各界名流的精彩表演，客人如有雅兴，也可即兴登台客串。此外，还经常举办琴、棋、书、画和“戏迷乐”等诸多文化活动。茶馆自开业以来，接待了很多中外名人，在世界各国享有很高的声誉。老舍茶馆现在已经成为中外宾客来京必游的一处新名胜，身临其境，如同进入一座老北京的民俗博物馆而令人赏心悦目、遐思千里。

据说，老舍茶馆是从前门售“二分钱一碗”的北京“大碗茶”起家发展形成的，所以至今该茶馆还在“老舍茶馆”的金字牌匾旁立一“老二分”的钢牌，意为不忘“二分一碗的大碗茶”，茶馆至今也仍在前门设摊售卖“大碗茶”，以方便群众。

(2) 成都茶馆　我国饮茶的风尚始于巴蜀，所以四川茶馆在我国也是比较有代表性的。旧时我国最大的茶馆就是四川成都的“华华茶厅”。成都人喜爱喝茶，茶风强劲，程度超过任何一个地方。在成都，大到茶馆、茶楼，小到茶摊、茶园，无论在市区、乡镇、闹市，还是在野外，比比皆是。成都人在习惯上将到茶馆饮茶统称为“泡茶馆”，一个“泡”字，道尽成都人生活心态之悠闲。在当代的成都，鳞次栉比的高档茶坊、茶楼，内部富丽堂皇，装潢考究，摆设均为西洋家具，或采用藤编沙发、藤制茶桌，茶具雅致，席间还播放轻音乐。茶客也以年轻人居多，以谈生意、业务策划、信息交换、谈情说爱为主，商业色彩较浓，气氛已不似往昔那般闲散、雅致。

成都地方的喝茶习俗对于茶具的要求颇为独特，历来用铜茶壶、瓷盖碗、锡茶托。用这一系列茶具泡成的茶，色、香、味、形俱臻上乘，堪称“正宗川味”。正宗成都茶馆为客人注水时采用长嘴铜壶，而长嘴铜壶茶艺也是新老茶馆的一大卖点。表演者手提装满开水的长嘴铜壶，以“童子拜佛”、“负荆请罪”、“贵妃醉酒”、“苏秦背剑”、“木兰挽弓”等姿势进行表演泡茶，却不见半滴水流到桌面上，堪称一绝。

(3) 广州茶馆　广州人大多热衷于上“茶楼”饮茶，且乐此不疲。广州人上茶楼，要分早、午、夜三茶，其中以饮早茶为多，风气最盛，人数也最多。广州人饮茶不论春夏秋冬，一年四季，从清晨4点多钟起就陆续到各茶楼门前等待开张，全市数百家茶楼常常座无虚席，人满为患。茶客进茶楼后自择座位，彬彬有礼的服务小姐会到每一位客人面前“问位点茶”，问清客人的人数、所要点的茶品、茶点后，一一送上。食客饮茶需壶中加水时，只需将壶盖揭开，自有服务小姐主动上来续水。广州茶楼的沏茶准则是“茶规水沸”，即茶叶的品质要上乘，泡茶的水要沸。此外，在具体冲泡时，还讲究“高冲低泡”，“飞泻入壶”，且要“茶斟八分”，水不能冲满茶杯，以示对客人的礼遇。广州各大茶楼日常应市的各类点心精美别致、花色繁多，为广州品茶之一大特色。各种叉烧包、肠粉、虾饺、糯米鸡等，可谓琳琅满目，数不胜数。

在广州茶楼内单吃“清茶”而不吃点心，是十分少见的，也颇不受茶楼的欢迎。如真有此等茶客，广州茶楼也有不成文的“净饮双计费”的“惯例”，茶价要贵出正常一倍。

在广州，还有专门的品茗场所——茶艺馆。这些茶艺馆不像茶楼、酒家配合着菜肴、点心的“饮茶”，而是专注对茶的细品，追逐品茗的美妙境界。茶艺馆不但向消费者提供了更佳的饮茶氛围，还向顾客提供优质名茶、优质的服务，并且表演各种茶的冲泡技艺，具有较强的专业性，因而受到消费者的青睐。

随着时代的发展，茶楼装饰也日趋讲究，以庭园式、高楼式、卡座式、宽敞大厅式、精巧房舍式的崭新面貌出现。人们把“上茶楼饮茶”作为交朋结友、消闲遣兴、欢聚家常、相亲择偶、洽谈商务，以及各种各样社会活动的方式和场所，从而使茶馆逐渐成为了社会活动的主要载体。

（4）上海茶馆　上海是近代工商城市，随着经济的发展，20 世纪 80 年代末开始兴起的上海茶文化热，使传统茶馆重新焕发了生机。以 1991 年 7 月宋园茶艺馆开馆为标志，近年来，现代新型的茶文化在上海逐步发展，使上海现代茶馆的兴盛景象已超过上海开埠以来任何一个时期。

城隍庙九曲桥上的湖心亭茶楼是上海著名的茶楼，迄今已有 200 多年历史。它四面临水，曲桥相通，亭下池内，鱼影可鉴，茶楼的面积虽说不大，却总是高朋满座，茶香四溢。湖心亭茶楼为典型的江南古建筑，有关部门曾拨款重修。亭四周筑有 28 只飞袍翘角，亭内外均绘有人物、花卉、飞禽走兽，无论是泥塑、砖刻，还是绘画，都体现了古色古香的风貌。楼上茶堂中摆放着几十张红木桌椅，壁间悬挂着有关“碧螺春”、“龙井”等中华名茶的介绍，并陈设茶书、茶画点缀，梁上悬挂着八角宫灯，整个茶楼的氛围古朴典雅。湖心亭茶楼因地处黄金地段而常常座无虚席。茶客至茶楼，即由服务员送上一把中国纸折扇，扇面上是湖心亭茶楼的简介，另一面是上海交通图，专门圈点出“湖心亭茶楼”在图中的位置。茶座设高、中、低档；茶品供应有各类绿茶、红茶、花茶及武夷乌龙茶；服务员手提二尺长的长嘴铜茶壶，在离茶桌一米开外处，为茶客远距离注水而滴水不漏；为增加茶客的“参与性”，也可让茶客白冲自泡、自斟自乐。茶楼在供应像茶豆腐干、茶叶鹌鹑蛋、茶叶小笼包之类各种茶食、茶点的同时，还设有专业茶艺表演队，茶客定期可欣赏到优美的江南丝竹乐曲。

湖心亭茶楼每天吸引着大量中外游客，曾接待过英国女王伊丽莎白二世等许多国家元首和中外知名人士。小小茶楼已成为上海市接待元首级国宾的特色场所，知名度蜚声海内外。

上海宋园茶艺馆建于1991年7月，位于上海闸北区中部，经过三次改扩建，现有面积3400平方米，是亚太地区规模最大的茶艺馆。宋园茶艺馆依傍闸北公园，于清水绿阴中微露红楼一角，庭落小园，华面素雅，为中、老年人品茗场所，文化层次较高。内部分上下两层，设施古典豪华，装饰得古香古色。内有数十间茶室，兼有大厅展室，还设有颇具规模的茶叶、茶具经营部。宋园茶艺馆经常举办各种工艺美术、名瓷、名壶的展销活动，为收藏爱好者提供了观赏与选购的理想场所，同时也引来了众多书画家、诗人、民间艺术界人士，自然地形成了一条文学艺术沙龙。同时，宋园茶艺馆还推出茶道献艺、苏州评弹、江南丝竹、戏曲演唱、歌舞表演和自娱自乐节目，再加上由名厨精心制作的茶食、茶点、茶餐等集观赏性、风味性和趣味性相融的佳肴，更使茶客流连忘返。

上海黄浦区少年宫“小茶人”茶艺馆是我国首家少儿茶艺馆，成立于1993年，以独特的少儿茶艺表演来弘扬中国传统民族文化。少儿茶艺孕育着生动、具体、形象的德育教育内容，它融茶学、茶知识和茶文化为一体，以茶艺、茶礼对青少年进行美学、伦理学和传统文化教育，有助于丰富学生的课外文化生活，提高青少年的文化修养，因而得到了各界的肯定。

（5）杭州茶馆　“龙井茶、虎跑水”被称为杭州双绝。作为我国著名的“茗都”，杭州茶馆的历史源远流长。杭州市拥有天下闻名美景——西子湖，而位于风景区之内的茶室在好茶、好水、好环境等方面更是得天独厚、独占鳌头。这些茶室一般设在西湖游览区、庭园景点的山村水边，如中国茶叶博物馆内的茶室、西湖国际茶人村、龙井寺茶室、虎跑茶室、九溪茶室等，多以民居风格建筑，古朴典雅，或配以楹联字画、名人书画、壁画木雕为点缀，具较浓厚的文化氛围，而茶资又适中，为广大市民所喜爱。

另一些茶室以及一些高级宾馆、酒楼、商厦附设的茶座，也均以西湖为中心，分布于环沿西湖的南山路、湖滨路、北山路上，装修豪华，设备精良，既有现代风格，又有古典情调，但消费较高，成为名声显赫的“上档次”茶馆、茶艺馆，出入者一般为现代都市时髦男女或商业界人士，是客商洽谈生意的好去处。

此外，位于杭州植物园、吴山、平湖秋月以及老年公园等处设备简陋的茶室，虽不加修饰，所提供的服务项目不多，只有茶叶开水，或者兼卖些简单的点心，没有什么音乐作背景，也不用年轻的女性服务员，但有青山碧水、草地云天、古木相衬，给人以宁静、温馨、悠闲的心境，加之茶资较低，营业时间从拂晓到傍晚，实为平民百姓、退休职工和上了年纪的居民弈棋、玩牌、品茗的理想场所。

（6）台湾茶艺馆　台湾茶艺馆是随着20世纪70年代末台湾经济起飞发展起来的，1978年又出现了“中国茶馆”、“郑员外茶艺馆”。但是不久，除了郑员外茶艺馆在继续经营外，其余都在短期内相继停业，直到1979年台北贵阳品茶馆、1980年台北陆羽茶艺中心开办，茶艺馆方开始出现生机。尤其在1982年9月23日中华茶艺协会成立后，茶艺馆如雨露春笋般在台湾各地开办起来，街头的茶艺馆招牌到处可见。进入20世纪90年代，全台湾茶艺馆已达到饱和状态，竞争激烈。

台湾的茶艺馆没有一定的格式，大大小小，各式各样，独辟蹊径，各具风貌。就装潢布局、陈列摆设以及所处环境条件等方面看，风格中包含有中国厅堂式、台湾乡土式、庭院式以及唐式等。

中国厅堂式茶艺馆的设计，以中国传统的家居厅堂为蓝本，古色古香，典雅清幽，堂内摆设有红木家具、名人字画、古董及工艺品等，反映着经营者的爱好。

台湾乡土式茶艺馆在设计上强调乡村田园风格，追求台湾古老的乡土气息，愈乡土愈古老愈吸引人。茶艺馆中一般多为竹木家具，并配以牛车轮、蓑衣等民间工艺品装饰。

庭院式茶艺馆的设计，令人有“庭院深深深几许”的感觉。馆内设计有鹅卵石小径、小桥、流水、假山、亭台、拱门等，犹如江南一带的庭院，清静悠闲，与烦嚣的闹市相隔绝。来到这里，如入世外桃源；捧起香茶；心静神宁。有返璞归真、回归大自然之感，仿如进入“庭有山林趣，胸无尘俗思”的境界。

唐式茶艺馆的茶室以榻榻米铺地，以竹帘、屏风、矮墙作象征性的间隔，茶室入口处备有拖鞋，进入茶室，先要脱鞋，茶室内也只备有矮矮的茶桌和坐垫，客人都要席地而坐，与日本和式风格相近。

此外台湾还有古今杂糅式、中西结合式等茶艺馆，其茶室、茶座设计别出心裁，五花八门。

（7）香港茶馆　随着 19 世纪 40 年代香港的开埠，于 1845 年有了简陋的茶楼，供应茶水、点心、大众化饭菜，是一种方便劳苦大众的茶居、茶寮，第二年出现两家名副其实的茶楼，一家是位于威灵顿街的杏花楼，一家是位于皇后大道中的三元楼，分楼上、楼下，有的甚至还有三楼，陈设比茶居、茶寮要讲究。楼下一般为普通座，楼上为雅间。较茶楼出现晚些的酒楼到 20 世纪 50 年代中期，有些也开始兼营茶市，同时又有晚饭、雀局（打麻雀牌）、摆酒席等，致使部分顾客放弃茶楼而光顾酒楼，传统茶楼逐渐失去了竞争力，被时代所淘汰，新一代的茶楼和酒楼的经营则日趋多元化。时至今日，上茶楼饮茶已经成为香港普通大众的日常生活内容，并形成了香港独特的饮食文化。

在香港，凡具有一定规模的茶楼、酒家，通常备有五种茶，即普洱茶、乌龙茶、白茶、花茶、龙井茶。一般都用中低档茶叶，规模比较大的茶楼、酒家或者一些名店老号，才备有若干高级名茶，如铁观音、龙井等，以应付点名要好茶的高贵的顾客。香港茶楼中的茶点种类繁多、制作细腻精致，鲜美可口，且外形精巧，有“小点、中点、大点、特点、顶点”等级别。小点常供应虾饺、烧麦、叉烧包、肉包、粉果、排骨等，一般数量较少，价格较为适中；中点有海鲜菜和肠粉等；顶点则属于精美珍贵之点心，有牛百叶、生肠等。茶客进店坐下后，装盘或置于点心车中的点心由服务员推至面前，茶客可根据个人所好随意挑选、品尝，和广州一样，吃完后依据桌上空碟子的形状和数量结账付款。

（8）泡沫红茶馆　据说最初在台湾台中市兴起。泡沫红茶是仿效西洋鸡尾酒的调制方法，以红茶为主要原料，用花、果、奶、酒等配料，调制成五彩缤纷、多达上百种的新奇饮料，因其调制时能生出泡沫而名。供应此等茶品的茶店，称为“泡沫红茶店”或“泡沫红茶坊”。这种茶馆因其时尚、现代，又富有浪漫情调，在台湾各大城市均有开设，顾客也多以年轻人为主。

泡沫红茶坊注重品茶环境的布置和浪漫都市气息的营造，店堂家具各具特色，表达不同的主题，室内陈列着古书古籍、现代画册、时尚玩具的书橱，点缀以柔色灯光，四周张挂着精美壁画，有的还播放清雅宜人的外国名曲，别有一番情趣。泡沫红茶坊供应的品种名目繁多，花样百出，可谓琳琅满目，就连茶名也起得芳香温馨、情深意蜜，色彩纷呈的冰红茶名为“花蝴蝶”，以红茶加酒调制成的名为“情浓意蜜”，杯底藏有颗颗“黑珍珠”的名为珍珠奶茶，以葡萄汁调制的名为“紫色梦幻”，以牛奶调制的名为“奶红茶”，用果汁调制的名为“花果茶”、以绿茶调制的泡沫绿茶名为“绿仙子”，用红石榴汁、酸乳、葡萄汁混合调制，呈粉红色盛满高脚玻璃杯中的名为“红粉佳人”，再配以西式特色点心食用，食与味近乎完美统一，令人陶醉。

【本章小结】

本章主要介绍丰富多彩的饮食文化，具体为饮食文化、酒文化、茶文化，首先缕清每种文化史的线索，其次了解其风格、特征、分类等基本常识，再者建立基本概念认识，为以后的深入学习引路。我们搞旅游就要学习、了解、掌握与此相关的饮食方面的种种文化，增强服务意识，提高管理水平。本章节所给内容的初衷就在于此，这也是要求掌握上述内容的原因所在。

习题训练

1. 什么叫“满汉全席”?
2. 食文化研究的内容是什么?
3. “八大菜系”的风格特征是什么?
4. 食俗有哪几种类型? 简要叙述其主要内容。
5. 北京风味小吃的代表是什么?
6. 酿酒传说种种说法你最偏重于哪一种? 原因是什么?
7. 白酒系列的名酒最著名的是哪几种? 特点是什么?
8. 联系实际谈谈对酒文化的理解。
9. 简述中国饮茶方法的演变。
10. 什么是茶道? 中国茶道和日本茶道有什么区别?

情景训练

下面是一个关于茅台酒的传说故事，请说出茅台酒的产地、历史、酿造特性等相关信息。

千年前，赤水河畔的茅台村才十几户人家。一家富人，三间大瓦房，坐落在河畔的高处，特显眼；其余都是穷人，住的是茅草棚棚，分布在河边。居住在这里的人们，都有酿酒的习惯。可那时，不管富人也好，穷人也好，酿酒的技术都很平常。

有一年的腊月，四季气候温和的茅台村，破例地下了一场大雪。雪花纷纷扬扬，飘飘洒洒，从晚上下到天明，从早晨下到黄昏，还没有一点停住的意思。这时，在风雪中，只见一个衣衫褴褛的姑娘蓬头赤足，手里拄着一根木棍，从山上下来，跌跌撞撞向茅台村走来。

她走到富人家门口，见几个帮工忙忙碌碌，正在酒房烤酒，便停住了脚步；“烤酒大哥，我周身发冷，要口酒喝，暖暖身子御御寒。”

帮工们见她冷得像筛糠，牙齿嗑牙齿的，忙停下手中活计，用怜悯的目光注视着她。一个帮工顺手拿起个土碗，从缸里满满地舀了一碗酒，递到她面前：“快喝了走吧，等会主人就要来了。”

说来也巧。姑娘刚接过碗，主人从房里出来了。他板起面孔，连忙夺过姑娘手中的土碗，就势将碗里的酒往缸里一倒，气势汹汹地说：“快给我滚，少在这里啰嗦!”

姑娘不屑地瞪了他一眼，一声不吭，扭头就走了。

她沿着从山腰伸向河边的石板路，径自向那片茅屋走去。在一间茅屋檐下，她停住了。屋里一个白胡子老头正在用篾条箍酒甄，灶门前，有个老婆婆在生火。姑娘便迎了上去：“老人家，行行好。”

老头抬起头来，见一个穿得破破烂烂的姑娘立在门口，怪可怜的，便说：“外面风雪大，快进屋里来!”

姑娘走进屋里，老头将她带到灶门前，吩咐老伴将火再生大一点，让姑娘在火边坐下，自己便进房间里，把剩下的一点酒倒出来，盛在碗里递给姑娘：“先喝口酒暖和暖和吧!”

姑娘也不推辞，接过酒一饮而尽，连声赞叹；“好酒！好酒!”

老婆婆刷锅弄碗，打算炒饭给她吃。姑娘站起身来，连忙制止，做出要走的样子。老头忙说：“天已经黑了，外面又冷，哪去?”

姑娘说：“没个家，走到哪里算哪里。”

老婆婆丢下手中的刷把，走上前来拉住姑娘的手说：“我们都是穷人，讲啥客气，恰好我闺女到她舅舅家去了，你就在她屋里住下吧!”说着，把姑娘带进自己女儿的房间里。

不一会，老婆婆也睡了。白胡子老头继续箍酒甄。箍着箍着，不知不觉地依着酒甄，昏昏沉沉进入了梦乡。他恍恍惚惚地看见一个仙女，头带五凤朝阳挂珠冠，身穿缕金盲蝶花绸袄，下着翡翠装饰百褶裙，脖上挂着赤金项链，肩披两条大红飘带，袅袅婷婷，立于五彩霞光中。只见她手捧夜光杯，将杯里的琼浆玉液向着茅台村一洒，顿时出现了一条清清的溪流，从半山腰直泻而下，注入赤水河中。忽地，仙女手中的夜光杯又不见了，手里捏着一根木棍。她用木棍在富人的三间大瓦房和那片茅屋之间的溪流中，划了一下，便消逝了。随即，老头的耳边响起了一个熟悉的声音："就用这条小溪的水酿酒吧。快，水进屋了！"

白胡子老头一惊，睁开眼，已是天亮了。他忙进自己女儿房中，姑娘不见了，一切依旧。大门也关得好好的。这时，他老伴也起床了："老头子，你说怪不怪，昨晚我梦见一个仙女……"

老头二话不说，忙打开门一看，只见东方朝霞万里，一轮红日冉冉升起。村边出现了一条清清的溪流。

老头兴冲冲地拿着水瓢，提起水桶，在小溪里舀了一桶，将这水用来酿酒。不几天，酒酿出来了。一品尝，色香味俱佳，真是绝色天香。老头把穷哥儿们都找来，你尝一口，我尝一口，大家连声赞叹："好酒！好酒！"

从此，茅台村的人们就用这条溪流的水酿酒。说来也怪，富人家酿的酒，质量越来越差，好像放了醋一样，坛坛都是酸溜溜的，不久便衰败下去了。穷人们酿的酒，质量越来越好；清沏透明，芳香扑鼻，味醇回甜。至此，酒业大兴，许多达商巨贾慕名而来，争买这里的酒到各地销售。

后来，茅台村的人们为了怀念这位"仙女"，便将"仙女捧杯"作为茅台酒的注册商标，并特意在瓶颈上系两条红绸带子，以象征仙女披在肩上的那两条红飘带。

第九章　景观文化

【知识目标】

掌握山水文化的共性；我国古代建筑的特征；旅游城市的类型；宫殿建筑的布局；园林的分类、特征与组成要素；陵墓的封土沿革；佛塔、民居的类型；桥梁的种类；熟悉景观的类型；城市标志建筑各阶段的风格；园林的造园手法；民居的特征；了解各种著名建筑的实例。

【能力目标】

1. 理清全国知名山水景观名目，正确定位自然景观资源。
2. 找准城市建筑、宫殿建筑、园林建筑、坛庙建筑、陵墓建筑、宗教建筑、居民建筑、桥梁建筑的精髓所在。

知识点阅读

“紫禁城”的由来

“紫禁城”即故宫。中国封建王朝时期，皇帝自称天子，即天帝之子。天帝所居的“天宫”被称为“紫宫”，因而古人就将天子所居住的皇宫比喻为紫宫，“紫宫”是不许随便进入和靠近的禁地，所以皇宫又被称为“紫禁城”。中国历来把紫微星垣比喻皇帝的居处，古有紫微“天帝之座也，天子之所居”。紫微星就是北斗星，位于中天，明亮而又群星环绕，所以有“紫微正中”的说法。因而，明代把皇宫建在当时北京的中心位置上。紫禁城历经570多年，是封建社会帝王统治的历史见证，而其传统的建筑艺术和丰富而珍贵的历史文物，却是劳动人民智慧的结晶。

景观一词，最初的含义是指一片景色大致均一的地区。从旅游学看，景观是指那些能够吸引旅游者到旅游目的地参观、游览、学习和瞻仰等行为的吸引物。这个吸引物，既包括山水等自然景观，也包括建筑等人文景观，是两者的综合体。在人类的历史长河中，人类创造的文化需要一定的载体来传承，这个载体就是景观。人类发展至今，不论是自然景观还是人文景观，都具有丰富的文化内涵。随着社会的进步和发展，人类又不断地创造出新的文化并将它融入今天的景观中，使景观承载的文化内涵不断得以丰富和发展。

景观的类型不同，在人类文化传承中的作用不同，就有了不同特征和内容的景观文化。研究旅游文化，就必然要研究景观文化。

第一节　山水文化

我国是一个幅员辽阔、历史悠久、文化灿烂的文明古国。神州大地美丽、富饶的山山水水是中华民族赖以生存和发展的物质宝库与精神家园。在我国旅游业发展的过程中，山水作为人们普遍接受的审美对象，首先进入人们的视域，成为人们心神向往的审美客体，展示了她深厚的历史积淀与广博的文化内容相结合的山水文化底蕴。

一、概述

我国山水资源的丰富性和独特性，为山水旅游景观的开发与管理奠定了坚实的基础。表面上看，山水是山川大河的代名词，其实不然。广泛意义上讲，它的范围更广，还应该包括花草树木、雨露云雾、溪泉烟岚等。山水特指地貌特征具有典型性，生态环境优良，有一定文化积淀，具有美学、文化、科学价值的自然景观的综合体。

山水是文化的载体，文化是山水的灵魂。山水与文化紧密相连，息息相关。山水作为纯粹地理意义上的景观，进入人类的文化圈，成为审美的直接关照对象，在中外都经历了一个缓慢的发展过程。

从审美实践的发生与形成来看，人类对自然美的发现与欣赏源于劳动，是生产实践的必然结果。诚如马克思所言，自然界起初是作为一种完全异己的、有无限威力的和不可制服的力量与人们对立的，人们同它的关系完全像动物同它的关系一样，人们就像牲畜一样服从它的权力。在众多自然崇拜中，对山川、河流的祭祀与人类关系最为紧密，形成了五岳、四渎（长江、黄河、淮河、济水）、五镇祭祀文化。

随着人类生产力水平的提高、对自然的认识改造能力增强，人与自然的关系也发生了质的飞跃，由原来的恐惧、崇拜、敌对、疏远过渡到亲近、喜爱、愉悦。人们不仅注意到山体与水体的对比、和谐，而且更注意到以山为载体的综合景观与以水为载体的综合景观间的对比和谐之美学意义。山水游览活动丰富了人们的审美体验，也促成了表达美感经验的山水艺术的形成。盛唐时期，经济繁荣，社会安定，文化发达，宗教繁盛，山水名胜广为扩展，山水文化获得迅速发展，山水诗画、山水游记蓬勃发展。隋唐以后的两宋以至元明清时期，山水文化得到了进一步发展。

山水文化的形成与发展还离不开人类的实践活动。西来的佛教和我国土生土长的道教对自然山水的开发建设都起了不可替代的作用。哪里有山水胜处，哪里就有佛教建筑。东晋以后，山林成了佛教第一静修之处，持教者“入深山，住兰若，岑岭幽邃长松下，优游静坐野僧家。”远离世俗城市的深山幽谷，风景秀丽幽静，令人流连忘返，僧众在这里参禅打坐，修身养性，使山水从世人不知变成世人向往的仙山胜水。五台山、九华山、峨眉山、普陀山相继成为名扬海外的佛教名山，各个历史时期的能工巧匠、文人墨客都在这里留下了他们的杰作。道教宣扬修道、羽化成仙，把高山峻岭作为修道的最佳场所。神仙或耸身入云，无翅而飞，或驾龙乘云，上造天阶，或潜行江海，翱翔名山，或食元气，或茹芝草。随着道教信仰的传播与发展，形成了独特的洞福文化，包括十大洞天、三十六小洞天、七十二福地。这些洞天福地并不虚无缥缈，难以到达，大多是有据可考的人间山岳，千峰叠翠，溪流萦绕，青松挺拔，景色优美。道教徒在这里结草为庐，建造用以修道、祭祀，举行宗教活动的道教宫观。道教徒的活动对山岳风景的建设起着不容忽视的作用。当然，在历史发展的长河中，人类对自然山水的改造、利用和科学开发在一定程度上也推动着山水文化的构建，为自然的山水增加了更多的文化内涵，提高了山水的文化含量，形成了姿态各异的山水文化类型。

二、山水文化的共性

1. 山水崇拜

远古时期，人对大自然的认识、利用、征服能力受水平低下的生产力制约，具有很大局限性，便形成了对自然的双重情结：一方面感谢自然赐予的生存资源；另一方面对电闪雷鸣、火山地震等自然现象迷惑不解，心存恐惧，感受不到大自然的造化之美。受惶恐敬畏的心理驱使，人类形成了对包括日神、月神、山神、水神等种类繁多的自然神的崇拜，这些威力巨大的神灵或含泽布气，聚集群神；或兴风作浪，声振苍穹；或呼风唤雨，划缺长空；或洪水泛滥，猛兽猖獗。总之，充满着威慑力量，主宰着宇宙。于是修建了各类道观与寺庙，我们的先人们在喃喃的祈祷声中，期望神灵护佑自己风调雨顺、家族兴旺、安居乐业。帝王将相崇神的祭祀活动很大程度上促进了我国自然山水景观的建设和开发，目前，这些山水景区都成为极负盛名的旅游胜地，如承德避暑山庄（见插图 9）。

2. 山水鉴赏

（1）山岳鉴赏　如果说对山的崇拜起源于人们对山岳的神秘感，那么山岳鉴赏就是人们在不断认识山岳的过程中对山岳审美的表现。我国的山岳形态万千，造型多样，多而奇、奇而绝，是我国山岳的特点。奇、绝、险、雄、秀可以给人以不同的美感享受。例如安徽黄山有“五岳归来不看山，黄山归来不看岳”之说，雁荡山有“雁荡奇秀甲天下”之赞誉，武夷山有“奇秀甲江南”之称。山岳鉴赏是多方面的，历史上的名人、名诗、名篇和名画使许多山岳成为名山。所以在游览时，可以从自然美、艺术美和社会美等不同角度去鉴赏。

（2）水的鉴赏　水与人们的生活息息相关，在对水的认识过程中，人们对水赋予了感情，使水有了人的性格。水的便利、水的润泽，水的声、色、形和影，一直吸引人们去表现，因此有了众多体现水的自然美、社会美和艺术美的诗歌、碑刻、山水画和民俗。

3. 山水科学

（1）山岳科学　山岳科学是人们对山岳的自然形成的认识，包括山的岩性、结构，山地的气候、植被及动物等多方面，这是山岳文化的客观部分。不论有多少神秘的传说和知名的诗篇，每一座山岳都有自己的地质历史，有它的形成演变规律，这些科学知识帮助人们揭开山岳的神秘面纱，使山岳文化更丰富、更合理、更科学。

（2）水的科学技术　水是人类生活环境中的重要资源。河水有丰有枯，有时会给人类带来灾害，因此，人类很早就开始了治水，在治水过程中对水性有了认识，逐渐学会了造舟、建桥，修筑江堤、河坝、土堰、石陂，疏通河道，修建水库，利用水资源发电、灌溉和航运，变水害为水利。

三、山水名胜

1. 名山

（1）泰山　“唯天为大，五岳独尊”，海拔高度（主峰玉皇顶）仅1545米，在地貌分类上只属于中等山体的泰山却赢得了“天下之雄”、“五岳之首”称号，以其仅1360米的相对高度，展现了大气磅礴、拔地通天的气势。泰山山体厚重庞大，呈现出厚重感和稳重感，因之便有了“稳如泰山”的说法。

自古以来，历代名人对泰山之雄伟进行了一如既往的讴歌和赞叹。孔子曰“登泰山而小天下”；汉武帝叹泰山“高矣、极矣、大矣、壮矣”；唐代大诗人杜甫留下了“荡胸生层云，决眦入归鸟。会当凌绝顶，一览众山小”这首著名的《望岳》诗，通过远望、近观等不同角度的描写烘托了泰山雄伟峭拔的气势。泰山的自然风格经过历代文人墨客的歌咏渲染，逐渐成为一种人格标志，流传在国人以及游客心中，经久不衰。

（2）华山　“巨灵咆哮劈两山，洪波喷流射东海”，“西岳华山”自古以来就享有“天下第一险山”的美誉。华山之险是花岗岩因随着地壳运动，速度较快上升造成的，“削成而四方，其高五千仞”。

华山的四壁非常陡峭，没有坡度，几乎与地面成90度角，而且峰顶与谷地的落差达到千米左右。华山险峻的景点很多，有千尺幢、百尺峡、上天梯、擦耳崖、苍龙岭、鸽子翻身、老君犁沟、长空栈道等。其中苍龙岭是华山最长、最险的绝径之一，岭长1500米，宽仅1米，岭脊光滑圆溜，刻有200多级石级。环顾四周，层峦叠嶂，连绵起伏；俯瞰脚下，万丈深涧，风吼云乱。岭脊时而露出云层，时而没于烟雾，宛如一条沉浮游弋于云海之中的苍龙。“西岳峥嵘何壮哉，黄河如丝天际来”，华山的险峻引无数英雄竞折腰。

（3）黄山　黄山无山不峰，无峰不石，无松不奇。奇峰怪石千姿百态，层出不穷。有的像盛开的莲花、倒扣的钵头；有的如“蓬莱仙岛”、“猴子观海”、“天狗听琴”；有的似“武松打虎”、“丞相观棋”、“天女散花”……游客一路走来，一览奇峰怪石，峭壁峥嵘，无不心旷神怡，感叹江山如此多娇，祖国山河秀美无比。松树往往长在悬崖峭壁上，或立，或卧，或仰，或俯，如龙似虬，姿态各异，迎风傲雪，刚毅顽强，如闻名世界的“迎客松”。黄山号称“云雾之乡”，其云海天下叫绝，烟云如锦似缎，飘荡千山万壑。云以山为体，山以云为衣，虚实相生，若隐若现，游人置身其中，好似登临仙境，而飘飘欲仙。黄山神奇的景观相互映衬，动者动得突然，静者静得兀然，动与静之间，奇景幻影层出不穷。难怪著名旅游家徐霞客二登黄山之后，留下了“五岳归来不看山，黄山归来不看岳”的溢美之词。

（4）青城山　道教名山青城山以幽著称，号称“青城天下幽”。青城山坐落在四川省都江堰市西南，背靠雄伟的岷山山脉，隐匿于幽深的岷江峡谷之中。山上林木葱茏，岁寒不凋，群峰环抱，状若城廓，故名青城山。这里古木遮天，浓荫蔽空，苔藓满壁，藤萝缠绕，修竹摇曳，整日万籁无声，偶尔有树叶的婆娑、涧水的叮咚、山雀的啁啾把环境渲染得更加静谧，宛如仙境。

“千岩迤逦藏幽胜”，青城山的道观建筑，一处处，一座座，无不体现一个“藏”字：或藏于峡谷之中，或藏在繁枝密叶之间，在逶迤曲折的游山路上，转过一个山角，见一处茅亭；又过一个豁口，才见一座道观。它藏得幽深，似欲与尘世隔绝，静得宛若置身于虚无缥缈的空灵境界。

其他名山，如峨眉山、庐山、雁荡山等，都以自己独具的山岳文化，特立于众多名山之中。此外，西部的珠穆朗玛峰和贡嘎山等，也随着人们对大自然的探索，成为游人向往的胜地。

2. 水景观文化的类型

（1）河湖风光　大大小小的河流湖泊，孕育了中华民族灿烂的文化，黄河和长江被称为“母亲之河”，是中华民族的摇篮。黄河是中国第二大河，汇集了40多条主要支流和1000多条小溪，流域9个省区，面积达75万平方公里，她在中华民族及文化的演进过程中，占有最为重要的地位，是中国第一历史长河，她孕育了仰韶文化、夏文化、殷商文化及渭水两岸的周文化；长江是中国最大的水系，沿江及其支流河岸，密集分布着中国重要的特大城市和大中城市，三峡、鄱阳湖、洞庭湖、太湖、西湖是长江这条银链穿起的璀璨明珠；长江中下游密集的水网地区孕育了吴越水乡文化。

（2）流泉飞瀑　我国有很多名泉，例如被清乾隆皇帝命名为“天下第一泉”的北京玉泉池、水雾如纱的承德热河泉、茶圣陆羽品题的无锡“天下第二泉”、“家家泉水”的济南趵突泉和彩蝶纷飞的云南大理蝴蝶泉等。此外还有碱水泉、含羞泉、间歇泉等。瀑布是蹦跳的水，是河流的一部分，当河水自河床陡坡或悬崖处倾泻而下，或因山崩、断层、溶岩阻塞，以及冰川的侵蚀和堆积，便形成了大大小小的的瀑布。瀑布一般分为名山瀑布、岩熔瀑布、火山瀑布和高原瀑布等。流泉飞瀑是风景区的点缀，使风景区有了动感，有了趣味，例如庐山澎湃多姿、壮观美丽的诸名瀑、安徽黄山“晴雨悦目”的著名三瀑——“九龙瀑”、“人字瀑”、“百丈瀑”，以及著名的黄果树瀑布等。

（3）冰雪景观　冰雪是固体水景观的形式。受气温和地理位置的影响，我国南北地域的冬季景象很不同，以西部青藏高原和东北黑龙江、吉林的冰雪景观最为著名。冰雪景观文化就是指在冰雪自然环境中从事日常生活的人们，以冰雪生态环境为基础所采取或创造的，具有冰雪符号的生活方式。冰雪文化包括冰雪民俗、冰雪艺术、冰雪运动和冰雪科学等内容。

（4）海洋景观　人类所创造的凡与海洋有关的物质文化、精神文化都称为海洋文化，具体包括海船、航海、海洋科学，以及与海洋有关的神话、民俗等。我国是一个濒海国家，有18000公里的海岸线，尽管我国自古以来一直以大陆文化为主，但是海洋的地位也一直很显赫，曾有过著名的海上丝绸之路、明朝时期的郑和七下西洋，以我国先进的航海与造船技术打开了远航印度洋的通道，促进了中国和亚非各国在文化上、经济上的交往。

第二节 建筑文化

建筑是人文旅游资源的重要构成部分，是科学技术和文化艺术的综合体，同时也是人类文明的标志。华夏五千年的文明为我国乃至世界留下了为数众多的古建筑，它们不仅是古代劳动人民智慧的结晶，集中反映了我国古代建筑技术和艺术的最高成就，同时还展现了中国传统文化的发展轨迹，成为全人类的珍贵遗产。

一、概述

1. 中国古代建筑的本质

人类初起，建筑为满足居住需求而具有实用功能，随着人类文明程度的不断提高，建筑逐渐在遮风避雨等实用功能的基础上，与雕塑、绘画等艺术形式相结合，扩展为一种独特的造型艺术。

建筑是人们按照一定的建造目的、运用一定的建筑材料、遵循一定的科学与美学规律所进行的空间安排，是人类所创造的物质文明、制度文明和精神文明展现于广阔地平线上的一种巨大的空间文化形态，是对空间秩序人为的“梳理”，是物质外显与文化内涵的有机结合。换言之，建筑是空间的“人化”，是空间化了的社会人生，建筑的灵魂是文化。美学家黑格尔这样赞叹建筑艺术：建筑是对一些没有生命的自然物质进行加工，使它与人的心灵结成血肉姻缘，成为一种外部的艺术世界。建筑不仅仅是简单的土木制造，它同时还是美的创造，是意境的展现，是文化的结晶。世界上任何一个国家，任何一个民族都有他们每一个历史时期的历史精华以及文明建树，然而最能形象而又具体地表现出人类文明的，莫过于建筑了。在中国，无论是蜿蜒万里的长城，威严壮观的北京故宫，还是神秘莫测的帝王陵墓，无一不是历史长河中的文化积淀，静谧地镶嵌在神州大地上，向人们诉说着这个国家及其民族独树一帜的文化传奇。

对建筑的观赏是旅游的重要内容，旅游者无论走到哪里，都能感受到建筑艺术之美。作为旅游者，伫立在建筑前，看到的不仅仅是物质材料的堆砌、精湛高超的营造技术，或是匠心独具的建筑手法，而且还要透过建筑外在的物质形态去领会其所蕴涵的文化内涵。我国著名建筑学家梁思成曾经说过，欣赏优秀的建筑就像欣赏一幅画、一首诗，建筑最吸引人的地方是蕴藏其间的一系列的“意”，而对这种“意”的体会和把玩则需要欣赏者具有一定的文化素养、鉴赏能力以及对文明渴盼的心境。唯其如此，作为文明符号的建筑才能带给人美的享受、真理的诠释以及精神境界的提升。

2. 中国古代建筑的基本特征

中国古代建筑在世界建筑中自成体系，形成了固有的艺术风格与构造特征，包括完整的木构架体系、三段式的外观特征、群体组合的配置形式、均衡对称的布局原则、美丽动人的构件造型、装饰色彩与等级的紧密结合等。

（1）以木构架为主要结构形式　中国古代建筑本质上属于木构架的结构体系。据考古资料显示，这种体系始于原始社会，在秦汉时期渐趋完善。它的基本形式是先在地上筑土为台，台上设础，础上立柱，柱上安放梁架，然后以枋连梁组成间。木构架体系具体包括抬梁、穿斗和井干三种不同的结构方式，其中又以前两种最为普遍。

木构架形式的优点很多，取材方便、加工容易是最突出的优点。同时由于墙壁不负担屋顶和楼面的重量，建筑物具有极大的灵活性，门窗开设比较自由，并由此发展出精妙而独特的中国门窗文化。此外，由于木材具有一定弹性，梁柱的框架结构有较好的整体性，增强了木构架房屋的抗震性能，而“墙倒屋不塌”。北京故宫、山西应县木塔等处的古代建筑曾历经多次地震，至今仍然巍然屹立，充分显示了木结构建筑的抗震能力。

就外观而言，中国古代建筑由台基、屋身、屋顶三部分组成，称为“三段式”。台基是基础部分，具有承托建筑物、防潮、防腐的功能，弥补单体建筑物不够雄伟壮观的美学功能，还有昭示身份和权力的象征功能；屋身是主体部分，采用梁柱式结构形成梁架，梁架与梁架之间组成“间”，屋身一般由若干间组成，开间越多，等级越高；屋顶是中国古典建筑最为鲜明的特征，古代能工巧匠经过长期的实践，创造出造型独特的“大屋顶”，这是鲜明区别于西方古典建筑之处。在唐、宋、元、明、清各个时代，无论宫殿、陵墓、寺庙等大型建筑，还是普通的民间建筑，这种大屋顶的造型都很常见。古人在实践过程中还创造出了庑殿式、歇山式、攒尖式、悬山式、硬山式、卷棚顶等形式不一的屋顶式样。

（2）群体组合的配置形式，均匀对称的布局原则　受中国古代社会的等级观念和宗法意识影响，古代建筑的庭院与组群布局大多采用均衡对称的方式，以纵轴线为主、横轴线为辅进行设计建造。以均衡对称方式为原则构成的古代建筑具有层次感和空间感，可以满足各方面用途又成为一个完整的建筑艺术群体的严密整体。以北京故宫为例，其总体布局是沿南北轴线纵向布置起来的，以天安门为序幕，外朝三大殿为高潮，景山作为殿尾，既有主有从，又前后呼应，是中国古代建筑的杰出代表。因此可以说，中国古代大组群的建筑形象，恰如一幅中国的手卷画，只有从自外而内、逐渐展开的空间变化中，才能体味到它的美妙与精华所在。

（3）善用构件造型　善于将建筑的各种构件进行艺术加工，是中国古代建筑的突出特征之一。以木架构为结构体系的中国古代建筑，柱、梁、枋、檩、椽等主要构件几乎都是露明的，这些木构件在用原木制造的过程中，大都进行了美的加工。总之，中国建筑要从整个形体到木架构的组合、各部分构件及其形状、材料本身的质感等方面进行艺术加工，以使建筑达到的功能、结构、艺术的统一。

（4）装饰色彩形象丰富　善于用色也是中国古代建筑的突出特点之一。中国古代建筑惯用大面积的原色，包括黄、红、青、绿、蓝、白、黑等。

二、城市建筑

有着漫长的发展历史的中国城市是中国古代建筑艺术的重要载体，鲜明地反映了中国传统文化的社会形态、空间及变化，体现了建筑工匠们驾驭城市建筑全局的卓越能力。至今仍有许多古代城市的遗址和基本格局保留下来，成为现代城市发展和借鉴的重要参考。

1. 旅游城市类型

从现代城市的角度，可将中国当代城市分为历史文化名城、自然风景城市、新兴城市和综合城市四种类型。也有一些城市兼有两种或多种类型的特征。

（1）历史文化名城　也可称“古城”、历史城市，含有历史的、文化的和高水准的三重含义。是指那些虽经千百年历练，城镇风貌、建筑格局却仍保持着传统中国城镇的形制、景观特色的城市。目前，我国有 101 个国家级历史文化名城，著名的如北京、西安、洛阳、开封、南京、成都、平遥、拉萨、丽江等市。

（2）自然风景城市　指那些环境得天独厚，地处山河湖海的地理奇观异貌之中，依山而建，依水而存，通常被人们称为山城、水乡的城市，如著名的桂林、青岛、厦门、镇江、张家界、黄山、武夷山等市。

（3）新兴城市　新中国成立后，特别是改革开放以后，城市建设迅速发展，在短时间内出现了一些城市面貌迅速变化的新兴城市。它们可能是被自然灾害破坏后新建的城市，因开发矿藏、建设港口而建的城市，或是经济起飞后的特区城市，如唐山、大庆、张家港、深圳、珠海等市。

（4）综合城市　一般指中国的特大型城市。它们拥有丰富的历史文化资源和大量人口、产业，城市建设规模大、密度高，是全国各地理片区中的核心城市或经济、文化、政治中心，如北京、上海、天津、南京、重庆、武汉、广州等。

2. 城市标志建筑

（1）近代城市建筑　鸦片战争后，随着帝国主义的侵入，西方建筑大量传入中国，近代建筑类型和近代建筑技术接踵在中国出现，产生了中国近代的新建筑体系，形成中国近代建筑发展中新旧建筑体系并存、中西建筑风格交会，及相互渗透、融合的状态。近代城市建筑主要可以分为西式建筑、民族形式建筑和中西结合式建筑三种类型。

① 西式建筑，19 世纪下半叶到 20 世纪 20～30 年代，欧美各国相继经历了古典复兴、浪漫主义，经折中主义、新艺术运动向现代建筑转化的变革时期。这些建筑风格都曾先后或交错地呈现在中国近代新建筑活动中。著名的实例有上海汇丰银行大厦、江海关大楼、北京清华大学礼堂、北京大陆银行、天津盐业银行、南京东南大学图书馆等。

② 民族形式建筑，最初出现在19世纪后半叶，早期的有新功能、旧形式建筑和中国式教会建筑两类。从20世纪20年代起，近代民族形式建筑活动进入盛期，在上海、南京、北京等地建造的一批公共建筑中涌现出许多不同式样的民族形式的新建筑。

③ 中西结合式建筑，20世纪20年代末到30年代，欧美各国进入现代建筑活跃发展和迅速传播时期，中国近代新建筑业开始向现代建筑转变。中西文化的交融带来了中西结合式建筑的发展。

(2) 现代城市建筑

① 20世纪50～60年代，这个阶段的建筑包括20世纪50年代以前的复古主义和后期的国庆工程与中国社会主义建筑新风格阶段。

② 20世纪80年代，由于改革开放，促成了建筑思潮的活跃，既有侧重于从传统中吸取营养，拓出具有时代感的作品，也有侧重于从异域借鉴灵感，转化为具有中国气派的作品。所有这些建筑作品，在当时就被分为古风主义、新古典主义、新乡土主义、新民族主义和本土现代主义等风格。

③ 20世纪90年代，"人居环境"、"可持续发展"成为全世界的热点议题，而可持续发展的一个重要内涵就是对历史文化、民族传统、地方特色的继承和发扬。中国建筑师为在现代建筑创作中体现中国传统文化，而进行了不懈的追求。代表性作品有上海三林苑小区、北京恩济里小区和北京亚运村、上海虹桥开发区等建筑组群。

三、宫殿建筑

1. 宫殿沿革

作为帝王居住的宫殿是中国古代建筑中最豪华的类型。我国现知最早的宫殿是商代宫殿，遗址在河南偃师二里头，其次是商代中期的湖北黄陂盘龙城遗址和商晚期的河南安阳殷墟。至春秋战国时期，宫殿建筑开始流行建造台榭——在高大的夯土台上再分层建造木构房屋。秦汉以后，宫殿规模更为宏伟，如秦始皇的阿房宫、汉武帝的未央宫、长乐宫、建章宫等。东汉时期因流行将宫殿分南北二宫，以阁道相通，致高台风格衰落。魏晋南北朝时期开创东西堂制度，即以太极殿为大朝正殿，策殿建东西堂为上朝、宴会及居住之用。隋以后改用"三朝五门"的制度，著名的如唐大明宫、兴庆宫。元、明、清时期的宫殿规模更加雄伟，布局更加严整、对称，以使用工字形殿和设千步廊金水桥为特点，著名的有明太祖支持建造的南京宫殿和中都临濠宫殿、明成祖主持建造的北京故宫等。由于战火等原因，许多豪华壮丽的宫殿已不存，目前保存较好的宫殿主要有北京的故宫和沈阳的清故宫两处。

2. 宫殿的布局与陈设

(1) 宫殿布局

① 严格的中轴对称。中轴线上的建筑高大华丽，轴线两侧的建筑低小简单。这种明显的反差体现了皇权的至高无上。对称的纵深发展形成轴线；各组建筑喜欢

在同一轴线上，形成统一而有主次的整体，中轴线纵长深远则显示了帝王宫殿的尊严华贵。世界各国唯有我国对此最强调，成就也最突出。

② 院的运用与空间变化。以建筑围绕成院——一个闭合空间，作为单元；若干院组成建筑群；各个院的空间尺度加以变化对比来产生不同气氛。如北京故宫从大明（清）门至太和殿，先后通过 5 座门、6 个闭合空间（庭、院，广场），总长约 1700 米。其间有天安门、午门、太和殿 3 处高潮。

③ 左祖右社。左祖右社又称左庙右社，体现了中国礼制思想中崇敬祖先、提倡孝道、祭祀土地神和粮食神的思想。所谓“左祖”，是指在宫殿左前方设祖庙，祖庙是帝王祭祀祖先的地方，又称太庙；所谓“右社”，是在宫殿右前方设社稷坛，社为土地，稷为粮食，社稷坛是帝王祭祀土地神和粮食神的地方。

④ 前朝后寝。宫殿自身的布局一般分前后两部分。“前朝”是帝王上朝治政、举行重大典礼、朝贺和宴请的地方；“后寝”或称后室，是皇帝与后妃们的寝宫，内有御花园等供其享用。如北京故宫在中轴线上的建筑就分前朝和后廷两部分。前朝主要有太和、中和及保和三大殿；后廷有皇帝的寝宫宁寿宫、皇太后居住的慈宁宫、妃子们居住的东西六宫及花园等。

(2) 宫殿内外陈设　宫殿建筑陈设最大的特征是内部硕大的斗拱、铺顶的金黄色琉璃瓦、绚丽的彩画、高大的蟠龙金柱、雕镂细腻的天花藻井、汉白玉的台基、栏板、梁柱，以及周围的各种建筑小品（以显示宫殿的豪华富贵）和外部的华表、石狮、日晷、嘉量、吉祥缸、鼎式香炉、铜龟、铜鹤等。

3. 实例简介

(1) 北京故宫　故宫，又称紫禁城，为一长方形城池，四角矗立风格绮丽的角楼，墙外有宽 52 米的护城河环绕，形成一个森严壁垒的城堡。是明清两代的皇宫，为我国现存最大、最完整的古建筑群。1988 年被联合国教科文组织列为“世界文化遗产”。无与伦比的古代建筑杰作紫禁城占地 72 万多平方米，共有宫殿 9000 多间，建筑面积 15.5 万平方米。都是木结构、黄琉璃瓦顶、青白石底座，饰以金碧辉煌的彩画。这些宫殿是沿着一条南北向中轴线排列，并向两旁展开，南北取直，左右对称。这条中轴线不仅贯穿在紫禁城内，而且南达永定门，北到鼓楼、钟楼，贯穿了整个城市，气魄宏伟，规划严整，极为壮观。其平面布局、立体效果，以及形式上的雄伟、堂皇、庄严、和谐，都是世界上罕见的，标志着我国悠久的文化传统，显示着 500 多年前建筑上的卓越成就。

最吸引人的建筑是太和、中和、保和三座大殿，它们都建在汉白玉砌成的 8 米高的台基上，如琼宫仙阙。太和殿（俗称“金銮殿”）是皇帝举行大典的地方，富丽堂皇，殿高 28 米，东西 63 米，南北 35 米，直径达 1 米的大柱就有 92 根，其中 6 根围绕御座的是沥粉金漆的蟠龙柱。高 2 米的殿内御座周围，前有造型美观的仙鹤、炉、鼎，后有精雕细刻的围屏。整个大殿装饰得金碧辉煌，庄严绚丽。中和殿是皇帝去太和殿举行大典前稍事休息和演习礼仪的地方。保和殿是每年除夕皇帝赐宴外藩王公的场所。

故宫宫殿的建筑布局有“外朝”、“内廷”之分。外朝以太和、中和、保和三大殿为中心，是封建皇帝行使权力、举行盛典的地方；内廷设在故宫的后半部，以乾清宫、交泰殿、坤宁宫为中心，东西两翼有东六宫和西六宫，是皇帝平日办事及其后妃居住生活的地方。建筑风格上与前半部大致相同，但由于多是自成院落，有花园、书斋、馆榭、山石等，而较前半部更富有生活气息。

故宫有四个大门，正门（午门），俗称“五凤楼”，中有重楼，两翼各有重檐楼阁四座，明廊相连，宏伟壮丽。午门后有五座精巧的汉白玉拱桥通往太和门。东门名东华门，西门名西华门，北门名神武门。

（2）沈阳故宫　沈阳故宫始建于公元1625年，是清朝入关前清太祖努尔哈赤、清太宗皇太极创建的皇宫，又称盛京皇宫，清朝入主中原后改为陪都宫殿和皇帝东巡行宫。沈阳故宫经过多次大规模的修缮，现已辟为沈阳故宫博物院，与北京故宫构成了中国仅存的两大完整的明清皇宫建筑群。

沈阳故宫设在老城内呈“井”字形的大街中心，占地6万平方米，现有古建筑114座。按建筑布局和建造时间分为东路努尔哈赤时期建造的大政殿与十王亭、中路清太宗时期续建包括大清门、崇政殿、凤凰楼以及清宁宫、关雎宫、衍庆宫、启福宫的大中阙和西路乾隆时期增建的文溯阁等三部分，整座皇宫楼阁林立，殿宇巍峨，雕梁画栋，富丽堂皇。

八角重檐亭式的大政殿，用于举行大典，装饰华丽，因此称为宫殿。大政殿和成八字形排开的10座亭子，其建筑格局脱胎于少数民族的帐殿，象征11座帐篷，用固定的亭子取代流动迁移的帐篷，成为了满族文化发展过程中的一个里程碑。

俗称“金銮殿”的崇政殿是清太宗日常临朝处理要务的地方，也是公元1636年后金改国号为大清的大典举行的地方。崇政殿全是木结构，五间九檩硬山式，辟有隔扇门，前后出廊，围以石雕的栏杆，是沈阳故宫最重要的建筑，方形的廊柱、吐水的螭首、黄琉璃瓦镶绿剪边的顶盖、整龙雕刻而龙头探出檐外，龙尾直入殿中的圆形殿柱，堪称实用与装饰的完美结合。

沈阳故宫是举世仅存的满族风格宫殿建筑群，清入主中原后作为了陪都宫殿和皇帝东巡谒陵的行宫，具有很高的历史和艺术价值。

（3）布达拉宫　“布达拉”可译作“普陀罗”或“普陀”，原指观世音菩萨所居之岛。布达拉宫俗称第二普陀山，是过去西藏地方统治者政教合一的统治中心，是西藏历代达赖喇嘛进行政治、宗教活动和居住的场所，也是供奉历世达赖喇嘛灵塔的地方。它建于公元7世纪，坐落在西藏自治区拉萨市中心海拔3700多米的红山上，占地总面积36万余平方米，建筑总面积13万余平方米，主楼高117米，共13层，其中宫殿、灵塔殿、佛殿、经堂、僧舍、庭院等一应俱全，是世界上海拔最高，集宫殿、城堡和寺院于一体、举世闻名、规模最大的宫堡式古建筑群。

布达拉宫依山而筑，宫宇叠砌，群楼重叠，巍峨耸峙，气势磅礴，坚实墩厚的花岗石墙体、松茸平展的白玛草墙领、金碧辉煌的金顶、具有强烈装饰效果的巨大鎏金宝瓶、幢和经幡交相辉映、红白黄三色的鲜明对比，在建筑艺术上体现了藏族古建筑迷人的特色和藏族传统的石木结构碉楼形式与汉族传统的梁架、金顶、藻井的特点。在空间组合上，院落重叠，回廊曲槛，因地制宜，上下错落，前后参差，主次分明，形成较多空间层次，极富节奏感，堪称是中华民族古建筑的精华之作、世界建筑史上的奇迹。

四、园林建筑

1. 中国园林的由来与发展

据史料记载，西周以前只有皇家的射猎场，称为“囿”。春秋时在诸侯国出现了园林，在园林中设有土山、沼池、台，构亭营桥，种植花草，形成了成组的风景，当时楚国的章华宫是这一时期最负盛名的园林建筑。

到了汉朝，除帝王建有大量的宫廷园林以供其玩赏外，王公贵族，富贾官僚之家也兴起了建造私家园林之风。此时的园林与前代的不同之处是离宫别馆相望，周围复道相属，和被称为“苑”的宫室建筑群主体。从魏晋开始，逐渐形成了在继承古代“三山一池”传统的基础上穿池构山的园林景观。

唐宋时，中国的山水画对园林艺术产生了深远的影响，出现了把诗情画意“写”进园林的写意山水园。在写意山水园中，既反映了当时社会上层地主阶级的诗意化生活要求，又展示了这类园林在体现自然美的技巧上取得的卓越成就，如叠石、堆石、理水等。同时园中所养的禽兽也不再供狩猎之用，而成了园林中的观赏之物。

元明清各代的园林建筑在继承了前代风格的基础上，意境更趋成熟，现存的古园林建筑大多属于明清时期，已充分体现出了中国古典园林的独特风格和高超的造园艺术。

2. 中国园林的类型

对中国古典园林进行分类，从不同的角度有不同的分法，常见的有以下两种。

(1) 按占有者的身份，可将园林分为 4 大类　皇家园林，典型的有北京的颐和园和承德的避暑山庄；私家园林，一般建于城市的中心或城郊结合部，如苏州的拙政园、上海的豫园、杭州的刘庄；公共园林，多半结合自然山水开发而成，规模较大，如杭州的西湖等；寺观园林，布局严谨，采用对称和自然相结合的手法建园，如北京的碧云寺、杭州的虎跑泉等。

(2) 按园林所处的地理为位置，可将园林划分为 3 大类。

① 南方类型，又叫“扬子江类型”、“江南类型”，其许多著名的园林集中在南京、苏州、无锡、杭州等地，其中又以苏州园林为代表。因南方城市人口稠密，地皮有限，故多盆景式的私家园林，特点是明媚秀丽、淡雅朴素、曲折幽深，但略有局促之感。

② 北方类型，又叫“黄河类型”，其重要的园林集中在西安、洛阳、北京等古都，其中以北京园林为代表。北方园林多是皇家园林，特点是风格粗犷、富丽堂皇，但秀媚略显不足。

③ 岭南类型，又叫“珠江类型”，主要集中在潮、汕、广州。因岭南地处亚热带，终年常绿，造园条件比北国和江南都好，具有明显的热带风光特点，加之外国通商往来较多，受西方文化影响的岭南园林，称为中西合璧的园林。著名的有广东顺德的清晖园、东莞的可园、番禺的馀荫山房等。

3. 中国园林的特征

(1) 本于自然，高于自然　有意识地将山、水、植物等自然构景要素加以改造调整、加工剪裁，去表现一个精炼概括的典型化自然，而不是一般地利用或简单地模仿，是中国园林的特征之一。

(2) 建筑美与自然美的融合　中国古典园林中的建筑无论多寡，都能与山、水、花木这三个造园要素有机地组织在一系列风景画面之中，展现彼此协调、相互补充的特性，是中国园林的特征之二。

(3) 诗画的情趣　“静观”与“动观”对立统一，巧妙结构各个艺术门类的因子，融诗情画意于园林之中，使人在游动、行进中领略观赏文化了的景物，是中国园林的特征之三。

(4) 意境的蕴含　借助山、水、花木、建筑等具体的景观所构成的风景画面传达意境的信息，运用园名、景题、刻石、匾额、对联等文字方式表达、深化园林意境的内涵，是中国园林的特征之四。

4. 园林的组成要素

(1) 筑山　山是造园中用来表现自然的最主要因素之一。园林中的山靠堆叠而成。叠山，是中国古典园林的独特创造，它的出现，使中国园林从概念到形象都有别于任何外国园林体系。

(2) 理水　无水不活。古代园林讲究理水之法，通过掩、隔、破等方式亲近水面、打破岸线，使水面幽深绵延。中国园林大都以静态的水景为主，以表现水面平静如镜的寂静或烟波浩淼的深远境界，也有的用自然式的瀑布表现水的动态美。

(3) 植物　植物是强化园林山水的重要因素。古代造园理论认为花木犹如山峦之发，水景如果离开花木也没有美感。中国园林着意表现植物的自然美，对花木的选择讲究姿美、色美和味香。

(4) 动物　园林中的动物被作为观赏、娱乐对象的同时还具有隐喻意义，令人通过视觉、听觉产生联想。

(5) 建筑　园林中的建筑形式多样，除堂、厅、镂、阁、馆、轩、斋、榭、舫、亭、廊等单体建筑外，还有桥、墙、路等建筑以及匾额、楹联、刻石等景点设施。一方面起着点景、隔景的作用，一方面又提供各种各样的休息、读书、交往场所。中国园林中建筑的最高标准是可行、可观、可居、可游。

5. 造园手法

为达到渐入佳境、小中见大、步移景异的理想境界和自然淡泊、恬静含蓄的艺术效果，中国园林在长期的造园实践中逐渐总结出一系列具体的造园手法。

(1) 抑景 中国传统艺术历来讲究含蓄，所以园林造景也将最好的景色藏在后面，称为“欲扬先抑”。例如园林入口处常常迎门挡以假山，这种处理就叫山抑。

(2) 添景 在一望无际的远景中增添中景与近景，使园林具备景深的层次感染力，叫做添景。添景可以建筑小品、树木绿化等来形成。

(3) 夹景 为了突出优美的景色，园林中常将视线两侧的较贫乏的景观利用树丛、树列、山石、建筑加以隐蔽，形成较为封闭的狭长空间，夹出空间端部的景物，此为夹景。

(4) 对景 在园林中景点与景点之间相互观赏与烘托的构景手法。

(5) 框景 通过园林中的门、窗、洞，或乔木树枝抱合成的框、山洞的洞口框等，有选择地摄取另一空间的景色，恰似一幅嵌于镜中的图画，即是框景。

(6) 漏景 在围墙和穿廊的侧墙上开辟漏窗来透视园外的美丽风景，是由框景进一步发展而成的手法，是为漏景。

(7) 借景 大到皇家园林、小至私家园林，空间都是有限的，要在横向或纵向上让游人扩展视觉和联想，以小见大，打破空间局限，最重要的方法便是借景，即将外部景观与园内景观融为一体。

五、坛庙建筑

1. 坛庙沿革

在漫长的中国古代建筑文化史中，坛庙建筑始终是一种极其重要的文化现象。最初的“坛”是在平坦地面上以土石堆筑的高台；“庙”是指一种住宅。后来二者才逐渐演变成古人用来祭祀鬼神的场所，也被称为礼制建筑。古代帝王亲自参加的最重要的祭祀活动有三项：祭天地、祭社稷、祭祖宗，其相对应的祭祀建筑是天坛、社稷坛和太庙。

最隆重最复杂的祭祀是祭天。皇帝例于每年冬至祭天，夏至祭地。皇帝登位也必须祭告天地，表示“受命于天”。社稷是土地神，社者，五土之神，五种颜色的土覆盖于坛面，称五色土，象征“普天之下莫非王土”；稷者，农业之神，即能生长五谷的土地神。社和稷，反映了我国古代以农立国的社会性质，祭祀社稷的目的在于祈求风调雨顺、五谷丰登。帝王祭祀祖先的家庙称太庙，按周制，位于宫前左侧。除了帝王的宗庙，各级官吏和一些大家族也设家庙，后称祠堂，位置在住宅之东，为炫耀主人的财富地位，祠堂建筑往往规模很大，装饰豪华，成为地方上最突出的建筑。

祭祀建筑中占有很大比例的又一大类是孔庙，是祭祀我国儒家创始人孔子的场所。我国较普遍的祭祀建筑还有关帝庙、岳王庙等。

2. 主要坛庙

体现敬天法祖的中国坛庙建筑在经历了千百年风雨之后，保存下来的已成为我国独具特色的旅游胜地。著名的有北京天坛、曲阜孔庙。近年建成的中华世纪坛承前启后，被认为是中华第一坛。

(1) 天坛　北京天坛是明清两朝皇帝祭天祈谷的地方，为我国现存最完整、规模最大的一处古代坛庙建筑。天坛自明代永乐四年（公元1406年）设计兴工，到永乐十八年（公元1420年）建成完工。初建时于此合祭天地，故名天地坛。到嘉靖九年（公元1530年）改为天地分祭，在天坛建圜丘坛，专用来祭天，从此正式改名为天坛。

天坛分内外两重，北部围墙均为圆形，南部围墙呈方形，象征“天圆地方”，指天地合祭。天坛的主体建筑大体由圜丘坛、皇穹宇、祈谷坛、斋宫四部分组成，呈“品”字形布局。

天坛的建筑紧扣祭天的主题，着重突出祭天的神圣和崇高，表现了天帝的至尊和权威。其布局打破了中国古代建筑中轴对称的格局，将主题建筑集中于中轴线偏东，而在西部留出大片空旷的地域广种柏树，肃穆宁静，让人产生一种置身辽阔高天下的渺小感，从而增加对天帝顶礼膜拜、祈求保佑的虔诚之情。

天坛于1998年12月被联合国列入《世界文化遗产名录》。

(2) 中华世纪坛　中华世纪坛集现代建筑、园林、雕塑、壁画等多种艺术形式于一体，荟萃了中华民族文化之精华，承载着深厚的人文思想，体现出鲜明的时代特色。它以“中和”与“和谐”之美，体现了“人类与大自然的协调发展”、“科学精神与道德相结合的理想光辉”，及东西文化相互交流、和谐融会的思想。世纪坛主色调为黄、绿两色，所有人工建筑均为黄色调，突出中华民族的人文精神；以树木作为分割空间的手段，加之精心栽种的草坪绿化带，构成绿色的环境，营造出了“天人合一”的意境；在总体艺术设计上，以“水”为脉，以“石”为魂，并以诗意化凝练的语言和中国艺术大写意的手法深化意境，昭示出中华民族特有的宇宙观和美学精神。

六、陵墓建筑

自从我们的祖先在原始社会时期产生了灵魂观念以后，对于墓葬就越来越重视起来了，帝王死后更是要筑陵墓，以祈求得到祖宗保佑、社稷永存。中国陵墓的演变频繁，形式多样，而且陵园建筑十分完整，珍藏历史文物繁多，成为举世瞩目的旅游胜地。

1. 陵墓沿革

周代：“封土为坟”。《周记·春官》上记载：“以爵为封丘之度”，即按照官吏的等级来定坟头封土的大小。春秋战国以后，坟头越来越大。

秦代：“方上”。早期帝王陵墓的封土是在地宫之上用黄土层层夯筑，使之成为一个上小下大的锥体。因为它的上部是方形平顶，好像被截去顶部，故名“方上”。现存秦始皇陵及汉代帝王陵墓都是方上的形式。

唐代：“以山为陵”。唐朝李世民为防止盗墓和水土流失，改方上为“以山为陵”的形式。唐乾陵即为典型。

宋代复古，又采用了“方上”的形式，但规模较秦汉要小得多。

明代：“宝城宝顶”。改变方上之制，采用在地宫上砌筑高大的砖城，城墙上设垛口和女儿墙，砖城内填高出城墙，形成一圆顶的方法。这城墙便被称为“宝城”，高出的圆顶称为“宝顶”。

2. 陵园建筑

帝王陵墓除了它的封土、方上或宝顶等主要标志外，陵前还有一大片建筑和石像生。这些地面建筑占地面积之大非常惊人，较之生前的人间宫阙毫无逊色。主要分为以下三大部分。

(1) 祭祀区 是陵园地面建筑的重要部分，作祭祀之用。主要的建筑物是祭殿，早期曾称享殿、献殿、寝殿、陵殿等。明朝称作陵恩殿，清朝称作隆恩殿。在这一主殿的周围还有配殿、廊庑、大门等建筑。

(2) 神道 是通向祭殿和墓前的导向大道，又称作“御道”、“佣道”等，在大道两侧设置了由许多石人、石兽组成的仪仗队。

(3) 护陵监 明清陵园称陵监，是为保护陵园专门设置的机构。

3. 地宫

地下宫殿是帝王陵墓中重要的组成部分，又称之为“玄宫”、“幽宫”等。因其结构豪华富丽，堪与帝王的人间宫殿媲美，俗称“地下宫殿”。地下宫殿有一个从小到大、从简单到豪华的发展过程。

(1) 土穴墓室 原始社会早期，墓葬的形式很简单，只是在地下挖一个土坑，既无棺椁也无墓室；到了父系氏族公社的后期，贫富开始分化，埋葬的方式有了发展，有的墓葬已有用木板围成的椁室，有的木椁底部还涂了红漆。

(2) 木椁及“黄肠题凑” 奴隶社会，奴隶主们不惜花费大量的人力和物力，建造起宏大坚固的大型木椁的玄宫；春秋战国时期，出现了“黄肠题凑”的帝王陵墓建筑形式，所谓“黄肠题凑”是指以柏木黄心致累棺外，曰“黄肠”，木头皆向内，曰“题凑”。这种大型木椁陵墓的特点是：用大木方子或厚板以榫构成下有底盘，上有大盖的大套箱，在套箱内分成数格，正中是置放棺材的地方，两旁和上下围绕着几个方格，称之为“厢”，如东厢、西厢（或左、右厢）、头厢、脚厢等。厢是用来存放殉葬品的。

(3) 砖石发碹砌筑的地宫 这种地下宫殿的规模更大，这是与后代砖石建筑技术发展密切相关的，也可能基于木椁墓容易被盗被焚的原因所致。最著名的地宫是明代万历皇帝的定陵，其整个布局仿效阳世一切，采取了“前朝后寝”的制度，以追求“虽死犹生”之义。

4. 随（殉）葬品

古人认为坟墓是灵魂的归宿，所以盛行“厚葬”制度。历代统治阶级把大量搜刮来的财富埋进了坟墓，除金银财宝外，还有大量的日用器物、工艺美术品、文房四宝、图书绘画，以及生产工具、科技成果等。这些埋葬物品之所以珍贵，还在于它们都是为帝王特别制作的当时最盛行的东西，如衣冠服饰、丝麻织品、铜器、玉器、陶瓷、金银器等，能比较准确地反映出当时的生产力、生活习俗、艺术风格和科学技术水平，因此可以说它们是我国一笔不可估量的历史文化财富。

（1）原始社会的殉葬　原始社会早期，墓中随葬品主要是死者生前喜欢和使用过的物品，包括陶器皿、石制和骨制的工具、装饰品等。这种行为的出发点大概有两个：一是作为纪念，表示对死者的怀念；二是灵魂观念所引起的，认为人死后仍然需要生产工具和日用品。这一时期，在同一个墓地中，各墓随葬品的数量和质量差不多。

（2）奴隶社会的殉葬　进入阶级社会以后，贫富迅速分化，奴隶主和贵族墓的随葬品极其丰富、精美，有青铜器、玉石器、漆木器、骨角器等。商代还流行用活人来为死去的氏族首领、家长、奴隶主或封建主殉葬的“人殉”制度，此外还有“人祭”。这幕历史的悲剧在我国曾经延续了1000多年，直到封建社会开始才逐渐停止下来。

（3）封建社会的殉葬　从战国开始，出现了用木俑和陶俑随葬的风俗，这可以看作是人殉的替代殉葬方式；西汉中期以后，随葬品中增添了各种专为随葬而作的陶制明器，主要有两部分：一是模仿的“俑”；二是实际的用品。俑有各式各样的人物，实用品则从仓、灶、井、磨、楼到猪、狗、鸡一应俱全，无所不包；到了东汉时期，随着生产力的发展，墓葬在随葬品方面出现了一次大变革，明器的数量和种类更丰富、更华丽。

5. 帝陵

（1）秦始皇陵　位于陕西临潼，是我国古代最大的一座帝王陵，也是世界上最大的一座帝王陵。它始建于公元前246年，至竣工，历时36年之久。其巨大的规模、高大的陵冢以及墓侧寝殿等等，都为后来帝王陵的建筑开创了先例。秦始皇的园陵是仿造咸阳宫修造的，呈南北狭长的“回”字形由内城与外城两部分构成，陵冢下的地宫建筑结构宏大，布局独特。史称当时墓室中藏满了奇器怪珍，并且“以水银为百川江河大海，相机灌输。上具天文，下具地理”，极其辉煌富丽。现皇陵地面建筑已全无，仅存呈四方锥形的陵冢封土，陵丘残高46米多，底部边长约350米。

1974年在此发现的秦始皇兵马俑，建造于公元前221年至公元前209年，总面积2万多平方米。俑坑为秦始皇陵的一组大型陪葬坑，坑内的兵马俑都是按秦军的将士形象塑造的，武士俑一般高约1.8米，面目各异，神态威严，再现了秦始皇威震四海、统一六国的雄伟军容，其写实手法为世界所瞩目。兵马俑的发现被誉为“世界第八大奇迹”、“20世纪考古史上的伟大发现之一”。除兵马俑外，还有彩绘铜车马。秦始皇陵和兵马俑1987年12月被联合国列入《世界文化遗产名录》。

（2）南朝陵墓　南朝陵墓所在地是我国著名的六朝古都南京，代表当时历史文化艺术的一个象征的南朝陵墓石刻，以其独特的制度和风格在中国石雕艺术史中占有举足轻重的位置。在其造型设计和雕刻上完全脱出了汉代石雕像古朴粗略的做法，一方面继承了汉代石雕艺术的传统，一方面又实现了由粗简向精湛发展的转变，艺术构思和雕刻技巧都进入到一个更加成熟的发展阶段。它上承秦汉，下启隋唐，与同时代的北朝石窟艺术遥相媲美，是中国石雕艺术史上的杰作。现已发现的南朝陵墓石刻有 31 处，可以分为帝王陵和王公贵族墓两类。其中帝王陵有宋武帝刘裕初宁陵等共 13 处。

(3) 成吉思汗陵　位于内蒙古伊金霍洛旗阿腾席连镇东南 15 公里处，1954 年移建。成吉思汗陵建筑面积 1500 平方米，主体建筑为相互连通的 3 座蒙古式大殿，配有后殿、东西走廊等建筑，富有浓郁的民族风格。主体是中央纪念堂，高达 26 米，下部为八角形，内置通柱，上出重檐，蒙古包式穹隆顶，精工彩绘藻井，红色门窗。顶外部用黄蓝两色琉璃瓦镶砌出祥云图案，殿堂正中塑有成吉思汗坐像，两廊精工彩绘成吉思汗平身事迹壁画。后殿安放着 4 个黄缎罩的蒙古包，包内分别供奉成吉思汗等人的灵柩。

七、宗教建筑

基于中国长期的宗法社会土壤，中国的宗法伦理观念也几乎影响到所有的建筑类型。中国历史上曾出现过多种宗教，比较重要的有佛教和道教，这些宗教直接促成了大量宗教建筑类型的形成，如寺观、佛塔、石窟、经幢等。

1. 佛教建筑

寺庙、佛塔、石窟被称为三大佛教建筑，它们记载了中国文化的发展和佛教的兴衰，具有重要的历史价值和艺术价值。

(1) 寺庙　中国佛寺建筑，本与古印度相似，没有殿堂，建塔藏舍利，为表示尊敬，塔建于寺的中央，成为寺的主题，四周围以僧房。后来，殿堂供奉神像，殿堂与塔并重，塔一般仍在殿堂之前，唐宋时期，禅宗已不再风行建塔，佛寺发展为以殿堂为主的布局，有完整的寺院，主体建筑正门前有山门，门内左右有钟鼓楼，正面为天王殿，殿内有弥勒佛与四大金刚塑像，后面是大雄宝殿、东西配殿，再后为藏经阁，以廊庑、配殿围成殿庭，我国现有古代寺庙大都为这种布局，称为“伽蓝七堂”。

现存古代佛寺中以汉传佛教寺院数量最多，著名的有洛阳白马寺、少林寺、福州华林寺、苏州寒山寺、杭州灵隐寺等。此外，我国也保存有不少藏传佛教和云南上座部佛教寺院，著名的有拉萨大昭寺、北京雍和宫、承德外八庙和云南西双版纳的曼阁佛寺等。

(2) 佛塔　佛塔起源于古代印度，原是佛徒膜拜的对象，用以供奉佛祖释迦牟尼遗骨（舍利），其形状为一个半圆形的坟冢。传入中国以后，首先和中国显示尊贵的高楼崇台相结合，产生了第一代阁楼式木塔，接着由于筑塔材料由木材到砖块的“革命”，又衍出了第二代密檐式塔。至于印度原有的形式，也没有完全抛弃，而是把它缩小放置在塔顶上，成了塔刹。到了元代，由于藏传佛教在中原的传播，佛塔中又增加出覆钵式的喇嘛塔，从而使我国佛塔出现了楼阁式、密檐式塔、覆钵式塔和金刚宝座式等艺术造型。

佛塔一般由地宫、基座、塔身、塔刹四部分构成。其中地宫为埋藏舍利而建造，是佛塔的特殊构造部分；基座是整座塔的基础，起下覆地宫、上托塔身的作用；塔身是塔的主体部分；塔刹是佛塔最崇高的部分，冠表全塔。

① 楼阁式塔，楼阁式塔是仿我国传统的多层木架构建筑的，出现最早，数量最多，是我国塔中的主流。楼阁式塔早期为木结构，隋唐以后多为砖石仿木结构。塔的平面多为方形、八角形，六角形较少。著名的有山西应县木塔、陕西西安大雁塔、江苏苏州虎丘岩寺塔等。

② 密檐式塔，以外檐层数多且间隔小而得名。塔下部第一层塔身特别高，以后各层则塔檐层层重叠，距离很近。密檐式塔大都实心，一般不能登临。著名的有河南登封嵩山寺塔、西安小雁塔、云南大理千寻塔、南京栖霞寺舍利塔等。

③ 喇嘛塔，又称覆钵式塔，为藏传佛教所常用，流行于元代，明清继续发展。主要分布在西藏、内蒙古一带，华北也不少。多作为寺的主塔或僧人墓塔，也有以过街塔形式出现的。著名的有位于北京阜成门内大街北侧的妙应寺白塔。

④ 金刚宝座塔，模仿印度佛伽耶大塔而建，具有浓郁的印度风格，但在塔的造型和细部上全部用中国式样，在须弥座和五层佛龛组成的矩形平面高台上再建5座密檐方塔（代表五方佛祖）。金刚宝座塔仅见于明、清二朝，为数很少，我国仅存6座，其中北京正觉寺金刚宝座塔是我国同类塔中年代最早、雕刻最精美的一座。

（3）石窟　佛教石窟首见于印度，随佛教传入中国。石窟实际上是僧房，是教徒们集会、诵经、修行的地方。中国的石窟主要供奉佛和菩萨。凿建石窟寺最早可能始于东汉时期的新疆地区（今），十六国和南北朝时经由甘肃到达中原，形成高潮，唐宋时期除在原有的某些石窟群中继续凿建外，又出现了一些新的窟群，元明以后凿窟之风才逐渐停息下来。

现在石窟寺的分布范围西至新疆西部、甘肃、宁夏，北至辽宁，东至江苏、浙江、山东，南达云南、四川。其中最著名的有甘肃敦煌的莫高窟、山西大同的云冈石窟、河南洛阳的龙门石窟、甘肃天水的麦积山石窟等。

石窟本身及窟外的建筑处理和石窟中陈示的佛教雕刻、彩塑或壁画，充分反映了中国历史上各时代的建筑艺术面貌。

（4）经幢　始见于唐，是在八角形石柱上刻经文，用以宣扬佛法，与佛塔相似的另外一种带有纪念性意义的佛教建筑，一般由基座、幢身、幢顶3部分组成。其形体较粗壮，装饰也比较简单，如山西五台山佛光寺唐乾符四年（公元877年）的经幢，发展到宋、辽时期，高度增加，体形瘦长，幢身分为若干段，装饰也比较华丽，如河北赵县北宋经幢。

2. 道教建筑

中国道教供奉神像和进行宗教活动的庙宇通常称为宫、观、庙。道教建筑主要是庙宇建筑组群，宋以后也有极少数的石窟和塔。由于祭祀名山大川、土地、城隍等神仙的祠庙历来都由道士主持，所以许多这类祠庙包括城隍庙、关帝庙、天后宫，岳庙等也被称为道教建筑。

（1）特征　因道教与佛教有许多相似之处，道观建筑与佛寺也便基本相似，没有特别的区别。但道观中没有佛寺中某些特殊的建筑，如大佛阁、五百罗汉堂、金刚宝座塔等。此外，道观中的塑像与壁画多为世俗常见，因而其宗教气氛不如佛寺凝重。

(2) 实例　我国现存道观大部分为明清时建造或重建，早期遗物很少。著名的有山西永济县的永乐宫、苏州市的玄妙观、福建莆田的玄妙观、四川青城山古常道观、青岛崂山太清宫、湖北武当山紫霄宫、江西龙虎山正一观、北京白云观、四川成都市青羊宫、山西解州关帝庙、福建泉州市天后宫、衡山南岳庙等。

八、民居建筑

1. 民居形式特征

中国各地的民居是出现最早、分布最广、数量最多的基本建筑类型，主要目的是满足居住的需要，相对于宫殿、寺庙等建筑而言，精神性的功能不太突出。但由于各地区的自然环境和人文情况的不同，居住建筑在总体布局、建筑体形、空间构图及其他方面，仍有不同的艺术处理方法，呈现出多样化的风格。按中国汉族地区传统住宅的布局方式，大致可分为规整式和自由式，前者主要见于中上阶层，后者主要见于中下阶层，而且随各地区情况的不同，它们又有不同的地方特点。

2. 近代乡土民居类型

(1) 晋陕民居　从明代起，许多外出经商的山西商人在致富回乡后，便在故里大兴土木，建造居室密集、有层层院落的深宅大院，其庭院布局多为二进或三进的四合院，大门极为堂皇。为防风沙和日晒，还多采用窄天井，庭院内正房和厢房多有廊。常有一座方形小砖楼供瞭望之用，即所谓的“看家楼”。

(2) 徽州民居　主要特点是马头墙错落有致；多为三合或四合式的楼房布局，所围合的明堂较小，取四水归明堂，肥水不外流之意；木雕精美；彩画色彩淡雅。

(3) 江浙民居　在气候湿润、无严寒酷暑的良好自然条件下，江浙民居多为不封闭式的南向或东南向建筑，其悬山、硬山、歇山、四坡、屋顶皆有用处，白墙黑瓦在丛林溪流映照下，给人以明快、素雅之感。

(4) 湘赣民居　有多种类型，有的似于徽州民居，有的在屋面两侧设高风火墙，前后暴露出人字形的屋顶。许多村庄布局成“群屋一体”，如遇雨雪天气，可穿堂入室，从村头至村尾衣衫不湿。

(5) 福建民居　大量使用悬山的人字屋顶，很多是用悬山叠落相连（老鹰头连接）的方式。远远看上去，一排排的福建民居的“帽尖”个个参差毗邻，排排相连，形成组团，因其修筑于山地之上，而平添了许多韵律。

九、桥梁建筑

在我国古代建筑中，桥梁是其中的重要组成部分，历史相当久远。早在公元35年东汉光武帝时，在今宜昌和宜都之间就出现了架设在长江上的第一座浮桥；在秦汉时期广泛修建石梁桥；宋代在福建泉州建造了现存世界上最长的石梁桥——万安桥，也称洛阳桥；清代又建了跨长100米、世界上最为古老的泸定铁索桥。

一般的桥梁均由跨空与支撑跨空部分（桥梁墩台和基础）组成。根据跨空部分不同的构造情况，古桥可分为拱式桥、梁式桥、索桥和浮桥。无论现代哪种先进发达的造桥技术建造的桥梁，均未超出这几种类型。

1. 拱式桥

拱式桥有悠久的历史，最具代表性的是建于隋代的河北赵县的安济桥（即赵州桥），为大跨度敞肩式平拱桥。明清时更有大量富于创造性的砖石拱桥出现，尤其是江南一带，为便于水运交通，拱桥必须有足够的高度，从而创造了半圆拱、尖形拱、弓形拱、多边形拱等多种形式。

如今现存最著名石拱桥还有始建于唐代的苏州宝带桥；建于金代的北京卢沟桥、河北宁晋永通桥、山西原平市普济桥、山西晋城景德桥；建于明代的河北赵县济美桥；建于明末的江西南城万年桥、永丰思江桥和建于清代的清漪园十七孔桥等。

2. 梁式桥

桥面结构有石梁、木梁或石木混合的桥梁，石梁因限于跨度，桥墩较密集，木梁的跨度则可以较大，是较普遍的桥梁。著名的梁式桥除洛阳桥之外，还有我国现存最长的古桥——泉州安平桥，有“天下无桥长此桥”之赞语。

在多雨的南方地区，为防止木梁朽损，在有些梁式木桥上盖以屋顶来保护桥面，这种桥被称为廊桥，有些较长的廊桥还在每个桥墩上各建重檐亭屋一座，以增加桥梁造型的美感。

3. 其他形式的桥梁

在湖南、贵州与广西交界一带的侗族村寨，多建有各种形式的风雨桥。风雨桥又称花桥，为木梁式结构，桥上建有桥廊与桥屋，桥廊两侧设有坐凳，可供行人休息。此外，四川、青海、甘肃交界处还有一种悬臂式廊桥，结构为由两岸层层挑出圆木，至中部再加横梁，桥上建廊，外观奇特。

【本章小结】

景观文化包括了山水文化和建筑文化两大部分，本章分别对山水文化和建筑文化中城市、宫殿、园林、坛庙、陵墓、宗教建筑、民居、桥梁 8 个组成内容作了概括的叙述。希望学生通过学习，能掌握山水文化的共性、我国古代建筑的特征、旅游城市的类型、宫殿建筑的布局、园林的分类、特征与组成要素、陵墓的封土沿革、佛塔与民居的类型、桥梁的种类；能基本熟悉水景观的类型、城市标志建筑各阶段的风格、园林的造园手法、民居的特征；能大致了解各种著名建筑的实例。

习题训练

1. 如何理解山水文化的共性？
2. 中国古代宫殿建筑遵循哪些布局原则？如何理解其文化内涵？

3. 以一个江南私家园林为例，简要说明中国造园手法的运用。
4. 简述中国陵墓的封土沿革并举出相应实例。
5. 佛教与道教建筑有何异同之处？
6. 简述我国近代乡土民居的类型及其特征。
7. 拱式桥和梁式桥的造型与技术有何联系？

情景训练

下面的名山风景如果让你选一处去旅游，你选哪处，请阐述你的理由。

五岳名山（泰山、华山、衡山、恒山、嵩山）

佛教四大名山（五台山、普陀山、峨眉山、九华山）

道教四大名山（武当山、齐云山、青城山、龙虎山）

文化名山（福建武夷山、江西庐山、广西华山、甘肃麦积山）

历史名山（浙江天台山、新疆昆仑山、江西井冈山、陕西骊山）

风景名山（安徽黄山、浙江雁荡山、四川贡嘎山、云南玉龙雪山）

第十章　历史文化传媒

【知识目标】

1. 认识中国历史文化是怎样传承下来的。
2. 了解文字、语言、民族语言文字等内容的基本常识。
3. 了解我国第一批国家级非物质文化遗产项目的种类与分布情况。

【能力目标】

1. 从旅游角度看区域语言、民族语言的魅力。
2. 熟悉国家、省、市非物质文化遗产。

知识点阅读

双“喜”的由来

有这样一则传说，据说与宋朝王安石有关。王安石23岁去赶考，在马家镇遇见马员外家的走马灯上闪出“走马灯，灯马走，灯熄了马停步”的征联，不由得拍手称赞：“好个上联!”员外听后出来，王安石已经走了。

翌日，王安石在考场上文思大发，一挥而就。考官见他聪明，便指着厅前飞虎旗试他：“飞虎旗，旗飞虎，旗卷虎藏身。”王安石听后，信口对曰：“走马灯，灯马走，灯熄马停步。”主考官听后连声赞叹。

王安石考毕回到马家镇，信步来到马员外家，马员外请他对对走马灯的对子。王安石信手写到：“飞虎旗，旗飞虎，旗卷虎藏身。”员外见他才华出众，便将女儿许配给他，择吉日在马府完婚。正当新人拜天地时，报子报道：王大人金榜题名，明日请赴琼林宴。王安石喜上加喜，乘着酒意，挥笔写下大红双“喜”字贴在门上，并吟道；“巧对联成双喜歌，马灯飞虎结丝罗。”从此，双“喜”字便传开应用于婚礼时张贴了。

“囍”字寄托着燕尔新婚的一对新人对自己爱情生活幸福美满的殷切希望，寄托着父母、兄弟、亲朋好友对亲人婚姻美满和谐的美好祝愿。这个字通俗、生命力强，妇孺皆知，在实际生活中没有任何一个汉字可以作为它的正字替代，是名副其实的汉字，故工具字典应收“囍”字。

第一节　民族语言与汉字

中国是一个充满着古老文明与智慧的国家，是有着13亿人口的泱泱大国，辽阔的地域，众多的民族。语言、文字十分丰富，其悠久的历史、完备的体系、科学的发展、广泛的实用，无不证明着中国语言文字辉煌的过去和光明的未来。学习研究它我们会受益终身。

一、语言文字起源

语言是人类最重要的交际工具，是以语言为物质外壳、词汇为建筑材料、语法为结构规律而构成的相对稳定的社会约定俗成的听觉符号体系，语言中的语法结构和基本词汇，决定了不同民族语言的基本面貌，这是语言的基础。恩格斯说："语言是从劳动中并和劳动一起产生出来的……"劳动决定了产生语言的需要：人类祖先在集体劳动和制作工具中，迫切需要运用语言交流思想以协调集体行动，劳动使语言有了产生的可能。类人猿从树上移到地面，学会了行走，手、脚开始分工，视野扩大了，发音器官、大脑机器逐渐发达起来，为语言的产生准备了物质条件，人类语言就是这样在劳动过程中和抽象思维一起，经过了若干万年，不同的人类共同体产生了各自的原始语言。语言是一种特殊的社会现象，随着社会的产生而产生，随着社会的发展而发展，是全民的交际工具，没有阶级性。

文字是记录语言、传达语言的符号体系，是思想交流、文化传播的工具，是人类进入文明时代的一个标志。有了文字，语言就不再受时间和空间的限制。文字对发展民族的文化，保存历史资料，丰富人类文化宝库，都起着重大的传媒作用。文字在语言的基础上产生，依附于语言才能存在，才能成为语言的辅助工具。关于中国文字的起源，古书里就有许多传说，伏羲画卦、神农结绳而治、仓颉造字，这说明我国文字是从简单的符号图像慢慢演进而成的。一般认为中国文字最早是殷商甲骨文，出现在公元前1300～1028年之间，发展脉络是先象形后形声。甲骨文中大量形声字证明，甲骨之前早有文字。1992年初，山东省邹平县苑城乡丁公村龙山文化遗址出土文物中发现一件刻字陶片，经专家鉴定，确认其为我国迄今为止所发现的最早的陶书。它比公认的我国最早的文字——甲骨文早1000年左右，那么文字萌芽期可能在公元前3000年左右。中国文字最大特征是方块字，而不是拼音。最早的文字是图像及符号，图像的基本形状，称之为"象形"；符号的基本是抽象的意义，称之为"指事"，二者之间意尤为重要。后来又发明了"会意"、"形声"、"转注"、"假借"四种造字法，加上象形、指事，古人称为六书。甲骨文可读文字共1006个字，其中象形字550个、会意字100个、形声字345个，指事、转注及假借文字极少。汉字典《识文解字》中，形声字7697个，会意字1167个，象形字346个，指事字125个。清《康熙字典》收录47000多字，形声字约占90%。现在，文字象形、指事初创时代离我们远去了，但在文字研究方面，仍以字形最有成绩。

二、汉语言文字

美国语言学家盖利·吉宁斯在其英文版《世界语言》一书中说，西方语言学家们经过长期多次交流看法之后，认为"汉语是智慧的语言"，汉语的简洁性、准确性、严密性、先进性和科学性是世界公认的。

根据专家对出土文物的判定，汉语产生于一万年以前，发展过程是漫长的。

经历了殷商—周秦汉—魏晋南北朝—隋唐—宋元明清—现代 6 个历史时期，形成了现在全国范围内的普通广泛与方言林立并存的语言体系现状。汉语，简而言之就是汉民族共同语。我国是多民族大家庭的国度，除汉语以外，还有满族、蒙古族、藏族、朝鲜族、维吾尔族等兄弟民族语言，通常说的汉语，不包括其他民族的语言，但包括使用汉语的地区方言。由于汉族人数众多，使用汉语的地区广阔，汉民族文化历史久远，汉语自然成为我国的主要语种，也是历代的官方语言。

根据语言差异划分，汉语有 7 个方言区。

一是北方方言，是汉民族的基础方言，以北京话为代表，使用人口占汉族总人口的 70%。北方方言也叫“北方官话”、“大北方话”，按其特点还可分为华北、东北、西南、西北和江淮等 5 个次方言，华北方言片以徐州、阜阳、西安、运城话为代表；东北方言片以锦州、长春话为代表；西南方言内部比较一致，以云、贵、川汉话为代表；西北方言以兰州、银川话为代表；江淮方言俗称“下江官话”，是方言中内部分歧较大、语言现象较为复杂的一支，如许多语言学家认为可以将其中的徽州方言从官话方言中分出来，独立为皖南方言或徽州方言。二是吴方言，习惯上称吴语，也称江浙话或江南话，分布在上海、江苏、长江以南镇江以东和浙江大部分地区，按吴方言特点可区分为太湖、台州、东瓯、婺州、丽衢等 5 片，分别以上海话或苏州话、临海话、温州话、金华话和丽水话为代表。三是湘方言，又称“湘语”或“湖南话”，分布在湖南省大部分地区，以湖南话为代表。四是赣方言，分布在江西省大部分地区，由于赣方言和客家方言有不少共同特点，有的语言学者认为可以把二者合并为一个大方言区，称为客赣方言。五是客家方言，主要分布在广东东部和北部、福建西部、江西东部和广西南部，以广东省梅县话为代表。六是闽方言，俗称“福佬话”，跨越四川省，包括福建省大部分地区、广东省东部和浙江省南部部分地区，以及台湾地区大部分汉人居住区，按闽方言语言特点可分为闽南、闽东、闽北、闽中和莆仙方言 5 个方言片，分别以厦门话、福州话、建瓯话和莆田话为代表。七是粤方言，主要分布在广东省中部、西南部和广西的东部、南部，按粤方言特点和地理分布还可以分为粤海、四邑、高阳、桂南等 4 个方言片，分别以广州话、台山话、阳江话和南宁话为代表。

汉语是世界上使用人口最多的语言，世界上使用汉语人口约占世界人口的四分之一，是被联合国确定的官方工作语言之一。汉语、英语、法语、俄语、西班牙语同为世界五大通用语言。

我国一向非常重视对汉语的规范化和对普通话的推广，因为普通话是现代汉语的标准语，是汉语使用的最高形式。普通话是以北京语音为标准音，以北方话为基础方言，以典范的现代白话文著作为语法规范的现代汉民族共同语。

书写汉语的符号体系是汉字，汉字的历史可远溯到五六千年以前。许多出土文物和传说都可以证明，汉字是世界上历史最悠久的文字之一。世界上其他古老的文字，如古埃及的圣书字和古美索不达米亚的楔形文字，都已不再使用，使用至今的只有汉字。

汉字是在汉民族长期的劳动实践中创造出来为汉民族所使用的文字，也是全国各民族通用的文字和中国对外使用的文字。汉字还具有音、形、义特征，极具欣赏性。汉字的发展是独立的，而汉字被别的民族借去或作为自己的文字，或加以变化，成为新的文字，却是很常见的事。

三、民族语言文字

中国各民族使用的语言的统称为中国民族语言文字。中国共有 56 个民族，据统计，目前使用着 85 种语言，但不是每种民族语言都有文字记录符号。除汉字外、中国 55 个少数民族中，共有 20 个民族有自己的文字，这 20 个民族是：蒙古族、藏族、维吾尔族、满族、朝鲜族、锡伯族、哈萨克族、乌兹别克族、塔塔尔族、柯尔克孜族、俄罗斯族、傣族、彝族、景颇族、拉祜族、纳西族、傈僳族、苗族、佤族、壮族。其中傣族、苗族、蒙古族、纳西族（纳西族东巴文见插图 10）分别使用两种以上文字，所以实际使用的民族文字共有 27 种，常用的有 23 种。分成 5 大语系，10 个语族，16 个语支。下面就分别看一下少数民族语言的几个主要体系。

汉藏语系，早期叫印之语系，主要分布在亚洲。中国是主要分布区，还分布在泰国、缅甸、不丹、锡金、尼泊尔、印度、孟加拉、越南、老挝、柬埔寨等国。汉藏语系除汉语外，还包括藏缅、壮侗、苗瑶 3 个语族，在中国，藏语族包括藏、门巴、珞巴、嘉戎、土家、羌、普米、独龙、怒、彝、傈僳、纳西、哈反、拉祜、白、基诺、景颇、载瓦、阿昌等语族。重要文献有纳西族的东巴图象形文字、哥巴文的经书、彝文的碑铭、写本；壮侗语族包括壮、布依、傣、侗、水、仫佬、毛南、拉珈、仡佬、黎等语族；苗瑶语族包括苗语、布努语、勉（瑶）语和畲语。

阿尔泰语系分布在中国、土耳其、蒙古、俄罗斯、伊朗、阿富汗等国以及东欧一些国家。包括蒙古、突厥、满-通古斯 3 个语族。中国境内的蒙古语族包括蒙古、达斡尔、东乡、东部裕固、土族、保安等语族，重要文献有元明以来的回鹘式蒙古文和八思巴文文献、汉字译言的《蒙古秘史》等；突厥语族包括维吾尔、哈萨克、柯尔克孜、乌孜别克、塔塔尔、撒拉、西部裕固、图佤等语族，重要文献有公元 6～10 世纪的突厥文碑铭、写卷和 8～15 世纪的回鹘文碑铭字教经典等；满-通古斯语族包括满、锡伯、赫哲、鄂温克、鄂伦春、女真等语族。

南岛语系，也叫事来-波利尼亚语系，由太平洋中各大小岛屿上的数百种新属语言组成，分布地域较广，分为 4 个语族。我国台湾岛的高山族语言就属于这个语系的印度尼西亚语族。

南亚语系，包括孟、高棉、蒙达、尼科甲、马六甲等语族。我国云南少数民族的佤语、德昂语、布朗语均属其中的孟高棉语族。

印欧语系，是印度-欧罗巴语系的简称，又名“印度-日耳曼语系”。分东部语群和西部语群。新疆维吾尔自治区的塔吉克语属东部语群的斯拉夫语族。俄罗斯族语言就是俄语，但我国塔吉克族语言和前苏联塔吉克语则是不同的语言，前者属伊朗语族西支，后者属伊朗语族东支。我国历史上的粟特语、于阗语、焉耆-龟兹语等也属印欧语系。

此外，还有中国民族语言中的朝鲜语和京语的所属语系未定。

上面五大语系很清晰了，现在把10大语族16语支归纳如下。

10个语族是：壮侗、藏缅、苗瑶、突厥、蒙古、通古斯-满、孟-高棉、印度、斯拉夫、伊朗。

16个语支是：北傣、侗水、黎、藏、彝、缅、景颇、苗、瑶、西匈、东匈、通古斯、满、佤德昂、东斯拉夫、东伊朗。

民族文字，应是中国各民族过去、现在使用过的所有文字的总称。从考古资料和文献记载看，汉族文字产生最早，约在原始社会中后期；藏族文字创立于公元7世纪；蒙文、傣文有700～800年历史；朝鲜文、满文创立于15～16世纪；其他民族文字创立时间还要再晚一些。民族文字由于社会变革、民族兴衰等多方面原因，有些流传了下来，有的则不再使用了，如突厥文、西夏文、女真文等近20种民族文字已经退出了历史舞台。

民族语言文字可分为拼音文字和非拼音文字两大类。拼音文字包括回鹘字母、印度字母、阿拉伯字母、斯拉夫字母、朝鲜字母、拉丁字母6种字母体系；非拼音文字包括图画象形文字、汉字及其变体文字、音节文字等3个分支。

第二节　中国非物质文化遗产

中国历史文化传媒渠道和方式方法是多种多样的。历史给后人留下了丰厚的物质文化遗产。徜徉于历史的长河中，人们是那样的陶醉。如饥似渴而又受用无穷。历史文化使人明鉴，历史文化使如今的经济建设、旅游事业、国民教育、社会发展如虎添翼，中国作为文明古国，不仅有大量的物质文化遗产，而且有丰富的非物质文化遗产。物质文化遗产是具有历史、艺术和科学价值的文物，包括古遗址、古墓葬、古建筑、石窟寺、石刻、壁画、近代现代重要史迹及代表性建筑等不可移动文物，历史上各时代的重要实物、艺术品、文献、手稿、图书资料等可移动文物；以及在建筑式样、分布均匀或与环境景色结合方面具有突出普遍价值的历史文化名城（街区、村镇）。这些前面章节已有涉及。

非物质文化遗产在中国历史文化传媒中的作用是不可估量的，在民俗风情、旅游中也扮演着重要角色。下面我们就来看一下非物质文化遗产的相关内容，希望能给相关行业人士以借鉴参考。

一、非物质文化遗产

2005年3月26日国家国务院明文指出：非物质文化遗产是各族人民世代相承与群众生活密切相关的各种文化表现形式和文化空间。非物质文化遗产既是历史发展的见证，又是珍贵的、具有重要价值的文化资源，我国各民族人民在长期生产生活实践中创造的丰富多彩的非物质文化遗产，是中华民族与文明的结晶，是连接民族情感的纽带和维护国家统一的基础。

那么什么叫非物质文化遗产呢！非物质文化遗产是指各种以非物质形态存在的与群众生活密切相关，世代相承的传统文化表现形式，包括口头传统；传统表演艺术；民俗活动、礼仪、节庆；有关自然界和宇宙的民间传统知识与实践；传统手工艺技能，以及与上述传统文化表现形式相关的文化空间。非物质文化遗产具有时间性和空间性。

非物质文化遗产与物质文化遗产共同承载着人类社会的文明，是世界文化多样性的体现。我国非物质文化遗产所蕴含的中华民族特有的精神价值、思维方式、想象力和文化意识，是维护我国文化身份和文化权利的基本依据。认识非物质文化遗产是旅游业的需要，是国家民族发展的需要，是国际社会文明对话和人类社会可持续和谐发展的必然要求。

二、非物质文化遗产保护的意义

我国是历史悠久的文明古国，拥有丰富多彩的文化遗产。非物质文化遗产作为文化遗产的重要组成部分，是我国历史的见证和中华文化的重要载体，蕴含着中华民族特有的精神价值、思维方式、想象力和文化意识，体现着中华民族的生命力和创造力。保护和利用好非物质文化遗产，对于继承和发扬民族优秀文化传统、增进民族团结和维护国家统一、增强民族自信心和凝聚力、促进社会主义精神文明建设都具有重要而深远的意义。

随着全球文化趋势的加强和现代化进程的加快，我国的文化生态发生了巨大的变化，非物质文化遗产受到越来越大的冲击。一些依靠口授和行为传承的文化遗产正在不断消失，许多传统技艺濒临消亡，中国非物质文化遗产正面临着历史上前所未有的急剧变迁。非物质文化遗产赖以生存和发展的基础——农耕（游牧）文明的逐渐削弱甚至在部分地区的消失，民众生活方式以及世界观、人生观和价值观的嬗变，加之外来文化的影响等等，这些因素不断地侵蚀抢占着非物质文化遗产生存与繁荣的土壤与空间。强化非物质文化遗产的保护刻不容缓，迫在眉睫。

非物质文化遗产保护工作就是要通过全社会的努力，通过完善保护制度、有效地保护濒危珍贵的具有历史文化和科学价值的非物质文化遗产。以“保护为主、抢救第一、合理利用、传承发展”为指导方针，处理好保护和利用的关系。保护中重视其真实性和整体性，杜绝对非物质文化遗产的误解、歪曲或滥用，科学地确认、尊重、弘扬非物质文化遗产。保护原则是：“政府主导、社会参与、明确职责、形成合力、长远规划、分步实施、点面结合、讲求实效”。这里的“保护”指确保非物质文化遗产生命力的措施，包括这种遗产各个方面的确认，立档、研究、保存、保护、宣传、弘扬、传承和振兴。

非物质文化遗产是以口传心授的方式由民众集体创作、在民众中世代传承、为民众所享受的文化，是至今还在民众中流传的“活态”文化。凡具有历史、科学和艺术价值的非物质遗产均在普查和保护之列。它包括以下方面：一是口头传统和表现形式，包括作为非物质文化遗产媒介的语言；二是表演艺术；三是社会实践、礼仪、节庆活动；四是有关自然界和宇宙的知识与实践；五是传统手工艺。

非物质文化遗产采用的保护方式主要有：调查、登记、采录、编码、建档；对采录文本、录音影像、民俗实物进行整理、研究、编纂，明确责任所属；科学地调查、认定、扶持、保护、资助非物质文化遗产的传承人、传承家族、传承单位；建立相应的生态文化保护区，对一些传统文化之乡进行统一命名；对选定的保护目标，坚持进行完整的、动态的、持续性的保护。

三、中国第一批国家级非物质文化遗产名录

国务院2006年5月20日国发［2006］18号“关于公布第一批国家级非物质文化遗产名录的通知”，批准了经文化部确定的第一批国家级非物质文化遗产名录，计10类518项，内容如下。

1. 民间文学（共计31项）

（1）苗族古歌（贵州省台江县、黄平县）

（2）布洛陀（广西壮族自治区田阳县）

（3）遮帕麻和遮咪麻（云南省梁河县）

（4）牡帕密帕（云南省思茅市）

（5）刻道（贵州省施秉县）

（6）白蛇传传说（江苏省镇江市、浙江省杭州市）

（7）梁祝传说（浙江省宁波市、杭州市、上虞市，江苏省宜兴市，山东省济宁市，河南省汝南县）

（8）孟姜女传说（山东省淄博市）

（9）董永传说（山西省万荣县、江苏省东台市、河南省武陟县、湖北省孝感市）

（10）西施传说（浙江省诸暨市）

（11）济公传说（浙江省天台县）

（12）满族说部（吉林省）

（13）河西宝卷（甘肃省武威市凉州区、酒泉市肃州区）

（14）耿村民间故事（河北省藁城市）

（15）伍家沟民间故事（湖北省丹江口市）

（16）下堡坪民间故事（湖北省宜昌市夷陵区）

（17）走马镇民间故事（重庆市九龙坡区）

（18）古渔雁民间故事（辽宁省大洼县）

（19）喀左东蒙民间故事（辽宁省喀喇沁左翼蒙古族自治县）

（20）谭振山民间故事（辽宁省新民市）

（21）河间歌诗（河北省河间市）

（22）吴歌（江苏省苏州市）

(23) 刘三姐歌谣（广西壮族自治区宜州市）

(24) 四季生产调（云南省红河哈尼族彝族自治州）

(25) 玛纳斯（新疆维吾尔自治区克孜勒苏柯尔克孜自治州、新疆维吾尔自治区文联民间文艺家协会）

(26) 江格尔（新疆维吾尔自治区和布克赛尔蒙古自治县、博尔塔拉蒙古自治州、巴音郭楞蒙古自治州、新疆维吾尔自治区文联民间文艺家协会）

(27) 格萨（斯）尔（西藏自治区、青海省、甘肃省、四川省、云南省、内蒙古自治区、新疆维吾尔自治区、中国社会科学院《格萨（斯）尔》办公室）

(28) 阿诗玛（云南省石林彝族自治县）

(29) 拉仁布与吉门索（青海省互助土族自治县）

(30) 畲族小说歌（福建省霞浦县）

(31) 青林寺谜语（湖北省宜都市）

2. 民间音乐（共计 72 项）

(1) 左权开花调（山西省左权县）

(2) 河曲民歌（山西省河曲县）

(3) 蒙古族长调民歌（内蒙古自治区）

(4) 蒙古族呼麦（内蒙古自治区）

(5) 当涂民歌（安徽省马鞍山市）

(6) 巢湖民歌（安徽省巢湖市）

(7) 畲族民歌（福建省宁德市）

(8) 兴国山歌（江西省兴国县）

(9) 兴山民歌（湖北省兴山县）

(10) 桑植民歌（湖南省桑植县）

(11) 梅州客家山歌（广东省梅州市）

(12) 中山咸水歌（广东省中山市）

(13) 崖州民歌（海南省三亚市）

(14) 儋州调声（海南省儋州市）

(15) 石柱土家啰儿调（重庆市石柱土家族自治县）

(16) 巴山背二歌（四川省巴中市）

(17) 傈僳族民歌（云南省怒江傈僳族自治州、泸水县）

(18) 紫阳民歌（陕西省紫阳县）

(19) 裕固族民歌（甘肃省肃南裕固族自治县）

(20) 花儿——莲花山花儿会、松鸣岩花儿会、二郎山花儿会、老爷山花儿会、丹麻土族花儿会、七里寺花儿会、瞿昙寺花儿会、宁夏回族山花儿（甘肃省康乐县、和政县、岷县，青海省大通回族土族自治县、互助土族自治县、民和回族土族自治县、乐都县，宁夏回族自治区）

(21) 藏族拉伊（青海省海南藏族自治州）

（22）聊斋俚曲（山东省淄博市）

（23）靖州苗族歌鼟（湖南省靖州苗族侗族自治县）

（24）川江号子（重庆市、四川省）

（25）南溪号子（重庆市黔江区）

（26）木洞山歌（重庆市巴南区）

（27）川北薅草锣鼓（四川省青川县）

（28）侗族大歌（贵州省黎平县、广西壮族自治区柳州市、三江侗族自治县）

（29）侗族琵琶歌（贵州省榕江县、黎平县）

（30）哈尼族多声部民歌（云南省红河哈尼族彝族自治州）

（31）彝族海菜腔（云南省红河哈尼族彝族自治州）

（32）那坡壮族民歌（广西壮族自治区那坡县）

（33）澧水船工号子（湖南省澧县）

（34）古琴艺术（中国艺术研究院）

（35）蒙古族马头琴音乐（内蒙古自治区）

（36）蒙古族四胡音乐（内蒙古自治区通辽市）

（37）唢呐艺术（河南省沁阳市、甘肃省庆阳市）

（38）羌笛演奏及制作技艺（四川省茂县）

（39）辽宁鼓乐（辽宁省、辽阳市）

（40）江南丝竹（江苏省太仓市、上海市）

（41）海州五大宫调（江苏省连云港市）

（42）嵊州吹打（浙江省嵊州市）

（43）舟山锣鼓（浙江省舟山市）

（44）十番音乐［福建省龙岩市、福州市（闽西客家十番音乐、茶亭十番音乐）］

（45）鲁西南鼓吹乐（山东省嘉祥县）

（46）板头曲（河南省南阳市）

（47）宜昌丝竹（湖北省宜昌市夷陵区）

（48）枝江民间吹打乐（湖北省枝江市）

（49）广东音乐（广东省广州市、台山市）

（50）潮州音乐（广东省潮州市、汕头市）

（51）广东汉乐（广东省大埔县）

（52）吹打——接龙吹打、金桥吹打（重庆市巴南区、万盛区）

（53）梁平癞子锣鼓（重庆市梁平县）

（54）土家族打溜子（湖南省湘西土家族苗族自治州）

（55）河北鼓吹乐（河北省永年县、抚宁县）

（56）晋南威风锣鼓（山西省临汾市）

（57）绛州鼓乐（山西省新绛县）

（58）上党八音会（山西省晋城市）

（59）冀中笙管乐［河北省固安县、涞水县、霸州市（屈家营音乐会、高洛音乐会、高桥音乐会、胜芳音乐会）］

（60）铜鼓十二调（贵州省镇宁布依族苗族自治县、贞丰县）

（61）西安鼓乐（陕西省）

（62）蓝田普化水会音乐（陕西省蓝田县）

（63）回族民间器乐（宁夏回族自治区）

（64）文水䥶子（山西省文水县）

（65）智化寺京音乐（北京市）

（66）五台山佛乐（山西省五台县）

（67）千山寺庙音乐（辽宁省鞍山市）

（68）苏州玄妙观道教音乐（江苏省苏州市）

（69）武当山宫观道乐（湖北省十堰市）

（70）新疆维吾尔木卡姆艺术——十二木卡姆、吐鲁番木卡姆、哈密木卡姆、刀郎木卡姆（新疆维吾尔自治区、鄯善县、哈密地区、麦盖提县）

（71）南音（福建省泉州市、厦门市）

（72）泉州北管（福建省泉州市）

3. 民间舞蹈（共计 41 项）

（1）京西太平鼓（北京市门头沟区）

（2）秧歌——昌黎地秧歌、鼓子秧歌、胶州秧歌、海阳大秧歌、陕北秧歌、抚顺地秧歌（河北省昌黎县，山东省商河县、胶州市、海阳市，陕西省绥德县，辽宁省抚顺市）

（3）井陉拉花（河北省井陉县）

（4）龙舞——铜梁龙舞、湛江人龙舞、汕尾滚地金龙、浦江板凳龙、长兴百叶龙、奉化布龙、泸州雨坛彩龙（重庆市，广东省湛江市、汕尾市，浙江省浦江县、长兴县、奉化市，四川省泸县）

（5）狮舞——徐水舞狮、天塔狮舞、黄沙狮子、广东醒狮（河北省徐水县，山西省襄汾县，浙江省临海市，广东省佛山市、遂溪县、广州市）

（6）花鼓灯——蚌埠花鼓灯、凤台花鼓灯、颍上花鼓灯（安徽省蚌埠市、凤台县、颍上县）

（7）傩舞——南丰跳傩、婺源傩舞、乐安傩舞（江西省南丰县、婺源县、乐安县）

（8）英歌——普宁英歌、潮阳英歌（广东省揭阳市、汕头市）

（9）高跷——高跷走兽、海城高跷、辽西高跷、苦水高高跷（山西省稷山县，辽宁省海城市、锦州市，甘肃省永登县）

（10）永新盾牌舞（江西省永新县）

（11）翼城花鼓（山西省翼城县）

(12) 泉州拍胸舞（福建省泉州市）

(13) 安塞腰鼓（陕西省安塞县）

(14) 洛川蹩鼓（陕西省洛川县）

(15) 兰州太平鼓（甘肃省兰州市）

(16) 余杭滚灯（浙江省杭州市余杭区）

(17) 土家族摆手舞（湖南省湘西土家族苗族自治州）

(18) 土家族撒叶儿嗬（湖北省长阳土家族自治县）

(19) 弦子舞——芒康弦子舞、巴塘弦子舞（西藏自治区、四川省巴塘县）

(20) 锅庄舞——迪庆锅庄舞、昌都锅庄舞、玉树卓舞（云南省迪庆藏族自治州、西藏自治区、青海省玉树藏族自治州）

(21) 热巴舞——丁青热巴、那曲比如丁嘎热巴（西藏自治区）

(22) 日喀则扎什伦布寺羌姆（西藏自治区）

(23) 苗族芦笙舞——锦鸡舞；鼓龙鼓虎——长衫龙、滚山珠（贵州省丹寨县、贵定县、纳雍县）

(24) 朝鲜族农乐舞——象帽舞、乞粒舞（吉林省延边朝鲜族自治州、辽宁省本溪市）

(25) 木鼓舞——反排苗族木鼓舞、沧源佤族木鼓舞（贵州省台江县、云南省沧源佤族自治县）

(26) 铜鼓舞——文山壮族、彝族铜鼓舞（云南省文山壮族苗族自治州）

(27) 傣族孔雀舞（云南省瑞丽市）

(28) 达斡尔族鲁日格勒舞（内蒙古莫力达瓦达斡尔族自治旗、黑龙江省哈尔滨市）

(29) 蒙古族安代舞（内蒙古自治区库伦旗）

(30) 湘西苗族鼓舞（湖南省湘西土家族苗族自治州）

(31) 湘西土家族毛古斯舞（湖南省湘西土家族苗族自治州）

(32) 黎族打柴舞（海南省三亚市）

(33) 卡斯达温舞（四川省黑水县）

(34) 㑇舞（四川省九寨沟县）

(35) 傈僳族阿尺木刮（云南省维西傈僳族自治县）

(36) 彝族葫芦笙舞（云南省文山壮族苗族自治州）

(37) 彝族烟盒舞（云南省红河哈尼族彝族自治州）

(38) 基诺大鼓舞（云南省景洪市）

(39) 山南昌果卓舞（西藏自治区）

(40) 土族於菟（青海省同仁县）

(41) 塔吉克族鹰舞（新疆维吾尔自治区塔什库尔干塔吉克自治县）

4. 传统戏剧（共计 92 项）

(1) 昆曲（中国艺术研究院、江苏省、浙江省、上海市、北京市、湖南省）

（2）梨园戏（福建省泉州市）

（3）莆仙戏（福建省莆田市）

（4）潮剧（广东省汕头市、潮州市）

（5）弋阳腔（江西省弋阳县）

（6）青阳腔（安徽省青阳县、江西省湖口县）

（7）高腔——西安高腔、松阳高腔、岳西高腔、辰河高腔、常德高腔（浙江省衢州市、松阳县，安徽省岳西县，湖南省辰溪县、泸溪县、常德市）

（8）新昌调腔（浙江省新昌县）

（9）宁海平调（浙江省宁海县）

（10）永安大腔戏（福建省永安市）

（11）四平戏（福建省屏南县、政和县）

（12）川剧（四川省、重庆市）

（13）湘剧（湖南省衡阳市）

（14）广昌孟戏（江西省广昌县）

（15）正字戏（广东省陆丰市）

（16）秦腔（陕西省）

（17）汉调桄桄（陕西省汉中市）

（18）晋剧（山西省）

（19）蒲州梆子（山西省临汾市、运城市）

（20）北路梆子（山西省忻州市）

（21）上党梆子（山西省晋城市）

（22）河北梆子（河北省）

（23）豫剧（河南省）

（24）宛梆（河南省内乡县）

（25）怀梆（河南省沁阳市）

（26）大平调（河南省濮阳县、滑县、延津县）

（27）越调（河南省周口市）

（28）京剧（中国京剧院、北京市、天津市、辽宁省、山东省、上海市）

（29）徽剧（安徽省、黄山市，江西省婺源县）

（30）汉剧（湖北省武汉市）

（31）汉调二簧（陕西省安康市）

（32）泰宁梅林戏（福建省泰宁县）

（33）闽西汉剧（福建省龙岩市）

（34）巴陵戏（湖南省岳阳市）

（35）荆河戏（湖南省澧县）

（36）粤剧（广东省文化厅，香港特别行政区民政事务局，澳门特别行政区文化局，广东省广州市、佛山市）

(37) 桂剧（广西壮族自治区）

(38) 宜黄戏（江西省宜黄县）

(39) 乱弹（浙江省台州市、浦江县）

(40) 石家庄丝弦（河北省石家庄市）

(41) 雁北耍孩儿（山西省大同市）

(42) 灵丘罗罗腔（山西省灵丘县）

(43) 柳子戏（山东省）

(44) 大弦戏（河南省滑县、濮阳县）

(45) 闽剧（福建省福州市）

(46) 寿宁北路戏（福建省寿宁县）

(47) 西秦戏（广东省海丰县）

(48) 高甲戏（福建省泉州市、厦门市）

(49) 碗碗腔——孝义碗碗腔（山西省孝义市）

(50) 四平调（河南省商丘市、濮阳市）

(51) 评剧（天津市宝坻区，河北省滦南县，辽宁省沈阳市）

(52) 武安平调落子（河北省武安市）

(53) 越剧（浙江省，上海市）

(54) 沪剧（上海市）

(55) 苏剧（江苏省苏州市）

(56) 扬剧（江苏省扬州市）

(57) 庐剧（安徽省合肥市、六安市）

(58) 楚剧（湖北省）

(59) 荆州花鼓戏（湖北省潜江市）

(60) 黄梅戏（安徽省安庆市、湖北省黄梅县）

(61) 商洛花鼓（陕西省商洛市）

(62) 泗州戏（安徽省宿州市、蚌埠市）

(63) 柳琴戏（山东省枣庄市）

(64) 歌仔戏（福建省漳州市、厦门市）

(65) 采茶戏——赣南采茶戏、桂南采茶戏（江西省赣州市、广西壮族自治区博白县）

(66) 五音戏（山东省淄博市）

(67) 茂腔（山东省高密市、胶州市）

(68) 曲剧（河南省）

(69) 曲子戏——敦煌曲子戏、华亭曲子戏（甘肃省敦煌市、华亭县）

(70) 秧歌戏——隆尧秧歌戏、定州秧歌戏、朔州秧歌戏、繁峙秧歌戏（河北省隆尧县、定州市，山西省朔州市、繁峙县）

(71) 道情戏——晋北道情戏、临县道情戏、太康道情戏、蓝关戏、陇剧（山

西省右玉县、临县，河南省太康县，山东省莱州市，甘肃省）

（72）哈哈腔（河北省清苑县、青县）

（73）二人台（内蒙古自治区呼和浩特市，山西省河曲县，河北省康保县）

（74）白字戏（广东省海丰县）

（75）花朝戏（广东省紫金县）

（76）彩调（广西壮族自治区）

（77）灯戏——梁山灯戏、川北灯戏（重庆市梁平县、四川省南充市）

（78）花灯戏——思南花灯戏、玉溪花灯戏（贵州省思南县、云南省玉溪市）

（79）一勾勾（山东省临邑县）

（80）藏戏——拉萨觉木隆、日喀则迥巴、日喀则南木林湘巴、日喀则仁布江嘎尔、山南雅隆扎西雪巴、山南琼结卡卓扎西宾顿、黄南藏戏（西藏自治区、青海省黄南藏族自治州）

（81）山南门巴戏（西藏自治区）

（82）壮剧（广西壮族自治区）

（83）侗戏（贵州省黎平县）

（84）布依戏（贵州省册亨县）

（85）彝族撮泰吉（贵州省威宁彝族回族苗族自治县）

（86）傣剧（云南省德宏傣族景颇族自治州）

（87）目连戏——徽州目连戏、辰河目连戏、南乐目连戏（安徽省祁门县、湖南省溆浦县、河南省南乐县）

（88）锣鼓杂戏（山西省临猗县）

（89）傩戏——武安傩戏、池州傩戏、侗族傩戏、沅陵辰州傩戏、德江傩堂戏（河北省武安市，安徽省池州市，湖南省新晃侗族自治县、沅陵县，贵州省德江县）

（90）安顺地戏（贵州省安顺市）

（91）皮影戏——唐山皮影戏、冀南皮影戏、孝义皮影戏、复州皮影戏、海宁皮影戏、江汉平原皮影戏、陆丰皮影戏、华县皮影戏、华阴老腔、阿宫腔、弦板腔、环县道情皮影戏、凌源皮影戏（河北省唐山市、邯郸市，山西省孝义市，辽宁省瓦房店市，浙江省海宁市，湖北省潜江市，广东省汕尾市，陕西省渭南市、华阴市、富平县、乾县，甘肃省环县，辽宁省凌源市）

（92）木偶戏——泉州提线木偶戏、晋江布袋木偶戏、漳州布袋木偶戏、辽西木偶戏、邵阳布袋戏、高州木偶戏、潮州铁枝木偶戏、临高人偶戏、川北大木偶戏、石阡木偶戏、郃阳提线木偶戏、泰顺药发木偶戏（福建省泉州市、晋江市、漳州市，辽宁省锦州市，湖南省邵阳县，广东省高州市、潮州市，海南省临高县，四川省，贵州省石阡县，陕西省，浙江省泰顺县）

5. 曲艺（共计 46 项）

（1）苏州评弹——苏州评话、苏州弹词（江苏省苏州市）

（2）扬州评话（江苏省扬州市）

(3) 福州评话（福建省福州市）
(4) 山东大鼓（山东省）
(5) 西河大鼓（河北省河间市）
(6) 东北大鼓（辽宁省沈阳市、黑龙江省）
(7) 木板大鼓（河北省沧县）
(8) 乐亭大鼓（河北省乐亭县）
(9) 潞安大鼓（山西省长治市）
(10) 京东大鼓（天津市宝坻区）
(11) 胶东大鼓（山东省烟台市）
(12) 河洛大鼓（河南省洛阳市）
(13) 温州鼓词（浙江省瑞安市）
(14) 陕北说书（陕西省延安市）
(15) 福州伬艺（福建省福州市）
(16) 南平南词（福建省南平市）
(17) 绍兴平湖调（浙江省绍兴市）
(18) 兰溪摊簧（浙江省兰溪市）
(19) 贤孝——凉州贤孝、河州贤孝（甘肃省武威市、临夏市）
(20) 河南坠子（河南省）
(21) 山东琴书（山东省）
(22) 锣鼓书（上海市南汇区）
(23) 绍兴莲花落（浙江省绍兴县）
(24) 兰州鼓子（甘肃省兰州市）
(25) 扬州清曲（江苏省扬州市）
(26) 锦歌（福建省漳州市）
(27) 常德丝弦（湖南省常德市）
(28) 榆林小曲（陕西省榆林市）
(29) 天津时调（天津市）
(30) 新疆曲子（新疆维吾尔自治区昌吉回族自治州）
(31) 龙舟说唱（广东省佛山市顺德区）
(32) 鼓盆歌（湖北省荆州市）
(33) 汉川善书（湖北省汉川市）
(34) 歌册——东山歌册（福建省东山县）
(35) 东北二人转（辽宁省黑山县、铁岭市，吉林省，黑龙江省海伦市）
(36) 凤阳花鼓（安徽省凤阳县）
(37) 答嘴鼓（福建省厦门市）
(38) 小热昏（浙江省杭州市）
(39) 山东快书（山东省）

(40) 乌力格尔（内蒙古自治区扎鲁特旗、科尔沁右翼中旗，辽宁省阜新蒙古族自治县，吉林省前郭尔罗斯蒙古族自治县）

(41) 达斡尔族乌钦（黑龙江省）

(42) 赫哲族伊玛堪（黑龙江省）

(43) 鄂伦春族摩苏昆（黑龙江省）

(44) 傣族章哈（云南省西双版纳傣族自治州）

(45) 哈萨克族阿依特斯（新疆维吾尔自治区伊犁哈萨克自治州）

(46) 布依族八音坐唱（贵州省兴义市）

6. 杂技与竞技（共计 17 项）

(1) 吴桥杂技（河北省吴桥县）

(2) 聊城杂技（山东省聊城市）

(3) 天桥中幡（北京市）

(4) 抖空竹（北京市宣武区）

(5) 维吾尔族达瓦孜（新疆维吾尔自治区）

(6) 宁德霍童线狮（福建省宁德市）

(7) 少林功夫（河南省登封市）

(8) 武当武术（湖北省十堰市）

(9) 回族重刀武术（天津市）

(10) 沧州武术（河北省沧州市）

(11) 太极拳——杨氏太极拳、陈氏太极拳（河北省永年县、河南省焦作市）

(12) 邢台梅花拳（河北省邢台市）

(13) 沙河藤牌阵（河北省沙河市）

(14) 朝鲜族跳板、秋千（吉林省延边朝鲜族自治州）

(15) 达斡尔族传统曲棍球竞技（内蒙古自治区莫力达瓦达斡尔族自治旗）

(16) 蒙古族搏克（内蒙古自治区）

(17) 蹴鞠（山东省淄博市）

7. 民间美术（共计 51 项）

(1) 杨柳青木版年画（天津市）

(2) 武强木版年画（河北省武强县）

(3) 桃花坞木版年画（江苏省苏州市）

(4) 漳州木版年画（福建省漳州市）

(5) 杨家埠木版年画（山东省潍坊市）

(6) 高密扑灰年画（山东省高密市）

(7) 朱仙镇木版年画（河南省开封市）

(8) 滩头木版年画（湖南省隆回县）

(9) 佛山木版年画（广东省佛山市）

(10) 梁平木版年画（重庆市梁平县）

(11) 绵竹木版年画（四川省德阳市）

(12) 凤翔木版年画（陕西省凤翔县）

(13) 纳西族东巴画（云南省丽江市）

(14) 藏族唐卡——勉唐画派、钦泽画派、噶玛嘎孜画派（西藏自治区、四川省甘孜藏族自治州）

(15) 衡水内画（河北省衡水市）

(16) 剪纸——蔚县剪纸、丰宁满族剪纸、中阳剪纸、医巫闾山满族剪纸、扬州剪纸、乐清细纹刻纸、广东剪纸、傣族剪纸、安塞剪纸（河北省蔚县、丰宁满族自治县，山西省中阳县，辽宁省锦州市，江苏省扬州市，浙江省乐清市，广东省佛山市、汕头市、潮州市，云南省潞西市，陕西省安塞县）

(17) 顾绣（上海市松江区）

(18) 苏绣（江苏省苏州市）

(19) 湘绣（湖南省长沙市）

(20) 粤绣——广绣、潮绣（广东省广州市、潮州市）

(21) 蜀绣（四川省成都市）

(22) 苗绣——雷山苗绣、花溪苗绣、剑河苗绣（贵州省雷山县、贵阳市、剑河县）

(23) 水族马尾绣（贵州省三都水族自治县）

(24) 土族盘绣（青海省互助土族自治县）

(25) 挑花——黄梅挑花、花瑶挑花（湖北省黄梅县、湖南省隆回县）

(26) 庆阳香包绣制（甘肃省庆阳市）

(27) 象牙雕刻［北京市东城区（原崇文区）、广东省广州市区］

(28) 扬州玉雕（江苏省扬州市）

(29) 岫岩玉雕（辽宁省岫岩满族自治县）

(30) 阜新玛瑙雕（辽宁省阜新市）

(31) 夜光杯雕（甘肃省酒泉市）

(32) 金石篆刻——西泠印社（浙江省杭州市西泠印社）

(33) 青田石雕（浙江省青田县）

(34) 曲阳石雕（河北省曲阳县）

(35) 寿山石雕（福建省福州市）

(36) 惠安石雕（福建省惠安县）

(37) 徽州三雕——婺源三雕（安徽省黄山市、江西省婺源县）

(38) 临夏砖雕（甘肃省临夏县）

(39) 藏族格萨尔彩绘石刻（四川省色达县）

(40) 潮州木雕（广东省潮州市）

(41) 宁波朱金漆木雕（浙江省宁波市）

(42) 乐清黄杨木雕（浙江省乐清市）

（43）东阳木雕（浙江省东阳市）

（44）漳州木偶头雕刻（福建省漳州市）

（45）萍乡湘东傩面具（江西省萍乡市）

（46）竹刻——嘉定竹刻、宝庆竹刻（上海市嘉定区、湖南省邵阳市）

（47）泥塑——天津泥人张、惠山泥人、凤翔泥塑、浚县泥咕咕（天津市、江苏省无锡市、陕西省凤翔县、河南省浚县）

（48）塔尔寺酥油花（青海省湟中县）

（49）热贡艺术（青海省同仁县）

（50）灯彩——仙居花灯、硖石灯彩、泉州花灯、东莞千角灯、湟源排灯（浙江省仙居县、海宁市，福建省泉州市，广东省东莞市，青海省湟源县）

（51）嵊州竹编（浙江省嵊州市）

8. 传统手工技艺（共计 89 项）

（1）宜兴紫砂陶制作技艺（江苏省宜兴市）

（2）界首彩陶烧制技艺（安徽省界首市）

（3）石湾陶塑技艺（广东省佛山市）

（4）黎族原始制陶技艺（海南省昌江黎族自治县）

（5）傣族慢轮制陶技艺（云南省西双版纳傣族自治州）

（6）维吾尔族模制法土陶烧制技艺（新疆维吾尔自治区英吉沙县、喀什市、吐鲁番地区）

（7）景德镇手工制瓷技艺（江西省景德镇市）

（8）耀州窑陶瓷烧制技艺（陕西省铜川市）

（9）龙泉青瓷烧制技艺（浙江省龙泉市）

（10）磁州窑烧制技艺（河北省峰峰矿区）

（11）德化瓷烧制技艺（福建省德化县）

（12）澄城尧头陶瓷烧制技艺（陕西省澄城县）

（13）南京云锦木机妆花手工织造技艺（江苏省南京市）

（14）宋锦织造技艺（江苏省苏州市）

（15）苏州缂丝织造技艺（江苏省苏州市）

（16）蜀锦织造技艺（四川省成都市）

（17）乌泥泾手工棉纺织技艺（上海市徐汇区）

（18）土家族织锦技艺（湖南省湘西土家族苗族自治州）

（19）黎族传统纺染织绣技艺（海南省五指山市、白沙黎族自治县、保亭黎族苗族自治县、乐东黎族自治县、东方市）

（20）壮族织锦技艺（广西壮族自治区靖西县）

（21）藏族邦典、卡垫织造技艺（西藏自治区山南地区、日喀则地区）

（22）加牙藏族织毯技艺（青海省湟中县）

（23）维吾尔族花毡、印花布织染技艺（新疆维吾尔自治区吐鲁番地区）

(24) 南通蓝印花布印染技艺（江苏省南通市）
(25) 苗族蜡染技艺（贵州省丹寨县）
(26) 白族扎染技艺（云南省大理市）
(27) 香山帮传统建筑营造技艺（江苏省苏州市）
(28) 客家土楼营造技艺（福建省龙岩市）
(29) 景德镇传统瓷窑作坊营造技艺（江西省）
(30) 侗族木构建筑营造技艺（广西壮族自治区柳州市、三江侗族自治县）
(31) 苗寨吊脚楼营造技艺（贵州省雷山县）
(32) 苏州御窑金砖制作技艺（江苏省苏州市）
(33) 苗族芦笙制作技艺（贵州省雷山县、云南省大关县）
(34) 玉屏箫笛制作技艺（贵州省玉屏侗族自治县）
(35) 阳城生铁冶铸技艺（山西省阳城县）
(36) 南京金箔锻制技艺（江苏省南京市）
(37) 龙泉宝剑锻制技艺（浙江省龙泉市）
(38) 张小泉剪刀锻制技艺（浙江省杭州市）
(39) 芜湖铁画锻制技艺（安徽省芜湖市）
(40) 苗族银饰锻制技艺（贵州省雷山县、湖南省凤凰县）
(41) 阿昌族户撒刀锻制技艺（云南省陇川县）
(42) 保安族腰刀锻制技艺（甘肃省积石山保安族东乡族撒拉族自治县）
(43) 景泰蓝制作技艺（北京市崇文区）
(44) 聚元号弓箭制作技艺（北京市朝阳区）
(45) 明式家具制作技艺（江苏省苏州市）
(46) 蒙古族勒勒车制作技艺（内蒙古自治区东乌珠穆沁旗）
(47) 拉萨甲米水磨坊制作技艺（西藏自治区）
(48) 兰州黄河大水车制作技艺（甘肃省兰州市）
(49) 万安罗盘制作技艺（安徽省休宁县）
(50) 雕漆技艺（北京市崇文区）
(51) 平遥推光漆器髹饰技艺（山西省平遥县）
(52) 扬州漆器髹饰技艺（江苏省扬州市）
(53) 天台山干漆夹苎技艺（浙江省天台县）
(54) 福州脱胎漆器髹饰技艺（福建省福州市）
(55) 厦门漆线雕技艺（福建省厦门市）
(56) 成都漆艺（四川省成都市）
(57) 茅台酒酿制技艺（贵州省）
(58) 泸州老窖酒酿制技艺（四川省泸州市）
(59) 杏花村汾酒酿制技艺（山西省汾阳市）
(60) 绍兴黄酒酿制技艺（浙江省绍兴市）

(61) 清徐老陈醋酿制技艺（山西省清徐县）

(62) 镇江恒顺香醋酿制技艺（江苏省镇江市）

(63) 武夷岩茶（大红袍）制作技艺（福建省武夷山市）

(64) 自贡井盐深钻汲制技艺（四川省自贡市、大英县）

(65) 宣纸制作技艺（安徽省泾县）

(66) 铅山连四纸制作技艺（江西省铅山县）

(67) 皮纸制作技艺（贵州省贵阳市、贞丰县、丹寨县）

(68) 傣族、纳西族手工造纸技艺（云南省临沧市、香格里拉县）

(69) 藏族造纸技艺（西藏自治区）

(70) 维吾尔族桑皮纸制作技艺（新疆维吾尔自治区吐鲁番地区）

(71) 竹纸制作技艺（四川省夹江县、浙江省富阳市）

(72) 湖笔制作技艺（浙江省湖州市）

(73) 徽墨制作技艺（安徽省绩溪县、歙县、黄山市屯溪区）

(74) 歙砚制作技艺（安徽省歙县、江西省婺源县）

(75) 端砚制作技艺（广东省肇庆市）

(76) 金星砚制作技艺（江西省星子县）

(77) 木版水印技艺（北京市荣宝斋）

(78) 雕版印刷技艺（江苏省扬州市）

(79) 金陵刻经印刷技艺（江苏省南京市）

(80) 德格印经院藏族雕版印刷技艺（四川省德格县）

(81) 制扇技艺（江苏省苏州市）

(82) 剧装戏具制作技艺（江苏省苏州市）

(83) 桦树皮制作技艺（内蒙古自治区鄂伦春自治旗、黑龙江省）

(84) 黎族树皮布制作技艺（海南省保亭黎族苗族自治县）

(85) 赫哲族鱼皮制作技艺（黑龙江省）

(86) 浏阳花炮制作技艺（湖南省浏阳市）

(87) 黎族钻木取火技艺（海南省保亭黎族苗族自治县）

(88) 风筝制作技艺——潍坊风筝、南通板鹞风筝、拉萨风筝（山东省潍坊市、江苏省南通市、西藏自治区拉萨市）

(89) 凉茶（广东省文化厅、香港特别行政区民政事务局、澳门特别行政区文化局）

9. 传统医药（共计 9 项）

(1) 中医生命与疾病认知方法（中国中医科学院）

(2) 中医诊法（中国中医科学院）

(3) 中药炮制技术（中国中医科学院、中国中药协会）

(4) 中医传统制剂方法（中国中医科学院、中国中药协会）

(5) 针灸（中国中医科学院、中国针灸学会）

（6）中医正骨疗法（中国中医科学院）

（7）同仁堂中医药文化［中国北京同仁堂（集团）有限责任公司］

（8）胡庆余堂中药文化（浙江省杭州市）

（9）藏医药——拉萨北派藏医水银洗炼法和藏药仁青常觉配伍技艺、甘孜州南派藏医药（西藏自治区、四川省甘孜藏族自治州）

10. 民俗（共计 70 项）

（1）春节（文化部）

（2）清明节（文化部）

（3）端午节——屈原故里端午习俗、西塞神舟会、汨罗江畔端午习俗、苏州端午习俗（文化部，湖北省宜昌市、秭归县、黄石市，湖南省汨罗市，江苏省苏州市）

（4）七夕节（文化部）

（5）中秋节（文化部）

（6）重阳节（文化部）

（7）京族哈节（广西壮族自治区东兴市）

（8）傣族泼水节（云南省西双版纳傣族自治州）

（9）锡伯族西迁节（新疆维吾尔自治区察布查尔锡伯自治县）

（10）火把节——彝族火把节（四川省凉山彝族自治州、云南省楚雄彝族自治州）

（11）景颇族目瑙纵歌（云南省陇川县）

（12）黎族三月三节（海南省五指山市）

（13）鄂伦春族古伦木沓节（黑龙江省）

（14）瑶族盘王节（广西壮族自治区贺州市、广东省韶关市）

（15）壮族蚂虫另（虫字旁加另）节（广西壮族自治区河池市）

（16）仫佬族依饭节（广西壮族自治区罗城仫佬族自治县）

（17）毛南族肥套（广西壮族自治区环江毛南族自治县）

（18）羌族瓦尔俄足节（四川省阿坝藏族羌族自治州）

（19）苗族鼓藏节（贵州省雷山县）

（20）水族端节（贵州省三都水族自治县）

（21）布依族查白歌节（贵州省）

（22）苗族姊妹节（贵州省台江县）

（23）独龙族卡雀哇节（云南省贡山独龙族怒族自治县）

（24）怒族仙女节（云南省贡山独龙族怒族自治县）

（25）侗族萨玛节（贵州省榕江县）

（26）仡佬毛龙节（贵州省石阡县）

（27）傈僳族刀杆节（云南省泸水县）

（28）塔吉克族引水节和播种节（新疆维吾尔自治区塔什库尔干塔吉克自治县）

(29) 土族纳顿节（青海省民和回族土族自治县）
(30) 都江堰放水节（四川省都江堰市）
(31) 雪顿节（西藏自治区）
(32) 黄帝陵祭典（陕西省黄陵县）
(33) 炎帝陵祭典（湖南省炎陵县）
(34) 成吉思汗祭典（内蒙古自治区鄂尔多斯市）
(35) 祭孔大典（山东省曲阜市）
(36) 妈祖祭典（福建省莆田市、中华妈祖文化交流协会）
(37) 太昊伏羲祭典（甘肃省天水市、河南省淮阳县）
(38) 女娲祭典（河北省涉县）
(39) 大禹祭典（浙江省绍兴市）
(40) 祭敖包（内蒙古自治区锡林郭勒盟）
(41) 白族绕三灵（云南省大理白族自治州）
(42) 厂甸庙会（北京市宣武区）
(43) 热贡六月会（青海省同仁县）
(44) 小榄菊花会（广东省中山市）
(45) 瑶族耍歌堂（广东省清远市）
(46) 壮族歌圩（广西壮族自治区南宁市）
(47) 苗族系列坡会群（广西壮族自治区融水苗族自治县）
(48) 那达慕（内蒙古自治区锡林郭勒盟）
(49) 维吾尔刀郎麦西热甫（新疆维吾尔自治区麦盖提县）
(50) 秦淮灯会（江苏省南京市）
(51) 秀山花灯（重庆市秀山土家族苗族自治县）
(52) 全丰花灯（江西省修水县）
(53) 泰山石敢当习俗（山东省泰安市）
(54) 民间社火（陕西省宝鸡市、山西省潞城县）
(55) 鄂尔多斯婚礼（内蒙古自治区鄂尔多斯市）
(56) 土族婚礼（青海省互助土族自治县）
(57) 撒拉族婚礼（青海省循化撒拉族自治县）
(58) 马街书会（河南省宝丰县）
(59) 胡集书会（山东省惠民县）
(60) 安国药市（河北省安国市）
(61) 壮族铜鼓习俗（广西壮族自治区河池市）
(62) 楹联习俗（中国楹联学会）
(63) 苏州角直水乡妇女服饰（江苏省苏州市）
(64) 惠安女服饰（福建省惠安县）
(65) 苗族服饰——昌宁苗族服饰（云南省保山市）

(66) 回族服饰（宁夏回族自治区）
(67) 瑶族服饰（广西壮族自治区南丹县、贺州市）
(68) 农历二十四节气（中国农业博物馆）
(69) 女书习俗（湖南省江永县）
(70) 水书习俗（贵州省黔南苗族布依族自治州）

四、世界非物质文化遗产名录

2001年度，全球范围有19个获受保护对象进入首批世界非物质文化遗产名录，其中亚洲有：昆曲（中国）、卡提亚达姆梵剧（印度）、博恩逊区的文化空间（乌兹别克斯坦）、能剧和狂言（日本）、宗庙皇家祭祖仪式及神殿音乐（韩国）、伊夫高人的哈德哈德圣歌（菲律宾），共6个；欧洲有：格鲁吉亚复调唱法（格鲁吉亚）、十字架工艺及其在立陶宛的象征（立陶宛）、埃尔切的神秘剧（西班牙）、西西里的傀儡戏（意大利）、塞梅斯基口头文化（俄罗斯），共5个；南美洲有：加利费那语言、舞蹈和音乐（伯利兹城），萨培拉人的口头遗产与文化现象（厄瓜多尔和秘鲁），奥鲁罗狂欢节（玻利维亚），共3个；非洲有：杰莱德口头传统（贝宁）、维拉·麦拉康果斯圣灵手足之情的文化空间（多米尼加）、塔巴纳人的喇叭音乐（象牙海岸）、Djamaa dI-Fna广场的文化空间（摩洛哥）、尼亚加索“苏苏-巴拉”的文化空间（几内亚），共5个。

2003年联合国教科文组织宣布了第二批人类口头和非物质文化遗产代表作名单，共28项。其中包括：古琴艺术（中国）、阿塞拜疆木卡姆（阿塞拜疆）、班什狂欢节（比利时）、安第斯卡拉瓦亚的宇宙信仰形式（玻利维亚）、瓦雅皮人的口头和图画表达形式（巴西）、柬埔寨皇家芭蕾（柬埔寨）、中非阿卡俾格米人的口头传统（中非共和国）、巴兰基亚狂欢节（哥伦比亚）、盘索里史诗说唱（韩国）、法国古乐（古巴）、黑拉里亚史诗（埃及）、基努文化空间（爱沙尼亚）、吠陀传统颂歌（印度）、皮影木偶（印度尼西亚）、伊拉克木卡姆（伊拉克）、穆尔镇的马隆人传统（牙买加）、木偶净琉璃文乐（日本）、吉尔吉斯史诗阿肯弹唱艺术（吉尔吉斯斯坦）、扎非曼尼里的木雕工艺（马达加斯加）、土著亡灵节（墨西哥）、马头琴传统音乐（蒙古国）、卡拉卡拉—汤加说唱舞蹈（汤加）、迈达赫（公共场所说书人）说书艺术（土耳其）、瓦努阿图沙画（瓦努阿图）、雅乐—越南宫廷音乐（越南）、萨那歌曲（也门）、波罗的海歌舞庆典活动（爱沙尼亚、拉脱维亚、立陶宛）、沙士木卡姆音乐（乌兹别克斯坦、塔吉克斯坦）。

2005年联合国教科文组织宣布了第三批人类口头和非物质文化遗产代表名单共43项，其中包括中国新疆维吾尔大型综合艺术木卡姆，中国和蒙古国联合申报的蒙古族长调民歌等。

【本章小结】

这一章主要介绍了中国历史文化传媒、民族语言与文字、语言文字的起源与发展、民族语言体系状况及与非物质文化遗产相关的政策知识等，非物质文化遗产、民族语言、文字是传承中国历史文化的重要传媒方式，所以要求学生在学习过程中，要对民族语言的现状及使用情况、语言文字的发展史、非物质文化遗产概念和意义、内容所属等方面都要有一个基本的概貌认识。

习题训练

1. 什么叫语言？什么叫文字？什么叫汉语？什么叫汉字？
2. 什么叫中国民族语言文字？现今中国使用的民族语言有多少种？有文字的有多少种？
3. 民族语言有哪5个语系？什么叫民族文字？
4. 什么叫非物质文化遗产？
5. 国务院2006年公布的第一批国家级非物质文化遗产名录分多少类？共多少项？
6. 世界联合国教科文组织共公布了几批非物质文化遗产名录？每批的数目是多少？每批入选的中国项目是什么？

情景训练

这是一个非物质文化遗产的神话传说故事，请整理相关故事，以组为单位讲给组员听，每组选出一个优胜故事。

说到侗族琵琶歌，侗家寨还流传着一个美丽的传说呢。很久很久以前，侗族人民本没有侗歌，也没有侗族琵琶。一日，天上的七位仙女来到侗乡一条清澈的河中洗澡，她们看到侗族人个个都很朴实善良，但不会唱歌，于是很同情他们。回到天宫，七位仙女就将侗族人质朴但不会唱歌的事情向玉皇大帝禀告了，玉皇大帝当即让人把仙歌撒到侗乡的江河之中去。

在一个炎热的中午，侗族小伙子阿宝来到离侗寨不远的河里去洗澡。当他洗完上岸正准备穿衣服时，河里突然掀起了巨浪，浪涛翻滚了很久才渐渐平静下来，只见河中心飘上来一条大鲤鱼，游了几下就一动不动了。阿宝赶忙纵身跃入河中，把这条鲤鱼慢慢地拖到了岸边。寨上的几个小伙子看到阿宝很吃力地在拖鱼，都跑过去帮忙。最后，他们几个人用两根大木杠把鲤鱼抬回了家。当天夜里，阿宝就做了一个梦，梦见天上的神仙对他说，这条鲤鱼是玉皇大帝派人撒在侗乡的歌曲，它的蛋里面全是歌。第二天清晨，阿宝将梦中的事告诉了几个伙伴，众人商量后决定破开鱼肚取出“鱼蛋歌”送到各个村寨去。

取出“鱼蛋歌”后，他们就上路准备送到各个村寨里去，走到半路时，忽然遇见了两个漂亮的姑娘，一个叫索样，一个叫索鸯。他们把鱼蛋交给索样和索鸯，请她俩把鱼蛋分给各地侗族乡亲。索样和索鸯得到鱼蛋后很高兴，却不知怎样才能用嗓子唱出好听的歌曲。就在她俩冥思苦想时，恰逢一位老人从她们身边经过，老人说：“天上各种好听的歌曲都有，到那里去要吧。”索样和索鸯听后就跟随老人腾云驾雾地来到了天上向玉皇大帝要曲子。她们对玉皇大帝说："玉皇大帝，我们人间有很多很多的歌，但不知道怎么用调子？也不知道哪样的曲子才好听？请送几种给我们吧！"玉皇大帝听后笑着说："我这里各种好听的乐曲都有，如果你们喜欢欢快明亮的就要芦笙曲，喜欢温柔婉转的就要琵琶曲。"就这样，索样和索鸯从天上要来了芦笙、琵琶等许多曲子，边弹边唱着回到了人间。侗族山寨里的人们听到阵阵优美动听的歌声以及琵琶声，个个心旷神怡，如痴如醉，纷纷效仿两个姑娘唱了起来。此后，侗乡的男女老少争相用琵琶等乐器演唱歌曲，成了名副其实的"歌乡"。

参考文献

[1] 姚延甲. 导游员手册. 北京：旅游教育出版社，2003.

[2] 蔡宗德，李文芬. 中国历史文化. 北京：旅游教育出版社，2003.

[3] 姚延甲. 点击历史常识. 北京：旅游教育出版社，2005.

[4] 何山. 影响华夏文明与历史进程的101件中国大事. 北京：中国长安出版社，2006.

[5] 王明煊等. 中国旅游文化. 杭州：浙江大学出版社，1998.

[6] 崔进. 旅游文化纵览. 北京：中国旅游出版社，2000.

[7] 甄尽忠. 中国旅游文化. 郑州：郑州大学出版社，2002.

[8] 沈祖祥. 旅游与中国文化. 北京：旅游教育出版社，2002.

[9] 王玉成. 旅游文化概论. 北京：中国旅游出版社，2005.

[10] 沙润等. 导游基础. 北京：中国旅游出版社，2001.

[11] 国家旅游局人事劳动教育司. 导游知识专题. 北京：中国旅游出版社，2004.

[12] 游国思等. 中国文学史. 北京：人民文学出版社，1987.

[13] 王凤岐. 世界音乐简史. 太原：山西教育出版社，2001.

[14] 聂元龙，李晶，朱亚荣. 音乐欣赏入门. 太原：北岳文艺出版社，1996.

[15] 王克芬. 中国古代舞蹈史话. 北京：人民音乐出版社，1980.

[16] 张庚，郭汉城. 中国戏曲通史. 北京：中国戏剧出版社，1981.

[17] 徐竞存. 跟我学唱歌·通俗唱法卷. 长沙：湖南文艺出版社，2000.

[18] 杨崇福. 书法概说. 武汉：湖北教育出版社，1987.

[19] 张光福. 中国美术史. 北京：知识出版社，1982.

[20] 熊四智，唐文. 中国烹饪概论. 北京：中国商业出版社，2001.

[21] 知识出版社. 史久艺精. 北京：知识出版社，1992.

[22] 知识出版社. 食俗大观. 北京：知识出版社，1992.

[23] 陈光新. 烹饪概论. 北京：高等教育出版社，1999.

[24] 杨乃济. 旅游与生活文化. 北京：旅游教育出版社，1993.

[25] 万国光. 中国的酒. 北京：人民出版社，1986.

[26] 崔进. 旅游文化纵览. 北京：中国旅游出版社，2000.

[27] 陈文华. 中国茶文化基础知识. 北京：中国农业出版社，1999.

[28] 吴旭霞. 共馆闲情. 北京：光明日报出版社，1999.

[29] 林治. 中国茶道. 北京：中华工商联合出版社，2000.

[30] 丁巍，付元清. 中国历史文化小百科. 北京：中国物资出版社，1999.

[31] 谌世龙. 中国历史与文化. 重庆：重庆大学出版社，2003.

插图1　魁星

插图2　元式背心

插图3　清代妇女的尖头弓鞋

插图4　民族服饰

插图5　铜奔马

插图6　黄杨木雕—东方塑

插图7　朱雀衔环杯

插图8　三彩骆驼载乐俑

插图9　避暑山庄山水风景

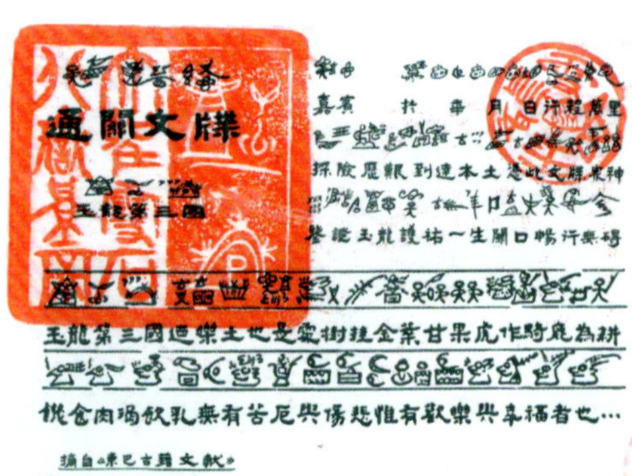

插图10　纳西族文字东巴文